QUINZE ANS

DU RÈGNE DE

LOUIS XIV

III

Paris.—Imprimé chez Bonaventure et Ducessois, 55, quai des Grands-Augustins.

QUINZE ANS
DU RÈGNE DE
LOUIS XIV
1700-1715

PAR ERNEST MORET

TOME TROISIÈME

PARIS
A LA LIBRAIRIE ACADÉMIQUE
DIDIER ET C⁰, LIBRAIRES-ÉDITEURS
35, QUAI DES GRANDS-AUGUSTINS.

1859
Tous droits réservés.

CHAPITRE PREMIER.

(1707.)

Guerre générale en Europe en 1707.—Guerre de Charles XII contre les Russes, les Polonais et les Saxons.—Invasion de Charles XII en Saxe.— Continuation de la guerre de la Succession d'Espagne. — Armées du Nord, du Rhin, des Alpes et des Pyrénées. — Villars passe le Rhin et force les lignes de Stolhofen.—Invasion de l'Allemagne.—Terreur de l'Autriche menacée par Villars, Charles XII et Ragoczi. — Villars offre à Charles XII de se joindre à lui pour envahir l'Autriche. — Refus de Charles XII et retraite de Villars au delà du Rhin. — Invasion de la Provence par les Austro-Piémontais. — Siége de Toulon.— Echec et retraite précipitée des alliés.—Guerre d'Espagne.—Révoltes de la Catalogne, de l'Aragon et du royaume de Valence. — Sanglante bataille d'Almanza.—Arrivée du duc d'Orléans en Espagne.— Il reprend Saragosse et l'Aragon. — Entrée des Français en Catalogne.—Prise de Lérida par le duc d'Orléans. — Misérables et dangereuses perfidies de madame des Ursins contre ce prince. — Curieux passage de sa correspondance à ce sujet. — Résultats généraux de la campagne de 1707.

En ce moment [1], l'Europe entière est en feu. Au Nord, la guerre de Suède, commencée en même temps que la guerre de la Succession d'Espagne, dure comme elle depuis six ans ; Charles XII, vainqueur des Russes, des Polonais, des Saxons, détrône à Varsovie l'électeur-roi Auguste II [2], et le poursuivant dans ses États héréditaires, arrive à Dresde

[1] Mai et juin 1707.
[2] Il était à la fois roi de Pologne et Électeur de Saxe.

avec son armée victorieuse. En Hongrie, Ragoczi proclame la déchéance de l'Empereur et ravage l'Autriche avec soixante mille hommes. En Flandre, Vendôme combat Marlborough et les armées réunies de l'Angleterre et de la Hollande. En Alsace, Villars reprend la rive française du Rhin et menace la rive allemande. En Provence, Tessé défend la frontière des Alpes contre les Autrichiens d'Eugène et les Piémontais de Victor-Amédée. En Espagne enfin, Berwick tient tête aux Anglais et aux Portugais, soutenus par les insurgés de Valence, d'Aragon et de Catalogne. De Gibraltar à Dantzig, d'Anvers à Belgrade, partout la guerre.

En Flandre, où Vendôme luttait contre Marlborough, la situation des Français était critique. Vendôme devait couvrir la longue frontière de Belgique avec une armée inférieure en nombre, cette armée de Villeroy mise en déroute à Ramillies, encore abattue et désorganisée. Afin de fermer aux alliés l'entrée du royaume, Vendôme creusa d'abord un immense retranchement, qui avait quatre-vingt-dix lieues de long et s'étendait de Mézières à Nieuport. A l'abri de ces lignes, il reforma ses troupes, mêla les recrues aux vétérans, les exerça par des manœuvres continuelles, puis, envahissant la Belgique, il les mena devant l'ennemi. Mais Louis XIV, qui ne voulait pas livrer la frontière aux hasards d'une bataille, lui défendit de combattre. Les Hollandais, de leur côté, retenaient l'impatience de Marlborough, plus désireux encore d'en venir aux mains, et la campagne s'écoula sans engagement. La marche de Vendôme eut toutefois un grand résultat : les généraux français apprirent à manœuvrer devant Marlborough sans redouter une attaque ou une déroute, et, à deux reprises différentes, ces mêmes soldats, si démoralisés sous Villeroy, demandèrent à grands cris la bataille.

Sur le Rhin, pendant ce temps, Villars ouvrait la campagne par une action pleine d'éclat, où il déployait son audace ordinaire, et réussissait avec son bonheur accoutumé.

En face de Strasbourg, sur la rive allemande du fleuve, le prince Louis, à la fois margrave de Bade et généralissime de l'Empire, avait établi des retranchements, qui s'étendaient de Buhl à Stolhofen et couvraient en même temps l'Allemagne et ses États héréditaires. Ces lignes s'étendaient parallèlement au Rhin sur une longueur de douze lieues, et se composaient de doubles retranchements élevés en amphithéâtre, soutenus de distance en distance par de bonnes redoutes, avec un pont bien fortifié, qui aboutissait à une île du Rhin, l'île d'Alunde, d'où les ennemis pouvaient facilement passer en France [2]. Elles s'étendaient en équerre, de Philipsbourg à Stolhofen et de Stolhofen aux montagnes Noires, et présentaient un redoutable ensemble de fortifications, élevées par l'art des hommes et protégées par la nature même du pays. Le Rhin défendait une partie des travaux; l'autre partie était couverte par de hautes collines,

[1] En 1703.
[2] *Mémoires de Villars*, p. 159.

qui touchaient aux montagnes de la forêt Noire. Confiant dans la force de ces retranchements, Louis de Bade avait construit son magnifique château de Rastadt derrière ces lignes, qui servaient même, sur un point, de clôture à son parc, et qui, deux fois déjà, en 1704 et 1705, avaient couvert les armées allemandes. Les généraux de l'Empire les regardaient comme imprenables. Elles renfermaient environ trente mille hommes, et il était en effet difficile et dangereux de forcer une armée entière, dans des retranchements défendus à la fois par un grand fleuve, par des montagnes et par une nombreuse artillerie.

Louis de Bade venait de mourir[1]. Son successeur, Christian de Bareuth, n'avait ni son expérience, ni son mérite. Villars entreprit de profiter de cette circonstance pour se rendre maître des lignes de Stolhofen. Dans ce but, il affecta de porter tous ses efforts du côté de la terre, où il semblait qu'il dût rencontrer beaucoup moins de difficultés. Pendant ce temps, il songeait en réalité aux moyens de rassembler à l'insu des alliés un nombre de bateaux suffisant pour tenter l'attaque par le fleuve. Pour réaliser ce projet, il fallait trouver d'abord un endroit favorable au débarquement, puis tromper la surveillance des ennemis qui, maîtres de la rive allemande du Rhin, dominaient des hauteurs voisines tout le cours du fleuve et découvraient jusqu'à la moindre nacelle. Par un heureux hasard, ils avaient abandonné toutes les îles du Rhin.

[1] Il mourut à Rastadt, le 4 janvier 1707.

Une d'elles, l'île de Neubourg, située entre Lanterbourg et Hagenbach, réunissait toutes les conditions désirables pour la tentative projetée : au delà se trouvait un bras facile à traverser qui baignait une belle et large plage, où la descente pourrait s'effectuer sans obstacles. Villars, ayant reconnu les avantages de cette position, fit transporter par terre, sur des voitures, les bateaux qu'il avait commandés à Strasbourg ; et, pour masquer aux ennemis tous ses préparatifs, il fit élever, dans tous les endroits découverts, des haies de feuillage qui pouvaient passer pour des retranchements et derrière lesquelles il fit camper plusieurs bataillons. Par surcroît de prudence, les charretiers chargés de conduire les bateaux reçurent l'ordre de ne pas donner des coups de fouet et d'observer le plus rigoureux silence ; on défendit même aux soldats d'allumer leurs pipes. Grâce à ces mesures, à l'observation desquelles des officiers sages et intelligents veillèrent scrupuleusement, les embarcations purent arriver devant l'île de Neubourg sans éveiller l'attention de l'ennemi [1].

Fidèle à son système de dissimulation, Villars donne un grand bal à Strasbourg, la veille même de l'attaque. Durant cette fête, il s'entretient successivement avec tous ses généraux, invités à dessein, et leur distribue ses ordres. Au lever du soleil, il quitte la salle du bal, et, suivi d'un nombreux état-major, traverse le Rhin avec un corps d'armée, et se dirige

---

[1] *Mémoires de Villars*, p. 159-160.

du côté des montagnes, afin d'entretenir les illusions de Bareuth, qui croyait encore que la principale attaque aurait lieu par terre. Au même moment, les généraux de Villars embarquaient leurs soldats derrière l'île de Neubourg, et ramaient vers la rive allemande. Ils descendaient à l'improviste, escaladaient les retranchements qui bordaient le fleuve, où se trouvaient au plus quelques bataillons, et pénétraient dans les lignes sans perdre un homme.

Villars pendant ce temps battait la campagne avec toute son artillerie. Troublés par ces attaques diverses et simultanées, les Impériaux ne songent pas à se défendre. Ils abandonnent leurs canons, leurs tentes dressées et fuient vers la forêt Noire. Villars combla leurs retranchements, y prit quarante milliers de poudre, des habillements complets pour plusieurs régiments, un pont portatif, d'énormes amas de farine et d'avoine, d'immenses approvisionnements de vivres et cent soixante-dix canons[1]. Il laissa ensuite derrière lui son infanterie, qui ne pouvait marcher assez vite, et, suivi de trois escadrons, il s'élança au milieu de l'Allemagne à la poursuite de l'ennemi[2].

A cette apparition inattendue, la terreur se répand dans l'Empire. Les villes ouvrent leurs portes, les princes envoient leur rançon, les généraux de l'empereur sont si démoralisés qu'ils laissent passer dans

---

[1] *Mémoires de Villars*, p. 161.
[2] 22 mai 1707. Cette victoire de Stolhofen eut un grand retentissement. V. notamment, *Recueil de Maurepas*, t. XI, p. 53, une chanson en l'honneur de Villars.

les rangs de leurs soldats les voitures d'argent adressées au maréchal. Villars, outre les contributions nouvelles, exige toutes celles qu'il avait établies autrefois en Allemagne, en 1703, alors qu'il occupait la Souabe avec l'électeur de Bavière. Le maréchal arrive ainsi devant Schorndorf, petite ville forte du Wurtemberg, pleine de vivres, de munitions, d'artillerie, et dans laquelle la duchesse de Wurtemberg s'était réfugiée. Il n'avait avec lui que quatre pièces de campagne, mais, enhardi par la terreur qu'ont inspirée ses succès, il somme la place de se rendre. Sur son refus, il déclare que si « elle attend le premier coup de canon, » il livrera la ville à ses troupes, passera la garnison au fil de l'épée, et, se disposant à exécuter ses menaces, il ouvre froidement la tranchée. Ce langage et cette attitude épouvantent les magistrats, qui, dès le troisième jour, se décident à capituler. Villars occupe Schorndorf, et, continuant sa marche, traverse à la hâte le Wurtemberg et la Souabe. Il envoie un parti de cavalerie pour détruire le monument triomphal élevé par la Grande-Alliance dans les plaines de Blenheim; mais, contrairement aux récits des gazettes hollandaises, les Français n'y trouvèrent aucun trophée [1]. Villars s'avance enfin jusqu'au Danube et touche aux provinces de l'Autriche.

L'Autriche était alors enveloppée de toutes parts : d'un côté Ragoczi, de l'autre Villars, et entre eux,

[1] *Mémoires de Villars*, p. 162.

au milieu de l'Allemagne, Charles XII avec les Suédois. Campé depuis un an à Alt-Ranstadt, près de Lutzen, où son aïeul, le grand Gustave, est tombé blessé à mort, Charles XII brave à la fois l'Empire et l'empereur. La Diète germanique lui avait enjoint de quitter les terres impériales ; il reste immobile sans tenir compte de ces injonctions. A Vienne, le comte autrichien de Zabor avait contesté la préséance à son ambassadeur et refusé de boire à sa santé ; il exige de Joseph Ier son extradition, le menaçant, en cas de refus, de lui déclarer la guerre. Il réclame en outre tous les Russes réfugiés dans les États autrichiens, avec la restitution de tous les temples de la Silésie enlevés aux protestants. L'empereur cède à toutes ses exigences: il livre à la discrétion de Charles XII le comte de Zabor[1], quinze cents Russes, rend cent dix-huit temples, et tel est son effroi qu'il écrit au pape : « Si le roi de Suède avait exigé que je me fisse protestant, je ne sais ce que j'aurais fait[2]. »

La présence de Charles XII à Dresde préoccupe bientôt l'Europe entière. Les rois s'entretiennent avec anxiété du caractère et des projets de celui qu'on nomme l'*Alexandre du Nord*[3]. On raconte que ce roi de vingt-cinq ans vit comme un soldat de Cromwell, qu'il boit de l'eau, qu'il couche sur la terre, qu'il a renvoyé, sans la voir, la belle comtesse de Kœnigs-

---

[1] Charles XII le retint quelque temps dans une rude prison, puis le renvoya à Vienne.

[2] Voltaire, *Histoire de Charles XII*, p. 146.

[3] On appelait alors ainsi Charles XII. V. dans le *Mercure galant* un curieux portrait de ce prince. Avril, 1707, p. 193.

marck¹, maîtresse d'Auguste II, venue pour l'implorer ; qu'il porte un habit de drap bleu garni de boutons de cuivre, avec une ceinture de buffle, de grosses bottes qu'il ne quitte même pas la nuit, mais que la dignité de son maintien, le laconisme de son langage, étonnent et embarrassent les plus vieux ambassadeurs. « Des trois rois que j'ai vus là pour la première fois, écrit Marlborough, le plus jeune² m'a surtout frappé. » — « Le roi de Suède, ajoute Peterborough, effraye plus par son silence que nul autre roi par ses menaces. On ne sait si c'est un sage ou un fou, mais ce que nous savons, c'est qu'il a cinquante mille hommes prêts à obéir avec joie à tout ce qu'il lui plaira de commander³. »

Pour sonder les intentions de ce redoutable capitaine, la coalition et la France envoyèrent à l'envi des ministres à Ranstadt : l'Angleterre, ses deux plus habiles diplomates, Peterborough et Marlborough ; Louis XIV, un ambassadeur public et un agent secret. Villars lui proposa de le joindre à Nuremberg et d'envahir l'Autriche avec les Français⁴.

¹ *Mémoires* du maréchal de Saxe.
² Charles XII ; Les deux autres étaient Auguste et Stanislas Leczinsky, le compétiteur d'Auguste II, soutenu par les Suédois.
³ The king of Sweden gives more fears by his silence, than ever any other monarch by his threats. It is undecided whether he is a very wise or fool hardy; all we know is, he has fifty thousand men enough to obey with pleasure all he had command. *Letters of Peterborough*, p. 51.
⁴ « Je ne sais où j'aurois mené les ennemis, si un projet qui me rouloit dans la tête eût réussi.... Ce projet étoit de me joindre à Charles XII.... Je le lui fis proposer secrètement.... Il me répondit très-poliment, m'envoya son portrait avec des compliments très-gracieux et très-flatteurs, mais il ne me donna aucune espérance.... J'ai su depuis

Charles XII pouvait recommencer alors la glorieuse période suédoise de la guerre de Trente ans, mais s'il avait la bravoure, il lui manquait le génie de Gustave-Adolphe. C'était moins un roi qu'un capitaine : il envoya son portrait à Villars sans rien promettre. Heureux de cette indécision, l'insinuant Marlborough exhorta l'empereur à céder à tous les caprices de Charles XII[1]. Il sema l'or à pleines mains parmi les conseillers du jeune roi, remarqua qu'il n'aimait point Louis XIV, qu'il parlait avec enthousiasme des victoires de la Grande-Alliance, qu'il avait sur sa table une carte de Russie, que ses yeux brillaient au seul nom du czar. Il devina dès lors ses desseins, et, satisfait de l'avoir pénétré, il ne lui fit aucune proposition[2]. A ses intérêts, en effet, Charles XII préférait sa haine. Au lieu de se réunir aux Français et aux Magyares, il envahit la Russie, laissa dans les neiges la moitié de ses soldats, et alla perdre à Pultava les restes de son armée, la gloire de son règne et la fortune de son pays.

N'étant pas secondé par Charles XII, Villars dut revenir sur ses pas. L'électeur George de Hanovre, qui avait remplacé l'incapable Bareuth dans son commandement, ralliait les Impériaux à Philipsbourg

que son principal ministre, le comte Piper, avait été gagné par Marlborough. » *Mémoires de Villars*. Juin, 1707.

[1] *Marlborough Dispatches*, t. III, p. 380. Lettre de Marlborough à Wratislau.

[2] « Ces particularités, dit Voltaire, m'ont été confirmées par madame la duchesse de Marlborough encore vivante. » *Histoire de Charles XII*, p. 145.

pour lui couper la retraite; le maréchal se replia sur le Rhin, passa fièrement le fleuve sous les yeux de l'ennemi, et rentra en Alsace avec son armée et un prodigieux butin. Dans cette brillante campagne, il avait détruit les lignes de Stolhofen, occupé trois capitales, Rastadt, Stuttgard et Manheim, nourri et payé son armée aux dépens de l'ennemi, taxé trois cents lieues de pays, et porté les drapeaux de Louis XIV depuis Mayence jusqu'au lac de Constance, et depuis Nuremberg jusqu'à Francfort [1].

La situation des affaires était moins favorable dans le Midi, où les Français, au lieu d'attaquer, avaient à repousser l'ennemi. Tandis que Villars ravageait l'Allemagne, Eugène et Victor-Amédée envahissaient la Provence. Tous deux passaient les Alpes par le col de Tende, et se répandaient dans le comté de Nice avec quarante mille Austro-Piémontais. L'amiral Schowell, à la tête de soixante bâtiments chargés de vivres et de munitions, suivait leur armée le long des côtes [2]. Les alliés se proposaient de prendre et de brûler Toulon, qui contenait cinquante vaisseaux, cinq mille pièces d'artillerie, les chantiers et les approvisionnements de la marine, de là ils comptaient marcher sur Marseille, franchir le Rhône, jeter aux Camisards des mousquets et des cartouches et soulever tout le Midi. Le succès de cette attaque, aussi dangereuse qu'imprévue, était possible : de faibles dé-

---

[1] *Mémoires de Villars*, p. 166. *Archives de la Guerre*, vol. 2015, n° 30. Lettre de Louis XIV à Villars, 23 juin 1707. Pelet, t VII, p. 222.
[2] Juillet 1707.

tachements gardaient la Provence, Toulon était à peine fortifié et Marseille était ouvert.

Le maréchal de Tessé, qui commandait l'armée des Alpes, fit à la hâte les préparatifs de la défense. Il rassembla sous Toulon les divers corps d'armée disséminés dans les Alpes, renferma dans les villes les grains et les fourrages, brûla les maisons sur la route que devaient suivre les alliés, et défendit sous peine de mort de leur vendre des vivres. Toulon, bien fortifié du côté de la mer, n'avait, du côté de la campagne, ni chemin couvert, ni glacis, et ne pouvait soutenir un siége de six jours.

Au pied des remparts s'étendaient des jardins, des maisons de campagne et des couvents qui cachaient les approches [1]. Derrière ces bâtiments, les hauteurs Sainte-Anne, Lamalgue et Sainte-Catherine dominaient la place et offraient aux alliés d'excellentes positions pour leurs batteries. Tessé fit travailler nuit et jour aux fortifications d'une place aussi importante, le premier, le plus riche arsenal de la France. Quatre mille ouvriers et tous les matelots de la flotte abattirent les maisons, nivelèrent les jardins et creusèrent un chemin couvert et des glacis. Pour empêcher l'ennemi de prendre position sur les collines

---

[1] « Toulon, Sire, n'est pas une place, mais un jardin dans lequel pourtant est renfermé tout ce qu'il y a de plus précieux pour vous, et dont la perte irréparable est indicible. On n'a jamais songé aux fortifications du côté de terre ; tout ce qui regarde la mer est en bon état ; ce qu'on appelle le glacis, qui n'était pas fermé, est semé de grosses maisons de plaisance, de jardins et de maisons religieuses. » *Archives de la Guerre*, vol. 2041, n° 139. Lettre de Tessé au roi, 12 juillet 1707. Pelet, VII, 109.

environnantes, le maréchal y établit des troupes avec des retranchements et du canon. Pour soutenir ces postes, il organisa sous les murs deux camps qui formaient comme une seconde enceinte et empêchaient l'investissement. Il fit occuper les gorges d'Ollioules, sombre et profond défilé dont la possession assurait les communications avec Marseille. Il mit sur les remparts trois cents pièces de canon, enrégimenta sept mille matelots, quatre mille miliciens, arma neuf mille paysans qu'il dispersa dans la campagne, et, ces précautions prises, attendit l'ennemi de pied ferme.

Les alliés cependant continuaient leur marche, passaient le Var, qui ferme de ce côté la frontière de France, traversaient Grasse, Cannes, Fréjus, et s'engageaient dans le défilé de l'Esterel, long, montueux et boisé, qui s'étend entre Saint-Laurent du Var et Fréjus. Malgré les efforts des paysans et des soldats, les ennemis franchirent la dangereuse forêt de l'Esterel, naguère si fatale à Charles-Quint[1], et le 24 juillet ils arrivèrent à La Valette, à une demi-lieue de Toulon, où ils établirent leur camp. L'amiral Schowell se montrait en même temps avec la flotte et débarquait sur le rivage la grosse artillerie nécessaire aux opérations du siége. Dès leur arrivée, le prince Eugène et le duc de Savoie montèrent sur l'une des hauteurs, afin de reconnaître la place. Ses fortifications étaient faibles encore, malgré l'établis-

[1] Cette vaste forêt, si célèbre dans la Provence, était alors infestée de brigands.

sement des glacis et des chemins couverts, mais les camps retranchés et les postes établis par le maréchal de Tessé écartaient tout danger d'investissement immédiat. Afin de reprendre ces positions indispensables pour le siége, les généraux alliés lancent une colonne de sept mille soldats à l'assaut des montagnes, et, malgré la plus vigoureuse résistance, ils parviennent à s'emparer de la hauteur Sainte-Catherine, sur laquelle ils établissent aussitôt leurs batteries. Mais ils n'y restent que quelques jours. Les Français reprennent Sainte-Catherine à la baïonnette, détruisent les batteries des assiégeants, et leur tuent trois mille soldats[1]. Eugène et Victor-Amédée livrent inutilement de nouveaux assauts; ils sont repoussés à l'arme blanche.

Voyant l'inutilité de leurs tentatives, après trois semaines d'efforts les ennemis renoncent à investir la place, et, plaçant des batteries sur la hauteur Lamalgue, dont ils se sont rendus maîtres, ils lancent sur la ville une grêle de bombes. Au même instant, du côté de la mer, l'amiral Schowell fait avancer des galiotes jusqu'à l'entrée du port, avec ordre de bombarder la place et de mettre le feu aux immenses approvisionnements qu'elle contient. Mais ici encore la fortune déjoua les espérances des alliés. Tessé fit dépaver les rues, préparer de l'eau dans tous les quartiers, établit des postes chargés d'éteindre les bombes, et, grâce à ses soins, elles brûlèrent à peine

[1] *Archives de la Guerre*, vol. 2042, n° 171. 16 août 1707. Lettre de Tessé au roi. Pelet, t. VII, p. 400.

vingt-cinq maisons. Le bombardement ne servit qu'à exaspérer les habitants et à rendre la résistance plus furieuse.

Les ennemis, de leur côté, souffraient bien plus que les assiégés. Resserrés entre les camps, les postes des Français et les nombreux paysans qui battaient les campagnes, ils manquaient de vivres et de fourrage. Depuis leur arrivée, ils ne vivaient que de farine délayée dans l'eau chaude. Dégoûtés à la fin de cette insipide nourriture, ils se jetèrent avec avidité sur les fruits, et d'horribles dyssenteries punirent bientôt leur imprudence. Le scorbut ravageait leur flotte[1]. Le feu et les désertions les décimaient en même temps. Depuis l'ouverture de la campagne, cinq mille des leurs avaient passé dans nos rangs.

Tessé recevait tous les jours des renforts, et on annonçait le duc de Bourgogne avec une armée. Dans ces circonstances, la situation des alliés devenait critique. Cinquante lieues les séparaient de l'Italie. Les assiégés, les paysans et le duc de Bourgogne pouvaient se réunir et les envelopper ; un coup de vent pouvait, en dispersant leurs vaisseaux, les laisser sans pain sur le rivage ; de secrètes mésintelligences séparaient les généraux piémontais des Autrichiens : ils n'attendirent pas plus longtemps, et résolurent de lever le siége. Dans la nuit du 20 août, Eugène et Victor-Amédée embarquèrent leurs malades et leur

---

[1] « Le scorbut est dans la flotte des ennemis ; on dit qu'ils jettent tous les jours dans la mer plus de cinquante hommes. » *Lettres de madame de Maintenon.* Edition Auger, t. III, p. 179.

artillerie; ils continuèrent la nuit suivante, et décampèrent le lendemain au lever du jour, laissant, pour dissimuler leur retraite, des tentes dressées et quelques pièces en batterie qui tiraient par intervalles. Peu à peu les derniers bataillons disparurent et le feu cessa entièrement. Les habitants, étonnés de ce silence, se précipitent hors des murailles : ils trouvent le camp désert, treize canons abandonnés par l'ennemi, des amas de poudre, des piles de bombes et de boulets, et çà et là des cadavres à demi cachés dans les sables et qu'on n'avait pas eu le temps d'ensevelir.

Mais cette fatale indécision, dont Tessé avait donné tant de preuves en Espagne, l'empêcha de profiter de sa victoire. Il craignit de ruiner ses troupes au milieu des campagnes dévastées, et suivit trop lentement l'ennemi pour l'atteindre. Les alliés, qui voient le péril, marchent sans s'arrêter même la nuit ; en huit jours ils arrivent à la frontière du Var. Sur leur route ils foulent aux pieds toute discipline, jusqu'aux lois même de la guerre : ils brûlent les maisons, outragent les femmes, coupent les oliviers, et vengent ainsi, par des cruautés odieuses, la honte d'une expédition avortée. Cette course précipitée à travers les côteaux arides, et sous le plus ardent soleil de la Provence, acheva de ruiner leur armée. Les paysans provençaux, exaspérés par les dévastations des Impériaux, suivaient leur arrière-garde, achevaient les blessés, et fusillaient les traînards, sans quartier ni rançon. La route était couverte d'armes, de voitures, de cadavres d'hommes et de chevaux, et formait comme une longue traînée de sang! Au défilé de l'Esterel, les ennemis essuyèrent une sanglante fusillade qui leur fit perdre cinq mille soldats. Ils arrivèrent enfin au pied des Alpes et rentrèrent en Italie, laissant en France quatorze mille morts.

En Espagne, la lutte continuait avec un pareil acharnement dans l'Aragon, la Catalogne et le royaume de Valence, entre les Portugais, les Anglais, les insurgés espagnols et les armées de Louis XIV et de Philippe V. Au printemps de 1707, Galway et Las Minas, que Berwick avait repoussés l'année précédente dans les montagnes de Valence, reçurent des renforts par la mer et reprirent l'offensive à leur tour. Désormais supérieurs en nombre, ils marchèrent sur Berwick avec trente-cinq mille hommes et l'attaquèrent sous la petite ville d'Almanza. Berwick attendait le duc d'Orléans, qui devait prendre le commandement de l'armée, et il accepta à regret la bataille[1].

Cette journée fut une des plus sanglantes de la guerre. Le centre ennemi, formé de vétérans anglais et hollandais, enfonça d'abord le centre de Berwick, où se trouvaient les jeunes volontaires de la Castille; deux bataillons hollandais traversent même l'armée de Philippe V et pénètrent jusqu'aux murs d'Almanza, sous lesquels elle était rangée. Berwick, avec l'admirable sang-froid qui le distingue, répare le désordre : il reforme son centre, enveloppe les

---

[1] *Archives de la Guerre*, vol. 2048, n° 249. Lettre de Berwick à Chamillart, 13 avril 1707.

bataillons hollandais, qui disparaissent sous les baïonnettes, et, après une longue mêlée, réussit à repousser l'ennemi. Cependant les deux ailes étaient aux prises ; les cavaliers portugais, qui occupaient l'aile droite de l'ennemi, lâchent pied dès le premier choc, abandonnant les Anglais aux charges de nos escadrons[1], qui les repoussent dans la plaine. A l'aile gauche, la résistance est plus prolongée. Deux fois rompue, la cavalerie portugaise se reforme deux fois et ne cède qu'au troisième choc, mais l'infanterie anglaise résiste et repousse nos escadrons qui reviennent sans l'avoir entamée, leurs sabres tordus et leurs chevaux écumants. Une charge à la baïonnette ouvre enfin cette infanterie ; les cavaliers de Berwick se jettent dans les brèches et un horrible massacre commence. Un régiment ennemi, cerné de toutes parts, se forme en carré, refuse de se rendre et se laisse tailler en pièces. Les Anglais meurent sans reculer ; on les trouva le lendemain étendus et rangés encore[2]. La fureur est égale des deux côtés ; ces hommes du Nord en foulant l'Espagne semblent emprunter les ardentes passions de la Péninsule. Le Français Galway, déjà manchot depuis la dernière campagne et blessé à la figure, reste sur le champ de bataille, tandis que son sang ruisselle et l'aveugle. Le Portugais Las Minas, âgé de soixante-dix-sept ans,

---

[1] « Of the horse, three thousand five hundred are saved ; the quarter part of which are Portuguese, who being at the right, gave way upon the first schock of ennemy and abandonned the foot. » *Marlborough Dispatches*, t. III, p. 353. Lettre de M. Methuen à Marlborough. 1er juin 1707.

[2] Saint-Philippe, t. II, p. 116.

grièvement blessé dans l'action, reste lui aussi dans la mêlée. Sa maîtresse, qui l'accompagne à la guerre et qui combat en amazone, tombe morte à ses côtés. Au plus fort du combat, deux régiments français, l'un catholique, l'autre protestant, au service de l'Angleterre et commandé par Cavalier, se reconnaissent, et, sans tirer un coup de fusil, s'abordent à la baïonnette. Étreints par le fer, et plus encore par la haine, ils restent longtemps confondus. On distinguait de loin Cavalier, monté sur un cheval blanc, guidant ses Camisards, et de cette charge fratricide, qui, malgré la chaleur, épouvante les deux armées, à peine trois cents hommes reviennent. Berwick se rappela toute sa vie cet épisode, et il n'en parlait jamais qu'avec horreur [1]..

Au milieu du massacre, treize bataillons ennemis se frayent un passage jusqu'à l'une des montagnes voisines et s'y retranchent. Berwick les entoure et les force à poser les armes. Sa victoire était complète : la cavalerie alliée seule échappait ; toute l'infanterie était prise ou détruite [2]. Cent vingt drapeaux, toute l'artillerie, tous les bagages et un prodigieux butin tombaient au pouvoir des vainqueurs. Ils donnaient pour un écu chacun des beaux chevaux de la cavalerie anglaise. Les nombreux mulets de l'ennemi erraient par troupes dans le camp. On ne daignait pas les vendre [3].

[1] M. Weiss. *Histoire des Réfugiés protestants*, t. 1er, p. 320.

[2] « Our infantry, is wholly taken or distroyed. » Lettre de Methuen précitée. *Marlborough Dispatches*, t. III, p. 353.

[3] *Archives de la Guerre*, vol. 2048, nos 286 et 300. Relation de la

Anéantis par cette défaite, Galway et Las Minas évacuent le royaume de Valence et se replient sur l'Aragon, dans l'intention de se réunir aux insurgés de Catalogne restés fidèles à l'archiduc. Le duc d'Orléans, arrivé le lendemain de la bataille, marche sur Valence avec Berwick. Mais la journée d'Almanza avait répandu partout la terreur ; les villes et les châteaux ouvrent leurs portes : l'armée royale arrive sans coup férir à Valence, où elle trouve des députés qui lui apportent les clefs de la ville. Le duc d'Orléans y établit le gouvernement de Philippe V [1], et, laissant Berwick achever la soumission du royaume de Valence, il envahit l'Aragon et marche sur Saragosse, occupée par deux mille Anglais et six mille paysans. Une charge brillante de ses hussards, qui sabrent les habitants jusqu'au pied des murs, décide la municipalité à cesser toute résistance. Les Anglais évacuent la place et se retirent à Lerida. La prise de Saragosse entraîne la conquête de l'Aragon.

Mais restait la Catalogne, défendue par ses montagnes, les flottes de l'Angleterre, les débris d'Almanza, ses populations soulevées, ses montagnards enrégimentés et la présence même de l'archiduc, qui l'occupait depuis deux ans. Le duc d'Orléans entreprit, sinon de la soumettre, au moins de l'en-

---

bataille d'Almanza, par MM. de Silly et de Monchon, n° 301. Lettre de M. de Chazel à Chamillart, vol. 2049, n°s 11 et 118. Deux relations de la bataille. Avril 1707.

[1] 8 mai 1707.

tamer cette année. Il ordonna à Berwick de venir le joindre[1], et tous deux, avec quarante mille combattants, entrèrent en Catalogne et s'arrêtèrent devant Lerida.

Cette ville était alors une des plus importantes places de l'Espagne. Du côté de l'Aragon, elle fermait la Catalogne dont elle semblait la sentinelle avancée ; du côté de Valence, elle reliait les insurgés du midi à ceux du nord. Entourée de deux enceintes, élevée sur un double roc au bas duquel coulait la Sègre, elle était redoutable par sa situation, mais plus encore par la nature montueuse et stérile du pays qui l'environnait. A ces obstacles il fallait ajouter les difficultés des chemins, une nombreuse garnison qui s'était accrue des paysans des villages environnants, le voisinage des armées de Galway, de Las Minas et de l'archiduc, campées à Barcelone et prêtes à assaillir les assiégeants. Enfin Lerida avait une vieille réputation militaire : deux illustres capitaines, le duc d'Harcourt et le grand Condé avaient échoué sous ses murs[2]. C'était, si l'on peut ainsi parler, le Gibraltar des Pyrénées.

Ces difficultés de toute nature, dont s'alarmait le prudent Berwick, enflammaient le duc d'Orléans qui sentait sa jeunesse et sa force. Il tira de Bayonne l'artillerie nécessaire, et au milieu des chaleurs de l'été il investit Lerida. Les assiégés se défendaient avec résolution. Dès l'ouverture des tranchées, ils

---

[1] 11 juin 1707.
[2] En 1646 et 1647.

lançaient sur les travailleurs des blocs énormes, des grenades, des vases d'huile bouillante et de poix enflammée. Leur feu causa de tels ravages, que les Français s'enfuirent un jour de la tranchée. Pour les ramener, les officiers durent prendre la pioche et travailler avec leurs soldats. Un autre jour, la mèche d'un canonnier enflamma les fascines et faillit dévorer les approches, dont la construction avait coûté tant de sang. Déjà le feu gagnait quand des soldats du régiment de Normandie se jetèrent sur la flamme et l'étouffèrent dans leurs bras. Pendant l'automne, la Sègre gonflée par les pluies emporta nos ponts et sépara l'armée campée sur les deux bords de la rivière.

Le duc d'Orléans rétablit sur-le-champ les communications, et pour prévenir un semblable malheur, il fit disposer des bacs destinés à relier les deux rives. Tour à tour ingénieur, général, intendant, il était nuit et jour à la tranchée, soutenant les travailleurs, consolant et assistant les blessés de sa personne et de sa bourse. Ses deux ennemies, madame de Maintenon et la princesse des Ursins, usèrent vainement contre lui leurs rancunes[1]. Il voulut prendre la ville ; il la prit d'assaut l'épée à la main. Il était temps : le jour même, arrivait de Versailles

---

[1] « Je viens d'apprendre de S. A. R. (le duc d'Orléans), madame, qu'il lui est revenu que vous et moi nous nous étions fort bien entendues ensemble, pour empêcher qu'il ne réussît dans la conquête de Lerida. *Je crois que nous ferons très-bien à l'avenir de ne plus lui faire de niches.* »—Correspondance de madame des Ursins et de madame de Maintenon, t. IV, p. 124. 2 décembre 1707.

un courrier qui lui enjoignait de lever le siége[1].

Ainsi les Français étaient partout victorieux : en Espagne, ils reprenaient Saragosse et Lerida, Valence et l'Aragon ; dans les Alpes, ils repoussaient Victor-Amédée et gardaient le comté de Nice et la Savoie ; en Allemagne, ils forçaient les lignes de Stolhofen, rançonnaient l'Empire et repassaient le Rhin chargés de dépouilles ; en Flandre, enfin, Vendôme réorganisait l'armée, et après avoir arrêté Marlborough, il fermait la frontière avec cent mille soldats.

---

[1] La ville de Lerida fut prise le 13 octobre 1707. La prise de la citadelle remontait au 11 septembre.

Il y a dans le *Recueil de Maurepas* plusieurs chansons sur la prise de Lerida. Voici un couplet d'une des meilleures :

    Sus donc, qu'on prenne le verre,
    Renouvelons nos efforts,
    Et buvons à rouges bords
    A ce grand foudre de guerre (le duc d'Orléans).
    La prise de Lerida
    Met nos ennemis par terre,
    La prise de Lerida
    Met l'archiduc à quia.

Recueil de Maurepas, t. XI, p. 119.

CHAPITRE II

(1708.)

Louis XIV prend l'offensive en Belgique. — Prise de Bruges et de Gand par les Français.—Coupable négligence de Vendôme au delà de l'Escaut. — Bataille d'Oudenarde. — Etrange inaction du duc de Bourgogne à l'aile gauche.—Perte de la bataille.—Vifs reproches de Vendôme au duc de Bourgogne.—Retraite des Français.—Siége de Lille par les alliés.—Discorde dans l'armée française. — Les *Bourguignons* et les *Vendômistes.* — Le duc de Bourgogne vient secourir Lille. — Belle conduite de Boufflers à Lille.—Résistance désespérée des assiégés.—Capitulation de Lille. — Satires et chansons contre le duc de Bourgogne. — Armées du Rhin et des Alpes. — Guerre acharnée en Espagne.—Campagne du duc d'Orléans en Catalogne.—Siége et prise de Tortose. — Campagne du marquis d'Hasfeld dans le royaume de Valence. — Furieuse résistance des insurgés valenciens. — Terribles décrets de M. d'Hasfeld pour les réduire.—Prise d'Alcira et de Denia. —Sac de Xativa.—Siége d'Alicante.—Mort chevaleresque du gouverneur. — Prise d'Alicante et soumission du royaume de Valence. — Tristes résultats de la campagne de 1708.—Les ennemis rançonnent la Flandre et l'Artois.

Encouragé par les victoires de l'année précédente, Louis XIV prend à son tour l'offensive. Il envoie le duc de Bourgogne à l'armée du Nord, et il ordonne à Vendôme d'entrer en Belgique et de venger la déroute de Ramillies. Les alliés, de leur côté, font avancer dans les Pays-Bas leurs meilleures troupes et leurs plus habiles généraux. Le prince Eugène rejoint avec une armée allemande les Anglais, les

Hollandais et Marlborough, et la guerre, disséminée jusque-là sur les champs de bataille d'Allemagne et d'Italie, se concentre dans ces vastes plaines de Flandre, qui ont déjà englouti et qui engloutiront encore tant de bataillons.

Exécutant les ordres du roi, Vendôme passe la frontière, et, sous les yeux de Marlborough, aux acclamations des Belges, il occupe les villes de Bruges et de Gand [1]. Il franchit ensuite l'Escaut qui protége ses conquêtes, et marche à la rencontre de l'ennemi. Eugène et Marlborough s'avançaient en toute hâte pour reprendre les villes perdues. Vendôme, appuyé sur l'Escaut, pouvait facilement le repasser avant eux, mais, confiant dans sa fortune et son rapide génie, il négligea, suivant sa coutume, de s'informer des mouvements de l'ennemi ; tout entier à ses excès habituels, il demeura immobile pendant trois jours, cherchant dans le vin et la paresse l'oubli de ses premières fatigues, et donna aux alliés le temps d'arriver avant lui sur les bords du fleuve qu'ils traversèrent à Oudenarde [2].

Ils avaient six heures d'avance, et quand les Français arrivèrent à leur tour sur le même point, pour effectuer le passage, ils purent voir sur la rive oppo-

---

[1] Juillet 1708.

[2] « Les ennemis avoient douze lieues à faire, il n'en avoit que six : ils marchent trois jours de suite et passent l'Escaut à Oudenarde, qu'il les croit encore sur la Dendre.... Il n'a fait que manger quasi et dormir, et en effet sa santé ne lui permet pas de résister à la fatigue, et par conséquent de pourvoir aux choses nécessaires. » *Mémoires de Noailles*, collection Michaud et Poujoulat. T. XXXII, p. 404-405.

sée des nuages de poussière soulevés par la marche de leurs ennemis. L'illusion de Vendôme était telle qu'il s'écria d'abord que c'étaient des éclaireurs, mais l'incertitude ne fut pas de longue durée, et bientôt il distingua les drapeaux de la Hollande et de l'Angleterre. La bataille était inévitable. Vendôme fait sur-le-champ ses dispositions. Il enjoint au duc de Bourgogne de prendre la gauche et de charger ; lui-même s'élance à cheval, et suivi de la droite il marche à l'ennemi. Cette lutte, dont les conséquences devaient être si fatales à nos armes, s'engagea près d'Oudenarde, le 11 juillet 1708.

Eugène et Marlborough, qui avaient l'avantage du temps, massent leur armée sur une hauteur protégée par des ravins et des fossés qu'ils couronnent d'une nombreuse artillerie. Les Français arrivent au pied de cette colline avec tout le désordre d'une marche précipitée. Leurs canons restent en arrière ; leur cavalerie, qui forme la meilleure partie de leurs forces, s'avance gênée par les obstacles du champ de bataille, et, ce qui est plus effrayant, en face de l'ennemi, la discorde divise leurs chefs. D'un côté, avec le petit-fils de Louis XIV, les ennemis et les envieux de Vendôme, les dévots et les partisans de la paix ; de l'autre, les clients de Monseigneur, les officiers de Philippe, les libertins, les amis et les vieux compagnons de Vendôme, le parti de la guerre enfin, faction souveraine dans les camps.

Pressé par une impérieuse nécessité et excité par le péril, Vendôme forme ses colonnes, place en avant quatre canons, les seuls qu'il ait encore à sa disposition dans ce moment critique, et, sans attendre le duc de Bourgogne, il commence l'attaque avec l'aile droite. La présence de leur *père Vendôme* enivre les soldats. Sous le feu, au milieu des haies et des fossés, ils escaladent la hauteur couverte de bataillons ennemis, et une mêlée terrible s'engage à l'arme blanche. Les Français chargent avec furie, mais les alliés résistent à leurs assauts, et les deux armées avancent et reculent tour à tour sans avantage décisif.

Tandis que Vendôme payait ainsi de sa personne, la gauche et le duc de Bourgogne, au mépris d'un ordre formel, restaient en ligne de bataille. Surpris de cette inaction, Vendôme dépêche au prince un aide de camp pour lui renouveler ses injonctions ; mais alors éclate l'odieuse rivalité des partis. Au lieu d'obéir, les officiers du duc de Bourgogne lui représentent qu'il est impossible de franchir un ruisseau placé devant eux, et déclarent que le seul parti à prendre est de se retrancher. Le duc de Bourgogne résiste d'abord à ces perfides conseils : « Que dira M. de Vendôme, répond-il, quand il saura que je me retranche au lieu de charger[1] ? » Mais ses officiers insistent ; le prince, qui n'est point général, finit par céder, et, pendant six heures, tandis que Vendôme lutte avec désespoir contre des forces triples des siennes, les trente mille hommes de la

---

[1] *Archives de la Guerre*, vol. 2081, n° 170. 19 juillet 1708. Lettre de Vendôme au roi. Pelet, t. VIII.

gauche restent l'arme au bras et regardent curieusement mourir leurs compagnons [1].

Marlborough, ne sachant à quelle cause attribuer l'inaction du duc de Bourgogne, resta d'abord indécis, mais voyant qu'elle se prolongeait, il détacha vingt bataillons de sa droite, placée en face du prince, où ils étaient désormais inutiles, et les lança sur les flancs de Vendôme. Attaqués de front et de côté, au milieu des fossés et des haies, sans voir, sans entendre leur général, les Français combattent en désordre, mais de pied ferme. Leur cavalerie, qui souffrait le plus des inégalités du terrain, fournit les charges les plus brillantes et les plus téméraires ; mais la lutte était trop inégale. Que pouvait la bravoure individuelle contre les savantes combinaisons des généraux alliés ? Les soldats de Vendôme étaient hors d'haleine quand ils arrivèrent sous le feu de l'ennemi ; ils combattaient sans ordres, sans direction, et, pour comble de malheur, les munitions vinrent à manquer. Ils ne reculèrent pas toutefois, et, pendant une heure, ils conservèrent sous la mitraille la plus étonnante impassibilité. L'issue de la bataille n'était plus douteuse : non-seulement les alliés gardaient leurs positions, mais à chaque instant ils gagnaient du terrain. La déroute était générale.

---

[1] « Je crois que l'affaire a été commencée à propos, et que même il étoit indispensable de s'en empêcher, par les raisons que je viens de dire à Votre Majesté. Je ne pouvois deviner que cinquante bataillons et cent quatre-vingts escadrons des meilleurs de cette armée se contenteroient de nous voir combattre pendant six heures, *et regarderoient cela comme on regarde l'opéra des troisièmes loges.* » Même dépêche.

Sans un heureux hasard [1], la maison du roi elle-même aurait succombé dans ce désastre. Déjà Marlborough s'apprêtait à recueillir tous les fruits de la victoire, et la France allait avoir à déplorer une autre journée d'Azincourt, quand la nuit vint envelopper les deux armées confondues dans la bataille.

Le désordre qui régnait depuis le commencement de l'action prit dès lors des proportions inouïes ; les nôtres, ne sachant où se rallier, erraient au milieu des colonnes ennemies ; Eugène, mettant à profit cette cruelle incertitude, envoya de tous côtés des déserteurs avec ordre de battre des marches françaises et de crier comme auraient pu le faire des officiers égarés, les noms de leurs régiments : Champagne ! Piémont ! Navarre ! Attirés par ces cris trompeurs, les Français donnent tête baissée dans les ennemis, qui les saisissent et les désarment. Quatre mille hommes disparaissent ainsi sans combat [2].

Le lendemain, malgré les pertes de la journée, Vendôme voulait recommencer la bataille, et, enthousiasmé du courage de ses troupes, il garantissait la victoire ; mais les officiers du duc de Bourgogne conseillèrent la retraite. Vendôme alors éclata : « Eh bien ! messieurs, leur dit-il, je vois que vous le voulez tous ; il faut donc se retirer. Aussi bien, Monseigneur, continua-t-il en s'adressant au prince, il y a

---

[1] *V.* Saint-Simon, t. VI, p. 255.
[2] *Archives de la Guerre*, vol. 2081, n° 78. Lettre de M. d'Artagnan. Pelet, t. VIII, p. 386. Lettre de Vendôme précitée.—*Mémoires de Feuquières.*

longtemps que vous en avez envie [1]. » Le duc de Bourgogne eut la force de garder le silence. Il avait suivi de bonne foi les avis de son état-major. Les seuls coupables étaient ses conseillers. Vendôme lui-même avait commis la première faute, en demeurant inactif pendant trois jours au delà de l'Escaut.

Suivant l'avis de son entourage, le duc de Bourgogne battit en retraite. Berwick arrivait avec une nouvelle armée. Au lieu de marcher à sa rencontre, le prince se replie le long du canal de Bruges, espérant garder au moins cette ville, l'une de ses conquêtes du printemps; mais les ennemis ne l'attaquent pas. Au mépris de toutes les règles, ils laissent derrière eux des places fortes, passent la frontière et marchent sur Lille. Là ils partagent leurs forces. Eugène avec soixante mille hommes investit Lille; avec quarante mille autres, Marlborough campe aux environs, afin de protéger les convois des assiégeants et tenir les Français en échec [2].

Vendôme et le duc de Bourgogne rejoignirent alors Berwick, puis ils s'approchèrent de Lille avec cent vingt mille soldats et deux cents pièces d'artillerie. Mais de nouvelles dissensions paralysaient cette nombreuse et magnifique armée. Au lieu de calmer la discorde, l'arrivée de Berwick avait donné un chef aux mécontents. Berwick n'avait ni affection ni estime pour Vendôme, contre lequel il ressentait cette misérable envie qui atteint les plus grands

[1] Saint-Simon, t. IV, p. 249.
[2] Août 1708.

cœurs. Dès les premiers jours, il refusa de prendre les ordres du général en chef, qui, disait-il, n'était pas maréchal de France[1]. Vendôme informa le roi de ce refus, et il se plaignit en même temps des officiers qui conseillaient le duc de Bourgogne[2]. Louis XIV ordonna à Berwick d'obéir à Vendôme; mais, en dépit de cette injonction, le fils de Jacques II affecta de n'écouter que le duc de Bourgogne. Leur mésintelligence se manifesta bientôt dans le conseil. Vendôme voulait attaquer Eugène devant Lille; Berwick déclara qu'on perdrait à la fois la place et l'armée[3]. Des conseils, la discorde descendit bientôt dans le camp. Les soldats, qui brûlaient de venger la déroute d'Oudenarde, apprirent que Vendôme voulait combattre, que le duc de Bourgogne ne le voulait pas, et ils se mirent à crier aux *Vendômistes* et aux *Bourguignons* sur le passage de leurs officiers, suivant la bonne ou mauvaise opinion de leur courage[4]. Fatigué de ces déchirements, Vendôme offrit sa démission au roi, qui la refusa[5]. Quoi qu'il en soit, même en

---

[1] Louis XIV n'avait pas voulu élever Vendôme au maréchalat, à cause de son titre de prince légitimé, mais il lui avait accordé en 1706 une patente de maréchal général qui lui donnait le commandement sur les maréchaux. (Saint-Simon, t. V, p. 45.)

[2] *Archives de la Guerre*, vol. 2083, n° 28. Lettre de Vendôme au roi; 6 septembre 1708. Pelet, t. VIII, p. 89.

[3] « Il est triste de voir perdre Lille, mais il est plus triste encore de perdre l'unique armée qui nous reste et qui puisse arrêter l'ennemi après la perte de Lille. » *Archives de la Guerre*, vol. 2083, n° 31[?]; Lettre de Berwick à Chamillart; 6 septembre 1708. Pelet, t. VIII, p. 91.

[4] Saint-Simon. t. VI, p. 342.

[5] « C'est une chose pitoyable de voir que la bonne volonté de cette armée devienne inutile par les conseils du maréchal de Berwick et de elques officiers qui détruisent en un moment, dans l'esprit du duc de

admettant que les torts aient été partagés, comme il n'arrive que trop souvent quand les esprits sont vivement surexcités, il est un point sur lequel il faut tomber d'accord, c'est que Vendôme avait raison quand il proposait au roi d'attaquer les alliés sous les murs de Lille. C'était aussi l'opinion de Villars : « Turenne, notre maître à tous, disait-il à Louis XIV qui l'avait mandé à Versailles pendant le siége de Lille, avait pour maxime qu'il faut combattre pour sauver les places de première ligne, parce que plus tard on se verra toujours forcé de combattre pour celles de la seconde. »

Profitant de l'inaction des Français, les alliés ouvrirent la tranchée devant Lille. A la première nouvelle, le maréchal de Boufflers, vieillard plein de vertu et de patriotisme, se traîna, perclus de goutte, aux pieds du roi, et sollicita l'honneur de défendre la capitale de la Flandre, dont il était le gouverneur. Louis XIV, touché d'un pareil dévouement, céda à sa demande, et Boufflers courut s'enfermer dans la place[1]. Il remplit sur-le-champ les fossés, inonda les campagnes, coupa les blés et les arbres à quatre cents toises autour des murailles, rassembla quatre mille fuyards d'Oudenarde, soldats de toutes armes, con-

---

Bourgogne, tout ce que je puis lui inspirer : cela dure depuis le commencement de la campagne ; mais j'avoue que je n'y puis plus tenir. Ainsi je vous prie, en faveur de l'amitié que vous m'aviez autrefois promise, d'obtenir mon congé du roi. » *Archives de la Guerre*, vol. 2083, n° 29 ; lettre de Vendôme à Chamillart. 6 septembre 1708. Pelet, t. VIII, p. 90.

[1] 29 juillet 1708.

fondus par la déroute [1], et leur rendit leur valeur par des exercices et des manœuvres continuelles. Dans la ville, il leva quatre bataillons de milice qui rivalisèrent avec les troupes. Il enrégimenta les armuriers et les forgerons pour réparer les mousquets et l'artillerie, et leur donna trois cent mille francs de sa bourse.

Stimulé par l'importance de la mission qui lui était confiée, il déploya dans un âge avancé toute l'énergie et toute l'activité des jeunes années. C'était peu d'avoir organisé la défense, d'avoir su communiquer à des hommes qui n'avaient aucune expérience de la vie militaire l'enthousiasme patriotique dont il était lui-même animé ; il fallait encore pourvoir aux besoins de chaque jour, ménager habilement les faibles ressources dont il pouvait disposer, de manière à maintenir, aussi longtemps que les circonstances l'exigeraient, cet esprit de discipline et cette abnégation qui sont des gages certains de sécurité dans une ville assiégée. C'est en cela qu'il fut réellement admirable. On le vit dès les premiers jours veiller à l'exacte distribution des vivres, présider à l'organisation des ambulances, diriger lui-même tous les travaux et s'exposer à tous les périls. « Sa prévoyance s'étendait à tout, dit Saint-Simon, et dans l'exécution il n'oubliait rien. Sa bonté et sa politesse, qui ne se démentaient en aucun temps, lui gagnaient tout le monde..... On ne peut comprendre comment un

---

[1] *Troupes de salade*, dit plaisamment Saint-Simon.

homme de son âge et usé à la guerre put soutenir un pareil travail de corps et d'esprit, et sans sortir jamais de son sang-froid et de son égalité [1]. »

Après ces rapides préparatifs, Boufflers disputa pied à pied les approches ; il arrêta le travail des tranchées par un feu terrible et par des sorties continuelles. Le prince Eugène, de son côté, montrait la même ardeur dans l'attaque. Son artillerie, qui comptait deux cents canons, entourait la ville d'un cercle de bouches à feu, qui battaient et démolissaient sans relâche les remparts. Bientôt aux décharges régulières de l'artillerie se mêlèrent les explosions des mines, puis les luttes corps à corps dans les tranchées et jusqu'au pied des murailles. Après la prise des approches, l'acharnement redoubla, et il ne s'écoula plus un seul jour sans une mêlée. Les ennemis donnèrent sept assauts pour enlever le chemin couvert, et livrèrent successivement quinze grands combats. Dans l'un d'eux ils perdirent deux mille hommes ; dans un autre, cinq mille. A cette dernière affaire, Eugène tomba frappé d'une balle au front. On le crut mort, tandis qu'il n'était qu'évanoui, et on le jeta dans un tombereau qui le conduisit au camp. Le lendemain, comme des monceaux de cadavres jonchaient les murs, les ennemis, effrayés d'un spectacle qui décourageait leurs soldats, demandèrent une trêve de vingt-quatre heures pour les ensevelir. Boufflers refusa, disant qu'il les enseveli-

[1] V. Saint-Simon, t. VI. p. 359 et 360.

rait lui-même. Il tint parole : la nuit suivante les Français firent une sortie, et, prenant les morts sur leurs épaules, les jetèrent dans les tranchées, dont ils comblèrent ainsi plusieurs toises [1]. Les pertes des ennemis, depuis le commencement du siége, étaient énormes. Leurs hôpitaux étaient si encombrés que le prince Eugène couchait ses blessés dans les rues. Celles de Courtray et de Menin étaient obstruées par leurs lits.

Les assiégés souffraient comme les assiégeants ! Les vivres leur manquaient ; ils ne recevaient plus depuis longtemps qu'une demi-ration, et ils allaient épuiser leurs munitions. Un intrépide capitaine de Boufflers se chargea d'aller informer le duc de Bourgogne de cette détresse. Il franchit à la nage sept canaux, tenant entre ses dents la lettre du maréchal, traversa deux fois l'armée ennemie, et revint à Lille après avoir accompli sa mission. Un officier général, le chevalier de Luxembourg, gouverneur de Douai, entreprend de porter de la poudre aux assiégés. Il choisit deux mille cavaliers, leur donne à chacun l'uniforme hollandais, trois mousquets, soixante livres de poudre, un sac de pierres à fusil et prend la route de Lille. Il arrive à la nuit aux retranchements des alliés. « Qui vive ! crie la sentinelle. —Hollande, de l'armée de Marlborough ! » répond Luxembourg en hollandais. A ces mots, la barrière s'ouvre, et les cavaliers de Douai défilent deux à

[1] *Mémoires de Saint-Hilaire*, t. IV, p. 66.

deux. Quinze cents passent, et l'escorte entière allait suivre, lorsqu'un officier étourdi commande en français de serrer les rangs. Ce langage donne l'alarme : la barrière se referme, les sentinelles font feu, quelques-unes lancent des grenades, qui enflamment les sacs de poudre et font sauter soixante chevaux avec leurs cavaliers. Ceux qui étaient restés en dehors s'enfuient vers Douai ; les alliés poursuivent vainement les autres. Luxembourg entre au galop dans Lille avec soixante milliers de poudre [1].

Ce faible secours prolongea quelque temps la résistance. Pour remplacer ses morts, Boufflers enrôla les jeunes ouvriers de la ville. Il employait les bourgeois à porter des vivres, à éteindre les bombes, à faire des cartouches. Toutes les nuits, cinq mille hommes travaillaient aux remparts et réparaient les brèches de la journée. Quand l'artillerie ennemie, plus rapprochée, abattit des pans de murs entiers, Boufflers entassa dans les brèches les plus gros arbres des remparts, les grilles des maisons, barricada les rues et se prépara à soutenir l'assaut. L'intrépide vieillard se montrait partout à la fois, dans les magasins à vivres, à l'arsenal, aux exercices, dans la mêlée.

Il couchait tout habillé, partageait le pain des soldats, mangeait comme eux du cheval [2]. Il visitait chaque jour les hôpitaux, consolant et secourant les malades et n'oubliant que lui-même. Blessé plusieurs

[1] 29 septembre 1708.
[2] On mangea huit cents chevaux pendant le siége.

fois, il prit à peine le temps de se faire panser ; les habitants se soulevèrent un jour pour le forcer à garder la chambre. Les Lillois, du reste, ne se départirent pas un instant de leur insouciance et de leur gaieté, l'âme de la nation française. Le théâtre ne ferma pas une seule fois : une bombe éclata sous la porte de la salle, sans interrompre la représentation. Cependant jamais siége n'avait présenté réunies toutes les plus horribles images de la guerre.

Il fallut céder pourtant. La moitié de la garnison était morte, l'autre mourante, la ville était démantelée de toutes parts, et Boufflers, voulant du moins lui épargner les horreurs d'un assaut, demanda à capituler. Eugène, enthousiasmé d'une telle défense, répondit qu'il lui accorderait toutes les conditions compatibles avec son devoir. Le maréchal demanda seulement à sortir de la ville avec la garnison, et il se jeta dans la citadelle avec les quatre mille hommes qui lui restaient [1]. Il y tint encore six semaines, puis, sur l'ordre du roi, qui voulait conserver de si braves gens, il rendit la citadelle. Eugène, cette fois encore, lui laissa régler la capitulation. La veille de la sortie des Français, il vint rendre visite à Boufflers et l'embrassa avec admiration. Au moment du défilé, il plaça le maréchal à ses côtés et lui fit rendre les mêmes honneurs qu'à lui-même. Il l'emmena ensuite dans sa voiture et le retint le soir à sa table ainsi que ses officiers. Lille, du reste, coûtait cher aux enne-

---

[1] 25 octobre 1708.

mis : ils avaient dix mille blessés et laissaient sous les murs dix-huit mille morts.

A Paris, l'opinion célébra l'héroïsme de Boufflers, mais elle condamna Vendôme, Berwick et le duc de Bourgogne, dont les dissentiments avaient entraîné la perte de Lille [1]. Pour rétablir la concorde, Louis XIV rappela Berwick ; mais l'occasion avait fui sans retour, la campagne était finie. Le duc de Bourgogne reçut bientôt l'ordre de revenir à Versailles, et Vendôme, débarrassé successivement de tous ses compétiteurs, put espérer un instant qu'il resterait maître de la situation et que le roi lui laisserait le commandement de l'armée du Nord. Il fut promptement désabusé ; les secrètes représentations qu'il adressa à Louis XIV sur la nécessité de rester pendant l'hiver, afin d'être plus tôt prêt à entrer en campagne au printemps, ne furent pas écoutées, et il dut lui aussi revenir à la cour. Il y arriva le 15 décembre, plein de confiance dans la puissance de son parti et surtout dans la popularité dont il jouissait et dont il avait reçu des témoignages si éclatants deux années auparavant, à son retour d'Italie. Il pensait que sa seule présence à Versailles suffirait pour dissiper les justes préventions que ses fautes avaient suscitées contre

[1] « Il n'est pas naturel qu'étant maître des places et du pays, avec une armée au moins égale à celle des ennemis, ils fassent passer tous leurs convois et prennent Lille, sans que monseigneur le duc de Bourgogne leur fasse un obstacle. Le public peu charitable en attribue la cause au peu d'union qui est entre M. de Vendôme et vous. Je voudrais que vous eussiez déjà trouvé l'occasion de le désabuser. » *Archives de la Guerre*, vol. 2075, n° 142. Lettre de Chamillart à Berwick, 30 octobre 1708. Pelet, t. VIII, p. 465.

lui ; la froideur marquée avec laquelle le roi l'accueillit n'était pas de nature à justifier une pareille présomption ; toutefois il ne se tint pas pour battu, et il se rendit chez Monseigneur, son plus zélé défenseur et son meilleur ami ; il y fut bien reçu, mais à l'air embarrassé du prince, à ses réponses évasives, il comprit que les temps n'étaient plus les mêmes, et quand il parla de donner des fêtes à Anet, il se trouva que les chemins étaient fort mauvais, circonstance qui, naguère, alors qu'il était dans tout l'éclat de sa faveur, n'avait pas empêché tous les courtisans de briguer l'honneur d'une invitation et de déserter Versailles et Marly pour venir célébrer celui que le maître avait distingué. Quoi qu'il en soit, les illusions que Vendôme avait pu conserver ne furent pas de longue durée ; son commandement lui fut bientôt retiré [1] et le séjour de la cour lui fut interdit.

Alors éclatèrent des récriminations, et comme toujours les partis furent implacables. Les amis de Vendôme raillèrent la prudence du duc de Bourgogne par des chansons qui coururent la ville et les provinces [2]. Ils racontaient que, pendant toute la durée de la campagne, il avait donné, à diverses reprises et dans les circonstances les plus graves, des signes non équivoques d'insouciance et de légèreté ; que notamment en recevant la nouvelle de la capitu-

---

[1] Premiers jours de 1709.
[2] Saint-Simon, t. VI, p. 292. Il y a un nombre considérable de chansons dans le *Recueil Maurepas* contre le duc de Bourgogne, notamment un pot-pourri assez plaisant du trop célèbre abbé Grécourt. *Recueil de Maurepas*, t. XI.

lation de Lille, il n'avait pas cru devoir interrompre une partie de volant qui était commencée. On affirmait que, suivant les préceptes du *Télémaque*, il préférait la paix à la guerre ; qu'il avait laissé prendre Lille pour préparer des négociations ; qu'il avait empêché la bataille dans la crainte de perdre des âmes [1] ; et, à cette occasion, on se plaisait à répéter ce propos attribué à l'un des familiers du prince : « Vous aurez le royaume du ciel, disait le marquis d'O, un jour qu'il revenait de la messe, mais pour celui de la terre, le prince Eugène et Marlborough s'y prennent mieux que vous... » Nous n'avons pas besoin de réfuter ces calomnies. L'inexpérience du prince était son seul crime.

Cependant, si les partis étaient divisés sur la part qui revenait à Vendôme et au duc de Bourgogne dans les malheurs qui venaient de frapper la nation, il y avait un nom devant lequel toutes les jalousies s'effaçaient pour faire place à un enthousiasme bien légitime : c'était celui du maréchal de Boufflers, « héros malgré soi-même, dit Saint-Simon, par l'aveu public des Français et de leurs ennemis. Louis XIV qui, la veille de son arrivée, s'était montré si froid envers Vendôme, réservait à l'illustre défenseur de Lille toutes ses grâces et toutes ses faveurs. Après l'avoir embrassé à plusieurs reprises, il lui laissa le choix des récompenses qu'il avait si bien méritées. Comme le maréchal se récusait sur ce qu'il se trouvait trop

---

[1] *Lettre de madame de Maintenon à la princesse des Ursins.* 25 novembre 1708.

magnifiquement payé des bontés et de l'estime du roi. « Oh ! bien, monsieur le maréchal, lui dit enfin le roi, puisque vous ne voulez rien demander, je vais vous dire ce que j'ai pensé, afin que j'y ajoute encore quelque chose si je n'ai pas assez pensé à tout ce qui peut vous satisfaire ; je vous fais pair, je vous donne la survivance du gouvernement de Flandre pour votre fils, et je vous donne les entrées des premiers gentils-hommes de la Chambre [1]. » C'était rendre un juste hommage à un héroïsme digne des temps antiques et à un désintéressement dont on aimerait à trouver plus d'exemples dans les mauvais jours de ce grand règne.

Ainsi se termina cette campagne du Nord dont les désastres furent d'autant plus sensibles qu'ils avaient été moins prévus[2]; sur le Rhin, les deux armées étaient attentives aux graves événements qui s'accomplissaient en Flandre ; elles y envoyaient des renforts et semblaient y combattre elles-mêmes. Le général de l'empire, George de Hanovre, établissait à Ettlingen, en face de Strasbourg, de nouvelles lignes destinées à remplacer celles de Stolhofen et à couvrir l'Allemagne. Il passait ensuite le Rhin, mais les maladies et les désertions l'empêchèrent de rien entreprendre. Les deux armées s'observèrent tout l'été, échangèrent quelques coups de canon et se séparèrent sans combattre.

[1] Saint-Simon, t. VI, p. 425.
[2] *Mémoires de Berwick*, p. 404. « Il fallut, dit-il, pour la rendre telle, que nous fissions sottise sur sottise. »

Dans les Alpes, les hostilités languissaient comme en Allemagne. Le duc de Savoie, mécontent de Joseph I" qui lui refusait le Montferrat, confisqué par l'empereur sur le duc de Mantoue et enclavé dans le Piémont, hésitait à se mettre en marche. Sur les instances de l'Autriche, il se décida pourtant à prendre les armes, suivit la vallée de Suze, traversa le mont Cenis et s'avança jusqu'aux portes de Chambéry. Mais Villars, qui commandait l'armée des Alpes, arrêta les progrès des Piémontais. Victor-Amédée ne put prendre Chambéry et se retira en brûlant les récoltes et les moissons de ses sujets.

Mais si la guerre était pour ainsi dire suspendue en Alsace et en Italie, elle continuait en Espagne avec la fureur des années précédentes. Malgré les succès de Berwick et du duc d'Orléans, la victoire d'Almanza, la prise de Valence, de Saragosse, de Lerida, le royaume de Valence et la Catalogne refusaient toujours de reconnaître Philippe V. Les insurgés valenciens tenaient Xativa, Alcira, Denia et Alicante, occupées par des garnisons britanniques et sans cesse approvisionnées par la mer. En Catalogne, l'archiduc occupait toute la province, à l'exception de Lerida ; il conservait les régiments anglais, hollandais et portugais revenus d'Almanza, quelques bataillons d'Autrichiens et les nombreux Catalans rangés sous ses drapeaux. Pour les conduire, il avait deux habiles capitaines, l'Allemand Stahremberg, illustré par ses campagnes de Hongrie et d'Italie, et l'Anglais Stanhope, à la fois général et diplomate, qui, par son esprit et son originalité, rappelait le chevaleresque Peterborough, qu'il surpassait cependant en mérite[1], comme général et comme homme d'Etat.

Pour tenir tête à ces redoutables hommes de guerre, Louis XIV envoya de nouveau en Espagne le duc d'Orléans. Malheureusement le prince eut encore à lutter contre les sourdes manœuvres de la princesse des Ursins et de madame de Maintenon. Une imprudence du jeune duc avait ravivé leur haine. Faisant allusion à leur intervention dans les affaires, Philippe avait porté ce toast dans l'ivresse d'un souper : « Messieurs, à la santé de la femme lieutenant et de la femme capitaine[2] ! » Cette plaisanterie avait été rapportée aux deux reines et lui valut deux ennemies irréconciliables : à Versailles, madame de Maintenon redoubla ses attaques ; à Madrid, la princesse des Ursins entrava de tout son pouvoir les préparatifs de la campagne.

En dépit de honteuses menées, qui vont jusqu'à la trahison, le prince rassemble son armée. Il descend l'Ebre et entre en Catalogne, où il assiége la forte ville de Tortose, second boulevard de Barcelone après Lerida, qui reliait alors les insurgés catalans aux valenciens. A cette nouvelle, l'archiduc, Stanhope et Stahremberg arrivent au secours de cette ville.

---

[1] James Stanhope, né en 1673, mort en 1721. Ministre favori de George Ier, il joua un grand rôle sous la Régence.

[2] Les termes du toast étaient, il est vrai, beaucoup plus énergiques. V. Saint-Simon, t. VI, p. 241.

Philippe poursuit les opérations du siége et tient tête aux forces de l'archiduc. Malgré la présence des ennemis, les difficultés du terrain, la détresse de son armée et l'insuffisance de ses ressources, il s'empare de Tortose [1]. Il enlève ensuite Venasque, Balaguer, bourgs fortifiés de la Catalogne, et déjà il songeait à marcher sur Barcelone pour reprendre à l'archiduc sa dernière capitale, lorsque les perfidies de madame des Ursins vinrent couper court à ses projets. L'implacable favorite, tout en protestant de son bon vouloir [2], retardait à dessein les convois qui lui étaient destinés, et l'accusait près de Philippe V de convoiter à la fois sa femme et sa couronne [3]. Fatigué de ces tracasseries et indigné de ces lâches calomnies, le duc d'Orléans se démit de son commandement, mit ses troupes en quartiers d'hiver, et quitta l'Espagne pour n'y plus revenir.

La lutte continue dans le royaume de Valence avec le sombre caractère d'une guerre civile. Après la victoire d'Almanza, Philippe V avait enlevé aux

---

[1] « Juillet 1708. De trois mille hommes qui capitulèrent à Tortose, dix-huits cent entrèrent au service de Philippe V. V. *Mémoires de Noailles,* collection Michaud. T. XXXII, p. 205.

On trouve un exemple de l'insigne fausseté de la princesse des Ursins dans une lettre qu'elle écrivait à madame de Maintenon, à la date du 12 novembre 1708. « Du reste, madame, je puis avoir l'honneur de vous dire que le roi, la reine, M. l'ambassadeur et moi, n'avons pas la moindre chose à nous reprocher à l'égard de S. A. R. (le duc d'Orléans). On lui a donné en public et en particulier toutes les louanges qui lui sont dues, et on a recherché toute sorte de moyens pour lui plaire. » V. *Correspondance de madame des Ursins,* édition Auger, t. IV, p. 166.

On répandait le bruit que le duc d'Orléans était amoureux de la reine d'Espagne. Saint-Simon, t. VI, p. 292.

Valenciens leurs fueros, taxé leurs villes, désarmé leurs milices et astreint leur pays à la loi commune de la monarchie [1]. Ces rigueurs, qui semblaient plus insupportables aux habitants que la mort même [2] prolongeaient la résistance et exaspéraient les révoltés. Il fallut, pour les réduire, l'énergique opiniâtreté du marquis d'Hasfeld, brave et rigide soldat, élève de Berwick, mais, comme lui, sans pitié pour les vaincus. D'Hasfeld emporta d'assaut les villes insurgées : Xativa [3], Alcira, Denia. Il détruisit de fond en comble la petite place de Xativa [4], dont la défense avait été furieuse. Ses habitants, soutenus par six cents Anglais, avaient opposé une résistance héroïque ; après avoir ouvert la brèche, il avait fallu abattre à coups de canon de nouveaux retranchements élevés derrière les murs, « puis attaquer rue par rue et maison par maison ; ces enragés se défendaient partout avec une bravoure et une fermeté inouïes ; enfin après quinze jours de siége et huit jours que nos troupes étaient dans la ville, on s'en rendit totalement maître l'épée à la main [5]. »

Après ces premiers succès, d'Hasfeld, pour dompter les Valenciens, leur imposa des lois terribles ; il leur défendit sous peine de mort de garder une arme, fût-ce un couteau, et fit exécuter impitoyablement ses ordonnances. Il fit pendre les insurgés par cen-

[1] William Coxe, t. Ier, p. 506.
[2] Saint-Philippe, t. Ier, p. 266.
[3] 26 mai 1707.
[4] Elle fut rebâtie plus tard sous le nom de San-Felipe de Xativa.
[5] *Mémoires de Berwick*, collection Michaud. T. XXX, p. 390-391.

taines : « les arbres, dit Saint-Philippe, semblaient manquer [1]. »

D'Hasfeld assiégea enfin la dernière des places insurgées, Alicante, que défendait une garnison anglaise, commandée par un brave officier, nommé Richard, digne d'un tel adversaire. La ville prise, Richard se retira dans la citadelle, bâtie sur un rocher et regardée comme imprenable. Après cinq mois perdus en efforts inutiles, d'Hasfeld, excellent ingénieur formé à l'école de Vauban, reconnaissant l'inefficacité de ses tentatives, pratiqua sous le rocher une mine d'une largeur et d'une profondeur considérables. Toutefois, avant d'y mettre le feu, il voulut épargner la garnison, et fit offrir au gouverneur les conditions les plus honorables, l'invitant, en lui laissant vingt-quatre heures pour délibérer, à envoyer des ingénieurs pour examiner les travaux et reconnaître l'exactitude de ses assertions ; il poussa la condescendance jusqu'à les accompagner lui-même dans leur visite. Le général anglais, convaincu que le rocher résisterait à la poudre, rejeta les propositions, et, par un héroïque défi, convia son état-major à dîner sur l'emplacement qui avait été miné. D'Hasfeld y met le feu, et le rocher saute emportant le gouverneur et ses convives. Malgré cette catastrophe, le colonel d'Albon, qui succéda à Richard dans le commandement, refusa lui aussi de se rendre, et il continua la courageuse résistance de son prédécesseur.

[1] *Mémoires de Saint-Philippe.* — *Archives de la Guerre*, vol. 2104 et 2105.

Enfin, après cinquante-sept jours de tranchée ouverte, il accepta une capitulation, sortit avec tous les honneurs de la guerre et revint triomphalement à Barcelone [1]. La prise d'Alicante complétait la soumission du royaume de Valence. Les Anglais vengèrent cet échec en prenant aux Espagnols la Sardaigne et les îles Baléares.

Ainsi finit l'année 1708. Philippe V recouvrait le royaume de Valence et la moitié de la Catalogne; mais l'archiduc gardait Barcelone et son armée de Catalans commandée par Stahremberg et Stanhope, et la Grande-Bretagne occupait la Sardaigne et les Baléares. En Alsace et en Savoie les Français repoussaient l'ennemi, mais dans le Nord, Vendôme perdait à Oudenarde la plus magnifique armée de Louis XIV. Les alliés prenaient la Belgique et Lille, et leurs partis rançonnaient les campagnes de France jusqu'aux portes d'Arras et d'Amiens [2].

[1] 7 avril 1709. *Archives de la Guerre*, vol. 2104, 2105 et 2117.
[2] Décembre 1708.

CHAPITRE III.

(1708-1709.)

Invasion et détresse de la France. — Etat des finances. — Démission de Chamillart. — Avénement et caractère de Desmarets. — Ses réformes. — Le grand hiver de 1709. — Famine. — Epouvantables misères à Paris et dans les provinces. — Inondations. — Emeutes sur les marchés. — Agitation à Paris. — Dangereuse révolte des protestants dans le Vivarais. — Tentatives pacifiques de Louis XIV auprès des Etats-Généraux. — Les deux partis de la Hollande. — Inutile mission du président Rouillé à la Haye. — Dure réponse des Etats-Généraux — Triste délibération des ministres à Versailles. — Torcy s'offre au roi pour aller négocier en Hollande. — Son départ et son arrivée à la Haye. — Le Grand-Pensionnaire Heinsius. — Sa maison et son caractère. — Conférences de la Haye. — Physionomie de ces conférences. — Murmures du parti militaire en Hollande. — Prétentions exagérées des alliés. — Ultimatum de la France. — Rupture des conférences. — Lettre de Louis XIV publiée dans toutes les paroisses. — La guerre devient nationale.

La France était envahie et épuisée. On a vu plus haut l'administration de Chamillart, la ruine du Trésor, les souffrances de l'agriculture et de l'industrie ; toutes ces misères n'avaient fait que s'accroître depuis deux ans. La crise financière était épouvantable : Chamillart avait dépensé d'avance les revenus de cinq ans ; sur 1708, qui s'ouvrait, il n'avait plus à recevoir que vingt millions, et il en fallait deux cents pour le service. Les papiers royaux, dont l'État ne payait ni le capital, ni l'intérêt, s'élevaient à cinq cents millions et perdaient quatre-vingts pour cent. L'exportation était arrêtée par la guerre, le commerce intérieur étouffé par les douanes, l'énormité des impôts, l'altération périodique des monnaies, l'encombrement des papiers royaux et par le déplorable décret de Chamillart, qui prescrivait d'effectuer les payements, moitié en papier, moitié en espèces ; la source impure et ruineuse des affaires extraordinaires elle-même était tarie. La France n'avait pas traversé de telles épreuves depuis l'avénement de Henri IV.

Accablé par le travail et le chagrin, Chamillart tomba gravement malade, et il remit au roi les Finances[1]. Louis XIV le remplaça par Nicolas Desmarets, neveu de Colbert, qui eut le courage d'accepter la lourde succession de Chamillart. Desmarets n'avait pas l'irréprochable réputation de son prédécesseur. On l'accusait d'avoir fait des profits illégitimes dans une refonte de monnaies, et ce grief, peut-être calomnieux, l'avait retenu vingt ans dans ses terres. Son mérite effaça le scandale de cette affaire. Laborieux et intelligent, élevé à la rude école de Colbert, avec lequel il travaillait seize heures par jour[2], il n'avait oublié ni l'exemple, ni les leçons de

---

[1] Février 1708.

[2] « Un jour, raconte le moderne historien de Colbert, il n'arriva qu'à sept heures un quart, et Colbert, sans lui parler, le mena vers la pendule. « Mon oncle, lui dit Desmarets, il y a eu hier au château un bal qui a duré fort tard, et les Suisses m'ont fait attendre un quart d'heure. — Il fallait vous présenter un quart d'heure plus tôt, » répondit Colbert. V. *Histoire de Colbert*, par M. Pierre Clément. Guillaumin, 1846.

son oncle. Il avait une réputation de dureté alors estimée chez les ministres, et qui inspirait une crainte salutaire aux traitants. Desmarets était le seul homme qui pût remplacer Chamillart. Dans des temps plus heureux, il eût peut-être compté parmi les plus grands ministres ; mais les désastres de l'époque ont rejailli sur son nom. Louis XIV ne lui dissimula point les difficultés de sa tâche. « Je vous serai obligé, lui dit-il en l'installant, si vous trouvez quelque remède, mais je ne serai pas surpris si tout continue d'aller de mal en pis[1]. »

Desmarets saisit d'une main ferme le gouvernail. Il révoqua l'absurde décret de Chamillart qui entravait la liberté des payements et des transactions ; il convertit en rentes plusieurs sortes de papiers royaux avilis ; il affranchit les revenus de l'armée engagés aux traitants en leur restituant leurs avances ; il augmenta quelques impôts de consommation; il emprunta, lui aussi, aux financiers, mais à des conditions honnêtes, avec le dessein de rembourser dès qu'il toucherait des espèces ; il fournit ainsi aux besoins les plus pressants. Desmarets ne recula devant aucun moyen, et le roi lui-même fut son complice. On sait l'histoire de Louis XIV et de Samuel Bernard dans les jardins de Marly, où Louis XIV se fit l'hôte du banquier juif pour obtenir quelques millions.

Malheureusement, au milieu de cette administration régénérée, survinrent des fléaux inattendus.

[1] Saint-Simon, t VI, p. 102.

L'hiver de 1709 avait été tiède comme le printemps, les arbres étaient en sève, la plupart portaient des bourgeons et quelques-uns même des fleurs, lorsque la veille de l'Épiphanie, la neige tomba en abondance[1]. Le froid dura pendant quinze jours, puis survinrent des pluies torrentielles qui fondirent les neiges et inondèrent les campagnes. L'hiver semblait terminé, mais à quelques jours d'intervalle, le vent du nord souffla de nouveau, et le froid reprit pendant six semaines avec une rigueur inconnue dans nos climats[2]. Il brûla les blés, fit périr les oliviers, les vignes, les arbres fruitiers et jusqu'aux chênes des forêts. Dans quelques provinces, les laboureurs semèrent au printemps des orges et des avoines[3], mais ceux qui négligèrent cette précaution recueillirent à peine la semence.

Ce froid si dur et si prolongé répandit dans Paris la tristesse d'une épidémie. On vit les théâtres se fermer ainsi que les tribunaux et les églises; l'eau gelait dans les vases sacrés, et il devint impossible de célébrer la messe. Les bouteilles des plus fortes liqueurs éclataient; le vin gelait près du feu et des glaçons tombaient dans les verres des convives[4]. Il

[1] 5 janvier 1709.
[2] Du 26 janvier au 13 mars. Le froid s'éleva, suivant Gabriel Peignot, (*Essais chronologiques sur les hivers les plus rigoureux*, Paris, 1821, in-8°, p. 74 et suiv.), à 15 degrés Réaumur (18 degrés centigrades) à Paris, et à 18 degrés Réaumur en province (environ 22 degrés centigrades). Ce froid a été atteint en 1788, mais il ne fut pas si prolongé.
[3] En dépit des ordres du gouvernement, dont on ne peut ici s'expliquer la cruelle injustice. V. Saint-Simon, t. VII, p. 100.
[4] Saint-Simon, t. VII, p. 100.

fallut faire rentrer les sentinelles, qui mouraient de froid pendant la nuit ; tous les malades succombaient. En même temps, et sous l'imminence de la disette, les denrées triplèrent de valeur ; il en résulta d'effroyables calamités. Les pauvres s'entassaient par milliers dans les hôpitaux, mais ceux-ci rendirent gorge; leurs hôtes, désormais sans asile, erraient par troupes dans les rues, et quand le Dauphin revint à Paris, ils entourèrent sa voiture et demandèrent du pain.

A ces misères connues s'ajoutaient d'épouvantables misères cachées. Malgré ses efforts, Desmarets dut suspendre le payement des rentes, et tous les petits rentiers qui avaient passé l'âge du travail restèrent sans un morceau de pain. Les uns demandaient l'aumône ; les autres moururent dans leurs greniers. Le nombre des victimes fut immense. Le scorbut ravageait les hôpitaux [1] : si l'on en croit un historien moderne, trente mille personnes succombèrent [2].

A Versailles, dans la capitale du luxe et de la royauté, régnait la même détresse : des troupes de mendiants ébranlaient les grilles du parc en criant : Du pain ! Louis XIV dut établir une garde suisse pour les écarter de son chemin. Les domestiques du roi, sans gages depuis deux ans, demandaient l'aumône.

---

[1] « Nous joignons au malheur de la guerre la crainte de la famine et d'un scorbut à l'Hôtel-Dieu et aux Invalides, qui nous annonce la peste. » *Lettre de madame de Maintenon à Villars*, du 8 avril 1709. *Mémoires de Villars*, p. 175.

[2] Dulaure, *Histoire de Paris*, t. VII, p. 191.

Les courtisans et les princes envoyaient leur vaisselle à la Monnaie et mangeaient dans la faïence [1] Le roi lui-même remit à Desmarets ses pierreries pour les mettre en gage [2]. Dans la chambre de madame de Maintenon, où l'on ne parlait autrefois que de carrosses et de chevaux, ou de milliers de louis jetés sur une carte, on ne s'entretenait plus maintenant que d'orge et d'avoine [3]. Pour épargner le pain de froment, madame de Maintenon mangeait elle-même du pain bis [4].

Qu'on se figure, d'après ce tableau, quel devait être l'état des provinces ! L'hiver, plus long et plus rigoureux qu'à Paris, y sévit pendant deux mois. Les vieillards les plus âgés ne se souvenaient pas d'un froid si prolongé [5]. La Seine, la Garonne et la Loire gelèrent en même temps. Le Rhône roula d'abord d'énormes glaçons qui renversèrent les ponts, et bientôt il fut pris jusqu'à son embouchure. Les rivages de l'Océan étaient couverts de glace jusqu'à une lieue en mer ; l'Adriatique porta des chariots, ce qui ne s'était pas vu depuis neuf cents ans. Dans les Cévennes, les Alpes et les Vosges, les neiges atteignirent dix pieds de hauteur et ensevelirent des villages pendant plusieurs semaines. Après avoir épuisé

---

[1] Saint-Simon, t. VI, p. 212.
[2] *Lettres de madame de Maintenon.* Edition Auger, t. III, p. 89.
[3] *Lettres de madame de Maintenon.* Edition Auger, t. III, p. 210.
[4] « Je mange du pain d'avoine, ce ménage n'est pas considérable, mais cela épargne l'espèce du froment. » *Lettres de madame de Maintenon,* t. III, p. 188. 27 mai 1709.
[5] « Il y a plus de cent ans que l'on n'a vu un semblable hiver. » Extraits de Dangeau cités par Lemontey, p. 198.

leurs dernières ressources, les paysans se traînaient autour de leurs maisons, arrachaient l'herbe, l'écorce glacée des arbres, et dévoraient avec avidité cette trompeuse nourriture. Les plus robustes se jetaient dans les chemins avec l'espoir de se soustraire aux épouvantables angoisses de la faim. Le plus souvent ils s'égaraient dans les neiges, les yeux se troublaient, un irrésistible besoin de sommeil venait les saisir, et ils s'endormaient pour ne plus se réveiller. Quelques-uns étaient dévorés par les bandes de loups affamés, qui se répandaient sur les routes et se jetaient sur les voyageurs [1]. D'autres gelaient en marche et restaient debout, les yeux ouverts et les membres raidis.

Comme si la famine et l'hiver ne suffisaient pas, les fleuves grossis par les neiges débordèrent au printemps. La Loire brisa ses levées et noya les campagnes, et sur tout son parcours elle dévasta les faibles récoltes épargnées par le froid. D'avides spéculateurs, profitant de la disette, amassèrent les grains malgré les édits et firent tripler leur prix sur les marchés. Les parlements de Dijon et de Paris voulurent élever la voix; Louis XIV leur répliqua par une sévère réprimande, et leur commanda de ne se mêler que de juger des procès [2]. Des bruits sourds d'accaparement se répandirent dans le royaume. A l'appui de ces rumeurs, où le nom de Louis XIV ne fut pas épargné, on racontait qu'une quantité

---

[1] *Lettres de Madame,* t. 1er, p. 110.
[2] Saint-Simon, t. VII, p. 102.

considérable de blés achetés pour le compte du roi avait été jetée dans la Loire parce qu'ils étaient gâtés [1].

A Paris, le Dauphin, en se rendant à l'Opéra, fut assailli par des bandes de femmes qui demandaient du pain. Des attroupements furieux se formaient dans les marchés. Le lieutenant de police, d'Argenson, faillit être massacré à Saint-Roch, où avait éclaté une véritable émeute, à l'occasion d'un mendiant qu'on voulait expulser de l'église et qui avait été renversé et foulé aux pieds [2]. Le duc de La Rochefoucauld, ami intime du roi et ancien confident de ses amours avec mademoiselle de Fontanges [3], alors vieux, aveugle et retiré de la cour, reçut une lettre anonyme où l'on disait qu'il y avait encore des Ravaillac. Les ducs de Bouillon et de Beauvilliers reçurent des lettres semblables. Aux portes de Paris, dans les églises et dans les carrefours, on trouvait tous les matins des placards injurieux contre le roi, dont les statues étaient insultées pendant la nuit. Pour calmer les passions, d'Argenson ouvrit des ateliers de charité. On employa les ouvriers sans ouvrage à niveler une butte entre les portes Saint-Denis et Saint-Martin, et pour salaire on leur donna du pain. On fit quelques distributions de vivres, puis

---

[1] Saint-Simon, t. VII, p. 101.

[2] 29 avril 1709. Suivant Dangeau (extraits publiés par Lemontey, p. 307), ce mendiant avait été blessé seulement à la main.

[3] Le duc de La Rochefoucaud, fils de l'auteur des *Maximes*, était alors grand veneur. On dit à cette occasion qu'il avait mis la bête dans les toiles. Il mourut en 1709.

on promena la châsse de sainte Geneviève dans tout Paris, « pour amuser un peuple mourant de faim [1], » qu'on ne pouvait nourrir.

Au milieu de cette agitation générale, les protestants du Midi se soulevaient, et la guerre éclatait cette fois, non plus dans le Languedoc, soumis depuis quatre ans, mais dans le Vivarais, contrée limitrophe, âpre et triste, plus boisée et plus montueuse que le Languedoc, sans chemins et sans industrie, où vivait une race énergique et sauvage [2]. Ce pays contenait un certain nombre de protestants qui, malgré les appels de leurs coreligionnaires, avaient jusque-là refusé de prendre les armes. Quatre émissaires de Cavalier, venus de l'étranger, passent le Rhône, au milieu des espions de Bâville, et soulèvent la province, que gardaient à peine quelques soldats. Excités par ces proscrits, dont l'un, Dupont, était un ancien lieutenant de Cavalier, ruinés par la disette et les impôts, affamés par l'hiver, si rigoureux dans leurs montagnes[3], deux cents réformés se rassemblent près de Gilhoc, et bientôt plusieurs milliers de paysans les rejoignent. Instruits par l'expérience et la défaite, les chefs n'essayent plus la guerre religieuse, mais la guerre civile. Ils publient un manifeste qui doit

[1] Saint-Simon, t. VII, p. 203-204.
[2] Aujourd'hui département de l'Ardèche. « Dans le Vivarais, écrit Brueys, les montagnes sont plus hautes (que dans les Cévennes), les bois plus épais, les vallons affreux ; en sorte que la seule vue de ce pays fait horreur aux voyageurs. »
[3] « Le peuple des montagnes avait cruellement souffert de la faim. » Court, t. III, p. 308.

rallier les protestants au nom de la liberté de conscience, et les catholiques à ce cri lugubre et vengeur : « Plus d'impôts ! » Un gentilhomme du voisinage, nommé M. de Vocance, rassemble ses amis et marche à leur rencontre ; ils lui dressent une embuscade et le tuent[1]. Dans un premier combat avec des Suisses envoyés contre eux, les soldats furent mis en déroute et ramenés jusqu'au village de Gilhoc ; ils se retranchèrent dans le cimetière, dans l'église et jusque dans le clocher, où une longue fusillade s'engagea entre les deux partis et se prolongea jusqu'au soir[2]. Dans une seconde rencontre, près de Saint-Fortunat, les troupes royales reculèrent une seconde fois et ne se retirèrent qu'avec peine, laissant des morts et des prisonniers[3] ; enfin, près de Saint-Pierreville, comme les Suisses refusaient de combattre et de faire feu[4] sur les insurgés : « Épargnez les soldats et tirez sur les officiers ! » crie le chef huguenot en voyant cette hésitation. Plusieurs officiers tombent ; les autres ramènent tristement leurs compagnies. Les Suisses indociles furent traduits devant le conseil de guerre et décimés. Mais devant cette insubordination des soldats, la situation devenait grave : tous les paysans de ces contrées, à qui la vie était à charge,

---

[1] Fin mai 1709.
[2] 11 juillet 1709.
[3] Court, t. III, p. 320.
[4] Cette conduite des Suisses venait peut-être d'abord de la sympathie religieuse, puis de ce que les Camisards avaient renvoyé quatre des leurs après les avoir bien traités, au lieu de les fusiller comme on le faisait si souvent dans ces guerres.

pouvaient se laisser aller à la rébellion ; du Vivarais, comme d'une citadelle inexpugnable, les insurgés pouvaient descendre ensuite dans les Cévennes, soulever le Languedoc et le Dauphiné, remplis de huguenots, et recommencer la formidable guerre des Camisards [1].

Attaqué et menacé de toutes parts, Louis XIV fit alors de sincères tentatives vis-à-vis des ennemis du dehors, et il s'efforça de terminer une guerre qui dévorait chaque année plus de victimes que la famine et que l'hiver. Il essaya plusieurs ouvertures pacifiques, et s'adressa dans ce but à la Hollande, la plus timide, la plus proche et la plus menacée des puissances ennemies. La Hollande flottait alors entre deux partis : celui de la guerre, l'ancien parti des Stathouders et de Guillaume III, des clients de la maison d'Orange, de la flotte, de l'armée, des pasteurs, du peuple qui confond partout la gloire et la liberté ; celui de la paix, l'ancien parti des de Witt et des républicains, de la bourgeoisie, de la banque, du commerce, du barreau, de la magistrature et des hommes les plus considérables du pays par leurs richesses, leurs talents et leurs lumières.

Comme toujours, ces deux partis s'accusaient : les premiers repoussaient avec horreur toute proposition d'accommodement avec la France ; à les entendre, Louis XIV ne songeait qu'à désunir les alliés pour dicter à loisir les conditions d'une paix désastreuse ;

---

[1] *Archives de la Guerre.*—Court.—Brueys.—M. Peyrat.

il fallait se souvenir de ces deux traités signés avec Guillaume III et déchirés ensuite par Louis XIV, lors du testament de Charles II ; la guerre imposait assurément des sacrifices, mais l'heure approchait d'en recueillir les fruits ; la France était accablée, et il suffisait d'une campagne pour l'achever ; ils s'étonnaient de la mollesse de leurs contemporains déjà fatigués d'une guerre de huit années, eux dont les ancêtres avaient combattu un demi-siècle et fait capituler les rois d'Espagne. A ces reproches, leurs adversaires opposaient de justes récriminations : loin d'avoir tiré profit de la guerre, la République n'avait fait que marcher de désastre en désastre ; elle avait perdu cette barrière de places belges qui la protégeait contre la France ; la guerre épuisait leurs finances, leur industrie, leur commerce ; ils ne vendaient plus ni leurs blés, ni leurs salaisons, ni leurs sucres, ni leurs épices ; ils ne recevaient plus ni les soies, ni les sels, ni les vins, ni les eaux-de-vie de France[1]. Les décrets de Louis XIV sur les harengs avaient ruiné vingt mille pêcheurs ; ses corsaires décimaient la marine marchande ; la France était maintenant assez abattue ; et ils donnaient leurs trésors et leur sang, non pas pour la Hollande, mais

---

[1] Le commerce de la Hollande avec nos ports de l'Océan était considérable à la fin du XVIIe siècle. Il pouvait s'élever annuellement à trente millions. On évalue à cinq cents le nombre de navires hollandais qui venaient chaque année charger le sel à La Rochelle, à Oléron, à Marennes, à Brouage, et sur toutes les côtes de la Saintonge. V. *Mémoires de Jean de Witt*, traduits en français, La Haye, 1709, p. 183, 185. Sur le commerce avec la Gascogne, la Bretagne et la Normandie. V. *Histoire de France* de Henri Martin, t. XIV, p. 250. Edition de 1848.

pour l'Autriche qui désirait l'Espagne, et l'Angleterre qui convoitait les Indes ; ils subissaient le joug d'Eugène, de Marlborough, de tous ces capitaines étrangers qui les flattaient vainement de finir la guerre en une campagne ; la fortune des batailles est trompeuse : on perd quelquefois en une journée le fruit de plusieurs campagnes ; leurs pères, dont on invoquait le témoignage, avaient battu, il est vrai, les Espagnols, mais eux-mêmes avaient vu les Français à Amsterdam ; ils ne voulaient pas les revoir encore.

Les plaintes des partisans de la paix devinrent si bruyantes dans les ports, que le gouvernement accepta les secrètes ouvertures de Louis XIV. Il employa pour cette négociation M. Petkum, ministre du Holstein, en Hollande, qui, par sympathie ou par intérêt [1], entretenait des relations avec Versailles. Petkum était vain et léger ; il connaissait les hommes et les affaires de la Hollande et pouvait servir les deux pays. Heinsius le chargea d'écrire à M. de Torcy que s'il voulait envoyer un plénipotentiaire au village de Streydensaas, vis-à-vis du Moerdyck, il y trouverait deux députés des États-Généraux. La République demandait seulement le plus rigoureux secret, afin de dérober cette négociation aux ambassadeurs d'Autriche et d'Angleterre, qui s'y opposaient de toutes leurs forces.

Suivant ces mystérieuses indications, Louis XIV

---

[1] Suivant les historiens étrangers, Louis XIV avait promis à Petkum une forte somme s'il faisait conclure la paix.

envoya en Hollande le président Rouillé[1], ancien ambassadeur à Lisbonne et l'un des hommes les plus remarquables de sa diplomatie. Rouillé traversa la Belgique sous un faux nom, se rendit au lieu désigné, et y trouva, dans une maison écartée, les deux ambassadeurs néerlandais. C'étaient deux personnages considérables : l'un, M. Van der Dussen, était pensionnaire de Gouda ; l'autre, M. Guillaume de Buys, pensionnaire d'Amsterdam ; tous deux députés aux États-Généraux et confidents de Heinsius. Rouillé eut avec eux plusieurs entretiens, dans lesquels ils réclamèrent les plus importantes concessions pour leur pays ; mais quand le président leur demanda quels avantages en retour ils accorderaient à la France, ils répondirent qu'ils étaient sans pouvoirs.

A la Haye, cependant, malgré le secret de ces conférences, les ambassadeurs d'Autriche et d'Angleterre apprirent l'arrivée de Rouillé, et ils éclatèrent en récriminations. Ils s'écrièrent que la République oubliait la foi jurée, les stipulations formelles de la Grande-Alliance, qui imposait à tous les confédérés l'obligation de traiter ensemble ; qu'elle marchandait à huis clos la liberté de l'Europe ; qu'elle écoutait un ambassadeur apportant des branches d'olivier creuses et flétries[2]. Tous les ministres des puissances alliées, qui tremblaient de perdre avec la Hollande le quartier général, la banque de la coalition, s'effor-

---

[1] René-Louis Rouillé de Marbeuf, président au grand conseil. Il avait passé sa vie dans les ambassades. Mort en 1712.
[2] Lamberty, t. V, p. 264.

cèrent de rompre les conférences. Les plus ardents : lord Townsend, ambassadeur d'Angleterre, le comte de Zinzendorf, ambassadeur d'Autriche, les ministres de Prusse, de Portugal et de Savoie, se plaignirent avec aigreur auprès de Heinsius. Marlborough déclara que ces conférences déplaisaient extrêmement à la reine ; Eugène répéta les mêmes assertions au nom de l'empereur. Tous deux, soutenus par le parti militaire, décidèrent la République à rompre. Heinsius fit dire à Rouillé qu'avant toute chose les Hollandais exigeaient le renversement de Philippe V, ce qui équivalait à un congé. Rouillé manda cette triste nouvelle à Versailles [1].

Cette rupture, au milieu de tant d'épreuves, jeta dans le conseil une consternation profonde. Le duc de Beauvilliers, courageux partisan de la paix, déclara qu'il fallait faire aux ennemis toutes les concessions possibles, et il traça un tableau si navrant de la misère publique, que le roi, les princes et les ministres ne purent retenir leurs larmes. Le désespoir remplaça la douleur quand Desmarets avoua qu'il avait épuisé ses dernières ressources, et qu'il lui serait impossible de subvenir aux frais d'une nouvelle campagne.

Sous l'impression d'un tel aveu, Louis XIV se décida aux plus pénibles sacrifices. Il dicta sur-le-champ une lettre à Rouillé, auquel il enjoignait de renouer les conférences, de satisfaire au plus tôt les

[1] 9 avril 1709.

Hollandais et d'obtenir à tout prix une suspension d'armes. Cette dépêche, si humiliante, ayant été rédigée dans ces termes, fut relue dans le conseil au milieu d'un lugubre silence. Le lieu de la scène contrastait avec la scène même : des fenêtres du conseil, on apercevait les statues et les bosquets de Versailles, couverts alors des premières feuilles du printemps. Ce palais, où délibéraient les ministres, était lui-même rempli de la gloire de trois règnes. Les murailles représentaient les batailles de Henri IV, les conquêtes de Richelieu, les traités de Mazarin ; partout des trophées, partout les triomphantes images du roi. L'art avait reproduit à chaque pas sur la toile et sur le marbre chacune des victoires de Louis XIV. Tous les ambassadeurs du monde, ceux des puissances les plus éloignées, ceux mêmes de l'Asie, de l'Afrique et de la Moscovie, étaient venus porter aux pieds de ce trône leurs hommages et leurs respects, et reconnaître la suprématie du roi. Ces grandeurs passées rendaient plus sensible la détresse présente. La lecture finie, les princes et les ministres sortirent, et le ministre des affaires étrangères, M. de Torcy, demeura seul avec le roi [1].

M. de Torcy, fils de Colbert de Croissy [2] et gendre d'Arnauld de Pomponne [3], tous deux ministres des affaires étrangères, ne démentait pas ces grandes

---

[1] 28 avril 1709. *Mémoires de Torcy*.
[2] Colbert de Croissy était frère du grand Colbert.
[3] Arnauld de Pomponne était frère d'Arnauld d'Andilly et neveu du grand Arnauld.

parentés. Associé dès sa jeunesse aux affaires, il était un des ministres les plus modestes, les plus laborieux et les plus recommandables de l'époque. Doux et mesuré, prudent et timide même, il ne disait jamais que ce qu'il fallait dire, et il écrivait encore mieux qu'il ne parlait. Ses lettres sont peut-être le modèle le plus parfait du style et du ton diplomatiques. Il appartenait au parti du duc de Bourgogne, et comme son beau-père, sa femme et tous les Arnauld, il était si profondément attaché aux hommes et aux doctrines de Port-Royal, qu'il passait à la cour pour Janséniste[1]. Louis XIV l'aimait, malgré son horreur pour ce parti, et il subissait sans le savoir l'ascendant de son mérite et de sa vertu. Torcy érigeait en règle de conduite la loyauté. « Il ne suffit pas, disait-il, que la probité des princes soit connue, il faut que la réputation de leurs ministres soit pure d'un reproche et même d'un soupçon. » Un tel caractère lui donnait dans les cours l'autorité de la franchise et de l'honneur.

Resté seul avec le roi, Torcy se proposa pour aller sur-le-champ à La Haye, afin d'assister Rouillé dans les conférences et de lui révéler le dénûment du Trésor. Il représenta qu'on ne pouvait envoyer en Hollande qu'un des dépositaires de ce fatal secret, un prince ou un ministre; qu'un fils de France traversant les armées ennemies ajoutait, s'il était arrêté, à tant de catastrophes une catastrophe nouvelle;

---

[1] Saint-Simon, t. VIII, p. 394. — IX, 339. — XII, 311.

qu'un ministre seul devait remplir cette mission ; que plusieurs fois dans le cours de ce règne, ses collègues avaient paru aux frontières ; qu'il sollicitait l'honneur de les imiter. Torcy laissait de côté les misérables calculs de l'amour-propre, la crainte de tomber dans les mains de l'ennemi, l'humiliation d'un échec, la honte d'un succès, s'il revenait avec une paix désastreuse, lui dont le père avait signé la paix de Nimègue et le beau-père celle de Ryswick. Etonné de cette offre hardie, Louis XIV remit au lendemain pour y répondre, et le lendemain seulement il consentit. Torcy fait ses préparatifs de départ en quelques heures : il traverse les armées alliées, arrive à la Haye et se fait conduire à la porte du Grand-Pensionnaire.

La maison de Heinsius était de modeste apparence. Nul signe extérieur ne la distinguait des maisons voisines[1]. Le premier magistrat de la République y vivait avec une simplicité qui frappa Torcy lui-même. Il recevait de l'État une pension modique[2], et n'avait que quatre domestiques, un secrétaire, un cocher, un laquais et une servante. Le plus souvent il sortait à pied dans les rues. Sous ces humbles dehors, ce bourgeois de la Haye était l'un des person-

---

[1] Cette maison existe encore à la Haye, kaserne straat, maison Fischer. C'est aujourd'hui une maison meublée.

[2] 24,000 florins, environ 50,000 francs. Le Grand-Pensionnaire réunissait le mandat législatif au pouvoir exécutif. Il était de droit député aux Etats-Généraux, qu'il présidait. Pour parler le langage moderne, il était donc à la fois président de la République et président de l'Assemblée nationale.

nages les plus considérables du monde. Ami et confident intime de Guillaume III, Heinsius avait formé avec lui cette grande alliance qui avait soulevé l'Europe contre Louis XIV. L'amitié de Guillaume, sa rigide probité, son savoir et son expérience, lui avaient valu dans les Pays-Bas une popularité immense. Il était constamment réélu aux fonctions de Grand-Pensionnaire, qui expiraient tous les cinq ans, et depuis vingt années il gouvernait la République. Fidèle aux traditions de Guillaume, il était le chef du parti militaire. En cela, il suivait peut-être à son insu les inspirations d'une rancune personnelle. Pendant une ambassade à Versailles, Louvois, dans un accès incroyable de colère, l'avait menacé de la Bastille ; il avait vu ensuite les humiliations et l'invasion de son pays ; il n'avait rien oublié. Il haïssait et redoutait Louis XIV. Eugène et Marlborough, qui le connaissaient, flattaient avec adresse ses ressentiments. Tous deux lui prodiguaient les égards et les respects, et jusqu'à des flatteries propres à chatouiller un plus grand cœur. Les deux capitaines affectaient d'attendre dans son antichambre et célébraient avec ostentation ses mérites. L'austère vieillard était la dupe involontaire de ces manœuvres. Il suivait aveuglément leurs conseils et croyait servir son pays.

Heinsius reçut Torcy avec une politesse froide et réservée et refusa de conférer avec lui, même de vive voix, en alléguant que les Hollandais ne pouvaient négocier sans leurs alliés ; qu'Eugène était à

Bruxelles, Marlborough à Londres, et qu'il fallait attendre leur retour. Sur les instances de Torcy, il consentit à l'entendre, et il eut avec lui plusieurs entretiens auxquels assistaient Rouillé, Buys et Van der Dussen. Les Hollandais s'efforcèrent de pénétrer les desseins de Louis XIV, mais sans rien promettre. A toutes les questions ils répondaient qu'il fallait attendre Eugène et Marlborough. Ceux-ci arrivèrent enfin, et les discussions sérieuses commencèrent.

Dès les premiers mots se révéla la pensée des ennemis. Ils connaissaient la détresse de la France, et voulaient obtenir à La Haye les conditions qu'ils auraient dictées à Versailles. Ils demandaient l'Espagne pour l'Autriche, le commerce de l'Amérique pour l'Angleterre, les Flandres pour la Hollande, Strasbourg pour l'Allemagne, Exiles, Fénestrelles et une partie du Dauphiné pour la Savoie. Ils réclamaient ces démembrements au nom de l'équilibre européen et les dissimulaient sous le nom modeste de *barrières*. Les Hollandais, les premiers, avaient prononcé ce mot ; tous les souverains, à leur exemple, exigeaient maintenant des *barrières*[1].

Les premières conférences, du reste, étaient pleines de courtoisie. Elles avaient lieu en langue française ; les Hollandais et Marlborough l'entendaient à merveille, et dans l'intervalle des séances, les mi-

---

[1] Cette prétention aussi nouvelle embarrassait singulièrement Heinsius dans la réduction des actes latins des négociations. Il ne pouvait trouver un synonyme latin à ce mot de *barrière*.

nistres s'entretenaient familièrement comme des généraux après une trêve. Eugène racontait ses guerres si curieuses en Hongrie, Marlborough les divers épisodes de sa carrière déjà si longue et si remplie, sa jeunesse passée en France, ses premières armes sous Turenne, qu'il proclamait son maître. Il comptait les dernières campagnes, expliquait les fautes des Français et les succès des alliés, s'oubliant, par un calcul habile, pour exalter ses adversaires. Aussi redoutable dans la salle d'un congrès qu'au milieu des champs de bataille, il charmait par l'exquise urbanité de ses manières, la constante sérénité de son humeur, l'attrait d'une conversation toujours piquante et nourrie. Eugène avait moins de grâces et surtout moins d'assurance. Il se sentait gêné devant les Français, et affectait de ne jamais rester seul avec eux. Parmi les Hollandais, Van der Dussen causait peu ; Buys au contraire parlait avec abondance. Sautant avec une feinte étourderie d'un sujet à un autre, pour mieux dissimuler les desseins de son gouvernement, il mettait une certaine complaisance à s'écouter, comme ceux qui parlent bien une langue étrangère [1]. Devant ces dangereux adversaires, Torcy et Rouillé soutenaient dignement l'honneur de leur pays et l'éclat de leur renommée. Ils accueillaient les plus blessantes prétentions avec l'imperturbable politesse de Versailles ; quelquefois, mais rarement, avec une douce et fine ironie. Couvert de l'habit et

---

[1] *Mémoires de Torcy.*

du manteau noir des pasteurs, de ce costume qui rappelait à la Hollande tant de souvenirs, Heinsius résumait les débats par quelques paroles graves et précises. L'autorité de son nom, de son rang et de son âge, l'appelait naturellement à présider les conférences. Au milieu de ces étrangers chargés d'or et de broderies, de rubans et de dentelles, il semblait un vieillard d'une autre époque, un des conseillers du Taciturne.

La négociation cependant n'avançait point. Enhardi par des lettres de France[1], le parti militaire reprenait chaque jour plus de force. Le peuple murmurait hautement contre ceux qui retardaient la guerre, quand les fonds étaient faits, les armées prêtes, et qu'il suffisait de marcher pour vaincre. Van der Dussen, homme froid et prudent, qui paraissait incliner vers la paix, avertit Torcy de l'effervescence de l'opinion et l'exhorta à faire connaître sur-le-champ les propositions de Louis XIV[2]. Torcy suivit ce conseil. Il offrit à l'Angleterre la reconnaissance de la reine Anne, l'expulsion du prétendant Jacques Stuart, que Louis XIV avait salué du nom de roi, la destruction de Dunkerque, d'importants priviléges de commerce en France, en Espagne et en Amérique; à la Hollande, son ancienne barrière, avec Furnes, Menin, Ypres, Maubeuge en Belgique, Condé, Lille,

[1] Ces lettres, qui révélaient nos embarras intérieurs, désespéraient Torcy. « Je voudrois, mandait-il à Louis XIV, que l'on n'écrivît pas de France de huit jours. »

[2] Lettres de Torcy à Louis XIV, des 9 et 14 mai 1709, citées dans ses *Mémoires*.

Tournai en France, et les avantages commerciaux accordés à l'Angleterre ; à l'Empire, la rive allemande du Rhin, avec Strasbourg, le démantèlement de Fort-Louis, Neufbrisach et Landau sur la rive française ; à l'Autriche enfin, l'Espagne, les Indes, le Milanais, toute la succession de Charles II, à l'exception des Deux-Siciles, réservées à Philippe V. Il était impossible de céder davantage ; les alliés pourtant ne se montrèrent pas satisfaits. Au nom de l'Angleterre, Marlborough réclama l'île de Terre-Neuve, une des possessions françaises d'Amérique. Torcy répliqua qu'il ignorait les intentions du roi sur Terre-Neuve, mais que cette demande ne lui semblait pas de nature à retarder les négociations. Eugène alors, élevant la voix, déclara qu'il ne suffisait pas de contenter l'Angleterre, et au nom de l'Allemagne, il revendiqua l'Alsace. La discussion s'échauffa à ce propos ; puis un long silence suivit. Non contents d'ouvrir et de partager nos frontières, les alliés exigeaient maintenant non plus des villes, mais des provinces. Le désespoir dans le cœur, Torcy résolut de quitter La Haye [1].

Avant de partir toutefois, il désira connaître jusqu'où pourraient aller les prétentions des alliés, et il les pria de consigner par écrit leurs demandes, à titre de simples préliminaires. Ils y consentirent ; mais aux conditions énoncées plus haut ils ajoutèrent deux clauses aussi humiliantes que rigoureuses. Ils exi-

---

[1] *Mémoires de Torcy.*

geaient que dans un mois Louis XIV livrât les forteresses cédées à la Hollande, que dans deux mois il détruisit Dunkerque et livrât l'Espagne à l'archiduc; et si, ce délai passé, le roi n'avait pas exécuté ces conditions, la trêve serait rompue et la guerre reprise [1]. Les alliés réclamaient ainsi l'exécution d'un traité préliminaire avant le traité définitif, et, pour justifier cette prétention sans exemple dans l'histoire, ils alléguaient la mauvaise foi de Louis XIV, qui, disaient-ils, ne cherchait qu'à gagner du temps. A cela il était facile de répondre : Si Louis XIV eût voulu les tromper, eût-il abandonné les plus belles conquêtes de son règne, Lille, Dunkerque et Strasbourg? Ils suspectaient sa bonne foi, mais n'était-il pas plutôt en droit de suspecter la leur? Eux qui demandaient de telles garanties, quelles garanties donnaient-ils? Si la paix définitive échouait, iraient-ils vider le port de Dunkerque et rebâtir les forteresses abattues? En échange de si cruels sacrifices, qu'offraient-ils enfin? Une trêve de deux mois.

Tels étaient ces préliminaires. On convint que Torcy les porterait à Versailles, que Rouillé resterait à La Haye pour les signer si Louis XIV les acceptait, et qu'au retour du courrier, les ennemis accorderaient une suspension d'armes ou reprendraient les hostilités. A la lecture des préliminaires, Louis XIV manda d'abord à Rouillé de quitter La Haye; envisageant

---

[1] Articles 4 et 37 des préliminaires.

ensuite l'épuisement du royaume, il consentit à toutes les exigences des alliés, à cette seule condition qu'ils lui garantiraient une paix définitive, dans le cas même où dans deux mois il n'aurait pas exécuté tous les préliminaires, rasé Dunkerque, rendu l'Espagne à l'archiduc, démoli et livré ses forteresses [1]. Philippe V avait déclaré à Louis XIV qu'il ne céderait qu'à la force, et il était évidemment impossible de conquérir l'Espagne en deux mois. Louis XIV envoya cet ultimatum à Rouillé, avec ordre de revenir s'il n'était pas accepté [2]. Le président le remit aux États-Généraux, mais, comme on pouvait le prévoir, ils le rejetèrent, et Rouillé repartit pour Versailles. Le jour même de son départ, les États-Généraux prirent la résolution de pousser la guerre avec la dernière vigueur. Au sortir de l'assemblée, Zinzendorf et Marlborough exaltèrent le courage des Hollandais, et, dans l'effusion de leur joie, ils embrassèrent plusieurs députés [3]. Ces embrassements devaient coûter cher à la Hollande.

A Versailles, les préliminaires excitèrent un long cri d'indignation. Madame de Maintenon retrouva pour les flétrir les mâles accents de d'Aubigné [4]. Il était certain dès lors que l'équilibre de l'Europe était le prétexte, et la ruine de la France, le but.

[1] Lettre de Louis XIV à Rouillé, 2 juin 1709. *Mémoires de Torcy*.
[2] Lettre de Torcy à Heinsius. Papiers de Heinsius.
[3] Lamberty, t. V, p. 298.
[4] « Vous apprendrez, écrit-elle à M. de Noailles, ce que M. de Torcy nous a rapporté, qui a donné de l'indignation à tout ce qui a une goutte de sang français. » Lettre du 3 juin 1709.

Louis XIV profita habilement de cette occasion pour rejeter sur les ennemis l'impopularité croissante de la guerre. Il fit publier dans toutes les paroisses une lettre simple et digne, où il exposait en peu de mots ses propositions, avec le refus des alliés, et faisait appel à Dieu et à la France. Cette lettre eut un succès prodigieux et inattendu [1]. L'indignation s'étendit dans les provinces, dans les villages et jusque dans les moindres hameaux. Le peuple imputa justement aux ennemis la continuation de ses souffrances, et la guerre devint tout à coup nationale. L'avidité des alliés produisit du moins ce bienfait : elle souleva contre eux les populations. La France n'était pas morte de faim et de froid, comme le croyaient les politiques de la Grande-Alliance, et à défaut d'or, elle avait du fer et du sang [2].

[1] Saint-Simon, t. VII, p. 207.
[2] L'armée accueillit avec enthousiasme la nouvelle de la rupture des négociations. Villars le constate dans une lettre qu'il écrit au roi à la date du 6 juin 1709. « J'ai l'honneur d'assurer Votre Majesté que tout ce qu'il y a ici de Français sont indignés de l'orgueil des ennemis. J'étois à la tête de votre infanterie quand le courrier m'a rendu la dépêche de Votre Majesté. Sur les premières lignes qui marquoient votre résolution (la rupture), j'en marquai la satisfaction à vos troupes, qui toutes répondirent par un cri de joie et d'ardeur d'en venir aux mains avec les ennemis. »

CHAPITRE IV.

(1709.)

Détresse des armées pendant l'hiver. — Effroyable dénûment de l'armée du Nord à l'arrivée de Villars. — Ses efforts pour réorganiser et assurer sa subsistance. — Jeûnes et touchantes supplications des soldats. — Ouverture de la campagne. — Siége et défense de Tournai. — Pertes des ennemis devant cette place. — Louis XIV envoie à Villars la permission de livrer bataille. — Guerre civile et religieuse dans le Vivarais. — Furieux combat sur la montagne de Leiris. — Résistance désespérée des protestants insurgés. — Emeutes à Paris. — Imminence d'une bataille en Flandre. — Terreurs à Versailles. — Louis XIV envoie Boufflers rejoindre Villars. — Noble modestie de Boufflers. — Bataille de Malplaquet. — Acharnement des deux armées. — Fureur des Français. — Blessure de Villars. — Longue indécision de la journée. — Ses résultats. — Pertes des ennemis. — Retraite des Français. — Aspect du champ de bataille. — Enthousiasme héroïque des blessés. — Nombre des morts. — Dangereuse maladie de Villars. — Son retour triomphal à Versailles.

Après les humiliations de La Haye, la lutte change de caractère. A la guerre de tactique, qui dure depuis huit ans, succède une guerre nouvelle, passionnée et implacable : d'un côté la faim, le froid, l'invasion irritent les Français ; de l'autre, la haine de Louis XIV, la rancune des anciennes défaites, le souvenir récent des victoires et l'approche d'un triomphe qui semble assuré, enflamment les soldats et les généraux de la Grande-Alliance. Ils marchent avec audace, comme pour porter les derniers coups à un ennemi renversé. Eugène et Marlborough ont accumulé dans le Nord leurs meilleurs bataillons, avec le dessein avoué d'entrer en France.

Après la disgrâce de Vendôme, Villars était le seul qui pût tenir tête à ces redoutables adversaires. Louis XIV comprit qu'il fallait un homme de cette trempe pour lutter, sur une frontière entamée, contre la nature et contre l'ennemi, et il lui donna le commandement de l'armée du Nord.

A son arrivée [1], Villars trouva les troupes dans le plus horrible dénûment. Dispersés dans les villages pendant les longs mois d'hiver, les soldats avaient partagé la misère des paysans, épuisé comme eux toutes les souffrances humaines. Les chevaux étaient décharnés et impropres au service, les batteries incomplètes, les pièces défectueuses, les voitures brisées. Dans l'infanterie, plus misérable encore, des bataillons entiers marchaient pieds nus; la faim avait dégradé ces vieux soldats de Boufflers et de Vendôme. Les garnisons se répandaient dans la campagne et pillaient les villages; des compagnies entières désertaient enseignes déployées; les hommes vendaient leurs sacs et leurs fusils; les officiers, leurs épées, pour un morceau de pain [2]. L'armée était en proie à cette misère hideuse, qui substitue le besoin à l'honneur; tous les corps étaient confondus comme un troupeau. Dans les soixante mille soldats de Villars, il n'y avait pas un régiment prêt à entrer en

[1] Mars 1709.
[2] *Mémoires de Villars*, p. 174.

campagne. Dans les temps modernes, les campagnes de 1793 ou la déroute de Moscou pourraient seules fournir un exemple de misères analogues.

Avant toute chose, Villars dut songer à la subsistance des troupes. La tâche était effrayante, le Trésor vide, les magasins vides, les campagnes épuisées. Aidé par Desmarets, qui établit un impôt de cinq cent mille sacs de blé, dont il fixa le prix à 40 livres [1], et par les intendants, qui frappèrent des réquisitions sur les pays les plus épargnés, Villars parvint à former quelques réserves. Pour ménager ces faibles ressources, il mit ses chevaux dans les prés, dont l'herbe commençait à paraître [2]; il laissa les troupes dans leurs cantonnements, et enjoignit aux municipalités de les nourrir; il mit en réquisition les ouvriers pour réparer ses caissons et ses affûts, attela des chevaux de labour à son artillerie, réduisit la ration de ses chevaux à huit livres de foin et cinq livres de paille, décréta l'altération de ce pain de munition, si chèrement acheté, et le composa de deux tiers de blé et d'un tiers d'avoine. Par un secours inattendu, la faim lui amena vingt mille paysans, jeunes et vigoureux, rompus aux souffrances et à la fatigue, qui, chassés par la misère, s'enrôlèrent sous ses drapeaux [3]. L'honneur eut ses recrues comme la faim : appelés

---

[1] Ce fut, comme on voit, un véritable maximum établi au profit de l'Etat.

[2] *Mémoires de Villars.*

[3] « 22 avril 1709. Toutes les troupes sont presque complètes. La misère des provinces fait que les recrues y sont très-aisées à faire. » *Extraits de Dangeau faits par Lemontey*, p. 200.

par la lettre du roi, émus par le danger qui pressait, un grand nombre de gentilshommes quittèrent leurs châteaux et vinrent mettre leur épée au service de la patrie.

A l'aide de ces renforts, à force de travail et de patience, Villars réorganisa l'armée, et, dans les derniers jours du printemps, il déboucha dans les plaines de Douai avec quatre-vingt mille soldats. Trop faible pour livrer bataille, le maréchal se proposait seulement de fermer la frontière. Dans ce but, il campa près de Douai, derrière la petite rivière de la Bassée, dans une forte position qu'il hérissa de retranchements. A la même époque les ennemis rassemblaient leurs troupes, qui s'élevaient à cent vingt mille hommes; cette armée, déjà si considérable, était abondamment fournie de toutes choses : elle avait derrière elle d'immenses magasins de munitions et de vivres, et traînait à sa suite de longues files de voitures chargées de farine, de bière et d'eau-de-vie. Depuis un siècle les Pays-Bas n'avaient pas vu une telle réunion de combattants. Ils franchirent la frontière, se déployèrent dans la plaine de Lille et marchèrent sur Villars[1].

Profitant des avantages du terrain, Villars avait établi son camp au milieu de tourbières et de canaux, coupé les haies qui cachaient la campagne, construit des redoutes au milieu de ses lignes, rangé devant elles cent pièces de canon, et, ces mesures prises, il

---

[1] *Archives de la Guerre.*

attendait les ennemis. Quand il les vit approcher, il marcha fièrement à leur rencontre, et, sûr du courage de ses soldats, vint s'établir dans la plaine de Lens, sans autre fortification qu'un fossé revêtu de terre, qui couvrait la tête de son camp, de telle sorte que les feux rasants des Français devaient produire de terribles ravages dans les rangs de l'ennemi [1]. Avec son audace ordinaire, il fit dire à Marlborough que si ses retranchements le gênaient pour attaquer, il était prêt à les abattre. Les alliés s'avancèrent jusque sous le canon du maréchal, examinèrent avec soin sa position; le général anglais Cadogan, déguisé en paysan, vint reconnaître jusque dans son camp les dispositions qu'il avait prises; et le résultat de ses observations fut tel que les alliés ne jugèrent pas à propos de risquer une bataille. Ils décampèrent lentement, à petites journées [2], et marchèrent sur Tournai, qu'ils investirent. Tous les soldats de Villars battirent des mains. Cette armée, qui aurait dû les écraser, s'éloignait sans combattre; et sa retraite sur une place qui pouvait longtemps l'arrêter était d'un heureux présage pour la fin de la campagne.

Ville française alors, Tournai possédait une citadelle estimée par le grand Condé la meilleure de l'Europe, et d'excellentes fortifications élevées par Vauban. Elle renfermait partout des souterrains d'une hauteur et d'une étendue surprenantes; elle était soigneusement contreminée sous tous les ou-

[1] *Mémoires de Villars*, p. 179-80.
[2] 27 juin 1709.

vrages [1]; en outre, la place renfermait pour six mois de vivres, de nombreux ingénieurs, onze cents milliers de poudre et sept mille soldats. Villars estimait qu'elle pouvait résister pendant quatre ou cinq mois et occuper l'ennemi jusqu'à la fin de la campagne [2]. Le gouverneur, M. de Surville, se servit d'abord habilement des ressources qu'il avait sous la main. Les explosions de ses mines troublaient chaque jour les tranchées des ennemis, retardaient leurs travaux et épouvantaient leurs soldats. C'étaient tantôt cent hommes, tantôt cent cinquante qui avaient été engloutis. A la suite d'une explosion, une batterie de dix-sept mortiers et le bataillon qui la gardait furent lancés dans les airs ; une autre fois, tout le revers d'un fossé s'écroula et enterra huit cents soldats sous les décombres. Les alliés ne foulaient plus qu'en tremblant ce sol ennemi, qui s'entr'ouvrait sous leurs pieds pour vomir la flamme. A la moindre alerte, ils jetaient leurs armes et fuyaient vers les tentes. Sous terre même, les assiégés luttaient corps à corps avec leurs mineurs ; le sabre, le pistolet, toute arme leur était bonne, et dans ces mêlées souterraines, la furie française triomphait toujours. Les ennemis retiraient chaque jour de nombreux cadavres horriblement mutilés ; bientôt ils refusèrent de descendre dans les souterrains, et Marlborough dut promettre

---

[1] « Ce qui bien manié, dit Saint-Simon, allonge fort un siége, déconcerte les assaillants, qui ne savent où asseoir le pied et rebute fort le soldat. » Saint-Simon, p. VII, p. 355.

[2] *Mémoires de Villars*, p. 180.

dix francs par jour aux hommes de bonne volonté qui iraient protéger les mineurs. Ce siége rappelait celui de Lille, dont le terrible souvenir n'était pas effacé. Les déserteurs étaient si nombreux que le gouverneur les fit sortir de la place pour ménager ses provisions.

Malheureusement M. de Surville était loin d'avoir l'énergique fermeté et le caractère héroïque du maréchal de Boufflers; il s'effraya des difficultés de la défense et des progrès lents mais continuels des assiégeants, et il perdit la tête. Villars lui avait ordonné de tenir « jusqu'au dernier morceau de pain, » et de faire sauter tous ses bastions les uns après les autres, si on lui refusait une capitulation [1]. Après une résistance de deux mois, il prétendit que les habitants se révoltaient, que ses soldats manquaient de vivres, livra la ville et s'enferma dans la citadelle [2], où les alliés le resserrèrent étroitement.

Impuissant à le secourir, Villars restait dans ses retranchements, les prolongeait jusqu'à la Meuse et les rendait inaccessibles. Il lançait de là ses cavaliers sur les derrières des assiégeants, où ils enlevaient leurs convois, dispersaient leurs partis et ramassaient

---

[1] *Mémoires de Villars*, p. 182.

[2] « Il capitula le 2 septembre 1709. Le lieutenant général de Mesgrigny, gouverneur de la citadelle, n'eut pas honte de déshonorer sa vieillesse en passant aux ennemis qui lui laissèrent le gouvernement de la citadelle. » V. Saint-Simon, t. V, p. 355. — Villars fut si indigné de cette capitulation et se répandit en termes si violents contre M. de Surville, que madame de Maintenon crut devoir l'engager à modérer son langage par intérêt pour lui-même à cause des amis et des nombreux parents de M. de Surville.

des fourrages et des vivres. Villars devait non-seulement commander, mais nourrir l'armée. Il fallait mettre les hommes à proximité des villes et les chevaux à portée des prairies ; la consommation de chaque jour s'élevait à douze cents sacs de blé, et chaque jour il fallait les trouver. Rarement le maréchal pouvait réunir des farines à l'avance. Le plus souvent ses voitures apportaient la veille le pain du lendemain [1].

Les inquiétudes de Villars n'étaient que trop bien justifiées [2]; il avait à lutter contre des difficultés de toute nature : le pays où il campait était depuis longtemps dévasté par la famine et par la guerre ; les chemins étaient défoncés et les convois, réunis à grand'peine à des distances très-éloignées, n'arrivaient que fort lentement et à de longs intervalles ; les éléments eux-mêmes semblaient conspirer contre lui, et ajoutaient encore à ses angoisses : la chaleur desséchait les cours d'eau, l'orage les inondait, et dans l'un et l'autre cas, les moulins ne pouvaient plus fonctionner. Lorsqu'après des efforts multipliés on était parvenu à triompher de tous ces obstacles, sitôt la farine faite, les ouvriers cuisaient le pain, et la distribution se faisait de préférence aux corps qui devaient marcher ; quant aux autres ils patientaient sans proférer une seule plainte. La confiance que Villars avait su inspirer à ses soldats était telle, que

---

[1] *Mémoires de Villars.*

[2] « Imaginez-vous, écrit-il au ministre de la guerre, l'horreur de voir une armée manquer de pain. » *Mémoires de Villars.*

ces braves gens, loin de l'accuser, s'étaient soumis à la rigueur des circonstances et étaient résignés à en subir toutes les tristes conséquences[1]. « M. le maréchal a raison, disaient-ils, il faut bien jeûner de temps en temps[2]. »

Quelquefois cependant, lorsque le maréchal en parcourant ces longues files d'hommes, pâles, déguenillés, ruisselants de pluie ou brûlés par le soleil, dans les plaines nues de la Flandre, entendait sur son passage murmurer ces paroles empruntées à la plus touchante des prières : « Monsieur le maréchal, donnez-nous notre pain quotidien. » Cette humble supplication soulevait dans son cœur une poignante émotion, et il se détournait pour cacher ses larmes[3]. Aujourd'hui encore, on ne peut lire sans un vif intérêt les lettres écrites de Flandre pendant le cours de

---

[1] « Le pain et la viande avoient manqué souvent des six et sept jours de suite ; le soldat et le cavalier réduits aux herbes et aux racines n'en pouvoient plus. » V. Saint-Simon, t. VII, p. 383. — « Plusieurs fois nous avons cru que le pain manqueroit absolument ; et puis par des efforts on en fait arriver pour un demi-jour. On gagne le lendemain en jeûnant. Quand M. d'Artagnan a marché, il a fallu que des brigades qui ne marchoient pas jeûnassent. Je fais ici la plus surprenante campagne qui ait jamais été : c'est un miracle que nos subsistances, et une merveille que la vertu et la fermeté du soldat à souffrir la faim. On s'accoutume à tout : je crois cependant que l'habitude de ne pas manger n'est pas bien facile à prendre. » *Mémoires de Villars*, p. 181 ; lettres de Villars à M. de Voisin, des 9 et 27 juillet.

[2] *Mémoires de Villars*.

[3] « *Panem nostrum quotidianum da nobis hodie,* me disoient quelquefois les soldats quand je parcourois les rangs, après qu'ils n'avoient eu que le quart et que demi-ration. Je les accompagnois, je leur faisois des promesses. Ils se contentoient de plier les épaules, et me regardoient d'un air de résignation qui m'attendrissoit, mais sans plaintes ni murmures. » V. *Mémoires de Villars*, p. 179.

cette campagne. Elle répètent toutes la même demande : envoyez-nous des habits, de l'argent, du blé ; nous sommes nus, nous avons froid, nous mourons de faim [1]. Il faut lire ces dépêches si l'on veut savoir ce que peut souffrir et faire une armée française.

Loin d'abattre les troupes, ces souffrances leur donnaient comme une sourde exaltation. Les officiers jeûnaient comme les soldats, et ils n'osaient importuner Villars de leurs besoins. Pour n'en citer qu'un exemple, ceux de la garnison de Saint-Venant lui écrivaient comme avec honte : « Nous vous demandons du pain parce qu'il en faut pour vivre ; du reste nous nous passerons d'habits et de chemises [2]. » Ce froid courage enthousiasma le maréchal. Plusieurs fois il sollicita la permission de combattre, mais Louis XIV lui répondit d'attendre une occasion plus favorable. Il ne voulait pas livrer avant l'automne une bataille inégale et décisive.

Cependant, les embarras intérieurs étaient les mêmes. C'était d'abord le soulèvement du Vivarais, où les protestants appelaient à eux les catholiques et où la révolte proclamée au cri de : *Plus d'impôts!* avait pris le caractère d'une guerre sociale. Le duc de Roquelaure, qui avait remplacé Berwick dans le gouvernement du Languedoc, s'empressa d'étouffer une si dangereuse insurrection. Il n'avait avec lui que quelques milices, un régiment de dragons, deux

[1] *V. Archives de la Guerre.*
[2] *Mémoires de Villars.*

compagnies d'Irlandais; il demanda des renforts à Berwick, qui commandait l'armée des Alpes. Berwick lui envoya six bataillons, qui se rendirent dans le Vivarais à marches forcées. Roquelaure traversa les Cévennes, et, chemin faisant, il exhorta les paroisses à demeurer calmes ; mais elles n'avaient pas besoin de ses exhortations : elles reprochaient aux montagnards du Vivarais de n'avoir pas voulu marcher avec elles, lors de la grande prise d'armes de Cavalier, et demeurèrent immobiles. Roquelaure joignit ses forces aux renforts que Berwick lui avait envoyés, et tous ensemble marchèrent aux insurgés. Ceux-ci, au nombre de trois mille environ, campaient sur la montagne d'Isserlets, près de Vernoux, où ils avaient célébré un office solennel, auquel étaient accourues les populations réformées du voisinage. A l'approche des soldats, voulant sauver les femmes et les enfants, ils se dispersèrent à travers des pays boisés et inaccessibles. Deux cents [1] se rallièrent, près de Barjac, sur la haute et rude montagne de Leiris, au pied de laquelle coule la petite rivière de Bresson. C'étaient des hommes résolus commandés par un prophète[2], et par Dupont, un des anciens lieutenants de Cavalier. Roquelaure les suivit avec six mille hommes, et, après trois jours de la marche la plus pénible, arriva devant la montagne. Sommés de se rendre, les huguenots refusent fièrement. Ils descen-

---

[1] Quatre-vingts, suivant Brueys.
[2] Les prophètes étaient les inspirés qui prophétisaient.

dent en chantant des psaumes, s'avancent jusqu'à dix pas, s'agenouillent et font feu. Les soldats se jettent sur eux à la baïonnette, sans leur donner le temps de recharger leurs armes. Mais alors une lutte terrible s'engage : ces montagnards se battaient avec un courage désespéré, corps à corps, à coups de fourche et à coups de hache. Ceux qui manquaient d'armes ramassaient des pierres qui couvraient la montagne, et les jetaient sur les soldats. L'un d'eux, d'une taille de géant, se précipita au milieu d'un bataillon, arracha à l'officier son drapeau, et se retirait en l'emportant. Serré de près par deux grenadiers, il les saisit par les cheveux et les étouffait dans ses bras, quand un officier le perça de son épée. Le montagnard tomba, mais sans lâcher les deux soldats, et il les étrangla avant de mourir. La plupart des protestants restèrent sur le champ de bataille. Dupont fut tué ; on trouva parmi les morts le prophète couvert de sa robe noire. Roquelaure parcourut le Vivarais, arrêta les suspects, rasa leurs maisons et épouvanta le pays par des supplices. La révolte des huguenots fut une troisième fois noyée dans le sang[1].

Mais à Paris l'agitation continuait, et l'émeute grondait de nouveau dans les faubourgs. On a vu la colère des populations, ces bruits d'accaparement, ces placards, ces statues insultées, ces désordres dans les marchés et ces ateliers ouverts pour nourrir les

---

[1] Juillet et août 1709. *Archives de la Guerre.*—Brueys.—Dourille de Crest.—Court, t. III, p. 325-330.—M. Nap. Peyrat. *Histoire des pasteurs du désert*, t. II, p. 364.

pauvres, entre les portes Saint-Denis et Saint-Martin. L'émeute éclata parmi ces ouvriers, auxquels on donnait du pain, au lieu d'argent. Le mardi 20 août 1709, le pain ayant manqué, une femme prêche la révolte; des archers se jettent sur elle et l'entraînent au carcan voisin; mais les ouvriers accourent, renversent le carcan, et se répandent dans les rues en pillant les boulangers. Les boutiques se ferment; la foule inonde les boulevards en demandant du pain. Déjà les mousquetaires montaient à cheval; d'Argenson marchait avec les gardes suisses et les gardes françaises et le sang allait couler. Le maréchal de Boufflers, qui passait en carrosse, descendit au péril de sa vie, harangua la foule, et tel était l'ascendant de sa vertu et le récent souvenir de sa gloire, que sa seule promesse de représenter au roi les souffrances du peuple apaisa la sédition. On le reconduisit en triomphe à son hôtel aux cris de : « Vive le maréchal de Boufflers ! »

On prit les plus grandes précautions pour prévenir de semblables scènes. D'Argenson veilla à l'approvisionnement de Paris et occupa militairement les marchés. Il retint plusieurs compagnies des gardes qui devaient se rendre à la frontière, et ses patrouilles parcoururent nuit et jour les rues de Paris.

Des affamés formaient des rassemblements à Versailles sous les fenêtres mêmes du roi; ils s'exhortaient les uns les autres à la révolte, disant que ce qui pouvait leur arriver de pire était de mourir de faim¹. Louis XIV entendait pour la première fois ces cris qui ébranlent les trônes. Les princesses et madame de Maintenon, dont on avait insulté la voiture au faubourg Saint-Antoine², tremblaient dans le château³. Tous les plaisirs de Versailles avaient cessé. Aux bruits de l'émeute se mêlaient les alarmes de la guerre. La cour était tout entière aux nouvelles de Flandre, où l'on savait qu'une grande bataille était proche, et où la fleur de la noblesse combattait. Tous les gentilshommes qui pouvaient tenir une épée avaient rejoint leurs régiments. Les femmes remplissaient les églises, où l'on disait les prières des quarante heures⁴. Le galop d'un cheval faisait tressaillir : jamais pareille émotion depuis cent années ! La France attendait comme un arrêt le jugement du Dieu des batailles. « Nous ne vivons pas, écrit madame de Maintenon, dans l'attente continuelle de nouvelles de Flandre⁵. »

Dans la prévision de la bataille et dans l'hypothèse d'un malheur à réparer⁶, Louis XIV envoya Boufflers en Flandre⁷. Villars voulait céder le comman-

---

¹ Saint-Simon, t. VII, p. 346.
² Extraits de Dangeau publiés par Lemontey.
³ V. à ce sujet plusieurs lettres confidentielles extrêmement curieuses de la duchesse de Bourgogne à madame de Maintenon, dans la *Correspondance de la duchesse de Bourgogne,* publiée par madame la vicomtesse de Noailles, en 1850. On croit assister, en lisant ces lettres, aux premiers jours de la Révolution.
⁴ « Notre armée de Flandre manquoit de tout, et on en étoit à Paris et partout aux prières des quarante heures. » Saint-Simon, t. VII, p. 370.
⁵ *Lettres de madame de Maintenon.* Edition Auger, t. III, p. 206.
⁶ *Lettres de madame de Maintenon,* t. III, p. 213.
⁷ « Boufflers fut avec peine tiré de sa voiture, tant la goutte s'étoit

dement au héros de Lille, son aîné dans le maréchalat ; Boufflers refusa disant qu'il servirait comme simple volontaire. Villars le força du moins à prendre la droite, et donna pour mot d'ordre ces deux noms désormais associés dans l'histoire : Lille et Boufflers.

Enfin arriva l'occasion si attendue. Les ennemis ayant pris la citadelle de Tournai laissèrent seize mille hommes et marchèrent sur Mons, une des places belges occupées par les Français. Mons renfermait peu de vivres, peu de troupes et un grand nombre de malades. C'était, dit Villars, l'hôpital de l'armée : Marlborough comptait l'emporter en quelques jours.

A cette nouvelle, Villars quitte son camp et se rapproche de Mons pour y jeter des renforts. Mais il est forcé de séjourner à Quiévrain une journée entière pour distribuer le pain à ses soldats, et les alliés arrivent avant lui sous les murs de Mons, l'investissent, et dans le but de fermer le passage aux Français, vont se placer à l'extrémité de la plaine de Mons, entre les bois de Sars et de Laguières. Là, ils attendent Villars, et pour assurer leur victoire, ils ordonnent aux bataillons restés à Tournai de venir les joindre.

Le maréchal avait marché toute la nuit du 8 au 9 septembre, afin de regagner le temps perdu, lorsque le 9, au matin, il aperçut les alliés en avant du

augmentée. » Villars le reçut avec joie et respect, le pourvut de chevaux et de domestiques, et le pria de donner le mot d'ordre. *V.* Saint-Simon, t. VII, p. 360.

village de Malplaquet, qui devait donner son nom à la bataille, Villars fit halte et examina le terrain. Il se trouvait dans une petite plaine : au fond s'étendait une large clairière[1] resserrée entre les bois de Sars et de Laguières, derrière lesquels campaient les ennemis. Il plaça son centre dans cette clairière, la droite sur la lisière du bois de Laguières, et la gauche dans celui de Sars. Son armée ainsi rangée en croissant tenait une forte position : le centre était étroit et difficile à forcer ; les ailes couvertes par les bois ne pouvaient être tournées. Le maréchal réparait la faiblesse du nombre par l'avantage du terrain.

Au lieu d'attaquer immédiatement, sans laisser à Villars le temps de se fortifier, les ennemis attendirent leurs troupes de Tournai. Pendant toute la journée du 9, ils se bornèrent à envoyer quelques boulets, que le maréchal leur rendit aussitôt. Le 10, la canonnade recommença et se prolongea jusqu'à midi; les feux des deux artilleries tuèrent environ six cents hommes ; sur les trois heures arriva la garnison de Tournai, mais le jour étant trop avancé, les ennemis remirent la bataille au lendemain.

Villars profita de ce précieux répit. Toute la nuit du 9 et toute la journée du 10 ses soldats travaillèrent avec ardeur. Devant le centre, ils firent un large fossé dans lequel ils ménagèrent des brèches pour la cavalerie. Sur la lisière des bois, devant les ailes déjà

---

[1] Large de vingt-cinq escadrons, disent les récits militaires.

couvertes par des haies, ils élevèrent trois retranchements où ils placèrent des fascines et des canons dont le feu dominait l'armée. Dans les bois même, ils creusèrent des fossés, abattirent des arbres et les jetèrent en travers. Pendant toute la nuit du 10 au 11, ils achevèrent leurs retranchements[1]. Cette même nuit les généraux alliés réglaient l'ordre de la bataille : Eugène avec les Autrichiens devait attaquer le centre, le comte de Tilly et les Hollandais la droite, Marlborough et les Anglais la gauche.

Dès trois heures du matin, les ennemis sont sur pied ; ils font la prière, rangent leurs troupes, et marchant dans l'obscurité, s'approchent lentement de nos lignes. Le camp français était encore silencieux, et le plus épais brouillard enveloppait les deux armées ; mais à la naissance du jour les nuages se dissipèrent peu à peu ; en ce moment, les premières décharges de l'artillerie retentirent, et deux cents pièces de canon tonnèrent à la fois.

Sur les sept heures, un pâle soleil d'automne perce les dernières brumes et vient éclairer le champ de bataille. L'armée française apparaît alors tout entière embusquée derrière les haies et les retranchements, au-dessus desquels on voit s'élever la fumée des canons. Au delà du bois, à droite et à gauche, l'infanterie est échelonnée l'arme au bras ; au centre, dans la clairière, la cavalerie est rangée en masses noires et silencieuses ; tandis que l'artillerie,

---

[1] *Mémoires de Villars et Dépêches de la Guerre.*

animée déjà par le feu, tire sans relâche sur les longues colonnes ennemies qui s'avancent. Eugène et Marlborough parcourent les rangs, font distribuer de l'eau-de-vie aux soldats et les exhortent à bien faire. Villars passe au petit pas sur le front des régiments, mais ses paroles sont inutiles : sur toute la route, la terre est jonchée de morceaux de pain que ses soldats, qui viennent de recevoir leur ration, ont jetés pour combattre ; le feu d'une fébrile exaltation anime leurs visages ; partout, à l'approche du maréchal, retentit l'ancien cri de guerre des armées françaises : Vive le roi ! Vive le roi [1] !

Sur les huit heures enfin, les Hollandais arrivent à l'aile droite où commande Boufflers, et la bataille commence. Après une rapide fusillade, les ennemis escaladent nos retranchements et s'y maintiennent avec un froid courage sous les feux de l'artillerie et de la mousqueterie. La mitraille balaie leurs colonnes et dévore des compagnies entières ; de l'une d'elles, celle des Cadets, trois hommes restent debout ; une seule décharge d'une batterie de cinquante canons renverse deux mille assaillants, et en deux heures Tilly perd douze mille hommes. Les Hollandais toutefois ne se laissent pas intimider : guidés par le jeune prince de Nassau, neveu de Guillaume III, qui porte le glorieux étendard de la maison d'Orange, ils franchissent un premier, un second fossé, mais au

---

[1] « Je n'ai jamais vu les troupes si animées, écrit Villars dans une dépêche.... Je m'imaginois être à la tête des anciennes légions romaines. »

troisième ils s'arrêtent devant des monceaux d'arbres, à l'abri desquels les Français tirent sans relâche. Enveloppés alors par des nuages de poudre, frappés par un ennemi invisible, les alliés hésitent, puis reculent en laissant leurs drapeaux. Les Français reprennent leurs retranchements et achèvent les blessés à coups de crosse et de baïonnette. Les deux partis ne font pas de quartier [1]. Excités par le combat, les Français veulent sauter les fossés et poursuivre l'ennemi dans la plaine. Boufflers retient à grand'peine les soldats victorieux de la droite. « Si des lions les ont attaqués, écrit Villars, des lions les ont reçus. »

A l'aile gauche, appuyée sur le bois de Sars et couverte par des haies et des arbres, mais par un seul retranchement, la victoire restait indécise. Villars avait d'abord accueilli les Anglais par un feu si bien nourri, qu'ils s'étaient retirés en désordre, mais Marlborough avait ramené ses troupes, le combat avait recommencé avec fureur, et les Anglais plus nombreux avaient gagné du terrain. Villars, pour se maintenir, avait été contraint de faire avancer la plupart des bataillons du centre. Grâce à cette manœuvre, il avait encore une fois repoussé les assaillants, mais son front était dégarni; il n'y restait plus que deux brigades.

[1] « Jamais, dans cette guerre, les Français ne se sont si bien battus : aussi le nombre des morts et des blessés est énorme. On a fait très-peu de prisonniers dans les deux bois; les deux partis ne faisaient pas de quartier. » *Correspondance of Sarah duchess of Marlborough.* Lettre de Marlborough à Godolphin, t. II, p. 364.

En ce moment, Eugène n'avait pas encore donné. Il arrivait en ligne quand un lieutenant de Marlborough, Cadogan, le prévient que Villars a dégarni son centre, et qu'il sera facilement percé. Eugène masse aussitôt son infanterie; il place en avant tous ses canons qui commencent un feu terrible, et s'avance avec trente mille hommes. A la vue de cette formidable attaque, le lieutenant général de Saint-Hilaire, qui commandait l'artillerie et allait de batterie en batterie pour surveiller et organiser la défense [1], court à la gauche avertir Villars. Il l'aborde sur la lisière du bois de Sars, au milieu des balles, et lui expose la périlleuse situation du centre. Villars comprend que si le centre est forcé, la bataille est perdue, mais il a besoin de toutes ses forces contre Marlborough, et il renvoie Saint-Hilaire à Boufflers. En ce moment les Anglais font une décharge; un premier coup de feu abat le cheval de Villars, un second casse la jambe du maréchal et le renverse aux pieds de Saint-Hilaire, qui a déjà vu tomber Turenne. Villars se relève, fait aussitôt panser sa plaie, et ne pouvant monter à cheval, il s'assied sur une chaise et veut continuer à commander. Mais au bout de quelques instants ses forces le trahissent, il s'affaisse et tombe évanoui. Ses grenadiers le posent sur des mousquets et l'emportent. La vue de leur général évanoui, couvert de sang, mort peut-être, consterne les soldats. Marlborough profite de leur décou-

[1] *Archives de la Guerre.* Lettre de Boufflers au roi. 11 septembre 1709.

ragement et de l'absence de Villars : il renouvelle son attaque, force l'entrée du bois et fait reculer la gauche. A la même heure Eugène écrase les deux brigades qui lui résistent, emporte leurs retranchements, et pénètre jusqu'à la cavalerie rangée derrière. Il place son artillerie sur les retranchements abandonnés, d'où elle mitraille les escadrons français, qui reculent de quelques pas, et vont se reformer dans la plaine.

Pour les rompre et compléter la victoire, Eugène réunit tous les chevaux de l'armée ennemie, anglais, autrichiens, allemands, hollandais, et les lance dans la clairière. Une dernière mêlée s'engage, et les deux cavaleries, qui n'ont pas encore donné, s'abordent avec fureur. Longtemps exposée au feu, la nôtre était impatiente d'en venir aux mains : c'était l'élite de l'armée, la gendarmerie, la maison du roi, toute cette jeune noblesse accourue si généreusement sous les drapeaux. Elle charge à fond de train et rejette l'ennemi sur les retranchements du centre. Mais les alliés se reforment à l'abri de leur artillerie, tandis que les Français se retirent sous une pluie de boulets. A six reprises différentes, les cavaliers de Villars ramènent l'ennemi sur ses pièces, et ils conservaient leurs positions, lorsque Marlborough, traversant le bois du Sars, vint établir sur la lisière une nouvelle batterie de trente canons, qui plaça la cavalerie française entre deux feux. Cette manœuvre décida la retraite : Boufflers rappela ses bataillons restés dans le bois, fit atteler les pièces encore montées, et se retira lentement et en bon ordre. Les ennemis le suivirent pendant deux lieues, mais sans oser l'attaquer. Le soir, Boufflers fit halte derrière la petite rivière de l'Honneau, où il rallia ses régiments. Les soldats n'étaient nullement abattus ; tous avaient leurs armes [1] ; tous redemandaient à combattre. Les blessés subissaient les amputations avec un magnanime enthousiasme et mouraient aux cris de : Vive le roi ! « Tout ce que l'on nous mande de l'armée, écrit madame de Maintenon, est aussi héroïque que l'histoire romaine [2]. »

Les ennemis couchèrent au milieu des morts. L'aspect du champ de bataille était effroyable : trente mille hommes étaient là gisant dans des mares de sang. Dans le bois de Laguières, où la lutte avait été disputée, on marchait sur des cervelles humaines. Les ennemis contemplaient avec effroi ces retranchements comblés de leurs soldats, spectacle qui, malgré la victoire, excitait encore la terreur [3]. Ils passèrent la journée du lendemain à creuser de larges fosses, où ils jetèrent les morts ; puis ils quittèrent ce champ de carnage. Leurs généraux avouèrent de grandes pertes : « Nous ne pouvons savoir au juste le nombre de morts, écrivent les Hollandais, mais Vos Hautes Puissances concevront aisément

---

[1] Ils avaient jusqu'à leurs marmites. V. Lettre de M. de Contade. *Archives de la Guerre.* Septembre 1709.

[2] *Lettres de madame de Maintenon.* Edition Auger, t. 1er, p. 470. 29 septembre 1709.

[3] Lamberty, t. V, p. 366.

qu'on ne force pas trois retranchements garnis de canons sans une perte considérable. » — « La bataille est extrêmement glorieuse pour les armes des alliés, écrit Marlborough, mais notre perte est considérable [1]. » — « Le prince Eugène et le duc de Marlborough, ajoute Boufflers, conviennent qu'il y a eu de part et d'autre plus de vingt-sept mille tués. Il y en a eu au moins vingt mille de leur part, et cela m'est confirmé, non-seulement par tous ceux de nos officiers qu'ils ont renvoyés, mais par des exprès que j'envoie dans leur armée [2]. » Si donc on considère, non la perte du terrain, mais celle du sang, il faut attribuer l'avantage aux Français. Eugène et Marlborough laissaient à Malplaquet toutes leurs têtes de colonnes et leur meilleure infanterie. Encore une victoire semblable, et ils ne conservaient que des recrues. Cette bataille si longue et si disputée, si « illustre et si malheureuse, » rétablissait l'honneur des Français. Depuis les déroutes de Ramillies et d'Oudenarde, les alliés niaient la valeur de nos soldats; ils apprirent de nouveau à les estimer et à les craindre. Marlborough avoue qu'il reconnaissait les anciens Français, et qu'il suffisait de bien les conduire [3]. Ce

---

[1] « The battle is extremely glorious for the arms of the allies, but our loss is very considerable. » *Correspondance of Sarah duchess of Marlborough*, t. II, p. 364.

[2] *Archives de la Guerre*, vol. 2161. Lettre de Boufflers au roi. 11 septembre 1709.

[3] « Enfin, sire, la suite des malheurs de Votre Majesté avoit tellement humilié la nation françoise, qu'on n'osoit quasi plus plus s'avouer françois. J'ose vous assurer, sire, *que le nom françois n'a jamais été tant estimé, ni peut-être plus craint qu'il n'est présentement dans toute l'ar-*

sang versé à flots produisit du moins ce grand résultat : l'armée reprit confiance. La défaite de Malplaquet annonçait la victoire de Denain.

Dans les Alpes et sur le Rhin nos généraux arrêtaient l'ennemi comme en Flandre. Enhardis par la détresse de Louis XIV, les alliés essayaient trois attaques : Mercy envahissait l'Alsace avec les Allemands ; Daun et les Autrichiens, la Franche-Comté; Victor-Amédée et les Piémontais, la Savoie, et tous les trois devaient se réunir pour marcher sur Lyon. Le lieutenant général Du Bourg, élève de Villars, court au devant de Mercy, le rencontre à Rumersheim, près de Brisach, enfonce les Allemands par une charge à la baïonnette, et les repousse au delà du Rhin[1]. Cette victoire sauve le Midi : le duc de Savoie qui arrivait à Briançon, Daun qui touchait à la Franche-Comté, s'arrêtent à la frontière; Berwick, avec l'armée des Alpes, protége à la fois la France, Nice et la Savoie ; il défend pied à pied les montagnes, et rejette Victor-Amédée et Daun en Italie.

En Espagne, Philippe V avait perdu le duc d'Orléans, et son successeur, le maréchal de Bezons, était loin d'avoir son mérite et ne disposait pas des mêmes

---

mée des alliés. » Lettre de Boufflers au roi, précitée. Madame des Ursins répète à son tour la même chose : « Ils (les alliés) sont détrompés de la mauvaise opinion qu'ils avoient des François, et ils ne compteront plus de pouvoir pénétrer impunément en leur présence dans la France, comme ils s'en vantoient. » *Correspondance de madame des Ursins,* t. IV, p. 342.

[1] Août 1709.

ressources. Pour prouver sa ferme résolution d'abandonner Philippe V, Louis XIV n'avait laissé en Espagne que douze mille soldats. Les Espagnols prétendaient qu'il voulait partager leur monarchie avec les alliés, et la plus complète mésintelligence séparait Bezons de d'Aguilar, général de Philippe V. Stahremberg profite de leurs dissentiments : il passe la Sègre, et sous les yeux de Bezons, qui avait reçu l'ordre d'éviter une bataille, il reprend Balaguer, où trois bataillons se rendent prisonniers de guerre. D'Aguilar exaspéré crie à la trahison ; les Français et les Espagnols, jusque-là confondus, se séparent en deux armées qui semblent prêtes à en venir aux mains, et l'exaspération était telle que l'on craignait à Madrid un massacre général des Français [1]. Philippe V, accouru de Madrid, destitue d'Aguilar odieux aux Français [2], et le remplace par le Belge Tserclaës, aimé des deux nations. Mais il essaye vainement de reprendre Balaguer. Le duc de Noailles est plus heureux avec l'armée du Roussillon ; il envahit l'Espagne, bat sous Figuières et sous Girone les Catalans et les Autrichiens, enlève leur général, prend leurs bagages et leur artillerie, et après ce glorieux coup de main, rentre victorieux dans les Pyrénées [3].

[1] V. Saint-Philippe.—William Coxe, t. 1er, p. 564-581.

[2] Quoique très-mécontent de Bezons, il lui offrit la Toison d'or, pour couvrir son déshonneur dans l'esprit des troupes. » V. *Mémoires de Noailles*, p. 218.

[3] *Archives de la Guerre.* Septembre 1709. V. *Lettres de madame de Maintenon.* Edition Auger. *Notice sur le maréchal de Noailles*, t. III, p. 124.

Telles furent les immortelles campagnes de 1709. Soumise aux épreuves les plus difficiles, la France luttait partout avec avantage, et elle étonnait l'Europe par l'opiniâtreté de sa résistance. Louis XIV conservait les Pyrénées et les Alpes, Nice et la Savoie, l'Alsace et la Flandre, et soixante mille hommes éprouvés par la faim et par le feu, noircis encore par la poudre de Malplaquet, barraient la frontière du Nord et la route de Paris. Villars malheureusement n'était plus à leur tête. Après sa blessure, une fièvre ardente, accompagnée d'insomnies, avait mis ses jours en danger. Les médecins effrayés avaient en vain sondé la plaie ; ils n'avaient pu s'assurer si l'os était percé d'outre en outre, ou fêlé dans toute sa longueur ou simplement éclaté, ce qui devait modifier de tout point le traitement. Ils parlaient de lui couper la jambe et désespéraient de sa guérison. Déjà le malade se préparait à la mort quand les chirurgiens du roi, envoyés par Louis XIV, imaginèrent d'enlever, en les raclant, les chairs voisines de la blessure, afin de découvrir et d'examiner avec soin les ravages de la balle [1]. Cette cruelle opération lui sauva la vie, et après quarante jours il put être transporté à Versailles. On le ramena couché sur un brancard, à petites journées, au milieu des populations qui se pressaient sur son passage et le saluaient de leurs cris d'allégresse [2]. L'accueil le plus brillant

---

[1] *Mémoires de Villars*, p. 187.

[2] « Au bout de quarante jours, on me jugea en état d'être transporté à Paris. Mon voyage, par les villes que je traversai, couché sur un brancard, fut une espèce de triomphe. » *Mémoires de Villars*, p. 187.

l'attendait à Versailles; le roi le fit pair de France et lui donna l'appartement du prince de Conti où les fêtes et les festins se succédèrent sans interruption pendant tout le temps que dura sa convalescence. Tous les princes, tous les courtisans s'empressaient au chevet de l'illustre malade, et madame de Maintenon elle-même ne dédaigna pas de venir chaque jour y passer de longues heures [1].

[1] Saint-Simon, t. VIII, p. 106-107.

CHAPITRE V

(1710.)

Changement de l'opinion publique en Hollande. — Nouvelles propositions de Louis XIV. — L'abbé de Polignac et le maréchal d'Huxelles envoyés en Hollande. — Difficultés de leur mission. — Opposition des ambassadeurs étrangers et du parti militaire. — Séjour des négociateurs français à Gertruydemberg.—Mauvais vouloir des Hollandais.— Transaction offerte par Louis XIV et refusée par les États-Généraux. Tristes conditions acceptées par Louis XIV. — Il offre de l'argent et des troupes pour renverser Philippe V.—Refus des Hollandais.—Mauvais traitements que subissent les envoyés français à Gertruydemberg. —Les Etats-Généraux exigent que Louis XIV détrône seul le roi d'Espagne. — Aigreur et rupture des conférences. — Lettre publique de Polignac contre les Etats-Généraux.—Réplique des Hollandais.—Fautes de la Hollande dans ces négociations.—Efforts désespérés de Desmarets pour se procurer des ressources.—Etablissement du dixième en France.

Le sombre enthousiasme de nos soldats, les succès de Villars et de Berwick, de Noailles et de Du Bourg, cette victoire de Malplaquet qui avait dévoré l'infanterie de la Grande-Alliance, relevèrent en Hollande le parti de la paix. Tous les hommes modérés de la République s'écrièrent que la campagne avait cruellement déçu les espérances d'Eugène et de Marlborough ; que, loin d'arriver à Versailles comme ils s'en flattaient, ils n'avaient pu écraser Villars ; qu'il était temps d'arrêter cette lutte meurtrière et de songer aux souffrances du pays ; que la France était assez abattue ; qu'elle offrait à la Hollande les concessions les plus avantageuses, et dans les Pays-Bas et au delà des mers ; qu'il fallait les accepter et poser les armes. A Amsterdam et à Rotterdam, dans toutes les villes de commerce et dans tous les ports, les négociants et les armateurs reproduisaient ces griefs.

Heinsius avait entretenu, pendant tout l'hiver de 1709 à 1710, une correspondance régulière avec Torcy [1] ; cédant enfin au cri de l'opinion, il fit savoir à Versailles, par Petkum, que si Louis XIV voulait envoyer de nouveaux agents dans les Pays-Bas pour tenter un accommodement sur les préliminaires, la République était prête à renouer les négociations. Louis XIV accepta cette ouverture avec empressement, et il envoya en Hollande deux nouveaux négociateurs, le maréchal d'Huxelles et l'abbé de Polignac.

Le premier était un soldat froid, patient, rusé, d'un extérieur brusque et rude, qui, sous les dehors d'une vertu austère, cachait l'âme du plus délié courtisan. On se rappelait sa capitulation de Mayence en 1689 ; on lui reprochait d'avoir sacrifié dans cette circonstance sa réputation militaire au désir de complaire à Louvois, dont la paix eût diminué le crédit [2].

---

[1] Papiers de Heinsius.

[2] Pour rendre justice au maréchal d'Huxelles, il faut dire que ces imputations n'étaient pas justifiées. Il s'était enfermé dans Mayence avec dix mille hommes et en avait arrêté soixante mille; pendant sept semaines de tranchée ouverte, il avait fait vingt et une sorties, tué cinq mille hommes à l'ennemi et ne s'était rendu que faute de poudres ; enfin si, à son retour à Paris, il fut obligé de quitter l'Opéra où le public l'avait accueilli par des huées injurieuses, Louis XIV le dédommagea

On contestait sa valeur dans les conseils et son mérite sur les champs de bataille. « J'ai toujours entendu dire, écrit Villars, que d'Huxelles était une bonne caboche, mais personne n'a jamais osé prétendre que ce fût une bonne tête[1]. » D'Huxelles suppléait à son insuffisance par ses flatteries. Il courtisait à Versailles tous les partis, le roi, madame de Maintenon, le duc de Bourgogne, et jusqu'à mademoiselle Choin. On racontait de lui les plus plaisants traits d'adulation[2]. C'était un de ces hommes si nombreux dans les cours qui n'arrivent qu'en rampant, ne s'élèvent et ne se maintiennent que par une souplesse persévérante.

Son collègue, l'abbé de Polignac[3], au contraire, était un des diplomates les plus brillants du siècle. Déjà célèbre par son ambassade de Varsovie, où il avait fait couronner le grand Conti, par ses amours avec la veuve de Sobieski, par ses compromettantes amitiés avec la duchesse de Bourgogne[4] et la du-

---

amplement en lui adressant ces paroles : « Vous vous êtes défendu en homme de cœur et vous avez capitulé en homme d'esprit. » V. Henri Martin, t. XVI, édition 1848, p. 142. *Mémoires de Dangeau*.

[1] *Mémoires de Villars*.

[2] V. notamment dans Saint-Simon l'anecdote des têtes de lapin que d'Huxelles envoyait chaque jour aux chiens de mademoiselle Choin. T. VIII, p. 111 et 112.

[3] V. le gracieux portrait que Saint-Simon nous a laissé de ce personnage. T. IV, p. 455.

[4] Si l'on en croit Saint-Simon, il n'était pas indifférent à la duchesse de Bourgogne, lorsqu'il quitta la cour en 1706, pour aller à Rome. « On remarqua beaucoup que la duchesse de Bourgogne lui souhaita un heureux voyage tout d'une autre façon qu'elle n'avoit accoutumé de congédier ceux qui prenoient congé d'elle. Peu de gens eurent foi à une migraine qui la tint tout ce même jour sur un lit de repos chez madame

chesse du Maine [1], il joignait à la plus gracieuse figure des gestes nobles et faciles, une voix douce et insinuante, le don si rare de contredire sans blesser. « Je viens de voir un jeune homme, disait de lui Louis XIV, qui m'a toujours contredit, sans que j'aie pu me fâcher un instant. » Polignac avait toujours sur les lèvres de gracieuses et piquantes reparties. Se promenant un jour à Marly, vêtu d'une soutane légère, la pluie survint, et comme Louis XIV l'invitait à prendre des précautions : « Ce n'est rien, répondit-il, la pluie de Marly ne mouille pas [2]. » Saint-Simon, l'un de ses ennemis, l'appelle « une sirène enchanteresse. » A ces dons naturels Polignac joignait des connaissances sérieuses. Il savait à fond la théologie, les lettres, l'histoire, la numismatique ; il aimait les livres et les arts. On sait qu'il a réfuté en beaux vers latins les doctrines de Lucrèce, et que Voltaire le prit pour compagnon au Temple du Goût [3].

de Maintenon, les fenêtres entièrement fermées, et qui ne finit que par beaucoup de larmes. » T. V, p. 63.

[1] Madame cite une lettre de la duchesse du Maine au cardinal de Polignac, qui ne laisse aucun doute sur la nature des relations qui existaient entre elle et le cardinal ; elle prétend l'avoir lue de ses yeux. V. *Correspondance de Madame*. Edition Charpentier, t. II, p. 299. V. aussi t. Ier, p. 422.

[2] Saint-Simon, t. IV, p. 455.

[3] On connaît ces vers de Voltaire :

    Ce cardinal qui, sur un nouveau ton,
    En vers latins fait parler la sagesse,
    Réunissant Virgile avec Platon,
    Vengeur du ciel et vainqueur de Lucrèce.
          (*Temple du Goût*, Voltaire, t. XII, p. 297.)

Nous trouvons dans le *Recueil de Maurepas* deux chansons sur les

Il rappelait ces cardinaux voluptueux et lettrés de la Renaissance, non moins propres aux affaires qu'aux plaisirs. Dans les négociations qui allaient s'ouvrir, il devait constamment occuper la première place.

Cette seconde mission des Français en Hollande était hérissée d'obstacles. Ils avaient d'abord à lutter contre le mauvais vouloir du gouvernement qui les appelait à contre-cœur, contre la sourde opposition du parti militaire, contre l'hostilité déclarée des ambassadeurs étrangers qui redoutaient la défection de la Hollande et manifestaient publiquement à ce sujet des inquiétudes blessantes qu'ils reproduisaient même auprès des États-Généraux.

A la nouvelle de l'arrivée des Français, l'ambassadeur d'Autriche, M. de Zinzendorf, déclara qu'il entendait assister aux conférences, comptant ainsi surveiller les Hollandais. Ceux-ci blessés d'une telle prétention, répondirent que s'il en était ainsi, ils n'enverraient personne au-devant des ministres de Louis XIV, et Zinzendorf dut renoncer à son dessein. Les Etats-Généraux, de leur côté, se méfiaient de ceux de leurs compatriotes qui manifestaient des tendances pacifiques; et pour empêcher un accord qui pouvait renverser les membres du parti militaire alors au pouvoir, ils résolurent d'éloigner nos plénipotentiaires des grandes villes, qui inclinaient vers la France, et d'épier avec soin leurs démarches.

plénipotentiaires de Gertruydemberg. On y reproche à d'Huxelles son défaut de caractère, et à Polignac l'absence de jugement. *Recueil Maurepas*. t. XI, p. 433 et 137.

Cette pensée se révéla dès l'arrivée des Français au Moerdyck[1]. Les commissaires des États-Généraux Buys et Van der Dussen allèrent les trouver sur leurs navires et leur proposèrent de conférer dans un yacht; Polignac et d'Huxelles insistant avec énergie pour débarquer, les Hollandais refusèrent de les recevoir à La Haye comme l'année précédente, et leur assignèrent pour séjour la petite ville forte de Gertruydemberg, pauvre cité de pêcheurs située au milieu des eaux, près du golfe formé par la vieille Meuse. Les ambassadeurs durent se résoudre à séjourner dans cette forteresse, véritable prison d'Etat, où ils logèrent dans une maison étroite, indigne de la République et de la France. Pour comble d'humiliation, les États-Généraux refusèrent de reconnaître leur titre officiel, et ne consentirent à les recevoir que comme de simples particuliers. Polignac se vit contraint de revêtir un habit de cavalier, et d'Huxelles fut obligé de quitter ses armes, son bâton de maréchal et son cordon bleu. Le parti militaire leur imposait à dessein ces conditions outrageantes dans l'espoir de les froisser et d'amener une rupture.

Ces tentatives échouèrent : fidèles aux instructions de Louis XIV, les ministres de France ne se départirent pas un seul instant de la résignation qui leur était recommandée; arrivés le 11 mars à Gertruydemberg, ils eurent le soir même une conférence avec les Hollandais. Le lendemain, Buys et Van der Dussen re-

[1] Mars, 1710.

partirent pour La Haye afin de rendre compte à leur gouvernement des résultats des premiers entretiens. Ils devaient rapporter ensuite la réponse des États-Généraux et agir de même à la suite de chaque conférence. La République avait imaginé cet expédient pour gagner du temps. Il fallait dix jours pour aller de La Haye à Gertruydemberg. On était au milieu de mars : les Etats-Généraux espéraient atteindre ainsi facilement le mois de mai, époque à laquelle la campagne devait s'ouvrir. Ils avaient la paix sur les lèvres, mais la guerre dans le cœur.

Cette secrète pensée des Hollandais se trahit dès les premiers jours. Louis XIV, on se le rappelle, impatient d'obtenir une paix définitive, avait accepté les conditions rigoureuses des préliminaires, la cession de Lille et de Strasbourg, la démolition de Dunkerque, le renversement de Philippe V ; les alliés, au contraire, ne voulaient accorder qu'une trêve de deux mois, après laquelle la guerre devait recommencer, si dans ce délai l'archiduc n'était pas devenu maître absolu de l'Espagne, condition évidemment impossible à remplir en deux mois. Philippe V n'était plus maintenant prince français, comme les alliés affectaient de le croire ; il était roi comme Louis XIV, et il n'eût pas assurément consenti sur un ordre de Versailles à se jeter dans une voiture pour repasser les Pyrénées. Il avait déclaré à plusieurs reprises qu'il ne descendrait pas du trône tant qu'il lui resterait une goutte de sang dans les veines[1],

[1] Lettre de Philippe V à Louis XIV. 12 novembre 1708.—Lettres du

et ni la France, ni l'Europe ne pouvaient réduire en un espace de temps aussi limité un pays comme l'Espagne, défendu par ses montagnes, par ses chemins impraticables, par ses populations énergiques et opiniâtres, prêtes à sacrifier leur vie pour le roi qu'elles avaient choisi.

Dans l'espoir d'une transaction, Polignac et d'Huxelles représentaient que Philippe V étant alors maître de toute la péninsule, à l'exception des faubourgs de Barcelone, le plus sûr moyen d'obtenir son abdication était de lui accorder les places que les Espagnols conservaient en Toscane, avec les Deux-Siciles et le titre de roi. Les plus sages conseillers de la République approuvèrent cette proposition, qui eût substitué un accommodement à la guerre et terminé sur-le-champ les hostilités. Les députés d'Utrecht aux États-Généraux déclarèrent que cette demande leur semblait équitable; qu'il était impossible d'arriver à une paix sérieuse à moins de laisser à Philippe V une portion de ce magnifique héritage que Charles II lui avait légué tout entier; qu'en supposant la plus heureuse campagne, les alliés ne prendraient ni l'Espagne, ni les Indes, et qu'il importait de les ouvrir au plus vite à leur marine épuisée [1].

Cette prétention si modeste souleva des récriminations dans le sein des États-Généraux; le parti de la guerre y voyait une dérogation formelle aux préli-

---

17 avril et du 12 novembre 1709. V. *Mémoires de Noailles* et W. Coxe, t. Ier, p. 535.

[1] Lamberty, t. VI, p. 16.

minaires acceptés par Louis XIV ; les conférences avaient pour but de prolonger, s'il était possible, la trêve de deux mois, mais dans le cas seulement où la France accorderait d'autres avantages ; les alliés entendaient, non pas indemniser, mais renverser Philippe V[1]. Polignac et d'Huxelles ayant représenté dans les termes les plus mesurés les inconvénients inhérents à la situation éloignée de Gertruydemberg, et prié la République de transporter les conférences dans un autre lieu, les Etats-Généraux s'y refusèrent avec hauteur, ajoutant que si les Français n'avaient pas d'autres propositions à faire, ils pouvaient quitter la Hollande. Pendant ces pourparlers, les députés hollandais avaient été retenus à La Haye, et ils ne revinrent à Gertruydemberg que sur les instances réitérées des ministres de Louis XIV.

Abandonnant le royaume de Naples, Polignac et d'Huxelles demandèrent du moins pour Philippe V la Sicile et les places de la Toscane[2]. Quelque restreintes que fussent ces prétentions, elles n'eurent pas plus de succès. M. de Zinzendorf, qui exerçait sur ses collègues une souveraine influence, déclara que l'Empereur ayant le royaume de Naples ne pouvait par cela même céder la Sicile ; que les Napolitains, fatigués des dominations étrangères, aspiraient à un gouvernement national, et que du jour où ils verraient Philippe V régner à Palerme, ils l'appelleraient pour chasser les Autrichiens. Zinzendorf publia un long

[1] Conférence du 22 mars 1710.
[2] Conférence du 24 avril 1710.

mémoire où il développait ces idées, et le fit répandre à La Haye. Les Anglais démontrèrent en même temps que la présence d'un petit-fils de Louis XIV en Sicile entraverait la liberté du commerce de la Méditerranée[1]. Quant aux places de la Toscane, l'ambassadeur du Piémont vint à son tour affirmer que son maître verrait avec un véritable effroi les Français établis au cœur de l'Italie. Tous ensemble exhortèrent les États-Généraux à cesser des conférences désormais inutiles. En conséquence, Heinsius fit écrire aux Français par Petkum que les conférences étaient rompues. Polignac et d'Huxelles lui répondirent qu'ils étaient prêts à partir, le priant seulement de remercier de leurs honnêtetés MM. Buys et Van der Dussen[2], puis ils informèrent Louis XIV de la rupture des négociations.

Dans l'espoir de les renouer, Louis XIV céda davantage. Il renonça à toute indemnité pour Philippe V, et abandonna à l'Europe toute la succession de Charles II. Mais les Etats-Généraux élevèrent alors une prétention nouvelle et odieuse. Ils demandèrent que la France s'unît aux alliés pour détrôner Philippe V. « Il n'y a, disaient-ils, que deux moyens de faire faire une chose : la persuasion ou la force. Vous avez inutilement employé la persuasion pour obtenir l'abdication du roi d'Espagne, employez donc la force; unissons nos drapeaux et nos soldats, pas-

---

[1] 26 avril 1710.
[2] 11 mai 1710. Lettre des plénipotentiaires français au sieur Petkum. Lamberty, t. VI, p. 50.

sons ensemble les Pyrénées et allons proclamer et établir l'archiduc à Madrid. » Polignac et d'Huxelles objectèrent le danger de confondre des soldats, ennemis depuis cinquante ans, le lendemain de la plus terrible des rencontres. Pour montrer toutefois combien Louis XIV désirait la paix, ils offrirent son assistance indirecte contre Philippe V, le passage des armées alliées à travers la France, des vivres, des munitions, et même de l'argent, s'il le fallait. Les États-Généraux demandèrent combien Louis XIV donnerait par an pour combattre le roi d'Espagne. —Quatre millions, répondirent les Français. Buys et Van der Dussen trouvèrent la somme suffisante, mais ils élevèrent d'incroyables chicanes sur le mode de payement: Comment Louis XIV enverrait-il cette somme en Hollande? Quelles maisons de Paris ou d'Amsterdam la garantiraient? Polignac et d'Huxelles offrirent toutes les sûretés humainement possibles, et pour cautions les plus solides banquiers de France et des Pays-Bas. Mais les Hollandais discutèrent chacun de ces banquiers en alléguant des craintes imaginaires : s'ils ne pouvaient payer à temps, s'ils faisaient faillite, s'ils venaient à mourir? Avec la plus inaltérable patience, les ministres de Louis XIV durent réfuter tour à tour ces objections dérisoires [1].

Pendant ces conférences, qui perdaient un temps si précieux, les ambassadeurs à La Haye continuaient

---

[1] *Mémoires de Torcy.—Papiers de Heinsius.*

leurs secrètes manœuvres ; ils pressaient chaque jour la République de renvoyer les plénipotentiaires. Eugène écrivait qu'il ne redoutait pas les armées mais les intrigues de la France ; lord Townsend et Marlborough répétaient la même chose, en termes plus adoucis mais non moins formels. Le ministre de Prusse et les deux ambassadeurs d'Autriche, les comtes de Zinzendorf et de Wratislau, insistaient pour se rendre à Gertruydemberg, et ne cédaient que devant le refus décidé des États-Généraux. Au risque de blesser les Hollandais, l'ardent Wratislau publiait une prétendue lettre de l'Empereur, qui se plaignait amèrement de la République. Tous les ambassadeurs conjuraient sans cesse les États-Généraux de se défier des Français, qui ne songeaient qu'à les désunir; c'étaient, à les entendre des serpents cachés qui guettaient le moment de lâcher leur venin [1]. Les Hollandais, il est vrai, encourageaient ce langage par leur conduite. Sous leurs yeux paraissaient des gravures et des pamphlets dans lesquels nos ministres étaient indignement outragés. Les États-Généraux défendaient à qui que ce fût de les visiter, et ils les tenaient à Gertruydemberg au plus rigoureux secret, comme des prisonniers d'État [2]. Ils ouvraient leurs lettres, en dépit de leurs réclamations, et retardaient à chaque conférence le retour des députés. Ils couronnèrent enfin ces insultes par le plus brutal congé.

[1] Lamberty, t. VI.
[2] Reboulet, t. III, p. 414.

Heinsius leur manda que la République jugeait inutile de prolonger les conférences, et dans le pli de sa lettre il leur envoya deux passe-ports. D'Huxelles et Polignac voulaient partir, mais, se rappelant les instructions de Louis XIV, ils dévorèrent ce dernier affront et restèrent à Gertruydemberg.

Louis XIV approuva leur conduite, et, voulant obtenir la paix au prix des plus pénibles sacrifices, il épuisa toutes les concessions. Il offrit aux alliés un million par mois, tant que durerait la guerre contre Philippe V ; Valenciennes à la Hollande, l'Alsace à l'Empire, et, comme garantie immédiate de sa bonne foi, quatre places en Flandre, à la seule condition que la trêve serait prolongée. « Le roi consent à tout, déclara Polignac, sauf à combattre son petit-fils[1]. »

Jamais Louis XIV n'était descendu si bas. Si les alliés avaient sincèrement désiré la paix, ils l'auraient signée le jour même. Mais, comme nous l'avons dit, ils négociaient à contre-cœur et se plaisaient à humilier la France en attendant l'occasion de l'écraser[2]. Loin de se montrer satisfaits, ils élevèrent une dernière et monstrueuse prétention. « La volonté des alliés, déclara Buys avec hauteur, est que le roi se

---

[1] Lettre de Louis XIV à ses plénipotentiaires. 23 juin 1710.
[2] Bolingbroke le déclare franchement dans ses *Mémoires*, p. 59. « Il est certain, dit-il, que le roi de France était alors sincèrement décidé à exécuter l'article de l'abdication de Philippe V, et on aurait en conséquence trouvé assez facilement les moyens d'ajuster ce qui y était relatif, si de notre côté *il y avait eu réellement l'intention de conclure, mais tel n'était pas notre dessein.* »

charge seul de contraindre Philippe V à quitter l'Espagne. » Sur l'observation de Polignac, que les États-Généraux n'avaient jamais émis une telle demande, ils avouèrent, sans parvenir toutefois à déguiser leur embarras, qu'ils avaient changé de résolution, qu'ils entendaient maintenant recevoir de Louis XIV l'Espagne et les Indes ; que si dans deux mois l'archiduc n'était pas établi à Madrid, ils recommenceraient la guerre. Comme les Français se retranchaient derrière l'impossibilité matérielle de satisfaire à ces exigences : « Impossible ! répondirent ironiquement les Hollandais, eh bien ? la guerre avec la France ne l'est point [1] ! »

C'était le cri de Brennus. Les alliés avaient cinq cent mille hommes, et ils exigeaient que Louis XIV combattît seul son petit-fils, tandis que leurs régiments rentreraient dans leurs foyers, ou demeureraient spectateurs d'une telle lutte ! Ici éclataient les haineux artifices d'Eugène et des anciens et mortels ennemis de Louis XIV. Si le roi consentait à se faire l'exécuteur des œuvres de la Grande-Alliance, ils le déshonoraient aux yeux de l'Europe ; s'il refusait, ils l'accusaient de la rupture de la négociation, et ils avaient enfin cette guerre tant désirée, qui ouvrait le

---

[1] 13 juillet 1710. « Conçoit-on, écrit le duc de Noailles, que dans notre siècle la fureur eût pu monter à un tel excès ? que des politiques d'ailleurs éclairés aient pu insulter de la sorte à l'infortune d'un grand monarque ? qu'ils n'aient pas prévu qu'un événement pouvoit détruire leurs prétentions et leur arracher ce qu'un trait de plume leur assuroit ? Leur absurde dureté fit rompre les conférences. » V. *Mémoires de Noailles*, p. 224.

plus vaste champ à leur ambition et à leurs vengeances. Eugène tenait, rédigé de sa main, le projet du démembrement de la France [1].

Polignac et d'Huxelles perdirent tout espoir. Ils demandèrent pour la forme un délai de quinze jours pour écrire à Versailles et recevoir la réponse de Louis XIV. Les Hollandais l'accordèrent de très-mauvaise grâce ; déjà la négociation semblait finie ; ils avaient hâte de voir partir les députés. Les conférences n'avaient plus ce caractère bienveillant des premiers jours. Les envoyés des deux nations échangeaient maintenant des paroles amères et l'acrimonie perçait à chaque débat ! Dans l'une des dernières séances, comme Van der Dussen se plaignait de ce que les Français agissaient sans bonne foi, Polignac releva vivement et réfuta victorieusement cette calomnie. Il reprocha aux États-Généraux leur ingratitude envers la France, qui avait été leur fidèle et généreuse alliée contre l'Espagne [2], et il laissa tomber ces paroles vengeresses : « Vous n'êtes pas, Messieurs, accoutumés à vaincre. » Des deux côtés on se sépara sans espérance et sans désir de se revoir.

Louis XIV, en effet, ne pouvait accepter tant de

---

[1] « J'ai lu, dit Duclos dans un *Mémoire* signé de la main du prince Eugène, le plan et les moyens détaillés et très-bien combinés du démembrement de la France. Tercier, mon confrère de l'Académie des belles-lettres, qui faisait pour le premier dauphin l'extrait des plus importantes négociations, me communiqua ce mémoire. Nous doutions de la signature ; mais après l'avoir confrontée à celle de plusieurs lettres du prince Eugène, nous n'avons pu la méconnaître. » *Mémoires secrets de Duclos.*

[2] Reboulet, t. IV, p. 424.

honte. En lisant la dépêche de Polignac, le vieux roi releva la tête. « Puisqu'il faut faire la guerre, s'écriat-il, j'aime mieux la faire à mes ennemis qu'à mes enfants; » et il rappela sur-le-champ ses plénipotentiaires. Avant de partir, Polignac dénonça à l'Europe la conduite des Hollandais. Dans une lettre restée célèbre et publiée dans tous les journaux, il raconta les offres successives et incroyables de la France, les refus constants et les mauvais procédés des États-Généraux, et montra l'inutilité de prolonger les conférences de Gertruydemberg, fut-ce des années entières, puisque les alliés faisaient dépendre la paix d'une condition impossible. Il établit qu'il valait mieux pour Louis XIV continuer à combattre ses anciens ennemis que d'y ajouter Philippe V, et surtout, disait Polignac, avec ironie, que d'entreprendre imprudemment en deux mois la conquête de l'Espagne et des Indes. « Le roi, disait en terminant l'ambassadeur, en appelle à l'Europe et à Dieu, et il lui demande sa protection contre ceux qui ne comptent pour rien les souffrances des peuples et l'effusion du sang chrétien. » Après la publication de cette lettre, Polignac et d'Huxelles revinrent à Versailles. Les États-Généraux publièrent en réponse une lettre lourde et embarrassée, où ils imputaient à Louis XIV la continuation des hostilités; mais la justification était impossible. Il était évident que leur ambition et leur dureté avaient fait rompre les conférences, et en essayant de justifier leur conduite ils ne faisaient qu'ajouter la duplicité à l'outrage.

Ces négociations de Gertruydemberg furent indignes de la Hollande : elle avait assurément le droit de rejeter les offres de Louis XIV, et il est constant que ses idées étaient arrêtées dès l'ouverture des conférences, mais il fallait dès lors recourir aux armes et épargner à des ennemis malheureux d'inutiles et cruelles humiliations. Dans ces circonstances la République manqua de franchise, de grandeur, mais surtout d'intelligence politique. Louis XIV lui offrait alors, outre le souverain arbitrage de l'Europe, qu'elle avait déjà exercé deux fois, à Nimègue et à Ryswick, le Rhin et l'Escaut, la province espagnole de Gueldre, l'occupation des places belges, Lille, Tournay, Condé, Valenciennes, avec de nombreux priviléges de commerce en Espagne et en Amérique; les Hollandais refusèrent ces propositions pour humilier Louis XIV, pour complaire à leurs alliés et pour obtenir des concessions encore plus importantes[1]. Dans sa terreur et sa haine des Français, la République oublia l'Angleterre, sa véritable rivale dans les Indes et sur les mers. Les Anglais virent la faute et s'empressèrent d'en profiter. Ils comprirent que pour obtenir la paix, Louis XIV était décidé aux plus grands sacrifices, et les premiers ils lui tendirent les mains; saisissant le grand rôle délaissé par la Hollande, ils s'unirent à la France et dictèrent avec elle la paix d'Utrecht. Les Etats-Généraux essayèrent vainement alors de reprendre le beau rôle qui leur

---

[1] Ils espéraient obtenir en toute propriété la Belgique.

avait été offert; il n'était plus temps et l'occasion avait fui sans retour.

Après de si grands désastres, cinq grandes batailles perdues, la honte d'une paix désastreuse deux fois offerte et deux fois repoussée, Louis XIV montra un calme impassible, une magnifique résignation et une force véritable de caractère. Tandis que les princes et les courtisans applaudissaient à la conduite de nos ambassadeurs [1] et s'emportaient violemment contre les alliés [2], le roi se prépara froidement à la guerre [3]. Les hommes ne manquaient point; mais le trésor restait vide. Pour subvenir aux terribles nécessités de 1709, Desmarets avait épuisé toutes les conceptions et toutes les ressources. Il avait diminué les impôts de consommation établis par Chamillart, consolidé la plus grande partie de la dette flottante en rente cinq pour cent, décrété la refonte générale des monnaies, et donné en régie aux receveurs généraux les principales contributions, au lieu de les affermer aux traitants, ce qui valut au trésor dix millions de bénéfice [4]. Mais en même temps, à ces

---

[1] Le souvenir de leurs humiliations subsista longtemps. Dans la moderne Athènes, où l'on rit si volontiers comme dans l'ancienne, pendant plusieurs années on railla proverbialement la *mine de Gertruydemberg.*

[2] « Je ne les ai jamais vus (les gentilshommes de Versailles) plus citoyens et moins courtisans. » Lettre de madame de Maintenon au duc de Noailles. 19 juillet 1710. T. III, p. 223.

[3] « Nous ne pensons plus ici qu'à la guerre; nos plénipotentiaires sont revenus. Je ne puis vous dire les ressources qu'on trouve en M. Desmarets : plût à Dieu que nos militaires eussent autant de courage qu'il a, lui, d'habileté! V. *Correspondance de madame de Maintenon,* édition Auger. T. III, p. 225. Lettre du 1er août 1710.

[4] Les receveurs généraux chargés de cette régie ne demandèrent au-

mesures, aussi habiles que salutaires, Desmarets avait joint des mesures désespérées. Il avait vendu l'impunité aux comptables dilapidateurs ou faussaires de la marine, haussé les monnaies, abattu les jeunes arbres des forêts royales, frappé des pièces de six deniers avec les vieux canons des ports, et, malgré ces odieux moyens, il n'avait fait subsister les armées que par une espèce de miracle. Pour donner une idée de la détresse et de l'arbitraire de son administration, il enleva un jour cent mille francs, déposés par des particuliers chez les Chartreux, et il mit à la place des billets de monnaie qui perdaient quatre-vingts pour cent [1].

Après tant d'expédients aussi honteux que discrédités, Desmarets imagina un nouvel impôt, qui avait le double mérite de ne pas diminuer les recettes de l'Etat, comme les anciens droits de consommation établis par Chamillart, et d'être une véritable taxe de guerre, qui atteignait indistinctement toutes les fortunes. Un édit du 14 octobre 1710, confisqua le dixième du revenu de tous les biens du royaume, au profit du roi, avec déclaration que cet impôt serait aboli trois mois après la publication de la paix. Pour comprendre la hardiesse de cette mesure, il faut se rappeler que la France était alors couverte de vastes

---

cun profit et se contentèrent de l'intérêt de leurs avances. Desmarets versa dans leur caisse les fonds que l'État recevait, ce qui augmenta le crédit de cette caisse, « tellement, dit Desmarets dans son compte rendu, que l'on peut dire que cette caisse (des receveurs généraux) a soutenu l'État jusqu'au mois d'avril 1715. »

[1] Voltaire. Edition Beuchot. T. XXVII, p. 336.

propriétés appartenant à la noblesse ou à l'Eglise, et qui n'étaient assujetties à aucun impôt direct. La taxe nouvelle frappa tous les citoyens, sans privilége de caste ou de naissance, depuis les princes jusqu'aux laquais. Devant l'autorité absolue et la volonté formelle du roi, aucun gentilhomme n'éleva la voix [1]; tous payèrent le dixième. Le clergé seul invoqua ses anciens priviléges, et il obtint d'être exempté de l'impôt, mais à la condition de fournir des dons gratuits plus considérables. Quelques réclamations s'élevèrent dans les provinces, et notamment dans le Languedoc où la misère était véritablement effrayante, mais en général le dixième se paya bien, comme tous les impôts établis sur les classes riches. Il produisit chaque année vingt-cinq millions, somme énorme en ces temps de crise. Les ennemis, qui ne comptaient pas moins sur notre détresse que sur leurs armes, raillèrent d'abord l'adoption de cette nouvelle taxe, prétendant qu'on ne saurait l'établir en France. Ils la virent ensuite avec dépit, et ce fut une des principales causes qui les décidèrent à finir la guerre. Le

---

[1] Saint-Simon se fit l'écho de leur mécontentement. Il qualifia cette mesure de « monstrueuse exaction. » Il est curieux de voir le P. Le Tellier et les docteurs de Sorbonne intervenir en cette affaire et soulager la conscience du roi par des considérations qu'il est à propos de citer : « Il (le roi) s'en étoit ouvert au P. Tellier qui lui avoit demandé quelques jours à y penser, et qui étoit revenu avec une consultation des plus habiles docteurs de Sorbonne, qui décidoit nettement que tous les biens de ses sujets étoient à lui en propre, et que, quand il les prenoit il ne prenoit que ce qui lui appartenoit ; il avouoit que cette décision l'avoit mis fort au large, ôté tous ses scrupules, et lui avoit rendu le calme et la tranquillité qu'il avoit perdus. » V. *Mémoires de Saint-Simon*, t. IX, p. 44-45.

plan de ce dixième était emprunté à la *Dime royale* de Vauban, à cela près que le maréchal levait sa dîme en nature et Desmarets en argent. Par une heureuse et juste fortune, Vauban servait ainsi doublement son pays au delà de la tombe. Tandis que les forteresses de l'ingénieur arrêtaient l'ennemi, les belles conceptions de l'homme d'État remplissaient le trésor et fournissaient au payement des armées.

CHAPITRE VI

(1710.)

Campagnes de 1710.—Siéges de Douai, de Béthune, d'Aire et de Saint-Venant.—Lenteurs des hostilités sur le Rhin.—Invasion des Austro-Piémontais dans le Midi.—Soulèvements dans les Cévennes.—Débarquement des Anglais à Cette.—Retraite des Autrichiens et rembarquement des Anglais.—Guerre acharnée en Espagne entre l'archiduc et Philippe V. — Combat d'Almenara. — Bataille de Saragosse. — Retraite des Espagnols. — Entrée des alliés à Madrid. — Souffrances et pertes de leur armée.—L'archiduc attend vainement les Portugais.—Soulèvement des paysans en Castille. — L'archiduc bloqué dans Madrid. — Arrivée de Vendôme en Espagne. — Il coupe aux Portugais la route de Madrid. — Marche des alliés sur Tolède.—Départ de l'archiduc. — Difficile retraite des alliés vers l'Aragon. — Marche rapide de Vendôme à leur suite. — Combat de Brihuega.—Bataille de Villaviciosa. — Triomphe de Philippe V. — Reprise de la Catalogne par les Français.—Influence des victoires de Vendôme sur les affaires générales de l'Europe.

La guerre continuait de nouveau sur toutes les frontières. Au nord, dès la fin d'avril [1], le prince Eugène et Marlborough marchaient avec cent quarante mille hommes sur les lignes de Villars, qui fermaient la France de la Meuse à la mer, et, tandis que le maréchal était retenu à Versailles par sa blessure, ils forçaient ses lignes et pénétraient dans le royaume ; mais là, les alliés se souvenant de Malpla-

[1] 1710.

quet, n'osèrent livrer bataille et se bornèrent à mettre le siége devant Douai. Villars quitte aussitôt Versailles et rejoint son armée ; encore trop faible pour marcher, il se fait hisser sur son cheval, y reste dix heures de suite, et fait de vains efforts pour sauver la ville assiégée [1].

Le gouverneur de Douai, M. d'Albergotti, fit la plus belle défense. Il arrêta l'ennemi pendant deux mois, lui tua douze mille hommes et ne sortit qu'avec les honneurs de la guerre [2]. Après ce premier succès, les alliés marchèrent sur Béthune, qu'ils investirent. M. du Puy-Vauban, neveu du maréchal, leur tua cinq mille hommes et tint trente jours de tranchée ouverte, jusqu'à ce que la place fut entièrement démantelée. Il demanda alors à capituler. Eugène et Marlborough parlèrent d'abord de retenir la garnison prisonnière, mais M. du Puy-Vauban ayant déclaré qu'il soutiendrait l'assaut et vendrait chèrement sa liberté, les ennemis le laissèrent sortir avec ses troupes [3]. Ils assiégèrent ensuite deux petites villes, Aire et Saint-Venant, situées au delà de nos lignes, dans la pensée que les Français n'y mettraient pas obstacle. Villars les laissa en effet ruiner leur armée devant ces bicoques ; il leur fallut assiéger dans les formes Saint-Venant, qui n'avait que des

---

[1] « Je fis avant hier treize ou quatorze lieues tant à cheval qu'en chaise ; j'en ferai demain autant.... Mes béquilles ne me mènent que dans ma chambre. » *Mémoires de Villars*, p. 192.
[2] 26 juin 1710.
[3] 29 août 1710.

murailles de terre. M. de Selve la défendit trois semaines et en sortit avec les honneurs de la guerre[1]. Le gouverneur d'Aire, M. de Guébriant, fit mieux encore : il tua douze mille hommes aux ennemis et les occupa jusqu'à la fin de la campagne. Eugène fut si enthousiasmé de sa conduite, qu'il lui donna comme trophée deux des canons de la place. La prise de Douai, de Béthune, d'Aire, de Saint-Venant, brisait, il est vrai, notre ligne de forteresses du nord, que les alliés appelaient la *Chaîne de fer*, mais Eugène et Marlborough avaient perdu devant ces places le tiers de leur armée, vingt mille hommes par les désertions, vingt mille par le feu. Villars, au contraire, conservait toutes ses troupes. De nouvelles lignes couvraient l'Artois et la Picardie, et la France restait fermée.

Sur le Rhin, les alliés étaient moins heureux encore. Découragé par les lenteurs des princes germaniques, dont les contingents n'arrivaient pas, le général de l'Empire, George de Hanovre, avait quitté le commandement ; son successeur, le duc de Wurtemberg, devait rencontrer les mêmes difficultés : l'empereur Joseph Ier détache une partie des régiments autrichiens qui servaient sur le Rhin et les envoie en Espagne au secours de son frère, et réduit ainsi le duc de Wurtemberg à l'impuissance. Les Français passent le Rhin et vivent sur les terres de l'Empire. Les deux armées s'observent à quelques

---

[1] 29 septembre 1710.

portées de canon l'une de l'autre, et la campagne s'écoule sans engagement.

Dans le Midi, la guerre s'étend des Alpes aux Pyrénées. Mécontent de l'Empereur, auquel il reproche d'opprimer l'Italie, le duc de Savoie refuse de se mettre à la tête de ses troupes ; il les abandonne au général autrichien Daun, qui pénètre en France avec une armée austro-piémontaise, dans l'espoir de soulever le Dauphiné, puis les Cévennes et le Vivarais, frémissant encore de l'insurrection de 1709. L'occasion était propice : les protestants s'agitaient de nouveau, et l'on venait de découvrir une assemblée dans les Cévennes[1]. A quelques jours de là [2] une escadre anglaise de vingt-six vaisseaux enlevait Cette et y débarquait des troupes et des fusils destinés aux Camisards. Déjà des bandes armées parcouraient les Cévennes, et des agents de Cavalier, leur ancien chef, prêchaient la guerre sainte. Ces deux tentatives échouent en même temps : après une rude campagne à travers les Alpes, Berwick repousse en un mois les Autrichiens en Italie. Dans le Languedoc, le duc de Noailles arrive au secours de Roquelaure avec l'armée de Roussillon. Il franchit quarante lieues en trente-cinq heures, reste cinq jours et cinq nuits de suite à cheval [3], reprend Cette et force les Anglais

---

[1] Dans la nuit du 12 au 13 juillet 1710. Elle fut dispersée à coups de fusil ; le prédicant fut tué et les prisonniers pendus à Montpellier, le 24 juillet.

[2] Juillet 1710.

[3] *Lettre de madame de Maintenon.* Édition Auger, t. III, p. 126.

à se rembarquer à la hâte. Ses dragons, les poursuivant jusque dans la mer, viennent les sabrer dans leurs chaloupes, et l'expédition finit en six jours [1].

Mais la lutte était surtout acharnée en Espagne ; Louis XIV en avait retiré tous ses régiments, afin de montrer à l'Europe sa résolution d'abandonner Philippe V. Les alliés, qui ont refusé l'Espagne à Gertruydemberg, s'efforcent maintenant de l'arracher par les armes. Les deux rois de la Péninsule, Philippe V et Charles III y combattent face à face, et avec eux trois grands hommes de guerre, Stahremberg, Stanhope et Vendôme. A la présence des princes, à la rivalité des capitaines, s'ajoutent la haine ancienne des provinces, l'opposition, la diversité des races, des langues et des religions ; de rapides péripéties s'accomplissent ; les deux rivaux triomphent tour à tour ; et, dans l'espace de six mois, Philippe V perd et regagne son royaume.

La guerre commence en Catalogne. Encouragé par le départ des Français, l'archiduc sort de Barcelone avec trente mille Anglais, Portugais, Hollandais, Autrichiens et Allemands à la solde de la Grande-Alliance, et, suivi de Stahremberg et de Stanhope, il se présente devant l'armée espagnole campée sur la Sègre, épuisée par la campagne précédente et réduite à vingt mille soldats. Pendant deux mois, au cœur de

---

[1] 30 juillet 1710. *Archives de la Guerre.* — Lettre de madame de Maintenon au duc de Noailles. 17 août 1710. — Court, t. III, p. 259. Cette expédition du duc de Noailles fut comme le Quiberon de cette autre Vendée.

l'été, dans un pays montueux et aride, Philippe V tient tête aux ennemis, espérant le retour des Français ; chassé enfin par la famine, il quitte la Sègre et se replie sur l'Aragon. L'archiduc suit l'armée espagnole dans sa retraite et l'atteint à Almenara[1], au coucher du soleil, au moment où elle traversait une colline raide et boisée. Les ennemis chargent à coups de sabre la cavalerie qui formait l'arrière-garde et la rejettent en désordre sur l'infanterie ; la nuit tombait : Philippe V, irrité de cet échec, s'obstinait à défendre le champ de bataille, au risque d'y laisser son armée, quand six escadrons ennemis parviennent à l'envelopper. Un brave colonel de dragons nommé Vallejo les repousse et donne au roi le temps de se dégager. Philippe V rallie ses régiments et continue sa retraite ; sans perdre un instant, l'archiduc le suit avec son armée victorieuse [2].

La déroute d'Almenara, cette retraite devant un ennemi supérieur, démoralisent la jeune armée du roi d'Espagne. Ses cavaliers, pourvus d'excellents chevaux, faisaient bonne contenance, mais l'infanterie diminuait à chaque halte ; les volontaires, abattus et affamés, abandonnaient leurs armes ; deux mille désertèrent en quinze jours, et Philippe V ne comptait plus désormais que seize mille hommes. L'armée de l'archiduc, au contraire, augmentait d'heure en heure et suivait pas à pas. Ainsi poussé par l'ennemi,

[1] Près de Lerida.
[2] 27 juillet 1710. — Saint-Philippe, t. II, p. 337. — W. Coxe, t. II, p. 31.—*Archives de la Guerre*, vol. 2253.

le roi d'Espagne passa l'Ebre et atteignit les murs de Saragosse, où l'archiduc arriva presque en même temps.

Il fallait combattre ou se retirer à la hâte. Mais tandis que les généraux espagnols hésitaient, les ennemis passaient l'Ebre et se rangeaient en bataille; Philippe V dut les attendre sur un sol inégal, rempli de roches énormes, coupé par un ravin profond appelé le ravin de la Mort, en souvenir d'une ancienne déroute des Arabes [1]. La cavalerie résista bravement malgré les difficultés du terrain, mais l'infanterie plia dès les premières charges ; elle combattit si mollement, que les Espagnols de l'archiduc pensèrent qu'elle fuyait à dessein, en haine du fils de Louis XIV. « Ce fut, dit l'honnête Saint-Philippe, une journée honteuse pour les vaincus, moins par les circonstances de leur défaite que par leur fuite. » Stahremberg alla au-devant de l'archiduc en lui disant qu'il venait de gagner à la fois la bataille et la monarchie [2]. Philippe V confia à M. de Bay, le meilleur de ses généraux, les neuf mille hommes qui lui restaient, et il courut à cheval à Madrid [3].

Il y retrouva comme toujours la noble fidélité de ses sujets, la vieille haine des Castillans contre les Catalans et les hérétiques; mais reconnaissant l'im-

---

[1] Saint-Philippe, t. II, p. 349.—W. Coxe, t. II, p. 34.
[2] Saint-Philippe, t. II, p. 352.
[3] 20 août 1710. *Archives de la Guerre*, vol. 2253, nos 45 et 58 ; lettre de M. de Mahony à Voysin. Relation de la bataille de Saragosse, par le baron de Sault, vol. 2256, no 25 ; copie d'une lettre envoyée de l'armée de l'archiduc par le marquis de Trivié.

possibilité de défendre sa capitale, il l'abandonna à
l'ennemi. Quelques jours après il publia un décret
qui transférait le siége du gouvernement à Valladolid, et il y conduisit la reine et toute la cour. Les
voitures royales s'éloignèrent au milieu d'une foule
immense de peuple, accouru des campagnes voisines
pour assister à ce triste départ. La plupart des assistants pleuraient, quelques-uns poussaient des cris déchirants[1]; les femmes agitaient leurs mouchoirs, et élevaient leurs enfants dans leurs bras, comme pour les
offrir au roi; les hommes lançaient en l'air leurs chapeaux en criant avec force: Vive Philippe V et meurent
les traîtres[2]! Immédiatement après le départ du roi,
l'émigration commença. Plus de mille voitures quittèrent Madrid[3]; les maisons, les boutiques se fermèrent et la ville resta déserte. Les grands, les bourgeois, les marchands, les ouvriers aisés, tous ceux
qui pouvaient marcher s'enfuirent à Valladolid. Des
officiers de justice, pauvres et malades, partirent à
pied, au risque de mourir en route; et, comme ils
succombaient à la fatigue, on les reçut derrière les
carrosses de la cour[4]. Des dames de la première
noblesse, qui n'avaient pas pu se procurer des voitures, se décidèrent à suivre cet immense convoi[5].
Le vieux marquis de Mansera, âgé de cent ans et l'un
des hommes les plus respectés et les plus considé-

---

[1] Saint-Simon, t. IX, p. 21.
[2] 9 septembre 1710.
[3] Reboulet, t. III, p. 441.
[4] *Mémoires de Noailles*, p. 228.
[5] W. Coxe, t. II, p. 36.

rables de l'Espagne, par sa naissance et ses emplois, partit en chaise à porteurs et ne revint sur ses pas que sur l'ordre formel de Philippe V[1]. C'était comme un point d'honneur; nul ne voulait voir l'entrée de l'archiduc. Trente mille personnes quittèrent Madrid[2] : la ville semblait suivre son roi.

Charles III cependant approchait; en traversant l'Aragon, il avait rendu à cette province ses *fueros*, abolis par Philippe V, et il arrivait sur les frontières de la Castille. Mais avant d'envahir cette province, qui avait déjà englouti ses armées, il s'arrêta indécis et convoqua son conseil. Deux partis le divisaient : celui de Stahremberg et des Allemands, celui de Stanhope et des Anglais. Stahremberg voulait revenir en Catalogne, y prendre les villes encore occupées par les garnisons de Philippe V[3], qui pouvaient s'unir à l'armée du duc de Noailles en Roussillon[4] et couper la retraite; puis, ces villes prises, envahir le royaume de Valence, si difficilement dompté par Berwick et prêt à se soulever comme la Catalogne. Stanhope, au contraire, prétendait marcher sur Madrid pour y établir Charles III, ajoutant que, maître de la Castille, il le serait bientôt de toute l'Es-

---

[1] Saint-Simon, t. IX, p. 21.
[2] Saint-Philippe, t. II, p. 366.
[3] Ces villes étaient Lerida, Venasque, Tortose, Monçon et Méquinenza laissées en arrière par l'archiduc, et qui gardaient les passages des montagnes.
[4] « Les ennemis avoient entièrement dégarni la Catalogne, et une diversion pouvoit y produire les plus grands effets. » *Mémoires de Noailles*, p. 231.

pagne. Comme l'archiduc soutenait Stahremberg, Stanhope fit valoir avec hauteur les sacrifices de la Grande-Bretagne, et déclara que si on hésitait davantage, il irait seul à Madrid avec ses Anglais [1]. Il montra ouvertement son antipathie pour les conseillers allemands du prince. Comme il sortait du conseil : « Eh bien ! Mylord, lui demanda un de ses officiers, où allons-nous, à Madrid ou à Valence ?—A Madrid, répondit Stanhope ; j'ai ordre de la reine d'y conduire le roi Charles ; quand il y sera, que Dieu ou le diable le maintiennent je ne m'en soucie point ; ce n'est plus mon affaire [2]. »

L'archiduc subit la loi de l'Angleterre ; il marcha sur Madrid, où il fit son entrée le 28 septembre, suivi de ses généraux, de ses gardes et d'une troupe de cavalerie. Il y trouva la solitude et la haine, les rues désertes, les maisons fermées comme en un jour de deuil. Ce peuple, sur lequel il venait régner, s'était enfui ; quelques habitants regardaient passer l'escorte, sombres, silencieux et le chapeau sur la tête. Des enfants, auxquels Stanhope jeta de l'argent, crièrent : Vive Charles III ! Mais après le passage du cortége ils reprirent à haute voix : Vive Philippe V ! Les malheureux qui avaient acclamé l'archiduc furent promptement victimes de leur enthousiasme ; des assassins les frappèrent à coups de couteaux, presque sous les yeux du prince. Ce lugubre accueil

---

[1] Saint-Philippe, t. II, p. 360.
[2] *Mémoires de Noailles*, p. 231.

glaça le vainqueur : il ne voulut pas descendre au Retiro, palais ordinaire des rois ; il traversa la ville à cheval, et, arrivé à la porte de Guadalajara, il revint à celle d'Alcala, par laquelle il sortit, en répétant avec tristesse : « Madrid n'est qu'un désert. » Il établit son armée sur les bords du Mançanarez, et se logea lui-même au Pardo, maison d'été des rois d'Espagne, à trois lieues de leur capitale.

Quelques gentilshommes ruinés ou compromis reconnurent seuls la royauté nouvelle ; les autres se renfermèrent ou s'enfuirent. Le marquis de Mansera, sollicité par Stanhope, répondit qu'il avait beaucoup de respect pour M. l'archiduc d'Autriche, mais qu'il ne reconnaissait qu'un Dieu et qu'un roi, qui était Philippe V[1].

Malgré l'éloignement de l'ennemi, les scènes de la première invasion se renouvelèrent et la vengeance des Castillans éclata dans toute son horreur. Tandis que le soleil, l'ivrognerie et la débauche décimaient peu à peu l'armée, les médecins espagnols empoisonnaient les malades[2], et les Madrilènes assassinaient les alliés en plein jour, dans les maisons et dans les rues. Celui qui avait tué un Anglais ou un Allemand s'en vantait aussitôt comme d'une belle action, tant la haine était violente et les passions déchaînées !

Plus terribles encore, les paysans brûlaient leurs

---

[1] *Mémoires de Noailles*, p. 228.
[2] Saint-Philippe, t. II, p. 300-379 et 385.

fourrages et leurs grains, jusqu'aux semailles, et, par un effroyable calcul, affamaient Madrid pour le soulever [1]. En attendant la réorganisation de l'armée, quelques officiers commençaient la petite guerre, la *guerilla*, dont le nom réveille dans nos cœurs de si cruels souvenirs. Deux des plus célèbres d'entre eux, Bracamonte et Vallejo, harcelaient nuit et jour les ennemis et les assiégeaient dans leur camp. Merveilleusement instruit par les rapports des paysans, transformés en autant d'espions, Vallejo battait des régiments entiers aux portes mêmes de Madrid. Il faillit prendre un jour l'archiduc, qui chassait dans les bois du Pardo. Un des gardes du château, prévenu à temps et craignant, si l'entreprise réussissait, d'être massacré avec ses compagnons par les soldats du prince, l'avertit et le sauva [2]. Pour nourrir ses troupes, Charles III dut frapper Madrid de réquisitions de vivres et de chevaux, et laisser piller et maltraiter les paysans. Il comprenait les périls de la situation qu'il avait subie, mais il comptait sur l'armée portugaise d'Estramadure, qui devait le joindre et l'aider à se maintenir en Castille [3].

Tandis que son rival perdait un temps si précieux à Madrid, Philippe V écrivait à Louis XIV pour lui exposer sa détresse et implorer ses secours. Les conférences de Gertruydemberg étaient rompues; le roi avait perdu l'espoir de satisfaire des ennemis insa-

---

[1] Saint-Philippe, p. 384.
[2] Saint-Philippe, t. II, p. 389.
[3] *Archives de la Guerre*, vol. 2253.

tiables; il enjoignit au duc de Noailles d'envahir la Catalogne avec l'armée du Roussillon, forte de vingt mille soldats. En attendant d'autres renforts, il envoya aux Espagnols un homme qui valait une armée, le duc de Vendôme. Louis XIV le rappela d'Anet, où depuis deux ans il vivait disgracié. Vendôme était vieilli, cassé par la guerre [1], dégradé par le vin, défiguré par la débauche, mais il conservait le coup d'œil et l'ardeur de sa jeunesse, et il allait faire sa plus belle campagne.

Vendôme partit sur-le-champ pour Valladolid, où il trouva l'armée espagnole moins faible qu'il ne l'avait pensé [2] : elle comptait encore huit mille fantassins et cinq mille chevaux. Il s'occupa sur-le-champ de l'équiper, de l'augmenter et de l'instruire. Il fit exercer les volontaires qui accouraient des provinces, acheta des vivres, des munitions, des tentes pour la campagne d'hiver qu'il projetait ; il travailla sept heures par jour, et, en six semaines, il enrégimenta vingt-cinq mille hommes de troupes espagnoles [3]. Il vint alors camper à Almaraz, où se trouvait un pont sur le Tage. Maître de cette rivière, il fermait aux Portugais la route de Madrid [4].

A Madrid, pendant ce temps, Charles III usait len-

---

[1] Vendôme n'avait que cinquante-six ans ; il servait depuis l'âge de douze ans.

[2] 20 septembre 1710.

[3] « Les siècles à venir auront peine à croire combien de difficultés furent aplanies en cinquante jours » dit à ce propos Saint-Philippe avec admiration. T. II, p. 390.

[4] *Archives de la Guerre*, vol. 2253, n° 110. Lettre de Vendôme au roi. 30 septembre 1710.

tement son armée. Depuis son entrée en Castille, il avait perdu dix mille hommes et il était alors assailli et menacé de toutes parts : les Madrilènes égorgeaient ses soldats, les guérillas l'affamaient; devant lui, Vendôme barrait la route aux Portugais; derrière, les garnisons de Philippe V, négligées par Stanhope, se répandaient dans la campagne et occupaient les passages de l'Aragon; le duc de Noailles, enfin, se préparait à passer les Pyrénées et menaçait Barcelone où l'archiduc avait laissé la reine Isabelle, pour laquelle il avait la plus tendre affection [1]. Le prince envoyait vainement message sur message aux Portugais pour presser leur marche; les paysans pendaient ses courriers, et il se trouvait à l'entrée de l'hiver, sans argent, sans vivres, sans nouvelles, aux portes d'une capitale ennemie, au milieu de populations furieuses, ne sachant où porter ses pas.

Après cinquante jours d'attente, l'archiduc prit un parti décisif. Il abandonna Madrid, transporta le siége du gouvernement à Tolède, et s'avança sur le Tage à la rencontre des Portugais [2]. Les Madrilènes saluèrent son départ par des cris de joie et par les bruyantes volées de toutes leurs cloches; Charles, irrité, voulait revenir pour piller leur ville; Stanhope et Stahremberg l'arrêtèrent. Comme il arrivait à Tolède, un déserteur, envoyé par sa femme, accourut l'avertir que le duc de Noailles avait franchi les Pyré-

---

[1] « Leur mariage étoit et fut toujours depuis extrêmement uni, chose si rare parmi les princes. » Saint-Simon, t. X, p. 114.
[2] 9 novembre 1710.

nées[1]. Cette nouvelle épouvanta Charles III. Noailles pouvait s'unir à ces garnisons de Philippe V négligées par Stanhope, occuper les montagnes de l'Aragon et l'y accabler à son retour; le prince, craignant de tomber vivant au pouvoir des Français, confia son armée à Stahremberg, et, prenant avec lui deux mille chevaux, se retira secrètement à Saragosse. Il traversa ensuite l'Aragon, et il arriva heureusement à Barcelone.

Le roi était sauvé, restait l'armée. Stahremberg renonça à joindre les Portugais. Le temps de la guerre offensive était passé : il fallait maintenant revenir en Catalogne, faire une retraite de deux cents lieues au milieu des plaines nues de la Castille, des montagnes de l'Aragon, des villages déserts, des populations implacables et devant une armée supérieure en nombre : Stahremberg avait au plus vingt mille soldats, et Vendôme vingt-cinq mille. Pour dissimuler son départ, Stahremberg éleva des retranchements à Tolède, comme pour y passer l'hiver, comptant ainsi retenir Vendôme à Almaraz et s'échapper vers le nord, à marches forcées. Mais Vendôme savait que l'ennemi n'avait pas de magasins, qu'il ne pouvait donc hiverner à Tolède, et il se rapprocha pour le suivre. Confiant dans sa ruse, Stahremberg achève ses préparatifs de départ. Le 22 novembre, au soir, il fait sauter deux couvents qui renfermaient ses

---

[1] 11 novembre 1710. Saint-Philippe (t. II, p. 400) prétend que l'archiduc reçut ce déserteur à Madrid, mais cela est bien peu probable ; il n'eut pas alors marché sur Tolède.

bagages, et, après avoir pillé les églises[1], incendié l'Alcazar, il évacue Tolède, au milieu des cris de fureur du peuple. Aussitôt la haine des Castillans éclata comme à Madrid : la ville ferma ses portes, illumina ses maisons et proclama de nouveau Philippe V; du haut des remparts, les habitants insultèrent par des huées et des coups de feu, les derniers bataillons qui s'éloignaient.

Sous ces funèbres auspices, Stahremberg et Stanhope commencent leur retraite. Ils remontent le Tage, longent Madrid et s'avancent entre l'Hénarès et la Tajuna, dans les hautes et froides montagnes qui séparent l'Aragon de la Castille. Après une halte de quelques heures à Guadalajara, ils continuent leur route.

Vendôme s'élance à leur poursuite. Il rassemble ses troupes, formées des vétérans des guerres de la Péninsule, de volontaires andalous ou castillans, de cette excellente cavalerie espagnole qui avait si bravement combattu à Almenara, rallie en route les bandes de Bracamonte et de Vallejo et arrive à Guadalajara avec une armée haletante et enivrée. Stanhope et Stahremberg venaient de quitter la ville. Affaiblis par de continuelles désertions[2], poursuivis par un ennemi victorieux, déchirés par la discorde, trempés par la pluie qui tombait depuis leur départ et noyait les chemins étroits des montagnes, les alliés

---

[1] Reboulet, t. II, p. 445.—Saint-Philippe, t. II, p. 405.
[2] Pour augmenter les désertions, Philippe V donnait un écu à chaque déserteur. *Mémoires de Saint-Hilaire.*

se retiraient à la hâte et en désordre. Cette armée de six nations semblait une Babel errante. Chaque peuple marchait séparément : les Portugais en tête, les Autrichiens au centre, les Anglais à l'arrière-garde, la cavalerie catalane sur les flancs. Un seul régiment, placé entre l'arrière-garde et le centre, reliait Stahremberg aux Anglais. Les vivres manquant, tous ces affamés se répandaient dans les villages, emmenaient les troupeaux, pillaient les maisons et pendaient aux arbres de la route les paysans qui résistaient. Les soldats protestants de la Hollande et de l'Angleterre enfonçaient les portes des églises, emportaient les calices et les reliquaires, profanaient les bénitiers, foulaient aux pieds les hosties et frottaient leurs chevaux avec les huiles saintes [1]. Comme on l'imagine aisément, ces sacriléges exaspéraient les Espagnols, irrités déjà par l'invasion, et ils se vengeaient sur les traînards : ils les saisissaient à cinq cents pas de leurs bataillons [2] et les faisaient périr dans les supplices. Pour comble de malheur, Bracamonte enleva aux alliés le régiment qui unissait le centre à l'arrière-garde [3], et les généraux alliés s'égaraient dans les montagnes. Tandis que Stahremberg arrivait à Villaviciosa avec le reste de l'armée, Stanhope et l'arrière-garde s'arrêtaient à deux lieues de leurs compagnons, à Brihuega, petite ville située sur une hauteur, mais qui n'avait

---

[1] Saint-Philippe, t. II, p. 375-76.
[2] Saint-Simon, t. IX, p. 28.
[3] Saint-Philippe, t. II, p. 414.

pour toute défense qu'un mur de briques, autrefois bâti par les Maures [1]. Stanhope fait halte pour y passer la nuit, comptant rejoindre Stahremberg le lendemain.

Mais la haine espagnole veillait ; tandis que le général anglais s'endort avec ses soldats harassés, des paysans qui harcelaient les Anglais courent au milieu de la nuit à Guadalajara et annoncent à Vendôme que l'arrière-garde ennemie, forte d'environ six mille hommes, est égarée à quatre lieues de lui, et que s'il peut fermer la Tajuna, par où elle doit rejoindre Stahremberg, elle est perdue. Sur-le-champ Vendôme envoie l'Espagnol Valdecagnas pour garder la rivière ; lui-même, avec Philippe V et le reste de l'armée, se dirige dès le matin sur Brihuega.

A la faveur des longues nuits de décembre, Valdecagnas exécute les ordres de son général, et, aux premières lueurs du jour, il occupe la Tajuna. Au moment de se mettre en route, Stanhope aperçoit avec désespoir la rivière bordée d'escadrons ennemis, Il tente résolûment le passage, mais il est repoussé dans Brihuega. Il barricade alors les rues et crénèle les maisons, afin de tenir jusqu'à l'arrivée des Autrichiens. Six Anglais intrépides traversent à la nage la Tajuna, gonflée par les pluies, et vont prévenir Stahremberg.

Arrêté par les chemins, les neiges et les montagnes, Vendôme n'arrive que le lendemain à midi à

[1] Saint-Philippe, t. II, p. 421.

Brihuega [1]. Sans laisser à Stahremberg le temps d'accourir, il cerne la place, et mettant en batterie ses pièces de campagne, il ouvre le feu. Mais ses faibles canons, déjà gênés par la nature montueuse du terrain, qui empêche d'assurer les coups, écrasent la brique sans entamer les murailles. Pendant toute la soirée du 8 et toute la journée du 9 il bat vainement les remparts. Le 9 au soir, ses artilleurs enfoncent enfin l'une des portes à coups de canon. Alors éclate l'impatience des Espagnols : ils trépignent de colère et demandent à grands cris l'assaut. La nuit tombait, la brèche était à peine ouverte ; Vendôme hésite. Mais ses soldats crient qu'ils vont marcher sans ordre; Vendôme, entraîné, commande l'assaut, et les Espagnols s'élancent à la baïonnette sur les remparts.

A cette fureur méridionale, Stanhope oppose le flegmatique courage du nord. Profitant des avantages du terrain, il foudroie de tous ses feux les assaillants, obligés de monter à petits pas la hauteur avant d'arriver à la place. Il met le feu à des amas de charrettes, de poutres et de meubles entassés à l'entrée des rues, et arrête les Espagnols par ces larges brasiers qu'attise le vent d'une nuit d'hiver. Il court de barricade en barricade surveiller la défense et soutenir ses soldats. Les feux des combattants sont si rapprochés qu'ils ressemblent à un incendie et que Brihuega paraît entouré par les flammes [2]. Les Espagnols cependant gagnent du terrain. Deux fois

[1] 8 décembre 1710.
[2] William Coxe.

repoussés, ils reviennent une troisième fois à l'assaut, renversent les barricades avec des madriers, entrent par la porte et par la brèche, et s'avancent de rue en rue. Ils sautent à l'aide de leurs baïonnettes à travers le feu et pénètrent dans Brihuega. Il était deux heures du matin : Stanhope avait épuisé ses munitions ; il offre de rendre la ville à la condition d'en sortir avec ses soldats. Vendôme répond qu'une pareille demande adressée à des troupes que le roi d'Espagne commande en personne, a lieu de le surprendre; il veut non la place, mais l'armée, donne au général anglais une demi heure de réflexion, et ajoute que, passé ce délai, il n'accordera plus aucun quartier. La résistance était impossible : Stanhope se rend prisonnier de guerre avec deux généraux et cinq mille soldats. Vendôme les dirige aussitôt vers l'intérieur de la Castille, avec ordre de les faire marcher sans interruption toute la nuit et le jour suivant [1].

Stahremberg, prévenu trop tard, arrivait enfin, ignorant les événements de la nuit et tirant le canon pour annoncer sa présence et prolonger la résistance des Anglais. Averti de son approche, Vendôme rassemble ses soldats et les mène à l'ennemi tout couverts de sang et de boue. Le bruit du canon de Stahremberg les guidait dans les montagnes ; ils le rencontrent à Villaviciosa, sur la route de Saragosse, dans une plaine étroite, couverte de pierres et de ruines, d'où s'élevaient quelques pauvres cabanes de

---

[1] *Archives de la Guerre.*—Saint-Philippe, t. II, p. 418.—*Mémoires de Noailles.*—William Coxe.

bergers. Vendôme place son infanterie sur une colline qui domine la plaine, et masse en bas sa cavalerie, dans le lieu le plus propre à la charge [1].

Parvenu à l'autre extrémité de la plaine, Stahremberg s'arrête. Il tire encore le canon, écoute, et n'entendant plus l'artillerie, il pense que Stanhope s'est rendu. Il examine alors l'armée de Vendôme, rangée en amphithéâtre sur la colline, où elle semble double de la sienne. Elle compte, du reste, vingt-quatre mille hommes excités par la victoire, par la marche et bouillants encore du combat; Stahremberg en a seize mille au plus, épuisés par la fatigue et par la faim. Il était midi : Stahremberg prend sur-le-champ sa résolution. Il acceptera la bataille, évitera d'engager ses troupes jusqu'au soir, et, à la faveur de la nuit, qui tombe si vite en décembre, il se repliera sur Saragosse. Il a perdu l'arrière-garde, il veut sauver du moins le reste de l'armée. Afin d'exécuter son dessein, il déploie lentement son artillerie sur le front de ses bataillons, et ouvre le feu avec une supériorité marquée. Les boulets autrichiens tombent au pied de la hauteur, au milieu de la cavalerie de Vendôme, et renversent des files entières. Les Espagnols restent immobiles, attendant le signal de la charge ; mais les heures s'écoulent, et Stahremberg continue la canonnade sans se mettre en mouvement. Après trois heures d'attente, Vendôme devine le dessein de l'ennemi et ordonne l'attaque. Il monte à

---

[1] 10 décembre 1710. Saint-Philippe, t. II, p. 420.

cheval avec Philippe V, descend de la colline avec toutes ses troupes et se précipite l'épée à la main sur les alliés.

A ce premier choc, si impétueux et si terrible, la cavalerie catalane de Stahremberg plie et disparaît[1]. Avec ses seuls bataillons Stahremberg résiste, puis il repousse en désordre l'infanterie espagnole qui s'élance avec trop d'ardeur, en rompant ses rangs. Les vétérans de Vendôme se reforment aussitôt, mais ses volontaires prennent la fuite. Des régiments entiers se débandent, malgré les cris des officiers qui ramassent les mousquets des soldats et combattent à leur place[2]. Vendôme croyant la bataille perdue supplie Philippe V de se retirer ; le roi refuse. La cavalerie de Stahremberg, l'infanterie de Vendôme ont fui presque tout entières ; la bataille continue entre les fantassins de l'archiduc et les cavaliers de Philippe V, l'élite des deux armées. L'acharnement est le même des deux parts : les ennemis sentent qu'une défaite entraînera leur massacre, et combattent avec désespoir ; les Espagnols, avec le dépit de gens qui croyaient tenir et qui voient échapper la victoire. Stahremberg range en bataillon carré les six mille grenadiers qui lui restent, et se place à cheval au centre. A trois reprises, avec huit mille chevaux lancés à fond de train, Vendôme essaie d'enfoncer le redoutable carré, mais sans ébranler les baïonnettes

---

[1] Relation de la bataille de Villavíciosa, publiée par Stahremberg. Lamberty, t, VI, p. 170.
[2] Lettre de Philippe V à Louis XIV. *Mémoires de Noailles.*

de Stahremberg, qui tient de la sorte jusqu'au soir.
Alors seulement il se retire derrière un bois, situé
près du champ de bataille, encloue ses canons, brûle
ses bagages, et le matin, à la faveur d'un brouillard,
il continue sa route. Après s'être arrêté quelques
heures à Daroca, pour rallier ses troupes, il se replie
sur Saragosse. Les vainqueurs couchèrent sur la
neige, au milieu des morts. Vendôme défendit à ses
soldats de s'écarter et de piller, dans l'espoir de
recommencer l'attaque au point du jour. Ramassant
une poignée d'étendards autrichiens, il les jeta aux
pieds de Philippe V, disant qu'il allait lui faire le plus
beau lit sur lequel ait jamais couché un roi. Tous
deux s'endormirent dans leurs manteaux, au milieu
des escadrons rangés en bataille et prêts à combattre
le lendemain [1].

Le lendemain, ils cherchèrent vainement Stahremberg. Vendôme, qui voulait le poursuivre, dut
s'arrêter faute de pain [2]. Il lança du moins sur sa
trace les infatigables guerillas Bracamonte et Vallejo,
qui lui enlevèrent ses équipages, où se trouvaient les
riches dépouilles des églises espagnoles, et lui tuèrent

---

[1] *Archives de la Guerre*, vol. 2253, nos 267 et 277 : Lettre de Vendôme à M. Voysin, ministre de la guerre, 11 décembre 1710; lettre de
Mahony à Voysin. Vol. 2258, n° 113 : Relation de la bataille par le marquis de Trivié.

[2] « Les ennemis se retirent avec la dernière précipitation et ne s'arrêtent nulle part.... C'est grand dommage que nos vivres nous retien-
nent ici. J'espère pourtant que nous serons en état de marcher pour
gagner Daroca. Je voudrois bien que nous fussions assez heureux pour
y trouver Stahremberg : nous lui ferions la même cérémonie que nous
avons faite à Stanhope à Brihuega. » Lettre de Vendôme. *Archives de
la Guerre*, vol. 2253, n° 288.

encore deux mille soldats. Vallejo sabra les Impériaux jusque dans les faubourgs de Saragosse. Mais cette fois encore, Stahremberg arrache sa petite armée aux Espagnols : il traverse Saragosse, se jette dans les montagnes de l'Aragon et rejoint l'archiduc à Barcelone. Des trente mille hommes entrés à Madrid, il ramenait cinq mille soldats [1] déguenillés et couverts de boue, mais il rapportait ses armes et il avait sauvé l'honneur de ses drapeaux. Vendôme entra après lui en Catalogne, où les Français reprirent Girone, ne laissant plus que Tarragone et Barcelone au pouvoir de Charles III. Vendôme pressait Philippe V d'y mettre le siège et de reprendre ainsi toute l'Espagne, mais l'indécision du roi laissa aux Autrichiens le temps de se remettre, et ils gardèrent Barcelone, les Pyrénées et la mer.

Ainsi dans le Nord et sur le Rhin, dans les Alpes et dans les Pyrénées, nos généraux répondaient aux insultes de Gertruydemberg par des victoires; les Espagnols proclamaient Vendôme le restaurateur de la monarchie [2], et cette année, commencée dans le deuil, s'achevait dans les réjouissances, au bruit des *Te Deum* et du canon. A Versailles, les ennemis de Vendôme, qui répétaient au moment de son départ

---

[1] « Son armée se trouva réduite à cinq ou six mille hommes de pied ou de cheval, quand il rentra en Catalogne. » *Mémoires de Berwick*, p. 415.

[2] Saint-Philippe, t. II, p. 437. — « On dit que la joie et les transports (à Madrid) ont été jusqu'à trouver M. de Vendôme plus beau que Cupidon, et qu'ils lui donnent ce nom-là. » *Correspondance de madame de Maintenon et de madame des Ursins*, t. II, p. 128.

qu'il était usé depuis sa dernière campagne de Flandre [1], reconnaissaient eux-mêmes ses succès, tandis que ses nombreux amis, les libertins, les jeunes gens et les officiers exagéraient ses avantages [2]. Paris, la cour, les provinces, oubliaient maintenant ses fautes passées et le célébraient comme un triomphateur et un héros [3].

La Providence, en effet, semblait combattre pour le bon droit, et, après tant de revers, la fortune était enfin changée sur les champs de bataille. Elle allait bientôt changer dans les négociations. Les victoires de Vendôme, en affermissant Philippe V, facilitaient le partage de la succession d'Espagne, vainement offert par Louis XIV à Gertruydemberg, et servaient dans toute l'Europe les partis et les hommes d'État qui désiraient la fin de cette longue guerre. C'est ainsi qu'elles aidèrent à Londres une révolution déjà commencée, qui renversait le parti militaire, rapprochait la reine Anne de Louis XIV, et préparait la paix du monde.

---

[1] *Mémoires de Noailles.*
[2] Saint-Philippe, t. IX.
[3] « Vous savez combien on juge à notre cour d'après les événements. Toutes les fautes de M. de Vendôme sont oubliées. Il n'auroit aucun mérite s'il étoit malheureux.... Paris et la cour sont dans la joie. » *Lettres de madame de Maintenon*; t. III, p. 233. 27 décembre 1710.

CHAPITRE VII

(1702-1710.)

Situation de l'Angleterre à l'avénement de la reine Anne. — Ministère mixte des whigs et des tories.—Causes de dissentiment entre ces deux partis.—Souveraine influence de la duchesse de Marlborough, favorable aux whigs. — Son amitié avec la reine. — Son orgueil et sa tyrannie.—Affection de la reine pour les tories.— Lady Marlborough exige leur renvoi du ministère.—Chagrin profond de la reine.— Intrigues secrètes de Harley et de Bolingbroke, chefs des tories, pour renverser lady Marlborough et rentrer au ministère.—Ils s'efforcent de supplanter lady Marlborough dans le cœur de la reine et de lui substituer madame Masham, dévouée à leur cause.— Influence croissante de madame Masham. — Jalousie et calomnies de la duchesse de Marlborough pour perdre sa rivale.—Ses scandaleux emportements à l'église Saint-Paul et au château de Windsor.—Causes nombreuses de rapprochement entre la reine et les tories.—Sermons de Sacheverel. —Son procès et sa condamnation.—L'opinion publique se prononce pour les tories.—Parole impérieuse de lady Marlborough contre la reine.—Scène furieuse de la duchesse de Marlborough à Kensington. —Disgrâce de la duchesse, renvoi des whigs et avénement des tories. —Destitution de la duchesse de Marlborough, qui insulte son mari et menace la reine.—Sincère désir des tories de finir la guerre.—Difficultés d'établir des rapports avec la France.—Mission de l'abbé Gautier à Versailles.

A son avénement au trône, la reine Anne avait trouvé trois partis : les tories, les whigs, les jacobites ; les premiers réclamant la souveraineté de la prérogative royale, les seconds l'extension des libertés publiques, les derniers l'exclusion du protestant George de Hanovre[1], désigné par les communes comme l'héritier de la reine, et le rappel du chevalier de Saint-George, fils catholique de Jacques II, alors exilé en France, où Louis XIV l'avait salué du nom de Jacques III [2].

De ces trois partis, le dernier, qui voulait une révolution avec un changement de dynastie, se trouvait naturellement exclu des affaires; la reine, douce et conciliante, partagea le pouvoir entre les deux autres, et elle choisit un ministère où entrèrent les hommes les plus considérables des wighs et des tories.

Ils gouvernèrent ensemble pendant quatre années[3], puis l'opposition de leurs sentiments et de leurs intérêts devint si violente qu'elle les divisa. Les tories représentaient l'agriculture, qui souffrait depuis la guerre[4], et appelaient la paix de tous leurs vœux;

---

[1] L'Electeur George, plus tard roi sous le nom de George Ier, était le plus proche parent de la reine, qui n'avait pas d'enfants. Il était arrière-petit-fils de Jacques Ier par sa mère.

[2] Le chevalier de Saint-George ou le Prétendant, était fils de Jacques II et de Marie de Modène et père de Charles-Edouard. Né en 1688, il mourut à Rome en 1765.

[3] De 1702 à 1706.

[4] Ce qu'on appelle en Angleterre le *landed interest* (intérêt foncier), par opposition au *moneyed interest* (intérêt capitaliste). Les propriétaires des fonds de terre supportaient depuis le commencement de la guerre tout le fardeau des impôts, tandis que les banquiers, les prêteurs d'argent, qui ne contribuaient pas à ces charges, s'enrichissaient par les calamités publiques, l'argent étant d'autant plus cher et plus recherché que le commerce souffrait plus et que l'Etat s'obérait davantage. Une question d'un ordre plus élevé divisait d'une manière encore plus tranchée les whigs et les tories. Ces derniers soutenaient que les principes qui avaient prévalu en Angleterre en 1688 étaient destructifs des véritables intérêts de la Grande-Bretagne, en ce sens qu'ils ouvraient

les whigs, au contraire, représentaient l'argent, prêtaient leurs fonds à l'Etat, et voulaient la guerre qui soutenait la cherté des capitaux. Les whigs triomphèrent dans cette première lutte. Ils éconduisirent d'abord trois tories du ministère; ils obtinrent ensuite le renvoi de tous les autres : Mansel, Robert Harley, Henri Bolingbroke, et régnèrent alors sans partage [1]. Ils comptaient dans leurs rangs les hommes les plus illustres de la nation : Marlborough, l'habile financier Godolphin, le redoutable orateur Robert Walpole, l'armée, l'opinion, le Parlement, et jusqu'au cœur de la reine, par la duchesse de Marlborough.

Sara Jennings, duchesse de Marlborough, dont le nom domine tout ce récit, était la sœur de cette capricieuse Françoise Jennings [2], immortalisée par les *Mémoires* du chevalier de Grammont, et de Barbe Jennings [3] qui brillait à la cour de Charles II. Sara n'avait pas l'éclatante beauté de ses sœurs. Elle était petite, plus piquante que belle, mais elle plaisait par sa magnifique chevelure, la finesse de son visage,

la carrière des révolutions et substituaient l'élection à l'hérédité, cette base solide de la vieille constitution britannique ; ils se montraient, en outre, partisans déclarés de l'épiscopat et de la haute Eglise, ennemis des presbytériens, et pensaient qu'à l'extérieur il ne fallait pas autant se mêler des affaires du continent, où Guillaume III avait témérairement engagé l'Angleterre. V. *Mémoires de Bolingbroke*, p. 20-29.

[1] En 1708.

[2] Après avoir repoussé les hommages du duc d'York et de Charles II, elle épousa, en 1665, en premières noces, George Hamilton, qui fut créé comte et maréchal de camp par Louis XIV, et mourut en Flandre ; et en secondes noces, en 1679, Richard Talbot, duc de Tyrconnel, qui resta fidèle à la cause de Jacques II, après la révolution de 1688, et fut un des chefs de l'armée catholique à la bataille de la Boyne.

[3] Elle fut mariée à M. Griffiths.

les grâces de sa personne et de son esprit. Un seul trait peindra les charmes de cette femme : l'avare Marlborough l'avait épousée pauvre. Après de longues années de mariage, au milieu des conseils et des batailles, il l'informait toujours exactement des affaires et lui témoignait la plus entière déférence et la plus vive affection. La plupart de ses lettres finissent par ces mots : « Je suis à vous de cœur et d'âme[1]. » Lady Marlborough gouvernait comme un enfant cet homme qui gouvernait les rois. Elle avait des qualités incontestables, le goût et l'intelligence des affaires, la connaissance des hommes, la ruse de son sexe, l'obstination de son pays, une incroyable puissance de commandement; mais elle était dure, fausse, vindicative, insatiable d'honneurs et de richesses, et joignait à l'orgueil d'une reine les emportements d'une furie.

Élevée avec la reine, lady Marlborough avait pris dès l'enfance un empire absolu sur son esprit. Anne était indolente et taciturne; elle se plut aux spirituelles causeries de sa compagne, et l'aima malgré ses hauteurs, auxquelles son caractère facile cédait sans efforts. Mariée à un époux insignifiant et maussade[2], qui ne goûtait que les joies grossières de l'ivresse, la reine avait perdu avant l'âge un fils unique; elle avait

---

[1] « I am heart and soul yours. »

[2] George de Danemark, fils de Frédéric III, roi de Danemark, né en 1665, mort en 1708. Il était le prince-époux de la reine Anne. « J'ai sondé le prince George, ivre, disait de lui Charles II, je l'ai sondé à jeun, et jamais, ivre ou à jeun, je n'ai rien trouvé en lui. » V. M. Macaulay, *Histoire d'Angleterre*, t. II, p. 554.

vu détrôner son père, Jacques II, proscrire son frère, le chevalier de Saint-George, et, à l'exclusion de ce frère, qu'elle aimait [1], elle devait laisser sa couronne à un étranger, l'électeur George de Hanovre, pour lequel elle ressentait une invincible aversion. Anne confiait à la duchesse tous ses chagrins, et peu à peu elle se trouva prise pour elle d'une véritable passion qui eut la délicate tendresse de l'amitié des femmes; elle pria lady Marlborough d'oublier, quand elles seraient seules, ce titre glacial de Majesté, et de la nommer simplement *Madame Morley*; elle-même l'appelait *Madame Freeman*, et, lorsqu'elles restaient quelques heures sans se voir, elles s'écrivaient sous ces noms empruntés. La reine aimait ces lettres mystérieuses qu'elle écrivait facilement. Cette amitié remplaçait l'amour, qu'elle n'avait jamais connu et dont son cœur affectueux et désolé sentait le besoin au milieu des pompes de la toute-puissance [2].

Lady Marlborough se prêtait avec empressement à une affection qui l'associait au trône. Enivrée par son crédit, elle ne daignait plus demander, elle ordonnait. Lors du renversement des tories, elle avait poussé l'obsession jusqu'à la contrainte. Aux whigs, qui avaient proscrit son frère, Anne préférait les tories;

[1] « J'ai vu la duchesse de Marlborough persuadée que la reine avait fait venir son frère en secret, qu'elle l'avait embrassé et que, s'il avait voulu abjurer, elle l'aurait fait désigner pour son successeur. » Voltaire, *Siècle de Louis XIV*, t. II, p. 116.

[2] V. sur cette amitié les détails les plus intéressants, dans l'ouvrage de M. Macaulay, que nous ne saurions trop citer. Ce beau livre vient d'être traduit. C'est une véritable bonne fortune pour les lecteurs français. V. *Traduction de M. de Peyronnet*, t. II, p. 192.

en dépit de ces sympathies, la duchesse avait exigé le renvoi des ministres, et la reine avait cédé, malgré la plus profonde douleur, à son impérieuse amie.

Ainsi chassés par une intrigue, les tories, et à leur tête, deux célèbres hommes d'Etat, Harley et Bolingbroke, travaillèrent dans l'ombre à ressaisir le pouvoir. Harley était un orateur éloquent et habile; il avait quitté le barreau pour le Parlement; sa souplesse et son mérite l'avaient rapidement porté à la présidence des communes et au ministère. Il s'était surtout occupé des finances et passait pour le plus habile financier de l'époque. Homme d'esprit et de goût, il aimait les livres et les manuscrits et protégeait les plus illustres écrivains du règne : Swift le Rabelais, Pope le Boileau, Prior le Régnier de la Grande-Bretagne. Mais on lui reprochait avec raison la tenacité de son caractère, la mobilité de ses opinions, le goût des petits moyens et la triste passion de l'ivrognerie [1].

L'autre chef des tories était Henri Saint-John, si connu sous le nom de Bolingbroke [2]; il descendait d'une vieille famille normande alliée à la maison royale des Tudor. Son grand-père, comme s'il eut prévu l'avenir, lui avait légué la plus grande partie de ses biens, et Bolingbroke entra dans le monde sous les heureux auspices de la naissance et de la for-

---

[1] Cette passion de l'ivrognerie envahissait alors la haute société anglaise, et la reine elle-même n'en était pas exempte. Walpole, ennemi de Harley, a tracé de lui, dans ses lettres, un portrait curieux et assez fidèle.

[2] Il fut fait vicomte de Bolingbroke seulement en 1712, mais nous lui donnons dès maintenant ce nom qui est celui de l'Histoire.

tune. A vingt-six ans, après une jeunesse licencieuse, il se maria et devint membre du Parlement. Il avait toutes les qualités nécessaires pour y jouer un rôle : la figure, l'éloquence, une incroyable facilité de travail, un esprit qui étonnait plus tard Voltaire[1], une si prodigieuse mémoire qu'il évitait de lire des ouvrages médiocres dans la crainte de les retenir. A trente ans, sa parole élevée et abondante, sans cesse nourrie à l'étude des modèles de l'antiquité, captivait les lords et les communes. Son puissant et flexible génie embrassait à la fois la poésie et le droit, l'histoire et les lettres. Il était lié, comme Harley, avec les premiers écrivains de l'Angleterre, Pope, Prior, Swift, Dryden, Addison lui-même, le poëte des whigs et le célèbre auteur du *Caton*. C'était l'un de ces orateurs praticiens qui joignent les grâces à l'éloquence, et mènent de front les plaisirs et les affaires. Il disait que les sots seuls n'avaient pas de loisirs. Il avait les talents et les vices qui plus tard devaient immortaliser et dégrader Mirabeau.

Unissant leurs mérites et leurs rancunes contre la femme qui avait entraîné leur disgrâce, Harley et Bolingbroke s'appliquèrent à renverser lady Marlborough. Ils attaquèrent cette amitié qui faisait sa force et lui cherchèrent une rivale qui pût la supplanter dans le cœur de la reine. Il y avait alors à la cour une jeune femme, nommée madame Masham, fille d'un négociant de Londres ruiné par une banqueroute,

---

[1] En 1722. V. *Correspondance générale*, t. Ier, p. 68.

recueillie par la duchesse de Marlborough, sa cousine, et placée auprès de la reine en qualité de simple femme de chambre [1]. Par un singulier hasard, madame Masham était en même temps cousine de Harley, qui l'avait mariée pendant son ministère à M. Masham, général de cour, occupant au palais une assez haute position, due plutôt à sa naissance qu'à son mérite personnel [2]. Telle fut la femme que les tories opposèrent à lady Marlborough. Madame Masham leur donnait, par sa place, un accès continuel près de la reine ; elle n'avait ni l'esprit, ni l'intelligence de sa rivale, mais elle plaisait à la reine par la simplicité de ses manières et l'aménité de son humeur. Deux liens puissants, la sympathie politique et religieuse, la rattachaient à sa maîtresse : ardente jacobite, elle souhaitait comme la reine le retour de son frère ; comme elle encore, elle était zélée protestante.

Suivant les conseils de Harley, madame Masham mina sourdement le crédit des whigs au palais. Elle représentait tous les jours à sa souveraine la puissance inquiétante de leur chef, Marlborough, maître du Parlement, de l'armée, des ministres, du Palais, plus roi que la reine, et rappelait ce dernier renvoi des

[1] *Bed-chamber woman.*

[2] M. Masham descendait des Plantagenets par la célèbre comtesse de Salisbury. Voici le portrait qu'en trace la malicieuse duchesse de Marlborough : « M. Masham, quoique général, dans une si longue guerre n'avait jamais vu le feu une seule fois. Il ne quittait pas la table de jeu de la reine ; c'était un homme mou, insignifiant, mais bon garçon, toujours prêt à faire à chacun de grandes révérences, à ouvrir et à fermer les portes. » Agnès Strickland, t. XII, p. 352.

tories, si durement et si impérieusement imposé par la duchesse. La reine, effrayée et touchée de ces conseils, se rapprocha peu à peu de sa nouvelle confidente et lui témoigna bientôt une faveur dont lady Marlborough s'aperçut la première. Mais, loin de rappeler par quelques complaisances une amitié chère encore à la reine, lady Marlborough se plaignit avec aigreur du partage. Elle prodigua à madame Masham les dédains, les sarcasmes et les insultes, répandit contre elle les plus lâches calomnies, puis, voyant l'inutilité de ses efforts, fit rejaillir sa colère jusqu'au trône. Au mois d'août 1708, dans un service célébré à Saint-Paul, à l'occasion de la bataille d'Oudenarde, Anne s'aperçut qu'elle n'avait point ses diamants, et reprocha cet oubli à la duchesse, que ce soin concernait comme maîtresse de sa garde-robe; lady Marlborough répliqua avec hauteur; Anne, blessée, répétait plus vivement ses reproches, quand la duchesse, furieuse, lui imposa silence : « Je ne vous demande pas de réponse, lui dit-elle au milieu de l'église et de la cour, ne me répondez pas. » La reine se tut dans la crainte d'un scandale, mais elle n'oublia point cette journée [1].

Un an après, pendant l'automne de 1709, survint une autre altercation encore plus incroyable. Anne avait pris l'habitude de porter chaque jour une bou-

---

[1] On a peine à croire jusqu'où allait son insolence vis-à-vis de la reine : « elle lui donnait ses gants à tenir, raconte H. Walpole (*Walpoliana*), et, en les reprenant, elle affectait de détourner tout à coup la tête, comme si sa maîtresse lui eût communiqué quelque odeur désagréable. »

teille de vin à l'une de ses domestiques qui était malade. Lady Marlborough l'apprend, court auprès de la reine, lui reproche d'usurper ses fonctions et s'emporte si violemment que les domestiques placés en bas entendaient toutes ses paroles. Anne, indignée, se lève pour sortir; mais la duchesse la retient, s'adosse à la porte, et, pendant une heure se répand en invectives contre sa souveraine. Elle termine en disant que sans doute elle ne la reverra plus, mais qu'elle s'en soucie médiocrement. « Je pense, répond Anne avec calme, qu'il vaut mieux, en effet, nous voir rarement. » La duchesse quitta enfin la chambre, mais, à dater de ce jour la correspondance des deux amies fut interrompue [1], et la reine accorda toute sa confiance à madame Masham.

Un célèbre procès survenu à la fin de l'année 1709, contribua à resserrer plus étroitement encore cette récente intimité.

Un pasteur anglican, Sacheverel, recteur de Saint-Sauveur, en Southwark, beau, jeune, ardent, prêchant un jour à Saint-Paul devant une nombreuse assistance attaqua avec une incroyable audace et un incontestable talent la foi religieuse et politique des whigs, qui gouvernaient alors l'Angleterre. Il nia leur grand principe, celui de la souveraineté de la nation, au nom duquel l'Angleterre avait renversé la race catholique des Stuarts et porté au trône la maison protestante de Nassau. Il dit que les peuples n'avaient

---

[1] Agnès Strickland, *Lives of the Queens of England*, t. XII, p. 250.

le droit de choisir ni de déposer les rois, que les rois étaient les représentants de Dieu sur la terre, et que les nations devaient leur obéir comme à Dieu. Les whigs, bien qu'anglicans, accordaient une complète tolérance aux autres communions. Sacheverel blâma cette tolérance et réclama les droits de l'anglicanisme, la religion de la patrie, la foi d'Henri VIII, d'Elisabeth, de Guillaume III : cette tolérance, fille du doute et de l'athéisme, est l'indifférence même. Devant ce lâche abandon des whigs, la religion nationale est exposée à périr ; le papisme relève la tête ; la cour de Rome poursuit dans l'ombre ses implacables desseins ; tous ces maux, il faut les imputer aux whigs, qui sont des républicains dans l'Etat et des athées dans l'Eglise ; la communion d'Angleterre est en danger, les fidèles doivent se lever pour la défendre. Empruntant alors les images des livres saints, il déclare qu'il sonne dans ce dessein la trompette et que le temps est venu de revêtir l'armure de Dieu. Dans un premier sermon [1], *Du danger des faux frères dans l'Église et dans l'État*, Sacheverel désigne clairement les whigs. Dans un second sermon, prononcé le 17 novembre, célèbre anniversaire de la naissance de la reine Elisabeth, le docteur, pendant trois heures entières, flétrit les ministres eux-mêmes ; il les peint sous les traits les plus reconnaissables ; il désigne particulièrement lord Godolphin, le ministre des finances, chef du

---

[1] 5 novembre 1709.

cabinet, et maudit son administration aux applaudissements de la foule.

Cette audacieuse attaque ne pouvait rester sans réponse. Les ministres, irrités, font arrêter Sacheverel et le traduisent devant la Chambre des lords, où ils avaient la majorité. Déclaré coupable par soixante-neuf voix contre cinquante-deux, il dut écouter à genoux un jugement qui lui interdisait la chaire pendant trois ans et enjoignait au bourreau de brûler ses sermons sur la place publique [1].

Cette condamnation, qui touchait à la fois aux passions religieuses et politiques, causa une vive émotion dans toute l'Angleterre. Le ministère avait frappé Sacheverel; l'opinion publique le vengea. Les tories, le clergé, les femmes, le peuple embrassèrent la cause du jeune défenseur de la religion nationale. Son portrait apparut à toutes les boutiques, sur les bagues, sur les bracelets et jusque sur les éventails. Ses sermons se vendirent à quarante mille exemplaires. A sa sortie du Parlement, une foule immense l'accueillit par des applaudissements frénétiques, aux cris de : « Vive Sacheverel ! Vive l'Eglise d'Angleterre! » Sur son passage, le peuple abattait les chapeaux de ceux qui restaient couverts. Sur plusieurs points de Londres, la foule enfonça les portes des églises dissidentes [2], brisa les chaises, les bancs et les jeta dans des feux de joie. Quelques hommes sui-

---

[1] Mars 1710.
[2] C'est-à-dire les églises des autres sectes que les anglicans : les églises des presbytériens, des unitaires, etc.

virent la voiture de la reine, et crièrent avec force :
« Dieu bénisse Votre Majesté ! Nous espérons que
Votre Majesté est pour Dieu et le docteur Sacheverel ! » Une femme légua par testament 1,000 livres
à Sacheverel[1]. Une autre lui donna, dans le pays de
Galles, un domaine qui rapportait 200 livres. Dans
le voyage qu'il fit pour en prendre possession, les populations l'accueillirent partout avec des transports
d'enthousiasme. A Oxford, cinq cents cavaliers
allèrent à sa rencontre, et les professeurs de l'Université le fêtèrent pendant quinze jours. A Bambury,
à Shrewsbury, à Bridgeworth, la noblesse, le clergé
et le peuple se précipitaient sur son passage, tandis
que le canon grondait et que les cloches sonnaient à
toutes volées.

Le retentissement de ce procès, non moins que
les fureurs de la duchesse, contribua à perdre les
whigs dans l'esprit de la reine, qui assista incognito
à tous les débats. Pendant le cours du procès, l'avocat des ministres, pour établir la doctrine véritable
des whigs, calomniés par le docteur, prononça des
paroles qui parurent révolutionnaires aux oreilles
royales. On comprend facilement que la théorie de
l'obéissance absolue, prêchée par Sacheverel et
adoptée par certains tories, ait plus flatté l'esprit
d'une reine que les maximes des whigs, qui proclamaient le dogme de la souveraineté des nations et leur
reconnaissaient le droit d'insurrection contre les

[1] 25,000 francs.

rois. Anne était zélée protestante, elle était sincèrement attachée à la religion anglicane, dont elle était le chef. Elle blâmait la tolérance des whigs et pensait comme Sacheverel, qu'il fallait défendre l'Eglise d'Angleterre, et contre les catholiques et contre les indifférents.

Les tories excitaient sous main ces dissentiments, qu'ils tournaient contre leurs ennemis. Les négociations qui s'ouvrirent alors en Hollande vinrent favoriser encore leurs projets. Anne avait horreur du sang : elle avait empêché depuis son avénement toute exécution politique [1]; elle gémissait des continuelles levées d'hommes et pleurait en recevant des Pays-Bas les longues listes des blessés et des morts. Un jour, en signant des ordres pour la guerre, ses larmes avaient roulé sur le papier et elle s'était écriée : « O mon Dieu ! quand donc finira cette horrible effusion de sang ? » Les tories, qui, comme elle, appelaient la paix de tous leurs vœux, flattèrent adroitement sa douleur. Ils déplorèrent avec elle la boucherie de Malplaquet, la honte que la capitulation de Stanhope à Brihuega [2] avait fait rejaillir sur les armes anglaises, l'augmentation des impôts, la misère des campagnes, et répétèrent qu'il était temps de mettre un terme aux souffrances des peuples. Faisant valoir une considération non moins puissante sur le cœur de la reine, ils lui représentèrent que les

---

[1] Il y avait eu, au contraire, un certain nombre d'exécutions politiques sous Guillaume III, son prédécesseur, et il y en eut davantage encore sous George Ier et George II, ses successeurs.

[2] Stanhope était un whig.

whigs étaient les plus implacables ennemis de son frère, qu'ils avaient mis sa tête à prix, qu'ils ne reconnaîtraient jamais d'autre roi que l'électeur de Hanovre; qu'eux, au contraire, n'avaient contre le prétendant ni répulsion, ni haine, et que si l'intérêt du pays l'exigeait, ils favoriseraient volontiers son retour. Ils rappelèrent enfin les scènes de Saint-Paul et de Windsor, l'odieuse tyrannie de la duchesse de Marlborough [1], et promirent à la reine de la délivrer d'une femme qu'elle avait cessé d'aimer et qui commençait à lui faire peur. Prêtant l'oreille à ce langage, Anne s'abandonnait entièrement à madame Masham, et la mésintelligence entre la reine et la duchesse était devenue publique, lorsqu'une dernière violence de lady Marlborough précipita sa disgrâce [2].

A l'occasion d'un baptême où Marlborough devait être parrain, la duchesse s'écria qu'elle n'y consentirait jamais si l'enfant devait porter le nom d'Anne, et elle ajouta une injure qu'une femme et qu'une reine ne pouvait jamais pardonner. Le propos fut rapporté sur-le-champ à Saint-James. Anne l'apprit avec indignation, et ce grossier outrage étouffa toute pitié dans son cœur; la perte de la duchesse et des

---

[1] Bolingbroke le dit en termes exprès : « La véritable cause (du changement de ministère) fut son mécontentement (de la reine) des mauvais procédés qu'elle eut à essuyer personnellement dans sa vie privée et dans quelques détails peu importants de l'exercice du pouvoir. Un peu plus de complaisance sur ces bagatelles, de la part des personnes à qui elle l'avait confié, aurait assuré le gouvernement entre les mains qui le tenaient depuis son avénement à la couronne. » *Mémoires secrets de lord Bolingbroke*, p. 18.

[2] Commencement de 1710.

whigs fut résolue. Reconnaissant trop tard sa faute, lady Marlborough demanda audience à la reine, dans l'espoir de se disculper. Anne, qui redoutait ses fureurs, répondit qu'elle pouvait se justifier par écrit, et, pour éviter toute entrevue, elle quitta Londres et s'enfuit au château de Kensington.

Toutefois, cette démarche si explicite n'arrête pas la duchesse. Elle envoie à la reine un billet où elle s'excuse sur l'impossibilité d'écrire une telle justification ; puis, sans attendre la réponse, elle part pour Kensington, se glisse dans le château par les escaliers dérobés et arrive jusqu'à la chambre de la reine. Il n'y avait personne pour l'introduire ; elle appelle un page qui traversait la galerie, et le prie de demander en son nom un entretien à sa maîtresse. En attendant la réponse, lady Marlborough s'assied, dans l'humble attitude d'une solliciteuse, à la porte de cette royale amie, si empressée autrefois à la recevoir. Un long silence s'établit dans l'appartement de la reine. Enfin le page revient avec une réponse favorable, et il fait entrer la duchesse.

Anne était seule et écrivait. « J'ai reçu votre lettre, dit-elle à lady Marlborough, et j'allais y répondre. Je pense, continua la reine, qui voulait éviter une explication, que vous pouvez m'écrire tout ce que vous avez à me dire.—Je ne saurais écrire de telles choses, répond la duchesse en faisant allusion à la grossièreté de l'injure, Votre Majesté ne me permettra-t-elle pas de lui parler ? — Ecrivez, écrivez, » réplique la reine, qui veut à tout prix empêcher une querelle, que le caractère de son ancienne amie rendait inévitable, et elle répète plusieurs fois cette parole, interrompant à dessein la duchesse, qui déjà commençait à se défendre. Malgré la reine, lady Marlborough continue : elle affirme qu'elle n'a jamais tenu l'odieux propos qu'on lui prête, qu'elle en est aussi incapable que de tuer ses enfants, et, pendant une heure entière, elle s'efforce d'établir son innocence par des protestations ou des prières. Mais le cœur de la reine était fermé sans retour. Voulant finir une entrevue qui lui pèse, et se souvenant de la scène de Saint-Paul : « Vous ne m'avez pas demandé de réponse, lui dit-elle, je ne vous en ferai pas. » Cette froide résistance exaspère la duchesse, qui des prières passe aux reproches. « Je vais quitter la chambre, dit la reine avec dignité. » En entendant ces mots, qui ne lui laissent plus aucun espoir, lady Marlborough fond en larmes, puis, honteuse de sa faiblesse, elle se retire dans la galerie pour pleurer. Elle revient au bout de quelques instants et tente une dernière et décisive supplication; mais Anne reste inflexible. La duchesse se redresse alors, furieuse de s'être vainement humiliée, et elle sort en s'écriant : « Madame ! Dieu punira votre cruauté ! — Cela ne regarde que moi, réplique sèchement la reine. » Telle fut la fin d'une amitié de trente ans et la dernière entrevue des deux femmes[1]. Lady Marlborough resta dans le palais, mais elle ne revit

---

[1] 6 avril 1710; *Lives of the Queens of England*, t. XII, p. 285. — *Private Correspondance of Duchess of Marlborough*, t. Ier, p. 301.

plus sa maîtresse qu'en public, et depuis ce jour, la reine ne lui adressa plus une parole.

La disgrâce de la duchesse entraîna la chute des whigs. Quelques jours après la scène de Kensington, Anne nomma deux tories à des fonctions de la cour, puis elle renvoya successivement tous les whigs du ministère, Boyle, Russell, Godolphin et Walpole. A leur place arrivèrent Bolingbroke, Harley, le comte de Jersey, les ducs d'Ormond et de Shrewsbury. Anne épargna seulement le duc et la duchesse de Marlborough, non par pitié, mais par crainte. Chaque jour la duchesse parcourait Londres en voiture, et elle répétait dans chacune de ses visites qu'elle publierait les lettres de la reine, et qu'on verrait un jour les infâmes motifs de sa disgrâce[1]. La pieuse Anne était épouvantée de ces monstrueuses menaces, et lady Marlborough restait à Saint-James la tête haute et l'injure à la bouche, au milieu des vainqueurs. Enhardie et excitée enfin par ses ministres, Anne enjoignit à Marlborough de redemander à la duchesse les clefs d'or qui étaient les insignes de sa charge. Marlborough, qui redoutait les conséquences d'une pareille mission, conjura la reine d'attendre la fin de la campagne, promettant qu'il se retirerait alors avec sa femme. Mais Anne était poussée à bout par des calomnies qui la faisaient rougir de honte, et elle exigea sur-le-champ ces clefs. Marlborough se jette à ses genoux et la conjure de lui

---

[1] « Horred insinuations. » *Lives of the Queens of England*, t. XII, p. 311.

donner au moins dix jours de répit. Anne accorde trois jours, et, ce délai expiré, renouvelle ses ordres. Le duc court au palais et demande à être introduit près de la reine. Mais Anne refuse de le recevoir, et Marlborough se résigne enfin à affronter le courroux de sa femme; il se rend auprès d'elle, et, au nom de la reine, il lui demande avec la plus grande douceur les insignes de sa charge. Lady Marlborough refuse de les remettre et accable son mari de reproches et d'injures. Le duc, blessé, parle en maître; saisissant alors ses clefs, elle les lui jette au visage. Marlborough les ramasse froidement et les porte à la reine [1]. Après cette dernière spoliation, la duchesse quitta Saint-James, et, de tous les whigs, il ne resta plus au pouvoir que Marlborough, qui, par le commandement de l'armée et l'éclat de sa réputation, semblait balancer la fortune des tories et défier une disgrâce. Les ministres lui laissèrent son commandement; mais ils comptaient l'atteindre en signant la paix, et renvoyer à la fois le général et son armée.

La paix était, en effet, le premier désir des tories. Ils la souhaitaient et par conviction et par calcul. La paix consacrait leur triomphe en renversant Marlborough; elle séchait les larmes de la reine et la rapprochait de Louis XIV et de son frère; elle relevait l'agriculture, l'industrie, les finances et la haute Eglise; elle affaiblissait la Hollande et devait grandir

---

[1] Janvier 1711. *Lives of the Queens of England*, t. XII, p. 313.

l'Angleterre. Après les conférences de Gertruydemberg, il était certain que Louis XIV accorderait à celle des puissances alliées qui lui assurerait une paix définitive, les concessions les plus avantageuses. Il les avait offertes à la Hollande, qui l'avait si cruellement humilié ; il les offrirait plus volontiers à l'Angleterre. Dans l'intérêt de leur parti, de leur souveraine et de leur patrie [1], les ministres anglais tendirent donc les mains à la France.

Plusieurs obstacles, toutefois, retardaient une pacification. Depuis la guerre, Louis XIV n'avait plus de représentant en Angleterre, et il était difficile d'entamer avec lui des pourparlers. Une autre difficulté plus sérieuse était la loi qui défendait, sous peine de mort, de traiter avec un prince ayant le prétendant dans ses Etats : or le chevalier de Saint-George était en France, et en négociant avec Louis XIV, les tories jouaient leur tête. Les passions politiques étaient alors déchaînées dans le Parlement et dans la presse. Les whigs, furieux de leur défaite, poursuivaient à grands cris la guerre et surveillaient les moindres démarches des ministres, pour les dénoncer devant le pays et les accuser de haute trahison. Le seul envoi d'un Anglais à Versailles eût donné l'éveil. Il fallait trouver un agent obscur dont le départ passât inaperçu.

Cet homme se rencontra. Parmi les rares Français demeurés à Londres était un prêtre nommé Gautier,

---

[1] *Mémoires secrets de Brolingbroke.*

ancien aumônier du maréchal de Tallard pendant sa captivité en Angleterre, et devenu ensuite chapelain de la comtesse de Jersey, femme de l'un des nouveaux ministres. L'abbé Gautier avait conservé en même temps des rapports avec M. de Torcy et lui adressait de secrets mémoires sur les affaires de la Grande-Bretagne. Il était adroit, discret, modeste [1]; le comte de Jersey le présenta à ses collègues comme le personnage le plus propre à envoyer à Versailles. Les autres ministres l'agréèrent, et, lui recommandant le plus profond secret, le chargèrent de dire à M. de Torcy que la reine était prête à lui fournir les moyens de conclure la paix, si Louis XIV la voulait encore. Les torys ne doutaient pas de la réponse, mais ils ne voulaient point se compromettre par un écrit. Gautier partit sans un billet, sans une ligne, avec ce simple mandat verbal. Il débarqua à Nieuport, traversa la Belgique avec un passe-port anglais et arriva à Paris sous un faux nom. Il descendit rue Saint-Honoré, chez les Pères de l'Oratoire, dont il était personnellement connu, et, portant la paix ou la guerre sous les humbles habits d'un voyageur, il se rendit à Versailles.

[1] *Mémoires de Torcy.*

CHAPITRE VIII.

(1711.)

Continuation des hostilités.—Campagnes de 1711.—Mort de l'empereur Joseph Ier.—Marche des Autrichiens et des Français sur Francfort.— Election de l'archiduc Charles à l'Empire, sous le nom de Charles VI. — Capitulation de Bouchain. — Mauvaise foi de Marlborough. — Son retour à Londres.—Froid accueil des ministres et de la population.— Ralentissement des hostilités en Alsace,— en Piémont,— en Espagne. —Expédition et mort du capitaine Duclerc à Rio-Janeiro. — Cruelle captivité de ses soldats.—Expédition de Duguay-Trouin pour les délivrer.— Sa naissance.— Sa vie.—Ses aventures.—Sa captivité en Angleterre.—Son arrivée devant Rio. — Force de cette ville.—Occupation de son port et débarquement des Français.—Siége et bombardement de Rio.—Fuite de la garnison dans les terres.—Marche audacieuse de Duguay-Trouin à sa poursuite.—Traité avec les Portugais.—Rançon imposée à Rio.— Délivrance des soldats de Duclerc.— Retour de Duguay-Trouin en France.—Conséquences et retentissement de cette expédition.

Pendant les négociations que nous venons de raconter, et malgré la signature des préliminaires, les hostilités n'étaient pas interrompues. La guerre continuait sur toutes les frontières, en Flandre et en Allemagne, dans les Alpes et dans les Pyrénées. Il faut le dire, toutefois, la fougue militaire des années précédentes s'était ralentie. La coalition était épuisée comme la France, et les souverains, hésitant, n'engageaient leurs soldats que pour obtenir des avantages plus considérables. La chute des whigs, l'imminente défection de l'Angleterre, d'autres événements que nous allons faire connaître et qui venaient de s'accomplir, présageaient une prochaine révolution dans les affaires de l'Europe. Le temps approchait où les négociations, déjà mêlées aux batailles, les remplaceraient complétement. Le rôle des diplomates était commencé ; quelques mois encore, et celui des hommes de guerre allait finir.

En attendant, dès les premiers jours de 1711, la guerre avait repris dans les Pays-Bas. Villars avec quatre-vingt mille soldats y gardait ses nouvelles lignes, qui couvraient Arras, Bouchain et Valenciennes, devant Eugène et Marlborough, qui commandaient cent trente mille soldats ; et, selon toutes les prévisions, la Flandre allait être le théâtre d'une bataille sanglante, lorsque l'empereur Joseph Ier mourut à la fleur de l'âge [1], laissant toutes les couronnes autrichiennes à son frère, l'archiduc Charles, proclamé roi d'Espagne à Vienne sous le nom de Charles III, et qui, déjà maître de la Catalogne, disputait le reste de l'Espagne à Philippe V depuis huit années.

Cet événement inattendu porte les efforts des alliés sur le Rhin. L'Autriche enjoint au prince Eugène de se rendre en Allemagne avec trente mille hommes et de veiller à l'élection de l'archiduc à l'Empire. De son côté, Louis XIV envoie vingt mille hommes de l'armée du Nord au maréchal d'Harcourt, qui com-

[1] 17 avril 1711.

mande en Alsace, avec ordre de passer le Rhin et de s'approcher de Francfort, comptant, par la présence de ses armées et les efforts de sa diplomatie, empêcher les électeurs de choisir un prince autrichien [1]. Affaiblis par le départ de ces troupes, Marlborough et Villars restèrent plusieurs mois sur la défensive. A la fin, Marlborough, impatient d'agir, attaqua les lignes de Villars, les emporta à la baïonnette et vint mettre le siége devant Bouchain [2]. Cette ville, alors assez forte, était défendu par un brave officier, M. de Ravignan, qui avait ordre de tenir jusqu'à la dernière extrémité, mais de sauver la garnison. Ravignan arrêta deux mois les ennemis, puis, se voyant accablé par le nombre, entama des négociations avec un colonel hollandais, qui lui promit la libre sortie de ses soldats.

Sur sa parole, Ravignan livra une porte aux ennemis, mais, à peine entré, Marlborough désavoue le colonel et retient les Français prisonniers Ravignan, qui n'avait pas de capitulation, accusa vainement la mauvaise foi des vainqueurs. La garnison fut menée prisonnière à Tournai [3]. Toutefois les succès de Marlborough pendant cette campagne se bornèrent à la prise de nos lignes et de Bouchain, et ces faibles avantages ne compensaient pas les prodigieuses dépenses de l'Angleterre. Le seul siége de Bouchain avait coûté près de 200 millions [4]. A son retour à

[1] Juin 1711.
[2] Août 1711.
[3] Septembre 1711.
[4] 7 millions de livres sterling (175 millions de francs).

Londres, Marlborough reçut un accueil glacial des nouveaux ministres, qui lui reprochèrent d'avoir employé une aussi forte armée « à la prise d'un colombier. »

En Allemagne, l'élection de l'empereur suspendait les hostilités. Le maréchal d'Harcourt passait le Rhin, s'avançait jusqu'à Francfort ; mais Eugène couvrait la ville, et, malgré les efforts de la France, les électeurs appelèrent à l'Empire l'archiduc Charles, déjà roi d'Espagne, de Bohême et de Hongrie. Il fut proclamé à Francfort sous le nom impérial de Charles VI. Après cette élection, les Français repassèrent le Rhin et la campagne s'écoula sans engagement.

En Italie comme en Allemagne, la mort de l'Empereur arrêta les armées. A cette nouvelle, le duc de Savoie s'enferma une journée entière dans ses appartements, sous prétexte de pleurer son allié, mais plutôt, comme le dit madame de Maintenon, qui le juge d'après elle-même, pour réfléchir au parti qu'il devait prendre[1]. Après avoir longtemps hésité entre l'Autriche et la France, Victor-Amédée s'allia à Charles VI, passa les Alpes et s'avança jusqu'à Chambéry. Mais cette expédition demeura stérile. Berwick gardait la Savoie ; Victor-Amédée ne put reprendre aucune de ses villes, et à l'automne, comme les neiges commençaient à tomber, il craignit d'être enfermé

---

[1] « Il nous est revenu que le duc de Savoie a paru très-affligé de la mort de l'Empereur et qu'il s'est enfermé tout un jour, inaccessible à ses plus intimes confidents. On croit ici que c'est pour pleurer son allié, et moi pour réfléchir au parti qu'il doit prendre. » *Lettre de madame de Maintenon au duc de Noailles*, 14 mai 1711.

au milieu des Alpes, et repassa précipitamment dans le Piémont.

En Espagne, après les victoires de Vendôme, l'archiduc ne conservait plus que Tarragone et Barcelone. Deux armées françaises, celle du duc de Noailles, en Roussillon, celle de Vendôme, en Catalogne, devaient facilement enlever ces deux villes. Toutes les circonstances étaient favorables : l'Angleterre envoyait à Barcelone le tory d'Argile, avec ordre d'éviter une action, et elle ne fournissait plus à Charles VI que des subsides insuffisants. Le compétiteur de Philippe V abandonnait lui-même la Péninsule pour aller recevoir à Francfort la couronne impériale. Il était facile à Noailles et à Vendôme, en réunissant leurs forces, de terminer enfin la conquête de l'Espagne. Malheureusement la discorde éclata parmi eux : ils se séparèrent et ne surent vaincre.

A l'autre frontière de la Péninsule, en Estramadure, où la guerre continuait entre le Portugal et l'Espagne, avec des alternatives de revers et de succès, les armées se bornèrent à ravager les campagnes comme les années précédentes, sans tirer un coup de canon. Le nouveau roi de Portugal[1], Jean V, prince voluptueux, despote et partant populaire, lassé d'une guerre infructueuse qui épuisait ses troupes et son trésor, avait ordonné à ses généraux d'éviter une bataille. Il désespérait du triomphe de

---

[1] Monté sur le trône en 1706.

l'archiduc, deux fois chassé de la Castille, embarqué maintenant pour Francfort, et il songeait à se rapprocher de Louis XIV. Une célèbre expédition maritime, dirigée dans le cours de cette même année contre le Brésil, la plus florissante de ses colonies [1], achevait de dégoûter Jean V de la coalition et faisait durement expier au Portugal l'abandon de l'alliance française.

En 1710, un intrépide capitaine de vaisseau nommé Duclerc, naviguant dans les mers du Sud, avait débarqué mille soldats devant Rio-Janeiro, et, avec cette poignée d'hommes, donné l'assaut à la capitale du Brésil. Duclerc arriva jusqu'à la place d'armes, puis, accablé par le nombre, se réfugia dans un magasin. Après avoir perdu la moitié de ses compagnons, il fut obligé de se rendre aux Portugais [2], qui, déshonorant leur facile victoire, égorgèrent le capitaine et jetèrent ses soldats dans des prisons infectes, où la plupart moururent de faim et de misère. Louis XIV connaissait ce désastre, mais la lutte continentale absorbant toutes ses ressources, il n'avait pu encore en tirer vengeance, quand un auxiliaire inattendu, l'émule et le successeur de Jean Bart, Duguay-Trouin vint lui en fournir les moyens.

Duguay-Trouin était né sur les bords de l'Océan [3], à Saint-Malo, ville féconde en marins, en navigateurs

---

[1] Les mines d'or du Brésil rapportaient alors 25 millions par an au Portugal.

[2] Récit d'un témoin oculaire. (*Archives de la Marine.* Campagne de M. Duguay-Trouin, années 1711 et 1712, liasse I, n° 15.)

[3] Né en 1673, il avait alors trente-huit ans.

et en corsaires. Issu d'une vieille famille, enrichie par la course et les consulats, il devait à la mer sa réputation et sa fortune. Après avoir passé les premières années de sa jeunesse dans la licence et les plaisirs, comme Duguesclin, il était à dix-huit ans sur un corsaire, et dès cette première campagne il assistait à un abordage, dans lequel il voyait écraser entre deux navires un matelot dont la cervelle rejaillissait sur ses vêtements [1]. Depuis ce jour, il n'avait plus quitté la mer. Il avait perdu deux frères à ses côtés, et il était tombé plusieurs fois couvert de son sang.

Pris par les Anglais, enfermé à Plymouth dans une chambre grillée, il semblait voué à une éternelle captivité, lorsqu'une jeune Anglaise s'éprit du vaillant capitaine et lui ouvrit les portes de sa prison. Il traversa l'Océan sur une barque, et revint en France, où il recommença la course et fit éprouver aux alliés des pertes énormes. Il enleva aux seuls Anglais seize vaisseaux de ligne et trois cents bâtiments marchands. Louis XIV, en récompense, lui envoya le brevet de capitaine avec une épée d'honneur. Duguay-Trouin n'était pas seulement un capitaine de corsaire, propre à l'abordage; il avait les rares et précieuses qualités qui font les chefs d'escadre et les généraux d'armée ; il réunissait en lui les traits des trois plus grands capi-

---

[1] « Notre maître d'équipage, à côté duquel j'étois, voulut y sauter le premier (à l'abordage) : il tomba par malheur entre les deux vaisseaux, qui, venant à se joindre dans le même instant, écrasèrent à mes yeux tous ses membres et firent rejaillir une partie de sa cervelle jusque sur mes habits. » *Mémoires de Duguay-Trouin*, p. 673.

taines du règne : l'insouciance de Vendôme, le sang-froid de Berwick et l'audace de Villars.

Emu par les souffrances des soldats de Duclerc et par l'honneur d'une telle entreprise [1], Duguay-Trouin se proposa au roi pour aller détruire Rio et délivrer ses marins. Louis XIV agréa son projet, lui donna des soldats et des vaisseaux, mais ne put fournir aux frais de l'expédition. Pour y subvenir, Duguay-Trouin s'adressa à des banquiers et à des armateurs, qui, pleins de confiance dans son mérite et sa fortune, réunirent les fonds nécessaires. Il fut décidé que le roi donnerait des vaisseaux en état de servir neuf mois, qu'il payerait les soldats de l'expédition, et que les armateurs fourniraient les vivres et la solde des équipages ; le roi, les officiers et les marins devaient toucher le dixième du profit [2]. Ces dispositions réglées, Duguay-Trouin réunit sa petite flotte, mit à la voile, traversa l'Océan et arriva sur les côtes du Brésil avec quatre frégates et sept vaisseaux portant deux mille soldats et deux mille cinq cents marins [3]. Le 11 septembre, il trouva le fond ; malgré la houle

---

[1] « Ces circonstances (la mort de Duclerc et la captivité de ses compagnons) jointes à l'espoir d'un butin immense, et surtout à *l'honneur* qu'on pouvoit acquérir dans une entreprise si difficile, firent naître dans mon cœur le désir d'aller porter la gloire des armes du roi jusque dans ces climats éloignés et d'y punir l'inhumanité des Portugais par la destruction de cette florissante colonie. » *Mémoires de Duguay-Trouin.*

[2] Parmi les souscripteurs dont le contrat est au ministère de la Marine, on remarque le comte de Toulouse, alors amiral de France, pour 100,000 livres ; Duguay-Trouin et son frère, M. Trouin de la Barbinais, pour 150,000 livres. L'expédition coûta environ 725,000 livres.

[3] Exactement, 5,482 hommes. *Archives de la Marine*, liasse I, n° 44.

et la brume, il navigua toute la nuit [1], et le 12, à la pointe du jour, il entra dans la large baie de Rio [2].

Alors apparurent les difficultés de l'entreprise.

Rio s'élevait en amphithéâtre sur trois montagnes couvertes de forts et de batteries, qui dominaient la ville et la mer. Pour entrer dans le port, il fallait franchir un long canal [3], plus étroit que celui de Brest, obstrué par un roc énorme et protégé par des forts et trois cents canons braqués sur les deux rives; il fallait enfin couler sept vaisseaux rangés devant le port, avant d'arriver à la ville. Du côté de la terre, Rio était entouré de nombreux ouvrages, d'un large fossé rempli d'eau, d'un camp hérissé de retranchements, et défendue par douze mille soldats, dont plusieurs avaient combattu à Almanza, par une nombreuse population d'Européens et par une armée de noirs enrôlés [4]. Mais le prix égalait les périls du combat. Rio contenait toutes les denrées précieuses de l'Inde et des tropiques : des sucres, des cafés, des épices, des piastres, de la vaisselle d'argent, les dépôts d'or provenant des mines du Brésil [5], et surtout, comme de vivantes dépouilles, ces quatre cents

---

[1] *Relation de l'expédition de Rio-Janeiro par une escadre des vaisseaux du Roi, que commandoit M. Duguay-Trouin*, Paris, 1712, in-4, p. 10.

[2] On sait que la baie de Rio est une des plus grandes et des plus belles du monde, et qu'elle rivalise avec celles de Naples, de New-York et la magnifique entrée du Bosphore.

[3] Long de cent brasses, dit la *Relation*.

[4] Un nombre infini de nègres, dit la *Relation*, p. 13.

[5] Il y avait des dépôts d'or, en barre et en poudre, provenant des mines du Brésil. (*Voy.* à la Marine le procès-verbal des marchandises prises par Duguay-Trouin.)

Français entassés dans des cachots, voués à la mort la plus lente et la plus horrible.

Duguay-Trouin n'hésite pas. A peine en vue de la place, afin de surprendre l'ennemi par la rapidité de l'attaque, il mène sur-le-champ ses vaisseaux à l'entrée du canal. Il ordonne à l'un de ses capitaines, le chevalier de Coursevac, qui avait navigué dans ces parages, de prendre la tête de la flotte et de la conduire. Lui-même se place à sa suite, range derrière lui ses vaisseaux, et, à un signal donné, tous pénètrent dans le canal. A la vue des Français, tous les forts et toutes les batteries font feu en même temps. Les boulets ennemis, tirés à bout portant, brisent les mâts, déchirent les voiles; en quelques instants, Duguay-Trouin perd trois cents soldats, mais il continue sa marche, franchit le canal et arrive devant les vaisseaux ennemis rangés à l'entrée du port. Les Portugais ne l'attendent pas ; effrayés de cette impétueuse attaque, ils se retirent sous les canons des remparts, et les Français mouillent dans le port sans rencontrer de nouveaux obstacles [1].

Mais restait la ville, dont les murailles étaient couvertes de soldats, de nègres et d'une foule considérable d'habitants accourus au bruit du canon. Duguay-Trouin n'essaye point un assaut sanglant et douteux du côté du port, sous le feu des navires et des remparts; il préfère attaquer par terre, malgré les ouvrages de toute nature qui défendaient Rio de

---

[1] *Mémoires de Duguay-Trouin* et *Relation*, p. 11.

ce côté, des haies vives, des fossés, des retranchements et des maisons crénelées. Il débarque, à cet effet, deux mille soldats, deux mille marins en face du camp ennemi, et, devant l'impérieuse nécessité des circonstances, l'homme de mer, devenu général d'armée, fait ses dispositions pour un siége. Il établit un camp devant la ville, l'entoure de fossés, descend ses canons, élève ses batteries et se prépare avec une admirable confiance à ouvrir une brèche et à donner l'assaut. Du côté de la mer, il place des batteries dans une petite île appelée l'île des Chèvres, située au milieu du port, à portée de fusil de Rio, et rapproche tous ses vaisseaux pour bombarder la place et faire feu de toutes parts [1]. Plus hardi que ces conquérants, qui attaquaient des tribus sauvages avec une poignée de soldats, il entreprend de forcer avec trois régiments une armée européenne, dans une cité vaste et populeuse, défendue à la fois par la nature et par l'art.

Avant d'ouvrir le feu, Duguay-Trouin voulant, épargner à Rio les ravages d'un bombardement, envoya un tambour au gouverneur don Francisco de Moraïs, et le somma d'ouvrir les portes. Sur son refus, il commence le feu. Pendant toute une journée [2], il foudroie la ville par terre et par mer, renverse une partie des retranchements qui fermaient Rio et ouvre une large brèche. A la nuit tombante, il forme ses colonnes d'attaque, envoie des chaloupes

---

[1] 13 septembre 1711. *Mémoires de Duguay-Trouin*.
[2] 20 septembre 1711.

chargées de soldats se loger au pied des murailles et ordonne l'assaut pour le lendemain à la pointe du jour. Mais, tandis que ses chaloupes glissent sur la mer, au milieu de la nuit, éclate un de ces violents orages, si fréquents dans le nouveau monde. De longs éclairs embrasent le ciel et montrent à l'ennemi nos soldats qui rament en silence sous les canons des remparts. Aussitôt l'alarme est donnée; les Portugais s'éveillent et courent aux armes. La flotte française répond de toutes ses batteries ; la foudre et le canon grondent en même temps, et la mer soulève des vagues furieuses qui battent les vaisseaux et les remparts. La tempête se prolonge ainsi pendant plusieurs heures, puis le feu cesse et la ville redevient silencieuse. Les chaloupes abordent enfin, et nos soldats s'établissent au pied des murailles, rangés pour l'assaut et prêts à s'élancer sur la place aux premières lueurs du matin.

Mais au lever du jour, au moment où Duguay-Trouin s'avance avec ses colonnes, un des Français prisonniers à Rio accourt au-devant de ses bataillons et rapporte que la tempête et la canonnade ont jeté la terreur dans la ville, que les habitants ont fui dans les terres, incendié leurs magasins et emporté leurs richesses, entraînant avec eux les nègres et les soldats [1]. A cette nouvelle, Duguay-Trouin précipite sa marche et pénètre dans Rio, suivi de sa petite armée. Les maisons portaient les traces fumantes du

---

[1] 21 septembre 1711. *Relation*, p. 13.

bombardement, et quelques magasins brûlaient encore. Dans les rues, à côté des éclats de bombes, gisaient des barriques ouvertes, des marchandises, des étoffes jetées par les habitants dans leur fuite. Au milieu de ces débris, erraient les marins de Duclerc, qui avaient brisé les portes de leur prison et s'étaient répandus dans la ville. Là, se voyant libres après tant de privations et de souffrances, ils se jetaient sur les vins et pillaient les boutiques. Entraînés par leur exemple, les soldats de l'expédition se débandent et courent dans Rio pour prendre [1] leur part du butin. Inquiet et irrité de ce désordre, Duguay-Trouin se hâte de recourir aux mesures les plus sévères : il fait fusiller les pillards, renferme les matelots de Duclerc, rassemble les marchandises les plus précieuses dans un entrepôt gardé par des sentinelles, et occupe militairement Rio. L'expédition, en effet, n'était pas finie. Nos matelots étaient libres, mais il fallait maintenant imposer aux vaincus une rançon qui pût indemniser de leurs avances les armateurs et l'Etat. Les Portugais pouvaient revenir avec des forces considérables ; l'armée était à deux mille lieues de la France, au milieu d'ennemis nombreux et impitoyables, sur une terre fraîchement arrosée du sang français. Duguay-Trouin ne pouvait prolonger cette stérile occupation de la ville, qu'il gardait à peine. La flotte manquait d'eau ; ses vivres s'épuisaient ; dans quelques semaines il faudrait évacuer Rio et

---

[1] *Relation*, p. 19.

revenir en Europe, sinon sans gloire, du moins sans profit. Dans ces circonstances, Duguay-Trouin écrit au gouverneur pour le sommer de racheter Rio, lui déclarant que s'il tardait à le faire, il brûlerait la ville. Joignant l'exemple à la menace, il incendia toutes les maisons situées à une demi-lieue dans la campagne. Le gouverneur offrit aussitôt 600,000 cruzades [1], mais il demanda un long terme pour les payer, en alléguant que cette somme était dans les terres et qu'il fallait du temps pour la faire venir. Ce n'était là qu'un prétexte pour prolonger la lutte et la rendre plus inégale encore. Il attendait le général Albuquerque, qui arrivait à son secours à marches forcées, suivi de neuf mille soldats, les fantassins en croupe derrière les cavaliers.

Duguay-Trouin, qui était bien informé, s'arrêta alors à un dessein qui montre la trempe de son caractère : il quitte Rio pendant la nuit, se jette avec sa petite troupe dans les montagnes qui entourent la capitale du Brésil, traverse ces pays inconnus, remplis de ravins et de fondrières, arrive le matin en vue de l'armée du gouverneur, campée à deux lieues de la place, et lui offre la bataille. La hardiesse de cette marche, l'incertitude d'une rencontre avec des hommes prêts à mourir, décidèrent don Francisco à traiter de bonne foi. Il consentit à payer les 600,000 cruzades en quinze jours, promit en outre cinq cent mille caisses de sucre, avec les bœufs nécessaires

[1] Environ 1,200,000 francs.

au ravitaillement de la flotte, et, comme gage de sa parole, livra douze de ses principaux officiers. A ces conditions, Duguay-Trouin garantit la conservation et l'évacuation de Rio [1]. Albuquerque arriva le lendemain avec ses soldats ; mais le traité était conclu, signé, et sa présence désormais inutile. Duguay-Trouin revendit aux Portugais les marchandises et les navires saisis à Rio, et, après le payement de leur rançon, il remit à la voile pour la France [2]. Il ramenait avec lui les débris de l'expédition de Duclerc, un officier et trois cent cinquante soldats, tous épuisés par le climat, la prison et les maladies.

Son retour s'accomplit sous de funèbres auspices. Une effroyable tempête l'assaillit à la hauteur des Açores et lui enleva deux vaisseaux. L'un d'eux était monté par le chevalier de Coursevac, son plus fidèle et son plus brave compagnon d'armes, dont la mort affligea cruellement le cœur généreux de Duguay-Trouin. Il put cependant rallier ses vaisseaux, et arriva en France dans les premiers jours de 1711. Il revenait épuisé, et avec une santé si compromise, qu'il fut obligé d'aller prendre du repos dans son pays natal [3]. Malgré les ravages de la tempête, les armateurs touchèrent encore cent pour cent de leurs avances [4]. Duguay-Trouin leur remit fidèlement l'ar-

[1] 10 octobre 1711.
[2] 13 novembre 1711.
[3] *Archives de la Marine.* Lettre de Duguay-Trouin au comte de Toulouse, liasse II, n° 17.
[4] Il existe encore à Saint-Malo un trophée de l'expédition. Une des cloches de la ville, nommée *Noguette*, a été donnée par un officier

gent payé par les Portugais, sans rien réserver pour lui-même. Quant à l'honneur de l'expédition, dont il était si jaloux, il le partagea plus tard, dans ses *Mémoires*, avec tous les officiers qui l'avaient suivi [1]. Il y eut cependant alors des hommes qui osèrent critiquer et attaquer sa conduite. On l'accusa près du ministre d'avoir commis plusieurs fautes dans l'attaque de Rio, d'avoir privé quelques officiers d'une portion de solde et de certains droits accordés dans les siéges, pour le rachat des poudres et des cloches. Un ami, probablement son frère, réfuta victorieusement ces calomnies, indignes d'occuper l'histoire [2].

Loin d'écouter les basses clameurs des envieux, Louis XIV voulait élever Duguay-Trouin à la dignité de chef d'escadre par une nomination particulière, mais comme plusieurs capitaines étaient plus anciens que lui dans le service, il l'ajourna à une promotion générale et lui donna provisoirement une pension de 2,000 livres. Duguay-Trouin attendit son tour sans une plainte. Il écrivit au comte de Toulouse, en lui envoyant la liste des officiers qui s'étaient le plus distingués dans l'affaire, qu'il n'osait prendre la liberté

de Duguay-Trouin, qui la prit à Rio pour sa part de butin et l'offrit à sa ville natale.

[1] « Il est bien juste de témoigner ici, dit Duguay-Trouin dans ses *Mémoires*, que le succès de cette expédition est dû à la valeur de la plupart des officiers en général et des capitaines en particulier, mais surtout à la fermeté et à la bonne conduite de MM. de Coursevac, de Goyon, de Beauve et de Saint-Germain. »

[2] Dans un mémoire à deux colonnes, où les réponses sont à côté des griefs. Ce mémoire est aux *Archives de la Marine*, liasse II, n° 13. Il porte ce titre : *Fautes que des Gens mal informés et envieux imputent malicieusement au Sieur Duguay-Trouin dans l'entreprise de Rio-Janeiro.*

de rappeler ses faibles services, étant plus sensible à l'avancement de ses camarades qu'au sien propre. Plus soucieux de sa réputation que de sa fortune, il pria seulement le prince de faire reconnaître par les armateurs le désintéressement avec lequel il avait servi.

La prise de Rio causa aux Portugais un dommage évalué à 20 millions par les contemporains [1], et elle eut un retentissement considérable. Les pays maritimes répétèrent avec terreur le nom de Duguay-Trouin. La France le plaça à côté de Jean Bart et de Duquesne, et elle accueillit avec enthousiasme l'homme qui lui rappelait ses gloires passées. Une anecdote du temps nous peint cette ivresse de la nation. Au moment où le capitaine arrivait à Versailles, une grande dame se précipita sur son passage, à travers la foule, en criant avec force : « Laissez-moi voir un héros en vie ! » Véritable héros, en effet, par le courage, par l'audace, mais surtout par le cœur.

---

[1] Notamment *Quincy*, t. V, p. 612.

CHAPITRE IX.

(1711.)

Entrevue de Gautier et de Torcy. — Ouvertures pacifiques de l'Angleterre.—Réponse de Louis XIV.—Négociations secrètes entre Londres et Versailles.— Situation difficile du ministère tory.— Envoi de Prior à Versailles et de Ménager à Londres. — Les tories exigent d'abord que l'on règle les intérêts de l'Angleterre.—Embarras de Ménager.— Louis XIV consent à traiter suivant le désir des Anglais.—Difficultés relatives à Terre-Neuve, à la pêche de la morue, au Prétendant.— Signature des préliminaires. — Irritation de la Hollande et de l'Autriche.—Mission du député hollandais Buys à Londres.—Ses intrigues avec le comte de Gallas, ambassadeur d'Autriche, et les chefs principaux des whigs. — Le comte de Gallas est renvoyé d'Angleterre. — Echec et départ de Buys.— Légitimes reproches de Harley à Buys, à son audience de congé.—Procès et condamnation de Marlborough.— Arrivée d'Eugène à Londres. — Froid accueil de la reine et des ministres.—Projets violents et désespérés des whigs.—Précautions blessantes des tories contre Eugène et les whigs.—Découragement et départ d'Eugène. — Retard apporté par la Hollande à l'envoi des passe-ports des négociateurs français à Utrecht.—Mission de Strafford à La Haye, qui décide les États-Généraux.—Annonce du congrès d'Utrecht.

Dans les derniers jours de janvier 1711, l'abbé Gautier se présenta au ministère des affaires étrangères, à Versailles, et demanda M. de Torcy. Gautier se fit connaître en l'abordant : « J'arrive de Londres, lui dit-il, je n'ai pas de lettres de créance, mais si vous voulez la paix, je viens vous offrir les moyens de la conclure, sans les Hollandais, indignes de l'honneur que le roi leur a fait tant de fois de s'adresser à eux pour pacifier l'Europe. Si le roi veut ouvrir de nouvelles conférences dans les Pays-Bas, le ministère anglais vous donne l'assurance qu'il y portera les dispositions les plus pacifiques, et, qu'en cas de refus des Hollandais, il traitera seul avec la France. » Gautier demanda à Torcy, dans le cas où il agréerait ses propositions, de lui remettre, pour lord Jersey, une simple lettre de politesse, qui devait lui servir d'introduction près des ministres. Il reviendrait ensuite à Versailles, et servirait d'intermédiaire verbal entre les deux nations, puisque les rigueurs de la législation anglaise empêchaient de traiter par écrit.

Une telle proposition, après les insultes de Gertruydemberg, combla de joie Torcy. « Demander à un ministre de France s'il voulait traiter, dit-il dans ses *Mémoires*, c'était demander à un malade attaqué d'une longue maladie s'il voulait guérir. » Il écrivit sur-le-champ la lettre qui lui était demandée, la confia au discret messager, lui déclarant toutefois que si Louis XIV négociait volontiers avec l'Angleterre, il ne voulait plus traiter par l'intermédiaire des Hollandais. Gautier porta la lettre et la réponse à Saint-James. Les tories virent avec plaisir ce mécontentement de Louis XIV contre la Hollande. Cependant, afin d'observer les conventions qui interdisaient aux alliés de traiter les uns sans les autres, ils avertirent les Etats-Généraux de leurs intentions. Ceux-ci protestèrent par de vagues paroles de leur sincère désir de signer la paix, mais sans rien faire pour la conclure ¹. Débarrassés dès lors de leurs engagements, les tories se tournèrent franchement vers la France. Ils prirent le rôle d'arbitres de l'Europe, que Louis XIV avait offert aux Hollandais et qu'ils n'avaient pas su remplir, et renvoyèrent à Paris Gautier, avec le poëte Prior, sceptique, ambitieux, calculateur, homme d'un esprit fécond en ruses et en expédients, aussi vigoureux qu'étincelant, également propre à toutes choses, initié à la culture des lettres, aux questions les plus délicates du commerce et des finances et aux négociations les plus compliquées.

Le hasard avait tiré Prior de l'obscurité pour l'élever à cette haute fortune. Le comte Dorset l'avait trouvé un jour, lisant Horace sur le banc d'une taverne ², dans laquelle il servait comme garçon cabaretier. Vivement intéressé par sa jeunesse, son aptitude et sa modestie, il songea à lui faire donner de l'instruction, et le fit entrer au collége de Cambridge. Après de brillantes études, Prior se fit connaître par ses poésies, et devint à la fois un des premiers poëtes et des meilleurs diplomates de l'Angleterre.

¹ Mars 1711.
² La taverne de la Rasade (*Rummer-Tavern*), près de Charing-Cross, tenu par l'oncle de Prior et fréquentée par les écrivains et les grands seigneurs de Londres. Suivant une autre version, une contestation s'étant élevée un jour sur une ode d'Horace entre les habitués de la taverne, le comte Dorset fit venir Prior, dont il avait apprécié la sagacité, en disant : « Voilà un jeune garçon qui est en état de nous mettre sur la bonne voie. » Et il fut si charmé de la modestie et de la force de sa réponse, qu'il le fit entrer au collége de Cambridge, dont il resta *fellow* (sociétaire) toute sa vie.

Prior était déjà connu à Paris, où il avait été secrétaire d'ambassade sous Guillaume III. Pour toute lettre de créance, il apportait un billet signé des initiales de la reine, qui l'autorisait à conférer avec Torcy [1].

Prior présentait en même temps deux mémoires contenant les prétentions de l'Angleterre et de ses alliés. L'Angleterre demandait pour elle Gibraltar et Port-Mahon, le monopole de la traite des noirs en Afrique, quatre villes espagnoles en Amérique, pour y rafraîchir ses nègres avant de les vendre, l'île de Terre-Neuve, la baie et les détroits d'Hudson, sur les côtes du Canada qu'elle n'avait pas encore, l'expulsion du chevalier de Saint-Georges, la reconnaissance de la reine Anne et de la dynastie protestante, la destruction du magnifique port de Dunkerque, creusé par Vauban et qui pouvait contenir trente vaisseaux de guerre. A plusieurs reprises les communes avaient retenti d'accusations contre Dunkerque. Les négociants de Londres éclataient en invectives contre ce nid de pirates qui infestaient l'océan, et répétaient qu'il fallait insister, dès l'ouverture des négociations, sur la démolition de ses murailles et la ruine de son port. Un jour, comme un des généraux de Marlborough suivait avec lui sur la carte des Pays-Bas les opérations de l'armée anglaise, et lui conseillait d'assiéger Dunkerque, le duc mit le

[1] Voici ce billet : « Le sieur Prior est pleinement instruit et autorisé à communiquer à la France nos demandes préliminaires et à nous en rapporter les réponses. A. R. (Anne, reine). » Avril 1711.

doigt sur cette ville, condamnée par la haine britannique, en se contentant de répondre : « Il faut détruire Carthage, » et il alla assiéger Ostende. En douze ans, depuis l'ouverture de la guerre de la Succession, Dunkerque avait armé huit cents corsaires[1].

L'Angleterre demandait en outre, au nom de l'Europe, le partage de la succession de Charles II, entre l'archiduc et Philippe V, l'éternelle séparation des couronnes de France et d'Espagne, la restitution des dernières conquêtes de Louis XIV, avec les garanties les plus propres à assurer l'équilibre européen. Chacune des puissances devait débattre ses intérêts dans le congrès qui devait suivre la signature des préliminaires. Les tories posaient seulement les bases de la paix générale, et, dans l'intérêt de leurs alliés, ils stipulaient d'avance leurs droits respectifs. Afin d'éviter les interpellations et le mauvais vouloir des whigs, ils exigeaient enfin le plus rigoureux silence sur les négociations, et une réponse immédiate et péremptoire à chacune de ces demandes.

Il était impossible d'accepter de semblables propositions ; les rejeter, c'était la guerre. Torcy résolut d'abord de les débattre, pensant que si les Anglais voulaient sérieusement traiter, la discussion, comme il arrive toujours en ces matières, aplanirait bien des obstacles. Six mois s'étaient écoulés depuis l'envoi de Gautier, et déjà les tories se plaignaient de nos

[1] Lamberty, *Mémoires pour servir à l'histoire du* XVIIIe *siècle*, t. V, p. 272.

lenteurs. Torcy imagina d'envoyer à Londres un agent secret, assez prudent pour discuter nos intérêts sans s'engager et sans rompre, et assez versé dans les matières commerciales qui allaient dominer le débat pour satisfaire la Grande-Bretagne sans ruiner la France[1]. Mieux valait, en effet, perdre des forteresses que sacrifier des tarifs qui protégeaient la marine ou l'industrie de tout un royaume.

Parmi les membres du conseil de commerce, récemment institué par Louis XIV, Torcy sut découvrir un homme capable de remplir cette délicate mission. C'était un Normand, député du commerce rouennais, nommé Nicolas Ménager, à la fois avocat et négociant, qui avait habité longtemps l'Espagne, et connaissait à fond les affaires des Amériques. Ménager était un de ces bourgeois sagaces et laborieux, si recherchés par Colbert, et qui ont rendu tant de services à la France. Il était probe, discret, disert, et cachait sous les apparences de la bonhomie une extrême finesse et une réelle fermeté. Ménager accepta le fardeau d'une si lourde négociation et se rendit à Londres avec Prior, dans le plus profond mystère[2]. Dès son arrivée, la reine lui fit dire qu'il était le bien-venu, et s'excusa de ne pouvoir lui faire rendre les honneurs dus à son rang, en raison des circonstances. Pour détourner les soupçons des

---

[1] « Si l'on eût accordé toutes les demandes des Anglais, elles auroient ruiné en quelques années le commerce de la France et de l'Espagne. » *Mémoires de Torcy.*

[2] Août 1711.

whigs, Ménager logea chez une sage-femme, dans Saint-Albans street, près de Saint-James. Il évita de sortir le jour, et ne conféra que la nuit avec les ministres. La reine, avec la délicatesse d'une femme et la générosité d'une souveraine, donna des ordres pour adoucir autant que possible les ennuis de sa captivité, et voulut le défrayer de toutes ses dépenses pendant son séjour à Londres. Elle chargea particulièrement Gautier de ce soin [1].

Dès la première entrevue [2] et avant tout pourparler, les Anglais prièrent Ménager de répondre par écrit au double mémoire remis à Torcy par Prior. Cette demande gêna singulièrement l'ambassadeur : il ne pouvait s'y refuser, et, s'il l'accordait, il donnait aux tories un grand avantage, en leur découvrant dès l'abord les secrètes pensées de la France. Ménager céda, mais il écrivit ces deux mémoires avec la plus extrême réserve et la plus méticuleuse circonspection. Il y joignit de son chef un troisième projet des plus habiles, sur le commerce général de l'Europe, où, tout en faisant une large part à l'Angleterre, il insinuait que Louis XIV pouvait accorder encore d'autres faveurs au pavillon de la Grande-Bretagne. Ce mémoire, qui touchait si profondément aux premiers intérêts de leur pays, flatta particulièrement les Anglais. Dès lors il n'y eut plus d'obstacles aux conférences, qui s'ouvrirent chez le comte de Jersey.

Mais, dès le début, apparut la plus sérieuse diffi-

[1] *Mémoires de Torcy.*
[2] 26 août 1711.

culté. Avant de rien promettre, les tories voulaient régler d'abord les intérêts de l'Angleterre, remettant à la paix générale ceux de la France, en s'engageant toutefois à les soutenir alors avec elle, et, s'il était nécessaire, à traiter seuls avec Louis XIV. L'état politique de l'Angleterre expliquait, sans la justifier, cette étrange prétention. Les whigs, vaincus et renversés, s'opposaient de toutes leurs forces à la seule pensée d'une négociation avec la France. Ils menaçaient ouvertement, s'ils revenaient au pouvoir, de renfermer les ministres tories à la Tour et de les traduire devant le Parlement comme coupables de haute trahison[1], et ceux-ci, qui connaissaient leurs projets et leur haine, voulaient pouvoir dire un jour dans le Parlement que, s'ils avaient négocié à huis clos avec Louis XIV, ils n'avaient pas vendu leur pays, et que leur première pensée avait été la fortune de l'Angleterre.

Ménager fut douloureusement surpris de cette déclaration. Il semblait, suivant l'heureuse expression de Torcy, que les Anglais voulussent jouir de la récompense avant d'avoir rendu le service. La France promettait par écrit des avantages considérables, il était juste que l'Angleterre prît vis-à-vis d'elle de semblables ménagements. « Quelle garantie, objectait Ménager, aurons-nous de votre bienveillance, quand nous nous serons liés par un écrit ? — Notre parole,

---

[1] Ce qu'ils firent, en effet, en 1714, à la mort de la reine Anne. Bolingbroke s'exila, mais Harley fut enfermé à la Tour et mis en jugement.

répondaient fièrement les tories, la parole de la reine, et, si vous en doutez, l'intérêt de notre fortune et de notre vie. » Anne parut blessée des hésitations de l'ambassadeur, qui craignit un instant son renvoi[1].

Ménager ne voulut pas encourir la responsabilité d'un tel engagement, et il en référa à Louis XIV. La question était grave ; il fallait traiter sur parole les plus grandes affaires du monde, avec les représentants d'une nation rivale et ennemie. Louis XIV, qui avait l'âme grande et courageuse, répondit sans hésiter qu'il fallait d'abord satisfaire l'Angleterre, et ajourner les intérêts de la France.

Immédiatement après la réception de cette lettre, l'ambassadeur court chez Harley, alors président du conseil des ministres. Il était huit heures du soir ; Harley revenait de Windsor ; sa joie éclata dès les premiers mots, comme si la paix eût été dès lors assurée. Il retient Ménager à souper, congédie ses domestiques, et, remplissant un verre, il boit à la santé de Louis XIV, disant qu'il le regardait, dès ce jour, comme le meilleur ami de la reine [2].

Les négociations marchèrent rapidement. Ménager accorda tour à tour le renvoi du chevalier de Saint-George, la reconnaissance de la reine, la démolition de Dunkerque, un nouveau traité de commerce, Gibraltar, Port-Mahon, Terre-Neuve. Mais de sérieuses difficultés s'élevèrent relativement à cette île. En

[1] *Mémoires de Torcy.*
[2] *Ibid.* 23 septembre 1711.

l'abandonnant, Louis XIV voulait réserver à ses marins le droit de pêcher et de sécher la morue sur ses côtes. Cette humble restriction avait une grande importance : la pêche de la morue, qui, chaque année, retient le marin dix mois sur les mers, formait nos meilleurs matelots et enrichissait les populations maritimes des côtes de la Bretagne et de la Normandie. Nantes expédiait ordinairement à Terre-Neuve trente navires, Saint-Malo près de soixante-dix, dont le moindre jaugeait plus de 150 tonneaux; le Havre plus de cent vaisseaux[1]. La France entière employait tous les ans à la pêche de la morue huit cents vaisseaux et quarante mille marins[2]; les chasser de Terre-Neuve, c'était ruiner deux provinces entières et frapper au cœur la marine marchande. Cette restriction ne pouvait s'expliquer que par l'égoïsme jaloux d'une nation mercantile. Les Français, en occupant quelques mois une plage déserte, ne gênaient nullement les Anglais, qui conservaient trois fois le terrain nécessaire pour sécher leurs morues. Ménager refusa de rien céder sur ce point, malgré le préjudice que la négociation pourrait en souffrir. Les concessions déjà faites ne suffisaient-elles pas? Louis XIV accordait à l'Angleterre un traité de commerce plus avantageux, il s'engageait en outre à obtenir de Philippe V l'abandon, aux Anglais, des droits de la douane espagnole à Cadix et en Amérique, lesquels s'élevaient, suivant Ménager, au taux

---

[1] Léon Guérin, *Histoire de la Marine*, t. Ier, p. 502-565-577.
[2] Sainte-Croix, *Observations sur le Traité de* 1763.

considérable de quinze pour cent. Philippe V accordait cette faveur à la seule Angleterre, qui se trouvait ainsi la plus favorisée des nations, en Espagne et en Amérique, au détriment de la France même. Les insatiables marchands ne se montrèrent pas satisfaits. Ils exigeaient de plus quatre ports dans les colonies espagnoles de l'Amérique, pour y établir des entrepôts. Ménager déclara, au nom du roi d'Espagne, qu'il avait sous les yeux l'exemple de Gibraltar, et qu'il ne laisserait jamais les Anglais s'établir en Amérique. Les tories réclamèrent du moins le monopole de la traite des nègres, accordé par Philippe V à une compagnie française, qui en tirait, depuis huit ans, des bénéfices considérables. C'était perdre une riche dépouille : toutefois Ménager, dans l'intérêt de la paix, céda ce monopole à l'Angleterre.

La négociation semblait finie, quand un dernier obstacle survint à l'occasion de ce chevalier de Saint-George, si malheureusement et si maladroitement salué par Louis XIV du titre de roi. Le 30 septembre, comme les ministres parlaient de porter à la reine le traité, Bolingbroke, après quelques détours, rappela la loi qui défendait de négocier avec un prince dans les États duquel résiderait le Prétendant. Ménager avoua qu'il se trouvait, à la vérité, en France, mais comme simple voyageur, et qu'il n'y serait peut-être déjà plus à l'ouverture du congrès. Les tories, qui voulaient simplement protester contre sa présence, à cause de l'acte du Parlement, acceptèrent cette explication comme une excuse. Mais poussés par les clameurs du commerce de la Cité, qui réclamait chaque jour la libre possession de Terre-Neuve, ils revendiquèrent de nouveau l'île entière. Ménager, cette fois, déclara nettement qu'il lui serait impossible de céder davantage. Cette ferme réponse décida les ministres, qui promirent d'apposer le lendemain leurs signatures au traité [1].

Le lendemain, en effet, ils signèrent avec Ménager le double traité des préliminaires, dont l'un contenait les conditions particulières à la Grande-Bretagne, l'autre, celles relatives aux alliés, qui devaient être définitivement réglées à Utrecht et demeurer secrètes jusqu'à l'ouverture du congrès. Le soir, Bolingbroke mena l'ambassadeur au château de Windsor, où il l'introduisit par un escalier dérobé. Ménager n'avait pu encore être présenté à la reine, que Louis XIV venait de reconnaître officiellement pour la première fois, dans le traité qu'il venait de conclure. Après le plus gracieux accueil, Anne chargea Ménager de présenter ses amitiés au roi, et l'assura qu'elle ferait tous ses efforts pour hâter la conclusion de la paix. « Je n'aime point la guerre, lui dit-elle, et je contribuerai, en ce qui dépendra de moi, à la faire cesser au plus tôt. » Les ministres, à l'exemple de leur souveraine, félicitèrent chaleureusement l'ambassadeur. Quelques jours après, Harley, rencontrant Ménager chez Prior, lui prit les mains avec effusion, et lui dit en latin, car il entendait à peine le français : « Fai-

---

[1] 6 octobre 1711. *Mémoires de Torcy.*

sous donc de deux nations ennemies une nation intimement unie[1]. »

Les préliminaires de Londres contenaient assurément de dures conditions, mais dans l'état présent des affaires, ces conditions étaient non-seulement avantageuses, mais honorables. L'Angleterre laissait à Philippe V l'Espagne et les Indes, à la France ses anciennes conquêtes, et, déchirant les préliminaires de Gertruydemberg, elle n'imposait plus à Louis XIV l'obligation impie de renverser son petit-fils. Elle assurait surtout à la France cette conclusion prochaine de la paix, que les alliés n'avaient jamais voulu promettre, ni à Gertruydemberg ni à La Haye. Tout en réservant les droits des souverains, l'Angleterre s'engageait à les forcer à poser les armes, et, s'ils refusaient, à traiter seule avec la France, garantissant de la sorte, ou la paix, ou une défection qui devait entraîner tous les alliés. Les préliminaires ratifiés par la cour de France, le secret n'était plus nécessaire et l'opposition des whigs était désormais impuissante; le ministère britannique publia donc le premier traité, qui concernait l'Angleterre; quant au second traité, relatif aux puissances alliées, on convint qu'il demeurerait secret jusqu'à la réunion du congrès, qui devait s'ouvrir à Utrecht.

A la première nouvelle du traité, la Hollande comprit toute l'étendue de sa faute. Les Etats-Généraux, les membres du gouvernement, les généraux et les

---

[1] *Mémoires de Torcy*, p. 684. « *Ex duabus igitur gentibus faciamus unam gentem amicissimam.* »

ambassadeurs étrangers à La Haye jetèrent des cris de désespoir et de colère, s'indignant que la Grande-Bretagne eût déserté la coalition et retiré de la guerre de si considérables avantages. Tous accusèrent les tories de trahison et jurèrent d'empêcher cette paix désastreuse et de poursuivre les hostilités avec une nouvelle vigueur. Les États-Généraux envoyèrent sur-le-champ à Londres Guillaume Buys, l'ami de Heinsius, l'ancien négociateur de La Haye et de Gertruydemberg, l'un des plus chauds partisans de la guerre, le chargeant de s'unir aux whigs, de soulever avec eux l'opinion contre les ministres, et de les renverser à tout prix. Le triomphe semblait assuré d'avance : Buys annonçait qu'après quelques instants d'entretien avec la reine, elle ne conserverait plus dans ses conseils un seul tory [1].

Dès son arrivée, Buys courut chez Harley et rappela au président du conseil les stipulations de la Grande-Alliance. Mais pour invoquer des conventions réciproques, il faut de son côté remplir ses obligations, et, depuis cinq années, les Hollandais n'avaient fourni leurs contingents, ni en Belgique, ni en Espagne [2]. Harley établit, pièces en main, la négligence des États-Généraux. « Vos maîtres, dit nettement Harley en terminant, sont-ils en état de satisfaire à leurs engagements passés et futurs ? » Buys avoua tristement qu'ils ne le pouvaient pas [3].

---

[1] Novembre 1711.
[2] *Continuation de Rapin-Thoyras*, t. XII, p. 517.
[3] Lamberty, t. VI, p. 406.

Irrité de son impuissance, mais ne perdant pas courage, le député hollandais se lia avec tous les ennemis du gouvernement : le comte de Gallas, ambassadeur d'Autriche, audacieux et rusé ; le comte de Bothmar, ministre de l'électeur de Hanovre, successeur désigné au trône, dont le crédit augmentait avec la maladie de la reine [1] ; les anciens ministres renversés par Bolingbroke ; les chefs les plus fougueux des whigs ; Marlborough, qui revenait de sa campagne des Pays-Bas. Il les réunit dans sa demeure et eut avec eux des conférences de nuit, où ils débattirent les plus violentes propositions. Les tories se défendirent avec une violence égale. Ils firent expulser des Communes Robert Walpole, le plus redoutable orateur des whigs, sous prétexte de péculat, et le firent enfermer à la Tour de Londres ; ils nommèrent dix nouveaux lords à la Chambre haute, pour affaiblir l'opposition ; ils renvoyèrent l'ambassadeur d'Autriche, auquel le maître des cérémonies défendit, au nom de la reine, de remettre le pied dans le palais. Gallas s'était tellement compromis que Harley, si modéré dans son langage, lui dit qu'il avait déshonoré son caractère d'ambassadeur et que la reine aurait dû le faire jeter par les fenêtres [2]. Après lui, les ministres éconduisirent Buys, non moins coupable que Gallas. Comme il prenait congé, Harley lui déclara qu'il avait suivi toutes ses manœuvres et connu jusqu'à ses

---

[1] Anne était déjà malade de la maladie dont elle mourut trois ans plus tard.
[2] Lamberty. t. VII, p. 387.

moindres propos. L'interpellant tout à coup : « Vous étiez hier, lui dit-il, dans telle maison, avec telles personnes, et voici le furieux langage que vous avez tenu ; » et il raconta toute la conversation de l'ambassadeur. Buys n'osait ni répondre, ni contredire. « Vous vous êtes conduit, ajouta le ministre, non comme l'ambassadeur d'une puissance amie, mais comme un incendiaire envoyé pour mettre le feu[1]. »

Pour enlever aux whigs leur homme de guerre et le plus redoutable de leurs chefs, les tories frappèrent Marlborough en le déshonorant. Ils l'accusèrent devant les Communes d'avoir reçu des pots-de-vin sur les marchés de l'armée et prélevé deux et demi pour cent sur la solde des régiments auxiliaires. L'affaire était considérable : un seul des chefs de l'accusation montait au chiffre énorme de 10 millions. Sans attendre l'issue du procès, la reine destitua Marlborough de son commandement, qu'elle remit au duc d'Ormond, l'un des tories. Marlborough ne put nier les faits, ils étaient constants ; mais il allégua que ces pots-de-vin avaient toujours été en usage dans les armées anglaises, et qu'il avait consacré au payement de ses espions les sommes retenues sur la solde des auxiliaires, en vertu d'un acte de la reine, publié à son avénement, et autorisant cet emploi. Les Communes ne le jugèrent pas ainsi, et rejetèrent ses explications. L'acte de la reine était depuis neuf ans tombé en désuétude ; il n'y avait pas dans toute

[1] Cerisier, t. IX, p. 374. Décembre 1711.

l'histoire d'Angleterre un seul précédent qui pût justifier Marlborough ; elles le condamnèrent comme ayant fait *une chose illégale et illégitime* [1].

Marlborough s'exila lui-même : il quitta Londres et se retira dans les Pays-Bas.

Malgré tant d'échecs successifs, les whigs, la Hollande et l'Autriche revinrent à la charge et ne s'avouèrent pas vaincus. Oubliant l'ignominieux renvoi de son ambassadeur, l'empereur écrivit de sa main à la reine, pour la supplier de continuer la guerre, et il envoya le prince Eugène à Londres, dans l'espoir que, plus modéré que Gallas, plus influent que Buys, il saurait, sinon renverser le ministère, au moins entraver les négociations. Joseph Ier lui donna des lettres de crédit illimitées, ne lui demandant que le succès. Eugène arriva à Londres quelques jours après la condamnation de Marlborough. Un grand nombre de whigs se rendirent à cheval à sa rencontre et l'amenèrent comme en triomphe, afin de rappeler par sa présence les victoires de la coalition, flatter l'orgueil et ranimer la haine du peuple contre Louis XIV. Instruit par l'exemple de ses devanciers, Eugène montra la plus extrême circonspection dans ses démarches. Dès le lendemain de son arrivée, il fit demander une audience à la reine. Anne le reçut avec politesse, lui donna une épée qui valait 100,000 francs, mais sans lui dire un mot d'affaires. Dans cette visite, le prince

[1] Janvier 1712.

blessa involontairement la reine, en se présentant devant elle avec une perruque courte, au lieu de la longue perruque de cour. Anne, qui était extrêmement jalouse de l'étiquette, regarda cette négligence comme une injure ¹. De Saint-James, Eugène se rendit chez Harley, qui évita soigneusement toute allusion politique. Le prince lui ayant adressé un mémoire contre les préliminaires signés avec la France, Harley lui répondit par écrit. Sur les instances d'Eugène, Bolingbroke, qui était secrétaire d'Etat des affaires étrangères, consentit pourtant à l'écouter.

Eugène reproduisit les griefs de Buys, rappela que la Grande-Alliance imposait à tous les souverains coalisés l'obligation de traiter collectivement. Mais l'Autriche, plus pauvre que la Hollande, avait moins encore rempli ses engagements. La réplique de Bolingbroke fut écrasante : l'Autriche, qui invoquait le bénéfice des traités, n'en acceptait point les charges. Depuis le commencement de la guerre, l'empereur n'avait pas fourni une seule année les hommes et les subsides stipulés par la Grande-Alliance. Il n'avait augmenté réellement ses troupes que d'un régiment de cavalerie. La Grande-Bretagne, au contraire, dépensait tous les ans 125 millions de francs, presque le double de son revenu ² ; dans les

---

¹ Agnès Strickland, t. XII, p. 368.
² Le revenu de l'Angleterre était alors de 70 millions environ. (*Voy.* à ce sujet un chapitre excessivement curieux de M. Macaulay, t. 1ᵉʳ, ch. III, de l'édition anglaise.) Suivant Forbonnais, le *revenu* de l'Angleterre (mais non l'impôt) était alors d'environ 560 millions. (*Recherches sur les Finances*, t. II, p. 296.—William Coxe évalue les

seuls Pays-Bas, elle soudoyait soixante-deux mille combattants. Il lui semblait donc juste de finir une guerre onéreuse, et d'en retirer quelques avantages, puisqu'elle en avait supporté le plus lourd fardeau [1].

Après avoir éconduit de la sorte le prince Eugène, les tories lui montrèrent le mécontentement que leur causait sa présence. Ils lui prêtaient les plus sinistres desseins, celui de dissoudre le Parlement, de concert avec les whigs, d'incendier Londres, d'enlever la reine, d'insurger les troupes et de proclamer l'électeur de Hanovre, aux cris de : « Point de paix ! point de Prétendant [2] ! » Anne elle-même témoigna son mauvais vouloir à l'égard d'Eugène. La ville de Londres lui ayant fait demander la permission de le traiter, la reine allégua un vice d'étiquette pour ne point répondre. Les ministres donnèrent au prince une escorte, sous prétexte de le protéger contre la foule, mais, en réalité, pour le tenir à leur disposition, et au besoin peut-être pour l'arrêter. Ils firent doubler les sentinelles et fermer les portes de Saint-James ; et, à plusieurs reprises, ils avertirent le général autrichien que le yacht qui devait le reconduire en Hollande était prêt. Le peuple, qui souffrait de la guerre, se prononçait en faveur des tories et sifflait dans les rues l'ambassadeur impérial. Après deux

---

dépenses de l'Angleterre pendant cette guerre à 120 millions, le double de son revenu. (*Voy.* t. II, p. 159.) Enfin Voltaire estime que, vers la fin de la guerre, l'Angleterre entretint près de 200,000 soldats et matelots et porta toujours le plus grand fardeau de la guerre.

[1] Rapin-Thoyras, t. XII, p. 530.—Lamberty, t. VII, p. 393.
[2] Reboulet, t. III, p. 477.—A. Strickland, t. XII, p. 328.

mois d'impuissantes démarches, il comprit l'inutilité de sa présence et s'embarqua pour La Haye [1].

A bout d'efforts, les Hollandais imaginèrent un dernier expédient, afin de gagner quelques semaines et d'ajourner, s'il était possible encore, la conclusion d'une paix qui devait ruiner leur pays. Ils retardèrent l'envoi des passe-ports destinés aux négociateurs français qui devaient se rendre au congrès d'Utrecht. Cette petite et misérable supercherie, après les intrigues de Gallas et l'ambassade de Buys, souleva les ministres d'Angleterre. Ils dépêchèrent en Hollande le comte de Strafford, colonel de dragons, énergique et brusque, avec ordre d'emporter ce dernier obstacle. A peine débarqué, Strafford déclara aux États-Généraux que s'ils tardaient davantage, l'Angleterre transporterait en France le congrès, et il s'exprima en termes si impérieux qu'il effaça l'impression des plus fières paroles de Louis XIV. « Jamais l'ennemi, s'écrie un contemporain, dans sa plus violente élévation, n'avait parlé avec tant d'orgueil [2]. » Malgré ce langage, les Etats-Généraux ne cédèrent pas encore, et ils se réunirent pour délibérer de nouveau sur la question. Strafford leur écrivit alors quelques lignes, où il les sommait de se prononcer sur l'heure, ajoutant que l'Angleterre prendrait tout délai pour un refus, et traiterait seule avec la France. Cette menace décida les Hollandais. Ils envoyèrent les passe-ports à Bolingbroke et fixèrent

[1] Mars 1712.
[2] Lamberty, t. VI, p. 724. Novembre 1711.

l'ouverture du congrès au 12 janvier 1712. La reine publia solennellement cette grande nouvelle à la rentrée des Chambres ; elle annonça que, malgré les artifices de ceux qui se plaisaient à la guerre, désignant ainsi les whigs, le lieu et l'époque du congrès étaient désormais fixés [2].

[1] 18 décembre 1711.

CHAPITRE X.

(1708-1711.)

Forces de Ragoczi et faiblesse des Autrichiens au printemps de 1708. — Bataille de Trencsen. — Défaite et déroute des Magyares. — Trahison de Bézéredy. — Diète de Patak. — Découragement des insurgés. Désertions. — Invasion de la peste. — Progrès des Autrichiens.— Embarras de Ragoczi. — Son adresse au czar, à la France et à l'Angleterre. — Arrivée de trois mille Suédois en Hongrie. — Marche audacieuse et désespérée de Ragoczi pendant l'hiver. — Combat sanglant de Romany. — Ravitaillement de Neuhausel. — Echec des Magyares dans la Hongrie transdanubienne. — Reprise de Neuhausel et de la haute Hongrie par les Autrichiens. — Détresse de Ragoczi dans la vallée de Munkacz. — Il demande une suspension d'armes. — Son entrevue à Vaïa avec le général Palfy. — Fidélité des seigneurs hongrois et transylvains. — Voyage de Ragoczi en Pologne pour solliciter le secours du czar. — Désertion de Karoly pendant son absence. — Lettre amère et inutile de Ragoczi à son armée. — Convention de Zatmar entre Karoly et Palfy. — Arrivée et séjour de Ragoczi en France. — Son voyage en Orient pour recommencer la guerre. — Sa mort. — La *Marche de Ragoczi*.

Tandis que la France se relevait par les négociations et par les armes, la Hongrie succombait lentement. Nous avons laissé Ragoczi proclamant la déchéance de l'Empereur, luttant contre l'anarchie et la trahison, et rassemblant des canons, des munitions et des soldats, des chevaux et des recrues; nous le retrouvons à la tête de soixante mille hommes de troupes régulières, avec lesquels il entre en campague dans les premiers jours de 1708. Ses lieutenants Karoly, Berseny, Esterhazy, ravagent en même temps les États autrichiens, alors épuisés d'hommes et d'argent. L'Empereur n'avait plus que quelques régiments enfermés au milieu du Danube, dans cette île de Schut, que la richesse de ses moissons a fait nommer le *jardin d'or* [1]. Il avait perdu l'habile Stahremberg, envoyé en Espagne; son successeur, le vieil Heister, était plus redoutable par sa cruauté que par son mérite. Cette fois encore les Hongrois pouvaient écraser les Autrichiens, marcher sur Vienne et dicter la paix à l'Empereur.

Mais, avec les talents d'un administrateur, la sagesse d'un homme d'État, Ragoczi n'avait pas le génie d'un homme de guerre. Il redoutait les batailles, en raison de son inexpérience et de l'indiscipline de ses soldats; il n'osa marcher sur Vienne. Pour ménager sa belle armée, la plus belle qu'il eût encore commandée, il forma le timide projet de passer l'été sans combattre, d'entrer à l'automne en Silésie, de la soulever à l'aide de la noblesse et des protestants, qui l'appelaient, et d'agrandir par cette conquête le théâtre de l'insurrection. Il descendit donc lentement les Carpathes, occupant ses troupes à des manœuvres ou à des revues, et menant ses généraux à la chasse pour tromper l'ennui des campements.

---

[1] Cette île est aussi appelée *Trompeuse*, parce que, toute fertile qu'elle est, il arrive souvent qu'avant la moisson elle soit couverte d'un brouillard épais qui, comme une nielle, consume le seigle ou le froment; aussi sème-t-on toujours ces deux grains mêlés.

Cette conduite excita les murmures des soldats. Tous ces régiments, habillés de neuf, éblouissaient leurs yeux et semblaient multiplier leur nombre et leur valeur; les insurgés s'écrièrent qu'il y avait assurément des traîtres dans le conseil du prince, puisqu'il s'amusait à chasser lorsque l'ennemi se cachait derrière les eaux du Danube, et ils demandèrent le combat [1]. Troublé par ces plaintes et ces reproches de trahison, Ragoczi, afin de commencer les hostilités, mena son armée sur les frontières de Moravie, où un corps de troupes magyares assiégeait Trencsen. Chemin faisant, il apprit qu'Heister avait reçu des renforts, et qu'il accourait au secours de cette place, à la tête de deux mille chevaux et de plusieurs escadrons serbes, commandés par le comte Palfy, ban de Croatie. Ses généraux le pressèrent de prendre les devants et d'enlever la ville, déjà réduite aux abois. Ragoczi résistait à ces instances; mais, préférant la défaite aux soupçons, il marcha à l'ennemi, le rencontra sous les murs de Trencsen, rangea les siens à la hâte et lui offrit la bataille.

Heister, toujours inférieur en nombre, la refusa. Cependant, Palfy lui ayant montré la cavalerie magyare entassée sur un terrain montueux, coupé de ravins et de fossés, lui conseilla de la faire au moins tâter par ses escadrons. Heister lance sur elle sa cavalerie serbe avec plusieurs régiments autrichiens. L'attaque réussit au delà de toute espérance :

[1] *Mém. de Ragoczi*, t. V, p. 387.

après une charge victorieuse, l'aile droite des Hongrois, saisie d'une inexplicable terreur, se débande et prend la fuite. A ce triste spectacle, Ragoczi s'élance au galop pour la rallier; mais en sautant un fossé son cheval tombe mort, et lui-même reste étendu sans connaissance. Sa chute est le signal d'une complète déroute : les fantassins se sauvent dans les bois, mais les cavaliers tombent et s'entassent dans les ravins, où les Serbes les achèvent à coups de sabre. Six mille périssent, six mille demeurent prisonniers, et cette magnifique armée est anéantie [1]. Comme toujours, la trahison vient achever l'œuvre de la déroute. Le Magyare Oskay livre aux Autrichiens un des derniers régiments restés en corps; deux autres Magyares, Bézéredy et Séguedy, négociaient la défection de leurs soldats. Le fidèle Esterhazy les arrête et les livre au général en chef. Profitant de sa victoire, Heister bloque Neuhausel, la place d'armes principale des insurgés, où sont leurs munitions et leurs vivres, et il marche à leur poursuite jusque dans la haute Hongrie. Ragoczi court réunir la diète pour lui exposer la triste situation des affaires et lui demander de nouveaux sacrifices. Il laisse à Berseny les débris de son armée, avec ordre d'arrêter les Autrichiens.

Mais Heister a pour lui le nombre et la discipline. Il repousse Berseny, envahit les Carpathes et reprend les mines d'or et d'argent occupées par les Hongrois

[1] Juillet 1708. « Jamais déroute ne fut plus honteuse ni plus pitoyable, » écrit Ragoczi lui-même. T. V, p. 406.

depuis quatre années [1]. L'armée magyare se retire dans la montagne, détruisant les récoltes et affamant un ennemi qu'elle ne peut combattre. Heister est contraint de revenir sur ses pas; mais il venge cet échec par une épouvantable barbarie : il fait couper le nez et les oreilles à ses prisonniers, et les renvoie ainsi mutilés dans leur pays [2]. Il laisse ensuite Palfy devant Neuhausel, et va combattre Esterhazy, qui occupe encore la basse Hongrie. Mais, en dépit de ses efforts, il échoue là comme dans les Carpathes. Pendant tout l'hiver de 1709, Esterhazy se maintient au delà du Danube.

Tandis que ses lieutenants luttent ainsi pied à pied, Ragoczi convoque à Patak une diète nationale, où il fait un nouvel appel au patriotisme des Magyares [3]. Les députés ordonnent un jour de jeûne, condamnent à mort les transfuges Bézérédy et Séguedy; mais ils votent des secours insuffisants. La foi ne se décrète pas. Des récriminations s'élèvent de toutes parts.

Plusieurs gentilshommes, jaloux du prince, lui reprochent la déchéance de l'Empereur, qui ne laissait plus d'autre alternative que la victoire, et font leur soumission aux officiers impériaux. Les soldats se plaignent avec une amertume qui ressemble presqu'à la révolte; les réquisitions de blé et de chevaux ruinent les campagnes : en s'étendant sur tous

---

[1] Septembre 1708.

[2] « Erbittert hierüber schnitt Heister mehreren gefangenen der confedirten nasen und ohren ab, und schickte sie so nach hause. » Engel, t. V, p. 234.

[3] Décembre 1708.

les Etats de la monarchie autrichienne, la guerre a doublé leurs fatigues et leurs souffrances ; autrefois ils combattaient dans leur comté, ils pouvaient ensemencer leurs champs, ramasser leurs récoltes, revoir leurs femmes et leurs enfants ; aujourd'hui il leur faut porter l'uniforme, harasser leurs chevaux dans de lointaines expéditions, combattre en Moravie, en Autriche, en Styrie même, revenir malades ou blessés, ou mourir loin de leur village [1].

Un décret de l'Empereur, qui donnait aux insurgés un mois pour se soumettre, et, ce délai passé, les déclarait ennemis de la patrie, précipita les désertions. Les paysans jetèrent leurs fusils et retournèrent par troupes dans leurs foyers ; les officiers se hâtèrent de profiter de la clémence impériale, et désertèrent à l'envi. L'un d'eux, Andrasy, fit sa soumission avec mille trois cents hommes qu'il commandait [2]. Pour comble de malheur, la peste entrait en Hongrie par les frontières ottomanes. Heister rejetait enfin Esterhazy au delà du Danube ; Palfy, laissant bloquée Neuhausel, reprenait tous les comtés voisins de la Moravie, et s'avançait jusqu'au milieu des Carpathes. Ragoczi ne conservait plus que l'ombre d'une armée [3], et il se repliait de montagne en montagne jusque sur les frontières de la Pologne.

En cette extrémité, survint un secours inattendu.

---

[1] Loin de la Hongrie boisée, comme disent proverbialement les Hongrois en parlant de leur pays. (*Mém. de Ragoczi*, t. V, p. 353-55.)

[2] Printemps et été de 1709.

[3] « Une apparence d'armée, » dit Ragoczi dans ses *Mém.*, t. VI, p. 2. — Pray, t. Ier, p. 495. Novembre 1709.

Vainqueur à Pultawa, Pierre le Grand chassait devant lui les Polonais et les Suédois; trois mille d'entre eux, serrés de près par les Russes, passent les Carpathes et se réfugient en Hongrie. C'étaient de vieux soldats éprouvés par cent batailles; Ragoczi court à leur rencontre, les prend à son service, reforme ses cadres avec cette phalange de vétérans; puis, au lieu de reprendre la haute Hongrie, marche aussitôt en avant pour délivrer Neuhausel, bloquée depuis deux ans, et surprendre les Impériaux dans leurs quartiers. Au cœur de l'hiver, il franchit les Carpathes; ses soldats fuient les villages empoisonnés par la peste, couchent sur la glace au milieu des bois et des chemins, n'ayant d'autre abri contre le vent, mortel dans ces hautes régions, que quelques branchages ramassés à la hâte [1]. Le prince soutient leur courage par son exemple, et les mène au milieu des armées ennemies, sur les bords du Danube, où campe le général Sickingen. Après un combat sanglant et douteux [2], Ragoczi se porte sur Neuhausel. Il charge des blés sur des bateaux, et par la Nitria, qui traverse Neuhausel, il ravitaille cette place. Encouragé par ces faibles avantages, et comptant soulever la basse Hongrie, il lance au delà du Danube plusieurs bataillons, commandés par deux de ses plus hardis capitaines, Balog et Palosay. Mais les populations demeurent froides à la vue d'un si faible corps d'armée. Les Autrichiens dispersent cette poi-

[1] Décembre 1709. *Mém. de Ragoczi*, t. VI, p. 9.
[2] A Romany, près de Vadkerte, comté de Néograd. Janvier 1710.

gnée d'hommes, saisissent Balog et lui tranchent la tête. Palosay se sauve déguisé en paysan, et pour la dernière fois les drapeaux de l'insurrection flottent au delà du Danube [1]. Les revers suivent les revers : la place d'armes de Ragoczi, sa dernière forteresse à l'occident, Neuhausel, succombe [2]. Libre enfin de ce côté, Heister rassemble toutes ses forces et envahit la haute Hongrie, dernier asile de l'insurrection.

L'approche du cruel Heister jette l'effroi dans les campagnes, et la nation tout entière semble prendre la fuite en même temps. Les habitants placent leur famille et leurs meubles sur des chariots et se réfugient à la hâte dans les Carpathes. Semant partout la terreur sur leur route, ils viennent, au nom de la confédération, demander à Ragoczi des logements et des vivres. Les dernières troupes se débandent : gentilshommes et paysans, officiers et soldats, ne songent plus à combattre, mais à arracher à l'ennemi leurs biens, leurs femmes et leurs enfants. Le prince lui-même est entraîné par le flot des fuyards. C'était au mois de novembre, et la terre était déjà couverte de neige. Ragoczi se sentait le cœur pris d'une poignante émotion [3] à la vue de ce long cortége de voitures chargées de meubles et de familles désolées, et que suivaient pêle-mêle des cavaliers et des troupeaux. A chaque pas il rencontrait des chariots bri-

---

[1] Eté de 1710. *Mém. de Ragoczi*, t. VI, p. 27.

[2] 24 septembre 1710.

[3] « Je ne fus de ma vie pénétré d'une compassion plus vive qu'en faisant ce voyage. » (*Mém. de Ragoczi*, t. VI, p. 31-32.)

sés qui s'étaient abimés sous leur fardeau dans les boues et les glaces de la route. Les femmes l'arrêtaient à son passage, lui protestaient de la fidélité de leurs maris, lui montraient leurs enfants transis de froid, qui pleuraient et mouraient de faim, et lui demandaient à mains jointes sa protection. C'était en vain que le prince multipliait les ordres pour loger et nourrir les fugitifs; les ressources manquaient, il leur fallut demeurer en plein air, entassés sur leurs chariots, mais retenant des soldats, parents ou amis, pour veiller à leur sécurité. La peste, qui les repoussait des villages, augmentait le nombre et les souffrances de ces malheureux. Les paysans des contrées voisines venaient se mêler à ces familles errantes. Des mères accouchaient dans les champs et sur les chemins. « Au mois d'octobre 1710, écrit l'historien Engel, une de mes tantes paternelles naquit dans une forêt[1]. »

Les Autrichiens cependant arrivaient. Palfy avait remplacé Heister, accablé par les années, et cet habile général, après avoir achevé la conquête de la haute Hongrie, pénétrait jusqu'aux frontières de la Pologne. Ragoczi était enfermé dans la vallée de Munkacz; Esterhazy était passé en Pologne avec sa femme; Karoly et Berseny restaient seuls auprès du prince.

Dans cette détresse, enveloppé par les Autrichiens, et resserré tous les jours par la peste, Ragoczi est

---

[1] « Eine Schwester meines vaters ward 1710 am 10 October im walde gebohren. » (Engel, t. V, p. 246.)

réduit à invoquer le triste secours de l'étranger. Il envoie à Louis XIV un de ses brigadiers, le Français Lemaire, et il écrit en même temps à la reine Anne pour la conjurer, comme souveraine d'un pays libre, de se souvenir d'une nation dont la liberté est à l'agonie, et de rallumer « le flambeau éteint de la liberté hongroise à l'ardent foyer de la liberté britannique [1]. » La France et l'Angleterre gardent le silence. Ragoczi envoie alors Berseny au czar, qui lui a témoigné durant la guerre la plus vive bienveillance, et il ne conserve plus auprès de lui que Karoly, le dernier de ses généraux, avec les débris de ses régiments. Deux pieds de neige, il est vrai, couvrent la terre et arrêtent la marche de l'ennemi.

Dans cette extrémité, Ragoczi demande une suspension d'armes aux Autrichiens. Il conservait Kaschau, Eperies, Ungwar, Munkacz, environ douze mille soldats, la plupart cavaliers. La trêve, rendue d'ailleurs nécessaire par la saison, lui permettait d'attendre des recrues, peut-être l'arrivée des Russes, et de recommencer la guerre au printemps. Il offrit donc à Palfy d'entrer en pourparlers avec lui, lui disant qu'il espérait que cette négociation serait plus heureuse que les précédentes, et lui laissant entrevoir la glorieuse perspective de terminer cette longue guerre sans nouvelle effusion de sang [2]. La réponse ne se fit pas attendre. Palfy avait reçu de Vienne des pleins pouvoirs; il consentit à la trêve, et, quant à la paix,

[1] Août 1710.
[2] *Mém. de Ragoczi*, t. VI, p. 25. Novembre 1709.

il avertit le prince que, s'il voulait renoncer à la Transylvanie, à ses alliances étrangères, et adresser à l'Empereur une lettre de soumission, il obtiendrait, avec sa grâce, la restitution de ses biens, de ses dignités et de ses enfants [1]. Convaincu qu'il avancerait plus les affaires dans une heure de conversation que dans plusieurs jours de correspondance, Palfy terminait en lui demandant une entrevue.

Ragoczi, qui n'avait jamais voulu et ne voulait point encore traiter sans la diète, hésita longtemps. Sur les instance de Karoly, il consentit pourtant à l'entrevue, et donna rendez-vous à Palfy au château de Vaïa, près de Tokay. Avant de s'y rendre, et pour dissiper tous les soupçons, il passa une revue de ses cavaliers et leur annonça son dessein. « Il n'ignorait pas, leur dit-il, les dangers d'une telle démarche; mais elle prouverait du moins son désir de finir leurs souffrances. S'il échouait, bientôt viendrait l'heure de chercher leur liberté dans le tombeau [2]. » Le prince adressa ses adieux à ses compagnons; puis, par une nuit noire et un vent glacial qui lui fouettait la neige au visage, il se rendit à Vaïa.

L'entrevue se passa avec la plus grande cordialité. Les deux généraux logèrent dans la même maison. Palfy, venu le premier, alla recevoir le prince à sa descente de cheval et lui présenta ses officiers. Ragoczi le retint à souper avec les principaux d'entre

---

[1] « Renunciaret fœderibus, quæ cum externis pepigerat, scripto conveniens Cæsarem errorum veniam rogaret... » *Pray*, t. Ier, p. 499.

[2] *Mém. de Ragoczi*, t. VI, p. 36-39.

eux; le repas fini, tous les officiers sortirent, et les deux généraux s'entretinrent avec le plus complet abandon. Palfy pressa le prince d'écrire à l'Empereur, et lui répéta qu'il obtiendrait pour son pays toutes les libertés compatibles avec l'ordre du royaume, et pour lui toutes les richesses et tous les honneurs qu'il pouvait souhaiter. Ragoczi répondit avec la même franchise : il écrirait à Joseph Ier si sa lettre pouvait avancer les négociations; il signerait même la paix si les députés de la Hongrie acceptaient les conditions impériales; mais, pour parler à cœur ouvert, il était convaincu d'avance que la cour violerait tout traité conclu avec les Hongrois. Quant à lui-même, on lui offrait des conditions trop avantageuses pour qu'il pût y prendre part sans s'exposer à encourir dans l'avenir le reproche d'avoir vendu ses compagnons. L'entretien roula ensuite sur les principaux événements de la guerre, et se prolongea fort avant dans la nuit. Le lendemain, au point du jour, les deux généraux partirent en même temps [1].

De retour à Munkacz, Ragoczi fit porter à Palfy sa lettre de soumission à l'Empereur, puis il convoqua les membres de son sénat. « Il n'entendait pas, leur dit-il, accéder lui-même au traité; mais, en raison de la gravité des circonstances, il croyait devoir leur soumettre les propositions de la cour; ils devaient les rejeter ou les admettre; il ne voulait point, par des défiances personnelles peut-être exagérées, prolon-

---

[1] *Mém. de Ragoczi*, t. VI, p. 39-41. Fin janvier 1711.

ger une guerre qui n'avait coûté que trop de sang. » Malgré l'approche des Autrichiens, qui arrivaient de toutes parts, à l'unanimité, les sénateurs décidèrent qu'ils ne pouvaient pas désarmer avant d'avoir obtenu les conditions revendiquées autrefois à Tirnau, la Transylvanie et la constitution tout entière [1]. Au sortir de cette assemblée, Ragoczi convoqua ses conseillers de Transylvanie, leur tint le même langage, et, pour leur laisser la liberté de leurs actes, il abdiqua entre leurs mains le titre de prince. Mais les Transylvains refusèrent de recevoir son abdication, et le conjurèrent de rester à leur tête, l'assurant qu'ils partageraient sa bonne ou sa mauvaise fortune, et qu'ils le suivraient, s'il le fallait, au delà des mers [2]. Touché de leur dévouement, Ragoczi leur raconte la mission de Berseny, les dernières chances d'une intervention moscovite, et leur demande ce qu'il doit faire : ou préparer en Hongrie la lutte qui va recommencer après la trêve, ou passer en Pologne, voir Pierre le Grand et pousser le départ de ses soldats. Tous s'écrient, comme les sénateurs de Hongrie, qu'il faut se rendre près du czar; et le prince, suivant ces conseils, laisse à Karoly son armée, et se rend à la hâte en Pologne, publiant qu'il va revenir avec les Russes [3].

---

[1] *Mém. de Ragoczi*, t. VI, p. 44.
[2] *Ibid.*, t. VI, p. 46.
[3] 2 février 1711. Suivant Ragoczi, la malheureuse campagne de Pierre le Grand l'empêcha seule de le secourir. (*Mém. de Ragoczi*, t. VI, p. 54.)

Ce départ porte le dernier coup à l'insurrection. Les officiers magyares se croient abandonnés; ils accusent Ragoczi d'ajouter une trop grande confiance aux promesses des étrangers, de se laisser conduire par Berseny, d'écouter quelques hommes qui préfèrent leur intérêt à celui de la patrie [1]. Karoly, jusque-là fidèle, se fait l'écho de ces accusations, et, sans l'aveu du prince, au nom seul de ses soldats, il entre en pourparlers avec Palfy [2], qui lui offre de nouveau l'amnistie et le rétablissement de la constitution, avec les restrictions votées à Presbourg.

Mais un remords saisit Karoly, et, avant de rien conclure, il se rend en Pologne, afin de décider Ragoczi à prendre part à la négociation. Il retrouve auprès du prince Berseny et Esterhazy, autrefois ses compagnons, maintenant ses ennemis, qui l'accablent de reproches, et exhortent leur général à le faire arrêter. Ragoczi refuse de se prêter à cette violence; mais il laisse partir son ancien lieutenant sans l'entendre. Le prince persévère dans le dessein de laisser la nation régler elle-même les conditions de la paix, et convoque dans ce but une nouvelle assemblée au pied des Carpathes, à Huzt, qui lui reste encore. Karoly, de retour en Hongrie, abandonne ouvertement la cause de l'insurrection. Sans attendre la décision de a diète de Huzt, il prête serment à l'Empereur, avec les vingt-deux régiments qui

---

[1] Paucorum qui non tam commune nationis, quam suum commodum quærebant. (*Pray*, t. Ier, p. 501.)

[2] Mars 1711.

composent encore l'armée magyare [1], et de sa propre autorité convoque une autre diète à Karol, à deux lieues des Autrichiens.

Ragoczi, indigné, désavoue son lieutenant par une violente proclamation, où il supplie les Hongrois de se méfier de l'Autriche, de repousser le joug auquel ils portent leur tête, « de ne pas imiter les bêtes fauves, qui, à l'exemple les unes des autres, se précipitent dans l'abîme [2]. » Cette lettre, contrairement aux espérances du prince, ne ramena pas un bataillon [3]. Les insurgés, abattus, préféraient une paix assurée à une guerre incertaine et ruineuse, et les négociations continuent entre les Hongrois et les Autrichiens. La mort de Joseph Ier, survenue sur ces entrefaites, n'arrêta pas les conférences. Karoly et Palfy convinrent de la tenir secrète, et, dans la crainte des éventualités fâcheuses que pourrait amener un changement de règne, ils précipitèrent les négociations. Douze jours après la mort de Joseph et l'avénement de Charles VI, ils signèrent la célèbre convention de Zatmar [4]. En vertu de ce traité, l'Empereur gardait la Transylvanie, l'hérédité du trône, l'abolition du droit des armes ; mais il jurait le maintien perpétuel de la constitution hongroise ; il rendait les temples, les prisonniers, les biens confisqués, et accordait aux révoltés la plus complète amnistie.

[1] Reboulet, t. III, p. 465.
[2] Pray, t. 1er, p. 501.
[3] « Ce manifeste était vif, et visait à exciter un soulèvement contre Karoly ; mais Dieu en disposa autrement. » *Mém. de Ragoczi*, t. VI, p. 51.
[4] Avril 1711.

Après la signature du traité, Karoly remit aux impériaux les dernières places occupées par les Magyares : Kœwar, Kuzt et Munkacz, ce rocher célèbre, où l'insurrection avait commencé et où elle venait finir.

Ainsi fut conclue cette convention de Zatmar, qui mettait fin à une guerre de deux siècles. Charles VI pouvait certainement dicter aux vaincus des conditions plus dures, supprimer la constitution, dépouiller, proscrire, comme Léopold Ier; mais il connaissait les Magyares, et, fidèle à la politique de son frère, il aima mieux les attacher par la clémence que les écraser par la force. Il rejeta avec une sage et politique modestie les avis dangereux de ses conseillers, qui trouvaient indigne d'un roi d'Espagne et d'un empereur d'accepter une constitution et de mettre des bornes à son pouvoir. Bien que religieux, dévot même, il eut le courage de résister aux vives réclamations adressées par son clergé sur la tolérance accordée aux protestants. « Bien que j'applaudisse à votre zèle, dit-il, et que je sois prêt à défendre l'Eglise de Rome au péril de mes jours, la justice, la politique et l'intérêt public exigent que je ne quitte pas mes sujets protestants sans leur laisser quelque consolation [1]. »

Sa fille Marie-Thérèse recueillit plus tard les fruits de cette politique humaine et généreuse. Lorsqu'à la mort de Charles VI, les Prussiens, les Bavarois et les Français envahirent à la fois ses États et menacèrent

---

[1] William Coxe, t. IV, p. 287. — Lamberty, t. VII, p. 561.

sa capitale, elle vint chercher un refuge dans le parlement hongrois, conservé par son père, où elle parut comme une de ces suppliantes antiques, tenant son fils dans ses bras. On sait le reste : les députés magyares tirèrent leur épée, criant tout d'une voix : « Mourons pour notre roi Marie-Thérèse! » et ils surent mourir et la sauver [1].

L'Empereur n'excepta même pas Ragoczi de l'amnistie, et il lui réitéra les propositions que Palfy lui avait faites s'il voulait revenir en Hongrie. Mais le prince, obstiné dans ses défiances et dans sa fierté, préféra l'exil à la soumission. Les plus illustres gentilshommes du royaume, la plupart de ses anciens conseillers, tous les sénateurs de Hongrie et de Transylvanie, accourus sur la frontière de Pologne, lui offrirent de l'accompagner, en ne demandant que le nécessaire. Il répondit qu'il ne pouvait promettre ce dont il n'était pas assuré lui-même, et il les remercia de leur offre avec toute l'effusion de son cœur. « Je n'oublierai jamais, écrit-il avec un pieux souvenir, le regret avec lequel ils me quittèrent [2]. » Le prince conserva seulement avec lui quelques-uns de ses officiers : Esterhazy et Berseny, ses vieux compagnons d'armes, puis il quitta la Pologne, passa en Angleterre et de là en France [3], où sa femme était déjà venue chercher un asile. Dès son arrivée, il prit

---

[1] Ils crurent, suivant la belle expression de Montesquieu, « qu'il était de leur gloire de mourir et de pardonner. »
[2] *Mém. de Ragoczi*, t. VI, p. 51.
[3] 1713.

le nom de comte de Saros [1], dans la crainte que son titre de prince de Transylvanie ne causât quelque embarras à Louis XIV.

Les longues guerres qu'il avait soutenues contre un ennemi commun, l'éclat de son infortune, presque égal à celui de ses grandeurs passées, lui assuraient d'avance auprès de Louis XIV ce bienveillant accueil que les princes malheureux trouvaient toujours à Versailles ; malgré la rigueur des temps, il reçut tout d'abord une pension de cent mille livres pour lui-même et une autre de quarante mille pour sa suite [2]. Il fut en outre invité à toutes les chasses royales, à toutes les fêtes de Marly et de Fontainebleau, « y voyant le roi assidûment, dit Saint-Simon, mais sans contrainte, aux heures publiques, et très-rarement sans que le roi cherchât à lui parler, et seul dans son cabinet dès qu'il en désirait des audiences ; mais sur quoi il était fort discret [3]. » Ce qui doit le plus surprendre dans cette conjoncture, c'est qu'une faveur aussi marquée, des libéralités aussi importantes, n'aient pas éveillé la susceptibilité des courtisans, d'ordinaire si ombrageux. Peut-être cette exception s'explique-t-elle par la curiosité qui s'attachait à sa personne, plus encore par son alliance avec Dangeau [4], qui l'avait reçu magnifiquement, et avait su

[1] C'était le nom d'une de ses propriétés de Hongrie.
[2] Ces pensions furent même plus considérables, si l'on en croit Dangeau. « Le roi a donné au comte de Saros 200,000 écus par mois. » (*Journal de Dangeau*, 29 mars 1713.) Mais tout cet argent ne lui fut pas régulièrement payé, comme on le voit dans les *Mémoires de Ragoczi*.
[3] V. Saint-Simon, t. X, p. 417.
[4] Ragoczi avait épousé, en septembre 1694, Charlotte-Amélie, fille

lui ménager de nombreuses et illustres amitiés. Le duc du Maine, le comte de Toulouse, auquel il était particulièrement sympathique, M. de Torcy, apprécièrent promptement le charme de ses manières et la loyauté de son caractère. Son extrême réserve, ses vastes connaissances, lui gagnèrent bientôt les suffrages des partis les plus extrêmes. « Il veut tout voir avec attention, écrit madame de Maintenon, et paroît sage en tout ce qu'il dit et en tout ce qu'il fait..... Les courtisans ne se dégoûtent pas de lui, et sa conduite est trop sage pour attirer des dégoûts [1]. » — « C'est un brave homme, dit à son tour Madame, duchesse d'Orléans, et il a de l'esprit; il a beaucoup lu, et il a des connoissances sur tout; il m'a demandé à voir mes médailles et mes pierres, et je les lui ai montrées avec grand plaisir [2]. » Ces témoignages, émanés de deux femmes si notoirement hostiles l'une à l'autre, sont assez éloquents pour nous dispenser de plus amples commentaires.

Cependant, au milieu des pompes de Versailles, le prince regrettait son pays, ses enfants, retenus prisonniers à Vienne; il ressentait loin d'eux toute l'amertume de l'exil, et le bruit de la cour ne suffisait pas à combler le vide de son cœur; il faisait de fréquentes retraites aux Camaldules de Grosbois, et

---

de Charles, landgrave de Hesse-Rheinfelz Wanfried, beau-frère de madame de Dangeau.

[1] *Lettres de madame de Maintenon à madame des Ursins*, édition Bossange, t. II, p. 389 et 434.

[2] *Lettres de Madame*, édition Charpentier, t. Ier, p. 437. 15 juillet 1713.

recherchait le silence et la solitude du cloître, espérant trouver l'oubli dans l'accomplissement des pratiques les plus austères de la vie monacale [1].

Sous la régence, les Turcs, qui avaient déclaré la guerre à l'Autriche, l'appelèrent en Orient, dans l'espoir de soulever avec lui la Hongrie [2]. Ragoczi s'embarqua sur-le-champ pour Constantinople. Le sultan l'y reçut avec tous les honneurs souverains, lui donna pour résidence un magnifique palais sur le Bosphore [3], avec une suite nombreuse et une pension considérable; mais les temps n'étaient plus les mêmes; la Hongrie resta immobile, et le Grand Seigneur, vaincu, fut réduit à poser les armes. Malgré la paix de Passarowitz, Ragoczi demeura en Orient. Là, sous ce même ciel qui avait abrité Tékély, sur les bords de la mer de Marmara, le prince put enfin goûter le repos. Il y termina son orageuse carrière. Il partageait son temps entre la chasse, l'étude et la prière, écrivait ses Mémoires, composait des hymnes ou commentait les livres saints [4]. Sa vie se prolongea encore ainsi pendant vingt années. Il vit mourir avant

---

[1] « Le prince Ragoczi réside à cinq ou six lieues de Paris, dans un couvent de moines qu'on appelle Camaldules, et qui ont une règle aussi austère que les Chartreux; il est parmi ces moines comme s'il étoit l'un d'eux, assiste à leurs prières, à leurs veilles, et jeûne souvent. Il faut qu'intérieurement il ait beaucoup souffert, car il est très-changé; il est devenu maigre et pâle, et lorsqu'il arriva en France il étoit gros, fort et frais. » *Lettres de Madame*, t. 1er, p. 458.

[2] En 1717.

[3] Le palais de Rodosto.

[4] Pendant son séjour en France, Ragoczi avait écrit un *Commentaire sur le Pentateuque*, dont l'original se trouvait, avant la révolution, à l'abbaye Saint-Germain des Prés.

lui sa femme, Esterhazy et Berseny, qui l'avaient suivi en Orient, et, après leur avoir fermé les yeux, il alla les rejoindre. Il mourut comme un soldat et un chrétien, les regards tournés vers son pays et vers le ciel [1].

Aujourd'hui encore, le dernier chef hongrois n'a pas disparu tout entier. Conservée par la tradition, évoquée par le pieux souvenir des Magyares, sa mémoire se perpétue fidèlement dans les steppes, au milieu des forêts, sur les bords de ces fleuves si souvent traversés par ses soldats, et jusqu'au fond des vallées de la Haute-Hongrie, comme l'âme de la patrie. Après cent cinquante années, les paysans magyares répètent encore son chant de guerre, la *Marche de Ragoczi*, qui menait leurs pères au combat. C'est une mélodie simple et naïve, mais éclatante comme le clairon, rapide comme la charge. On ressent en l'écoutant comme un frisson guerrier, et l'on se représente le capitaine hongrois, le sabre à la main, volant à la tête de ses hussards, et soulevant, comme dit l'historien latin, « un tourbillon de cavalerie [2]. » La *Marche de Ragoczi* s'est conservée non-seulement en Hongrie, mais en Autriche, comme un cri de liberté et d'indépendance. L'étranger peut l'entendre à Vienne même, jusqu'au pied de ces lignes creusées pour protéger la ville des empereurs contre les incursions des Magyares. Eloquent prestige du

---

[1] En 1735.
[2] Procellam equitum. (Tite-Live.)

malheur, mémorable puissance du caractère, qui place dans la bouche des vainqueurs le nom et le souvenir d'un vaincu!

CHAPITRE XI.

(1712.)

Arrivée des ambassadeurs à Utrecht. — Règlements et ouverture solennelle du congrès. — Propositions nouvelles de la France, soutenues par l'Angleterre. — Surprise et colère des ambassadeurs des autres puissances alliées, qui reproduisent leurs anciennes demandes. — Leur prétention de traiter par écrit. — Interruption des conférences. — Mort soudaine du Dauphin, — de la duchesse de Bourgogne, — du duc de Bourgogne, — du duc de Bretagne. — Révolution produite à Versailles par ces morts. — Sourdes rumeurs. — Accusations d'empoisonnement dirigées contre le duc d'Orléans. — Il est deux fois insulté à Versailles par le peuple. — Funérailles du duc et de la duchesse de Bourgogne. — Attroupements dans la rue Saint-Honoré. — Vociférations de la foule contre le duc d'Orléans. — Désespoir du prince. — Il demande vainement à Louis XIV de le laisser entrer à la Bastille. — Sa misérable situation à la cour. — Belle conduite de Saint-Simon à son égard.

La défaite et la soumission des Magyares n'avaient eu, il faut le reconnaître avec regret, qu'un faible retentissement à Utrecht. L'Angleterre et la France détournaient les yeux de la Hongrie. Loin d'écouter les supplications de Ragoczi et de soutenir cette lutte lointaine, elles réunissaient tous leurs efforts pour terminer la guerre de la succession d'Espagne, et donner enfin la paix à l'Europe. Le temps avait marché, et, en dépit des efforts combinés des whigs, des Hollandais et des Autrichiens, cette paix si désirée par Louis XIV et la reine Anne approchait de sa conclusion. La mort de Joseph Ier, laissant l'Empire et toutes les couronnes autrichiennes à son frère l'archiduc Charles, qui revendiquait encore l'Espagne, la Belgique, les Indes et les Deux-Siciles, avait puissamment servi les intérêts de Louis XIV. La Grande-Alliance, qui combattait, disait-elle, pour l'équilibre européen, n'avait plus alors de raison d'être. Si elle continuait la guerre, et faisait attribuer au nouvel empereur tout l'héritage de Charles II, elle édifiait une nouvelle maison d'Autriche, bien plus redoutable que la France, et, pour affaiblir Louis XIV, elle ressuscitait Charles-Quint. Sans les haines et l'ambition des souverains, nul doute que la mort de Joseph Ier n'eût précipité les négociations qui allaient s'ouvrir à Utrecht; mais les hommes écoutent souvent moins leurs intérêts que leurs passions, et le sang allait couler encore.

Louis XIV envoya à Utrecht les mêmes ambassadeurs qu'à Gertruydemberg: l'abbé de Polignac et le maréchal d'Huxelles, en leur adjoignant Ménager, dont la science commerciale devait de nouveau servir. La reine Anne y envoya le colonel Strafford, qui apportait dans les négociations la franchise et la rudesse des camps, et l'évêque de Bristol, Robinson, vieilli dans les cours du Nord, où il avait résidé pendant trente ans, dont la douceur devait modérer la fougueuse impatience de son collègue. En arrivant à Utrecht, les Anglais et les Français y trouvèrent les ambassadeurs du Piémont, MM. de Maffei et Mellaride, et quatre députés des Provinces-Unies, parmi lesquels Buys et Van der Dussen [1]. Comme ils avaient hâte de traiter, ils firent décider l'ouverture du congrès, malgré l'absence des autres plénipotentiaires. Après de mutuelles visites, les ambassadeurs présents à Utrecht choisirent l'hôtel de ville pour siége des conférences, et prirent en même temps les mesures nécessaires pour prévenir les rixes entre les domestiques et les disputes d'étiquette entre les maîtres. On porta dans la salle du congrès une vaste table ronde et deux foyers de cuivre, afin de supprimer les places du bout de la table et de la cheminée, dites de préséance, et on fixa l'ouverture du congrès au 29 janvier 1712.

Le jour indiqué, à dix heures du matin, tous les ambassadeurs arrivés à Utrecht se rendirent solennellement ensemble à l'hôtel de ville [2]. Chacun d'eux était dans un carrosse à deux chevaux, couvert de son plus riche costume, de ses insignes et de ses ordres. Ils traversèrent une haie de troupes hollandaises et entrèrent dans l'hôtel de ville au bruit des tambours. Les ministres de France et d'Angleterre échangèrent en arrivant un salut amical, puis tous s'assirent autour de la table, et la séance commença. Portant le manteau violet, la robe de velours noir des évêques anglicans, ayant au cou la chaîne d'or, d'où pendaient, sous la couronne royale, deux plumes

[1] 19 janvier 1712.
[2] Cet ancien hôtel de ville d'Utrecht est aujourd'hui converti en caserne.

d'or, insignes de sa charge de secrétaire de la Jarretière, Robinson prit la parole, en raison de son âge et de son caractère, et, s'adressant aux ambassadeurs de Louis XIV, il dit qu'il venait au nom de Dieu s'unir à eux pour donner la paix à l'Europe; qu'il avait, ainsi que ses collègues, les pouvoirs les plus étendus et les intentions les plus pacifiques, et qu'il espérait que les Français arrivaient avec les mêmes pouvoirs et de pareils sentiments. Le maréchal d'Huxelles répondit en peu de mots que le plus vif désir de son maître était d'arriver à une prompte conclusion de la paix. L'abbé de Polignac prit ensuite la parole, et, dans un langage élevé et éloquent, il prit le ciel à témoin de la loyauté de Louis XIV, de son désir de satisfaire les légitimes prétentions des alliés et de finir les calamités d'une longue guerre. Polignac plaçait le congrès sous la protection de Dieu, et lui donnait comme la majesté d'un concile pacifique chargé de séparer les armées et de juger les nations.

Après ce discours, les ambassadeurs se communiquèrent leurs pouvoirs, et il fut convenu que les conférences auraient lieu deux fois par semaine. Les jours suivants, les autres députés des Provinces-Unies, les ambassadeurs de Prusse, de Portugal et des princes de l'Empire arrivèrent à Utrecht. Tous les souverains de l'Europe, ceux mêmes qui n'avaient point pris part à la guerre, y envoyèrent des représentants. Après de longues hésitations, et sur la déclaration expresse des Anglais que les préliminaires de Londres n'obligeaient en rien les alliés, l'empe-

reur Charles VI envoya, lui aussi, deux ministres [1].
En quelques jours, quatre-vingts plénipotentiaires
se trouvèrent réunis. C'étaient tous les princes de la
diplomatie, vieillards rompus aux affaires, au manége
des cours, et redoutables par leur mérite, leur savoir
et leur nombre même. Pour lutter contre eux tous,
les Français n'étaient que trois. Nos diplomates dans
les négociations, comme nos généraux sur les champs
de bataille, rencontraient l'écrasante supériorité du
nombre.

Les conférences s'ouvrirent le surlendemain de
l'arrivée des Autrichiens, venus les derniers. Dès les
premiers mots, les alliés demandèrent aux ministres
de Louis XIV de leur faire connaître les propositions
de leur maître. Les Français y consentirent, et lurent
un mémoire dans lequel Louis XIV faisait successivement la part de tous les souverains de la Grande-Alliance. A l'Angleterre, il accordait les conditions
déjà énoncées lors de la signature des préliminaires
de Londres; à la Hollande, son ancienne barrière, un
traité de commerce plus favorable, le rétablissement
de ses priviléges en Espagne et en Amérique, comme
avant la guerre; à la Prusse, la reconnaissance de sa
jeune royauté et la principauté de Neuchâtel, qu'elle
avait acquise en 1707; à l'Empire, toutes les places
de la rive allemande et la démolition de Huningue
et de Neuf-Brisach, sur la rive française; au Piémont,
comme à la Prusse, la reconnaissance de sa royauté,

[1] 9 février 1712.

la restitution de Nice et de la Savoie, avec Exilles et Fénestrelles, anciens domaines des rois de France au delà des Alpes; au Portugal, divers territoires du Brésil, sur lesquels Jean V élevait des prétentions; à l'Autriche enfin, la Belgique, le Milanais, la Sardaigne et le royaume de Naples. Ces conditions étaient, comme on le voit, bien différentes de celles de Gertruydemberg. Philippe V gardait l'Espagne et les Indes, Louis XIV la Flandre, l'Alsace et la Franche-Comté. Mais les temps n'étaient plus les mêmes : l'Autriche, plus que la France, menaçait alors l'indépendance de l'Europe, et la Grande-Alliance, si compacte à Gertruydemberg, était ébranlée à Utrecht.

En entendant ces propositions, qui révélaient l'alliance intime de Louis XIV et de la reine Anne, et dont les principales étaient restées secrètes, les alliés demeurèrent muets de surprise et de colère. Le plus profond silence régna d'abord dans l'assemblée. Toutefois, parmi ces hommes habitués à dissimuler, plusieurs laissèrent éclater leur émotion et leur désappointement. Les uns haussaient les épaules avec mépris, d'autres levaient les yeux au ciel, comme pour lui demander vengeance; ceux-ci maudissaient les ministres d'Angleterre, disant qu'il fallait les retrancher de leur nation par le fer, comme des membres gangrenés; ceux-là leur reprochaient de vendre à Louis XIV la liberté de l'Europe, et, les comparant aux patriciens abâtardis de la Rome impériale, ils répétaient le mot de Tibère : « O hommes nés pour la servitude[1] ! » Au milieu de cette agitation générale, les ministres de France et d'Angleterre écoutaient seuls avec une dignité calme et un silence glacial.

Les imprécations, cependant, ne pouvaient durer. Il ne suffisait pas de calomnier l'Angleterre, il fallait répondre. Les alliés méditèrent un mois cette réponse ; ils la donnèrent enfin sur des mémoires séparés, en alléguant les récentes traditions de Ryswick, mais en réalité pour se réserver chacun le pouvoir d'imiter la Grande-Bretagne et d'abandonner la coalition dès qu'ils le jugeraient à propos. Cette conduite, très-favorable aux puissances occidentales, séparait les intérêts des alliés, et préparait la désunion de leurs gouvernements. Ils reproduisirent ensuite dans leurs Mémoires les prétentions de Gertruydemberg, comme s'il ne s'était rien passé depuis deux ans. La Hollande réclamait de nouveau, à titre de barrière, la moitié de la Flandre française, avec Lille et Tournai ; la Prusse, une partie de la Franche-Comté, également à titre de barrière ; l'Allemagne revendiquait Strasbourg, Landau, l'Alsace et les Evêchés ; la Savoie, Briançon et le fort Barreaux, les deux portes du Dauphiné ; le Portugal, une notable portion de l'Estramadure ; l'Autriche, le Milanais, la Belgique, les Deux-Siciles, la Sardaigne, l'Espagne et l'Amérique, sans aucune indemnité pour Philippe V [2].

---

[1] « O homines ad servitutem nati ! » Lamberty, t. VII, p. 23. — *Continuation de Rapin Thoyras.* — Reboulet.

[2] Lamberty, t. VII, p. 63.

Les Français demandèrent trois semaines pour répondre. Ce terme écoulé, Polignac déclara qu'il était prêt; mais les alliés l'arrêtèrent dès les premiers mots. « Ecrivez, écrivez votre réponse, lui crièrent-ils de toutes parts; nous voulons traiter par écrit, et non de vive voix. » A cette étrange prétention, Polignac répliqua que ses collègues et lui-même entendaient traiter verbalement. Avides d'une rupture, les ambassadeurs d'Autriche entraînèrent alors les alliés dans une salle voisine, d'où ils rapportèrent une note portant qu'à leurs demandes écrites ils voulaient une réponse écrite, et qu'ils l'attendaient [1]. Les Anglais objectaient vainement avec Polignac qu'on avait traité de vive voix à Nimègue et à Ryswick; que, si l'on eût voulu traiter par écrit, il eût été très-inutile d'assembler un congrès; que, dans ce cas, la poste était suffisante. Les alliés persistant, les ministres de France et d'Angleterre déclarèrent formellement qu'ils ne traiteraient point pas écrit, et les conférences restèrent interrompues.

Au moment où le congrès d'Utrecht, si difficilement réuni, était si soudainement menacé d'une prochaine dissolution, d'épouvantables catastrophes survenues à Versailles compromettaient l'alliance même de l'Angleterre, qui jusqu'à ce jour était la seule à nous tendre la main. La mort fauchait au milieu de la famille de Louis XIV, jusque-là si nombreuse et si florissante; et, comme si elle eût suivi l'ordre de

---

[1] Reboulet, t. III, p. 489.

la naissance, elle frappait tour à tour l'aïeul et le père, la mère et le petit-fils, abattant en moins d'une année trois générations de rois.

Le mercredi de Pâques [1], en revenant à Meudon, le Dauphin trouva sur sa route un prêtre qui portait le viatique. Cette rencontre le frappa ; la petite-vérole ravageait Paris ; il la redoutait ; il dit le soir qu'il avait le pressentiment de cette maladie. Le lendemain, en effet, au moment où il s'habillait pour la chasse, il s'évanouit ; la fièvre survint, et la petite-vérole se déclara avec violence.

A cette nouvelle, Louis XIV se rend à Meudon, où le duc et la duchesse de Bourgogne étaient déjà accourus près de leur père. Le roi renvoya la duchesse, qui n'avait pas eu la petite-vérole, et prit sa place auprès de son fils. La maladie, du reste, s'annonçait bien ; mais deux jours après, le mardi 14 avril, dans la soirée, en quelques heures la tête enfla, le Dauphin perdit connaissance, et il eut le délire. Louis XIV allait souper ; son médecin, Fagon, n'osa troubler son repas ; mais au moment où le roi quittait la table il s'approche de lui et lui apprend, dans les termes les plus ménagés, la triste situation de son fils. Louis XIV recule comme frappé de terreur, puis il s'élance vers l'appartement du Dauphin. Quelques courtisans, qui redoutent la contagion du mal, se précipitent en avant pour l'arrêter ; le roi les écarte avec force. La princesse de Conti,

[1] 8 avril 1711. Saint-Simon, t. VIII, p. 147 et suiv.

qui l'a devancé, s'adosse à la porte du malade, repousse le roi de ses mains suppliantes, et le conjure de renoncer à son dessein. Accablé par la douleur, Louis XIV n'a pas la force d'écarter une femme ; il se laisse tomber sur un sopha à la porte du Dauphin. Madame de Maintenon le presse vainement de quitter Meudon ; il refuse, et pendant une heure entière il reste étendu, les yeux secs, mais avec un tremblement nerveux de tout le corps, entendant les derniers soupirs de son fils [1]. Sur les neuf heures enfin, Fagon ouvre la porte et annonce que c'en est fait. Madame de Maintenon entraîne le roi jusqu'à sa voiture et l'emmène à Marly. La toute-puissante maîtresse du Dauphin, mademoiselle Choin, s'était enfuie dans un grenier à l'approche de Louis XIV ; les cris des domestiques lui annoncent la fatale nouvelle. La duchesse de Bourbon [2], son amie, l'arrache de son grenier et la jette dans une voiture de louage, qui se trouvait là par hasard, et qui l'emporta à Paris avec sa fortune [3].

A Versailles, cependant, on ignorait les progrès de

---

[1] V. *Lettres inédites de madame de Maintenon à madame des Ursins*. — Lettre du 16 avril 1711, t. II, p. 166.

[2] V. ce qu'en dit Saint-Simon, t. IX, p. 330.

[3] Saint-Simon, t. IX, p. 174. Louis XIV lui fit donner une pension de 12,000 livres, et elle vécut encore longtemps à Paris, conservant plusieurs de ses amis de Meudon. Elle mourut en 1744. — Monseigneur, né en novembre 1660, mourut le 14 avril 1711. Voici un quatrain que l'on fit courir à cette époque :

> Cy gît le seigneur de Meudon,
> Qui vécut sans ambition
> Et mourut sans confession,
> Dépêché par la Maintenon.

la maladie; les courtisans, qui venaient de souper, s'étaient retirés dans leur appartement pour prendre du repos, lorsque, sur les dix heures du soir, arrive la nouvelle. Ce fut comme un coup de foudre : les princes, les princesses, toute la cour est debout et s'empresse auprès du duc de Bourgogne, que cette mort appelle au trône. Hommes, femmes, oubliant l'étiquette et la pudeur, arrivent à demi vêtus pour se montrer au nouveau maître. Tous se précipitent pêle-mêle dans l'appartement de la duchesse de Bourgogne, où se trouvaient son mari et son frère, qui pleuraient leur père. Les courtisans se tinrent à l'écart dans un profond silence, un petit nombre versant des larmes, la plupart absorbés dans les préoccupations de l'avenir. Cette scène dura près d'une heure. Tandis qu'elle se passait, le duc de Saint-Simon, perdu dans la foule, étudiait les gestes, les visages, scrutait les cœurs et notait les moindres détails, pour les reproduire dans l'un de ses plus magnifiques tableaux [1].

La mort de Monseigneur enlevait le trône aux créatures de mademoiselle Choin pour le rendre au duc de Bourgogne et à ces vieillards vertueux et éminents qui avaient formé sa jeunesse : Fénelon, Beauvilliers, Chevreuse. Louis XIV, si jaloux de son autorité, proclama lui-même cette révolution. Il fit venir le duc de Bourgogne dans son cabinet, et ordonna

---

[1] Nous n'avons pas essayé de refaire l'œuvre du maître. Il faut lire dans Saint-Simon ce morceau, digne de Tacite. *Voy.* t. IX, p. 160.

aux ministres de lui communiquer les affaires [1]. C'était comme une association à la royauté, qui rappelait les adoptions du Bas-Empire. A ce signe, tous les courtisans s'inclinèrent. Au lieu d'éviter Cambrai, comme autrefois, les officiers de l'armée du Nord s'arrêtèrent à l'envi chez Fénelon, premier ministre désigné du nouveau règne [2]. Les ducs de Beauvilliers et de Chevreuse furent l'objet des attentions les plus délicates et des protestations les plus vives. « Tout rit, tout s'empressa autour d'eux, dit Saint-Simon, et chacun avait été leur ami dans tous les temps [3]. » Louis XIV avait soixante-treize ans!

La mort trompa toutes les espérances. Un soir d'hiver, au milieu des fêtes de la cour, le vendredi 5 février 1712, la duchesse de Bourgogne ressentit un léger frisson. Le lendemain elle eut la fièvre, avec une douleur si forte au-dessous de la tempe, qu'elle pria le roi, qui venait la voir, de la laisser seule. Elle ajouta qu'elle souffrait plus qu'en accouchant. En vain on employa pour la soulager le tabac et l'opium; elle tomba dans un assoupissement mêlé de fièvre et de délire. Ses femmes constatèrent avec joie sur son visage la présence de larges taches rouges. Elles croyaient reconnaître les symptômes d'une rougeole; mais cet espoir s'évanouit promptement. La fièvre continua avec une violence terrible. Les médecins

---

[1] Saint-Simon, t. IX, p. 363.
[2] Les choses allèrent si loin que l'archevêque, malgré sa joie, en fut peiné, dans la crainte que le roi ne le trouvât mauvais. Voy. Saint-Simon, t. IX, p. 356.
[3] Saint-Simon, t. IX, p. 392.

essayèrent une saignée au pied; la saignée eut lieu, mais sans succès. Le délire survint, et après une lutte inégale entre la jeunesse et la mort, la mort triompha. Le 12 février, à l'entrée de la nuit, la princesse rendit le dernier soupir. Le roi et madame de Maintenon s'enfuirent à Marly, si troublés, qu'ils oublièrent le duc de Bourgogne.

Accablé par les veilles et la douleur, le duc n'avait pas quitté sa femme. Au moment fatal, des gentilshommes dévoués l'entraînèrent dans sa chambre et l'y retinrent par de fausses nouvelles. Le prince tombait de fatigue; il se jeta sur son lit et y resta jusqu'au matin, gardé par ses fidèles serviteurs, MM. d'O et de Cheverny. Le lendemain, au lever du jour, ceux-ci le pressèrent de quitter Versailles. Sa chambre était située au-dessous de celle de la duchesse; ils voulaient lui épargner les préparatifs des funérailles, le bruit des marteaux clouant le cercueil. Le duc céda machinalement à leurs sollicitations, et se laissa conduire à Marly.

Il arriva comme ivre de douleur, retenant les larmes qui roulaient dans ses yeux, le regard fixe, le visage couvert de plaques rouges pareilles à celles de la duchesse. Son geste était saccadé, sa voix éteinte; la mort semblait le conduire. Le roi était encore couché.

Les courtisans qui attendaient dans l'antichambre envisageaient le prince avec effroi, mais en silence, sans oser l'aborder. Il attend avec eux le lever, debout et muet. Après quelques instants, un gentilhomme vient l'avertir que Louis XIV s'éveille et le demande. Le duc, absorbé dans ses réflexions, ne l'entend pas. Le gentilhomme répète : le prince reste encore immobile. Son ami, le duc de Saint-Simon, suffoqué lui-même par la douleur, le prend alors par le bras, et, avec quelques paroles affectueuses, le mène doucement jusqu'à la porte de son aïeul. Le prince se laisse guider sans une parole. Arrivé près de la porte, il adresse à Saint-Simon un long regard de remercîment et entre [1].

Le roi était couché. Dès qu'il aperçoit son petit-fils, il lui tend les bras et le serre avec effusion contre son cœur. Tous deux restent quelques instants embrassés, en mêlant leurs larmes. Tout à coup, Louis XIV remarque ces taches rouges ; il s'alarme et mande les médecins. Ceux-ci arrivent, trouvent de la fièvre au duc et le conjurent de prendre du repos. Il obéit, et se couche pour ne plus se relever. La fièvre redouble, les taches couvrent tout son corps, la soif le dévore, un feu intérieur brûle ses entrailles. Égaré par la souffrance, il s'écrie qu'il meurt empoisonné. Cette parole augmente la terreur. La fièvre cependant persiste et use ses dernières forces. Dans la nuit du 17 au 18 février, il perd connaissance, et le lendemain,

---

[1] Nous ne pouvons nous empêcher de citer ici Saint-Simon. Son récit touche au sublime :

« En le pressant de la sorte, dit-il, je pris la liberté de le pousser doucement ; il me jeta un regard à percer l'âme, et partit. Je le suivis quelques pas, et m'ôtai de là pour prendre haleine. Je ne l'ai pas vu depuis. Plaise à la miséricorde de Dieu que je le voie éternellement où sa bonté l'a sans doute mis ! » *Mém. de Saint-Simon*, t. X, p. 193.

après quelques heures d'agonie, il rend doucement son âme à Dieu. On vit alors un spectacle bien rare dans les cours : tous les assistants éclatèrent en sanglots. La France semblait mourir avec ce jeune homme, qui l'avait tant aimée [1]. Saint-Simon le compare à Marcellus, et répète presque les paroles de Virgile : « La terre, dit-il, n'en était pas digne ; il était mûr pour l'éternité. » Mais la mort n'était pas rassasiée. Le Dauphin laissait deux petits enfants, l'un de cinq, l'autre de deux ans. Elle fouilla dans leurs berceaux, enleva l'aîné, le duc de Bretagne, quelques jours après son père [2], et quant au plus jeune, le duc d'Anjou, elle ne le lâcha qu'épuisé [3].

A ces morts si rapides succédèrent d'épouvantables accusations [4]. Les médecins chargés de l'autopsie avaient déclaré que les entrailles de la duchesse de Bourgogne présentaient quelque chose d'anormal ; que le cœur du duc était tombé en morceaux dans leurs mains [5]. Les courtisans rappelèrent les détails de ce triple holocauste, invoquèrent les décisions de la science et les répandirent avec de perfides commentaires. Le peuple, toujours prêt à soupçonner ses maîtres, les accepta. Le crime parut constant : il y

---

[1] « Vous venez donc d'enterrer la France, » dit Saint-Simon au duc de Beauvilliers le lendemain des funérailles. V. t. X, p. 297.

[2] 8 mars 1712.

[3] Plus tard Louis XV.

[4] Nous n'avons pas besoin de dire qu'elles étaient calomnieuses : le duc et la duchesse de Bourgogne moururent d'une fièvre pourprée qui ravageait alors la France.

[5] Saint-Simon, t. X, p. 238-42.

avait un empoisonneur à Versailles. La mort du duc de Bourgogne appelait au trône son dernier enfant, puis le duc de Berry, son oncle, puis à leur défaut le duc d'Orléans. On ne pouvait soupçonner le duc de Berry, jeune homme doux et inoffensif; on accusa le duc d'Orléans. Le roi et madame de Maintenon gardant le silence [1], les courtisans s'écrièrent que Philippe avait commis le crime, parce qu'à lui seul le crime devait servir; qu'écartant tous les princes placés au pied du trône, il tuait aujourd'hui le duc de Bourgogne, qu'il tuerait demain le duc d'Anjou, puis le duc de Berry, qu'alors il serait roi. Ils rappelaient l'éclat de ses amours, le bruit des soupers du Palais-Royal, le scandale de son irréligion, la perversité de Dubois, son précepteur; cette étude mystérieuse de la chimie, alors mêlée aux sciences occultes, qui frappait tous les esprits. C'est dans son laboratoire, disaient-ils, c'est au milieu de ses instruments suspects, qu'il essaye et prépare ses poisons. Semées par des mains habiles, leurs accusations se répandirent en quelques jours de Versailles à Paris, de Paris dans les provinces.

La calomnie était tellement préparée qu'elle éclata avant l'heure. Le 17 février, le Dauphin vivant encore, comme Philippe traversait la cour de Versailles pour donner de l'eau bénite à la duchesse de Bourgogne, il fut accueilli par des murmures. Le 21 février, à la mort du Dauphin, le peuple, irrité,

---

[1] *Voy.* Saint-Simon, t. X, p. 248.

s'attroupa sur son passage, l'appelant assassin et empoisonneur. A Paris, aux funérailles des deux jeunes époux, réunis dans le même char, cet égarement tourna au sacrilége. Le convoi, parti de Versailles à six heures du soir, suivant les bords de la Seine, et le Cours la Reine, arriva à minuit à la porte Saint-Honoré [1]. Le duc d'Orléans menait le deuil, dans sa voiture, accompagné des évêques, des dames du palais, des gardes du Dauphin, de domestiques portant des torches. A son entrée dans la rue Saint-Honoré, il fut accueilli par des huées. Malgré la nuit et l'hiver, de nombreux spectateurs remplissaient la rue, et quand paraissait le duc, comme à un signal donné, ils l'accablaient d'injures, où dominait le mot d'empoisonneur. Quelques forcenés s'avançaient jusqu'à sa voiture, et, sous les yeux des gardes, le menaçaient du poing. Devant le Palais-Royal s'éleva une immense clameur qui se prolongea plusieurs minutes, insultant, non le palais, mais l'hôte. Ces furieux voulaient se jeter sur le duc et le mettre en pièces. Sa froide attitude les arrêta. Le cortége continua sa route, remonta la rue Saint-Honoré, la rue Saint-Denis et s'achemina lentement vers l'Abbaye, où il arriva aux premiers rayons du soleil [2].

Philippe aimait le duc de Bourgogne, et l'avait pleuré comme un frère. Une telle infamie l'accabla.

[1] Au bout de la rue Saint-Honoré, à l'angle de la rue Royale. 27 février 1712.
[2] *Mém. de Saint-Simon.* — « L'exaspération du peuple était si grande, que si le roi eût montré ajouter foi à ces calomnies, dit un historien du duc, le peuple l'eût mis en pièces. » (*Vie de Phil. d'Orléans*, t. 1er, p. 109.)

Le marquis de Canillac, un de ses familiers, entrant un jour dans sa chambre, le trouva couché par terre, baigné de larmes et sanglotant [1]. Indigné à la fin de ces lâches accusations, il alla trouver Louis XIV et lui demanda d'entrer à la Bastille. Le roi hésitait. L'honnête Maréchal, son chirurgien, les arrêta tous les deux en représentant l'horreur d'un tel procès. Mais le but des calomniateurs était atteint : le duc d'Orléans restait suspect. Quand il paraissait à Versailles, les courtisans s'éloignaient comme s'il eût eu du sang sur les mains; les femmes fuyaient la duchesse sa femme. Seul, le duc de Saint-Simon lui resta fidèle. Il continua à se montrer avec lui dans les jardins et dans les appartements. A ceux qui lui reprochaient les dangers d'une telle conduite il répondait qu'il le faisait à dessein, parce qu'il ne fallait pas abandonner ses amis dans le malheur [2]. Après tant de bassesses, on est heureux de rencontrer un honnête homme.

[1] Voltaire, *Siècle de Louis XIV*, p. 205. — V. Dangeau-Lemontey, p. 223.
[2] *Mém. de Saint-Simon*, t. X, p. 265, — *et de Duclos.*

CHAPITRE XII

(1712.)

Difficultés entre la France et l'Angleterre à la mort du duc de Bourgogne.—L'Angleterre exige la renonciation formelle de Philippe V à la couronne de France. — Refus de Louis XIV. — Cessation des rapports entre les ministres de France et d'Angleterre à Utrecht. — Concessions de Louis XIV. — Renonciation de Philippe V à la couronne de France. — Ouverture de la campagne de 1712. — Détresse de la France. — Entrevue de Villars et de Louis XIV. — Noble résolution du roi. — Secrètes négociations entre les cabinets de Londres et de Versailles pour la neutralité de l'armée anglaise dans les Pays-Bas. — Violents efforts des whigs et des Hollandais pour s'y opposer. —Trêve conclue entre la France et l'Angleterre.—Défection des auxiliaires allemands à la solde de l'Angleterre. — Ils passent au service de la Hollande. — Progrès du prince Eugène. — Perte du Quesnoy. — Siége de Landrecies. — Le chemin de Paris. — Journée de Denain. — Désespoir d'Eugène. — Perte des alliés en Flandre. — Campagnes du Rhin, des Alpes, d'Espagne. — Mort de Vendôme. — Arrivée de Berwick dans les Pyrénées. — Heureux résultats de la campagne de 1712.

Les morts si rapides des trois dauphins, qui soulevèrent à Versailles les plus vives passions, eurent un fatal contre-coup à Utrecht. Il ne restait plus entre Louis XIV et Philippe V qu'un enfant de deux ans, frêle, maladif, et miraculeusement échappé du tombeau; sa mort pouvait réunir sur la tête de Philippe V les deux couronnes de France et d'Espagne; les ministres d'Angleterre s'émurent. Quelques jours après la mort du duc de Bourgogne, ils envoyèrent Gautier à Versailles pour déclarer qu'il leur serait impossible de continuer les négociations s'ils n'obtenaient la renonciation immédiate de Philippe V au trône de France et la stipulation formelle de cette renonciation dans la paix d'Utrecht [1].

Par un sentiment d'orgueil monarchique bien déplacé, Louis XIV rejeta cette demande, sous prétexte qu'une telle renonciation serait inutile, parce que le droit à la couronne de France était inaliénable, suivant les constantes traditions de la monarchie. Cette réponse alarma les tories. Les passions étaient soulevées en Angleterre, l'opposition déchaînée, la reine mourante, son successeur whig, et une réaction implacable et évidente se préparait. Un membre de la Chambre des communes, nommé Eversfield, avait déclaré aux applaudissements de l'assemblée que si le droit de faire la paix appartenait à la couronne, celui d'accuser les ministres demeurait au Parlement. Bolingbroke vit l'abîme où cette conduite de Louis XIV allait les entraîner avec la France [2]; il conjura Torcy d'obtenir à tout prix la renonciation de Philippe V, et lui demanda avec tristesse s'il vou-

---

[1] Mars 1712. *Corresp. de Bolingbroke*, t. II, p. 207.

[2] « Nous voulons bien croire qu'en France on est persuadé qu'il n'y a que Dieu qui puisse abolir la loi sur laquelle les droits de la succession des trônes sont fondés. Mais permettez-nous aussi d'être convaincus dans la Grande-Bretagne qu'un prince peut renoncer volontairement à ses droits, et que celui en faveur de qui cette renonciation se fera sera soutenu dans ses prétentions par les puissances qui garantiront le traité (d'Utrecht). » *Corresp. de Bolingbroke*, t. II, p. 278.

lait le faire pendre, lui et son collègue Harley[1]. Louis XIV persévérant dans son refus, la reine écrivit à ses ambassadeurs à Utrecht de cesser tout rapport avec les nôtres. C'était déchirer les préliminaires de Londres; la Hollande, l'Autriche et les whigs battirent des mains et poussèrent des cris de joie et de victoire. La prolongation de la guerre, qu'ils appelaient de tous leurs vœux, semblait certaine.

Louis XIV sentit sa faute, et, il faut le dire, il se hâta de la réparer. Il pressa Philippe V d'opter entre l'Espagne et la France, et annonça à la reine qu'il s'engageait sur sa parole à prendre toutes les mesures qu'elle jugerait convenables pour obtenir la renonciation de son petit-fils[2]. En recevant la lettre de Louis XIV, Philippe V hésita longtemps. Il aimait et regrettait la France; mais le souvenir de cette guerre, où les Castillans avaient pendant dix années défendu son trône au prix des plus généreux sacrifices et du plus pur de leur sang le décida pour l'Espagne. Après une communion solennelle, il annonça sa résolution au marquis de Bonnac, notre ambassadeur à Madrid : « Mon choix est fait, lui dit-il, rien n'est capable de me faire abandonner la couronne que Dieu m'a donnée. » Il informa ensuite Louis XIV qu'il abdiquait ses droits en faveur des autres princes

---

[1] « Nous sommes sur le bord d'un précipice, mais la France y est comme nous. M. de Torcy veut-il faire pendre Robert (Harley) et Henri (Bolingbroke lui-même)? » *Corresp. de Bolingbroke*, p. 278.

[2] Lettre de Louis XIV à Philippe V. 9 avril 1712.—Lettre de Torcy à Bolingbroke. *Mém. de Noailles*.

du sang, le duc de Berry son frère, et le duc d'Orléans son oncle. Cette renonciation désarma la reine Anne. Les Anglais reprirent leurs rapports à Utrecht, et les négociations recommencèrent directement entre les deux cabinets de Versailles et de Saint-James.

Malheureusement, et malgré ces relations pacifiques, mais secrètes, entre Louis XIV et la reine Anne, la guerre n'était pas interrompue. Le printemps commençait, la campagne allait s'ouvrir, et depuis trois ans la France avait épuisé ses dernières ressources. Sa frontière du Nord était considérablement entamée. Les alliés occupaient ce puissant rempart de forteresses élevé par Vauban : Lille, Tournai, Aire, Douai, Saint-Venant, Béthune et Bouchain, désormais tournés contre nous. Eugène campait à soixante lieues de Paris avec cent vingt-cinq canons et cent trente mille hommes, à la solde de la Grande-Alliance. Villars ne pouvait lui opposer que soixante-dix mille hommes et trente canons en mauvais état, traînés par des chevaux de labour ou des chevaux de ses équipages. Les subsistances n'étaient pas assurées ; le maréchal était obligé de séparer et d'éloigner sa cavalerie pour la nourrir. Les ennemis, au contraire, avaient derrière leur armée d'immenses provisions, entassées sur tous les chariots du pays, qui suivaient leurs moindres mouvements. Toute guerre offensive était interdite aux Français, qui se trouvaient réduits à une défensive très-inégale [1]. Ja-

[1] *Mémoires de Villars*, p. 208.

mais, depuis l'ouverture de la guerre, la situation n'avait été plus difficile; en quinze jours Eugène pouvait arriver sous Paris.

Dans ces circonstances, Louis XIV manda Villars auprès de lui. Il le reçut à Marly, au milieu des tentures violettes [1] de deuil, dont les murs étaient couverts par suite de la mort récente de ses enfants. Le royal vieillard était accablé. « Vous voyez mon état, dit-il à Villars en pleurant; il y a peu d'exemples que l'on perde en une semaine son petit-fils, sa petite-fille et leur fils, tous trois de très-grande espérance et très-tendrement aimés. » Après cette première effusion donnée à la nature, le roi remplaça le père : « Suspendons nos douleurs sur les malheurs domestiques, s'écria-t-il, et voyons ce qui peut se faire pour prévenir ceux du royaume. » Il avoua au maréchal qu'il lui confiait sa dernière armée, et lui demanda ce qu'il devait faire en cas de défaite. Villars garda le silence. « Je ne suis pas étonné que vous ne me répondiez pas; mais en attendant que vous me disiez votre pensée, reprit le roi, voici la mienne; vous me direz après votre sentiment. Je sais les raisonnements des courtisans: presque tous veulent que je me retire à Blois et que je n'attende pas que l'armée ennemie s'approche de Paris, ce qui lui serait possible si la mienne était battue. Pour moi, je sais que des armées aussi considérables ne sont jamais assez défaites pour que la plus grande partie de la mienne ne pût se retirer sur la

---

[1] Les rois drapaient en violet.

Somme. Je connais cette rivière : elle est très-difficile à passer; il y a des places que l'on peut rendre bonnes. Je compte aller à Péronne ou à Saint-Quentin, y ramasser tout ce que j'ai de troupes, faire un dernier effort avec vous, périr ou sauver l'État; car je ne consentirai jamais à laisser approcher l'ennemi de la capitale. Voilà comme je raisonne; dites-moi présentement votre avis. » Villars avoua que c'était aussi le sien. « Eh bien donc! reprit le roi, si la bataille est perdue, vous l'écrirez à moi seul. Je monterai à cheval, je passerai par Paris, votre lettre à la main : je connais les Français; je vous mènerai deux cent mille hommes, et je m'ensevelirai avec vous sous les ruines de la monarchie [1]. »

Les efforts de Torcy, le succès de Villars et la fortune de la France devaient épargner au roi cette dernière épreuve. Au moment où les masses du prince Eugène s'ébranlaient, Torcy représenta à Londres combien il serait odieux, quand les préliminaires de la paix étaient arrêtés entre les deux pays, de laisser s'entr'égorger leurs soldats; il pria donc la reine d'accorder d'abord à Louis XIV une trêve, puis de retirer des Pays-Bas les soixante mille hommes de la Grande-Bretagne [2]. La lutte avec un adversaire aussi redoutable que Villars était incertaine; une défaite

---

[1] *Mém. de Villars*, p. 235. On a contesté l'authenticité de cette scène; elle est historique. En 1715, à sa réception à l'Académie, Villars voulait la raconter; Louis XIV s'y opposa par modestie, craignant que l'on n'attribuât cette révélation à un ordre.
[2] Mai 1712.

pouvait irriter et modifier l'opinion en Angleterre; les tories consentirent à une suspension d'armes; mais, afin de pouvoir affronter les colères et les clameurs de l'opposition, ils demandèrent en échange une indemnité immédiate, et, par exemple, la remise de Dunkerque le jour de la trêve. Louis XIV consentit à leur demande, et le duc d'Ormond, qui avait remplacé en Flandre Marlborough, reçut l'ordre d'éviter dans l'intervalle tout engagement avec les Français.

Soupçonnant les desseins des tories, Eugène s'efforça d'employer leurs soldats avant leur départ, et de mettre encore du sang entre l'Angleterre et la France. Il voulut attaquer Villars près de Bohain, et il rangeait déjà ses grenadiers pour engager l'action, lorsque le duc d'Ormond fit desseller sa cavalerie et l'envoya au fourrage. Les généraux hollandais et autrichiens lui ayant vivement reproché sa conduite, d'Ormond allégua froidement des ordres venus de Londres. Malgré cette résistance des Anglais, Eugène persista dans l'intention d'entamer la lutte et de commencer avec eux les opérations. Poussé par sa haine contre Louis XIV, par l'amer souvenir des humiliations reçues en Angleterre, il projetait d'enlever le Quesnoy et Landrecies, nos dernières places en Flandre, de marcher sur Versailles et d'entrer dans le palais de Louis XIV la torche à la main. Il franchit donc l'Escaut et vint investir le Quesnoy avec toute son armée [1]. D'Ormond, qui ne pouvait refuser ses troupes

[1] Juin 1712.

pour un siége, le suivait avec les Anglais ; mais, en dépit de sa coopération, la mésintelligence continua entre le duc et ses collègues. A leurs vives et incessantes récriminations, le général britannique se contentait de répondre : « J'ai des ordres et je les suis. »

D'Ormond, instruit des secrètes négociations qui se poursuivaient entre les ministres de Louis XIV et ceux de la reine Anne, n'attendait plus que la nouvelle de la suspension d'armes pour abandonner ouvertement l'armée alliée. Cette nouvelle arriva enfin. Le 12 juin 1712, un courrier apporta à Villars la copie d'une trêve de deux mois, conclue entre la France et l'Angleterre. Le maréchal la transmit aussitôt au duc d'Ormond, qui la publia dans son camp, et enjoignit à ses colonels de marcher sur Dunkerque ; mais alors survint une difficulté inattendue : les auxiliaires refusèrent d'avancer.

L'armée britannique en Flandre comptait soixante-deux mille hommes, dont douze mille Anglais seulement et cinquante mille Belges, Danois ou Allemands, à la solde de la reine. Ces mercenaires refusèrent d'accepter une trêve qui les renvoyait dans leurs foyers ; ils déclarèrent qu'ils ne reconnaissaient pas d'autre autorité que celle d'Eugène, général de l'Empire et de l'Empereur, et qu'ils resteraient sous ses ordres, à moins d'avis contraires émanés de leurs gouvernements. Le duc d'Ormond les menaça inutilement de supprimer leur solde ; la Hollande promit de les prendre à son service, et ils passèrent sous les drapeaux de la République. Le duc d'Ormond ne put entraîner avec ses Anglais qu'un régiment de dragons belges et six escadrons danois; les autres auxiliaires restèrent sous les murailles du Quesnoy. Le général anglais s'empressa de prévenir Villars de ce fâcheux contre-temps, qui diminuait si fort les avantages de la trêve. Villars refusa de livrer Dunkerque, et Louis XIV écrivit à Londres pour confirmer son refus. Anne répondit qu'elle était désespérée d'une telle désobéissance; qu'elle la regardait comme une insulte personnelle; mais que si Louis XIV consentait néanmoins à livrer Dunkerque, elle lui accorderait une nouvelle trêve de quatre mois, en s'engageant, s'il était plus tard nécessaire, à signer une paix séparée avec la France. Cette loyale déclaration apaisa Louis XIV, et Villars remit par son ordre la ville de Jean Bart aux Anglais [1]. Ce vaillant capitaine ne vit pas du moins l'occupation et la ruine de sa ville natale [2].

Le départ des Anglais porta à son comble l'irritation des Hollandais et des autres confédérés. Ils s'écrièrent qu'il n'y avait pas dans l'histoire d'exemple d'une si noire trahison. Un des députés des Provinces-Unies dit publiquement que la reine Anne répondrait devant Dieu de la servitude de l'Europe. A Utrecht, au mépris du droit des gens, on dessina une roue sur la maison de Strafford, comme pour le menacer d'un supplice réservé aux voleurs de grand

---

[1] 17 juillet 1712.
[2] Jean Bart était mort en 1702.

chemin ¹. De l'autre côté du détroit retentissaient en même temps les clameurs furieuses des whigs. A deux reprises différentes la Chambre des lords, où l'opposition conservait la majorité, protesta contre l'inexplicable inaction de l'armée anglaise. Les whigs exaltaient Marlborough et ridiculisaient son successeur; une caricature représentait Bolingbroke mettant un cadenas à l'épée du duc d'Ormond. L'éloquent Robert Walpole déchirait les tories dans un sanglant pamphlet portant cette épigraphe : *Peuple vénal, parlement vénal* ². Une lutte acharnée et quotidienne partageait la presse.

Les séances du Parlement devenaient chaque jour plus orageuses : c'était comme un champ de bataille, où les deux partis passaient des injures aux provocations et des provocations aux duels.

Les whigs et les alliés plaçaient cependant un dernier espoir dans l'armée d'Eugène, qui commandait encore cent vingt mille soldats, et brûlait de montrer qu'il saurait vaincre sans l'Angleterre. Eugène venait de prendre le Quesnoy avec sa garnison ³, et il allait investir la petite place de Landrecies sur la Meuse. Landrecies était notre dernière forteresse dans le Nord. Les alliés ne rencontraient plus ensuite sur leur route que le château de Guise, qui ne pouvait les arrêter deux jours, et ils arrivaient sous Paris. La terreur régnait dans la capitale. Malgré tous les efforts de

---

[1] Cerisier, t. IX, p. 271.
[2] « Venalis populus, venalis curia patrum. »
[3] 4 juillet 1712.

Villars pour fermer la frontière, un détachement ennemi de douze cents chevaux avaient franchi nos lignes, traversé les Evêchés et la Champagne et jeté l'alarme jusque dans Paris. Plusieurs lieutenants de Villars essayèrent de lui couper la retraite; il se déroba à leur poursuite, repassa la Moselle et la Sarre, et revint en Belgique sans être entamé [1].

Pour assurer la prise de Landrecies, Eugène prit les plus grandes précautions, déploya toute l'activité et toutes les ressources de son génie. Il chargea le général hollandais Fagel d'assiéger la place, relia son camp à Marchiennes, où était le dépôt général des alliés, par une ligne de retranchements et de redoutes, les appuya par un corps de douze mille hommes postés à Denain, et assura ainsi l'approvisionnement du corps de siége. Les convois ennemis arrivaient de Marchiennes à Denain, puis de Denain à Landrecies, à travers une double ligne de retranchements, comme entre deux murailles. Les alliés se croyaient certains du succès, et nommaient déjà leurs lignes *le chemin de Paris*. Placé lui-même entre Denain et Landrecies avec le reste de ses troupes, Eugène tenait Villars en échec, et s'apprêtait à lui livrer bataille s'il faisait un pas vers la ville assiégée.

Le temps pressait; Landrecies ne pouvait tenir que quelques jours, et, aussitôt prise, les alliés inondaient la Picardie. Il fallait attaquer Fagel devant Landrecies, ou couper la ligne de retranchements

---

[1] Juillet 1712. *Mém. de Villars*, p. 209.

qui protégeaient ses approvisionnements, et qui avait neuf lieues d'étendue. Villars s'arrêta à ce dernier dessein. Un conseiller au Parlement de Flandre, nommé Lefebvre d'Orval, avait remarqué la faiblesse d'une partie des retranchements ennemis du côté de Denain, et prévenu le ministre de la guerre[1]. Voysin avertit le maréchal, qui résolut sur-le-champ d'en profiter et d'attaquer Denain. L'entreprise était difficile, en présence d'Eugène, qui, campé devant Villars, observait ses moindres mouvements ; le maréchal imagina une ruse de guerre qui eut le succès le plus complet. Il envoya plusieurs officiers reconnaître la Sambre, comme s'il voulait passer cette rivière et délivrer Landrecies. Eugène est averti par ses éclaireurs, et donne dans le piége. Il se rapproche de Landrecies et s'éloigne de Denain.

Informé du succès de sa ruse, Villars fait construire des ponts sur l'Escaut, au delà duquel est situé -nain, et, le 23 juillet au soir, il s'avance sur Landrecies. Le succès de cette feinte manœuvre était subordonné au secret le plus absolu ; le maréchal laissa donc ses généraux partager l'erreur des ennemis ; le lieutenant-général d'Albergotti, un de ses meilleurs officiers, étant venu lui faire des représentations sur la témérité de l'expédition projetée : « Allez vous reposer, monsieur d'Albergotti, répondit simplement Villars, demain, à trois heures du matin, vous saurez

---

[1] *Archives de la guerre*, vol. 2389.—Dépêche du 23 juillet 1712.

si les retranchements des ennemis sont aussi bons que vous le croyez [1]. »

Mais lorsque, après quelques heures de marche, l'armée reçoit l'ordre de rétrograder sur l'Escaut, l'inquiétude se répand dans les rangs et se traduit par de nombreux murmures; les généraux eux-mêmes s'étonnent, se troublent et ne veulent plus entendre les paroles rassurantes de Villars. M. de Vieux-Pont, arrivé à deux lieues de l'Escaut à la pointe du jour, lui fait dire qu'il est découvert par l'ennemi, ce qui est faux, et lui demande des ordres. M. de Puységur, officier d'artillerie habile et expérimenté, propose de s'arrêter et de camper où l'on est : « A quoi diable songez-vous? lui dit Villars avec une brusquerie toute militaire, qui révèle l'inquiétude de son esprit et l'impatience du succès. Avançons! » En même temps il envoie des officiers ventre à terre pour hâter l'achèvement des ponts jetés sur l'Escaut, et il monte lui-même dans sa chaise, afin de se rendre plus vite sur le fleuve [2].

A son arrivée sur l'Escaut il trouva des bateaux tout préparés, tandis que l'ennemi, enfermé dans Denain, demeurait immobile. Le silence du camp allié lui rendit sa confiance. « Puisque j'en ai le temps, dit-il avec gaîté, buvons deux coups. » Puis il se fit attacher sur la poitrine une peau de buffle, la seule arme défensive dont il se servît quelquefois dans les

---

[1] *Mém. de Villars*, p. 210.
[2] *Mém. de Villars*, p. 210.

circonstances périlleuses, et, suivi d'une troupe de cavalerie, il traversa l'Escaut. Au delà du fleuve il trouva un large marais dont il ignorait l'existence; mais comme il n'y avait pas un instant à perdre, il y entra avec une partie de son infanterie, tandis que l'autre s'avançait à pied sec sur une chaussée étroite qui se trouvait non loin de là.

Les soldats qui le suivaient avaient de la boue jusqu'à la ceinture, et lui-même, quoique monté sur un très-grand cheval, ne traversa pas sans obstacles[1]. Enfin, le 24 juillet, à onze heures du matin, il arriva en bataille devant Denain.

Le comte d'Albemarle[2], gentilhomme anglais au service de la Hollande, gardait la place avec douze mille soldats, couverts à la fois par les grandes lignes qui reliaient Landrecies et par un camp retranché qui entourait Denain. Effrayé d'avoir à combattre Villars et toute son armée, il fait prévenir Eugène d'accourir à l'instant. Mais Eugène s'était rapproché la veille de Landrecies, et il se trouvait alors à trois lieues de Denain[3]. Malgré la diligence du courrier, le prince fut averti de l'arrivée de Villars quand les Français passaient déjà l'Escaut. Eugène ordonna sur-le-champ à ses généraux de rassembler l'armée et de se diriger à marches forcées sur Denain. Il part lui-même au galop, arrive à Denain, examine les retranchements, exhorte d'Albemarle à tenir jusqu'à

---

[1] *Mém. de Villars*, p. 211.
[2] Le duc d'Albemarle était fils du célèbre Monck.
[3] Reboulet, t. III, p. 512.

son retour, puis remonte à cheval et court presser ses soldats.

Avant que les Autrichiens aient le temps d'accourir, Villars, avec ses premiers bataillons, se jette sur ces doubles lignes qui formaient le *chemin de Paris*, et les emporte à la baïonnette. Puis, sans attendre que le reste de ses troupes ait franchi l'Escaut, il range son infanterie en colonne, l'artillerie dans les intervalles, les grenadiers en tête, et attaque le camp retranché qui couvre Denain. Les Hollandais l'y reçoivent avec des décharges de mousqueterie et d'épaisses volées de mitraille; mais ses colonnes avancent sous le feu. A cinquante pas, l'ennemi fait une décharge générale et meurtrière; nos grenadiers serrent les rangs et continuent leur marche. A vingt pas, nouvelle décharge plus fatale encore. Cette fois deux bataillons reculent; mais ils reviennent quelques instants après et reprennent leur place. Les Français touchaient au pied des retranchements. M. d'Albergotti propose de faire des fascines pour combler le fossé; Villars lui montre au bout de la plaine les Autrichiens qui approchent : « Croyez-vous, lui dit-il, que ces messieurs nous en laissent le temps? Nos fascines seront les corps de nos gens qui tomberont les premiers dans le fossé[1]. » Et il commande l'assaut. Les Français s'élancent en avant, escaladent le retranchement sur les épaules les uns des autres, et sautent dans le camp, la baïonnette au

[1] *Mém. de Villars*, p. 211.

bout du fusil. Dominés par cette attaque irrésistible, les Hollandais reculent dans le village, dans le cimetière et jusque dans l'église, où ils ne songent plus qu'à vendre chèrement leur vie. Des bataillons démoralisés gagnent en toute hâte les deux ponts placés sur l'Escaut, qui s'écroulent sous les fuyards. Quelques-uns s'échappent à la nage; la plupart tombent au pouvoir des vainqueurs. Echauffés par la marche et par l'assaut, les Français n'accordent pas de quartier. Plusieurs généraux ennemis, poursuivis par les soldats, se précipitent au-devant du cheval de Villars, qui s'empresse de s'assurer de leurs personnes pour leur sauver la vie. Des grenadiers saisissent le duc d'Albemarle au moment où, suivi de quelques tambours, il faisait battre la charge pour rallier les siens, et lui mettent la baïonnette sous la gorge. Un de leurs capitaines écarte les mousquets, et parvient non sans peine à le soustraire à leur fureur. Des douze mille hommes qui gardaient Denain, huit mille perdent la vie [1].

Eugène, qui accourait à la hâte, arriva trop tard. Les Français entraient dans Denain; ils avaient rompu tous les ponts, à l'exception de celui de Prouvy, qu'ils n'avaient par eu le temps de détruire; mais il était bien gardé; le prince essaya très-inutilement de l'emporter [2], et dut renoncer à son entre-

---

[1] Reboulet, t. III, p. 510. — Folard. — *Remarques sur Polybe.* — *Histoire d'Eugène.* — *Archives de la guerre.*

[2] « Il perdit plus de 1,000 hommes, et cela très-inutilement : car, quand on lui auroit abandonné les ponts, il n'en auroit pas plus osé passer l'Escaut devant l'armée du roi. » *Mémoires de Berwick*, p. 421.

prise, après avoir perdu plus de mille soldats en quelques instants. Le désespoir dans le cœur, Eugène, du haut d'une colline qui dominait Denain, put contempler à la fois le massacre et la déroute. A ce spectacle il ne put retenir des imprécations et des jurements. Les députés de Hollande, qui voyaient mourir leurs concitoyens avec la froide, mais courageuse résignation de leur pays, s'efforçaient vainement de le calmer. Il déchirait les dentelles de ses manches, mordait ses gants [1], rappelant ce sombre Charles d'Anjou, qui mordait son sceptre de rage en voyant couler ses vaisseaux.

Profitant de l'enivrement de son armée, et sans laisser refroidir cette furie française, Villars poursuit habilement ses avantages. Il attaque et s'empare sur-le-champ de tous les postes établis sur la Scarpe jusqu'à Douai, Saint-Amand, Mortagne, Anchin, Marchiennes, dépôt général des alliés, qu'il enleva en quatre jours, et où il prit cinq mille hommes et plus de deux cents pièces de canon, et contraignit aussi le prince Eugène à lever le siége de Landrecies, faute de vivres [2]. En deux mois, le Quesnoy, Douai, Bouchain [3], conquêtes des années précé-

---

[1] Continuation de Rapin-Thoyras, t. XII, p. 565.
[2] *Mém. de Villars*, p. 216.
[3] « Jamais, madame, miracle ne fut mieux marqué ni révolution plus subite; Il y a trois mois que nous étions sans courage, sans troupes, sans munitions, sans artillerie, sans voitures, et ne pouvant qu'être spectateurs de ce que M. le prince Eugène vouloit faire. Il est spectateur à Mons; on n'entend plus parler de son armée; la nôtre emporte tout ce qu'elle attaque. Il y a tous les jours des exemples de la valeur romaine dans les moindres soldats; c'est à qui marchera à Bouchain. »

dentes, ouvrirent successivement leurs portes au maréchal. Quinze généraux et vingt mille hommes restèrent prisonniers; cent pièces de gros canon, cinquante mortiers et quatre cents milliers de poudre allèrent garnir nos arsenaux épuisés. Enfin, Eugène fut rejeté sur la frontière, où il ne put se maintenir, et bientôt après il se retira sous Bruxelles avec une armée vaincue, démoralisée et presque anéantie [1]. Après la prise de Denain, Villars avait envoyé soixante drapeaux à Louis XIV. Quand il parut à Versailles, le roi l'accueillit par cette parole aussi flatteuse que méritée : « Monsieur le maréchal, vous nous avez sauvés tous. » Villars fut d'autant plus sensible à cet éloge que les envieux avaient pu espérer un instant que tant de services resteraient méconnus [2].

Telle fut cette brillante campagne de Flandre. Sur le Rhin, la guerre languissait comme l'année précédente, mais non sans avantage pour la France. Le duc de Wurtemberg traversait le Rhin avec l'armée allemande, canonnait pendant deux journées les lignes de Weissembourg, puis repassait le fleuve après cette infructueuse tentative [3]. Dans les Alpes, le duc de Savoie, qui songeait de plus en plus à se rapprocher des puissances occidentales, résistait aux instances de l'Autriche et refusait de se mettre à la tête de ses soldats. Enhardi par son inaction, Berwick

---

Lettres de madame de Maintenon à madame des Ursins, t. II, p. 322-323.

[1] Octobre 1712.
[2] *Mém. de Villars*, p. 217.
[3] Août 1712.

passa les montagnes, leva des contributions en Italie, et ne se retira que devant Victor-Amédée, qui arrivait enfin pour le combattre [1].

En Espagne, Vendôme faisait ses préparatifs pour reprendre aux Autrichiens leurs dernières places : Tarragone et Barcelone. En attendant l'ouverture de la campagne, il s'était arrêté à Vignaroz, sur les bords de la Méditerranée, dans un des sites les plus heureux de la Péninsule, où il s'oubliait dans les plaisirs de la table, lorsqu'il tomba sérieusement malade, et en quelques jours il fut à l'extrémité. A la vue de son état, les misérables qui l'entouraient pillent ses vêtements, ses meubles, et fuient en emportant leur proie. Quelques-uns s'approchent de son lit, et, sans pitié pour les supplications du moribond, arrachent ses draps et ses couvertures, et le laissent expirer sur sa paillasse [2]. Déplorable fin d'un homme qui, malgré ses vices, est resté une des grandes figures du règne ! Philippe V répara dignement cet outrage en faisant prendre le deuil à toute l'Espagne, et en faisant déposer à l'Escurial, près des tombeaux des rois, le corps du grand capitaine.

Vendôme emportait dans la tombe les secrets de la campagne. Les Autrichiens reprirent aussitôt l'offensive. Stahremberg marcha sur Girone, occupée par une garnison française, la resserra étroitement

---

[1] Octobre 1712.
[2] Le 10 juin 1712. *Voy.* Saint-Simon, t. 10, p. 314-315. — Vendôme avait épousé, en 1710, Marie-Anne de Bourbon-Condé, sœur de la duchesse du Maine.

pendant neuf mois, et réduisit les assiégés à la plus affreuse famine. Ils allaient se rendre, quand Louis XIV envoya Berwick à leur secours avec l'armée des Alpes. Berwick traversa le Languedoc, franchit les Pyrénées, culbuta les Catalans et les Autrichiens et ravitailla Girone, dont les défenseurs étaient pâles de faim [1]. Stahremberg rentra dans Barcelone pour n'en plus sortir. L'Angleterre, en vertu de la trêve, lui retira ses bataillons et ses subsides, et il ne garda plus que les Catalans et quelques milliers d'Autrichiens, d'Allemands et de Hollandais à la solde de la Grande-Alliance. A l'autre extrémité de l'Espagne, en Estramadure, le roi de Portugal Jean V, à l'exemple de Victor-Amédée, se rapprochait secrètement de Louis XIV. Il rappelait ses armées, signait une suspension d'armes avec Philippe V, et envoyait à son ambassadeur à Utrecht l'ordre de débattre les conditions d'une paix définitive.

Ainsi finit l'année 1712. La France était partout triomphante. Sur le Rhin, le duc d'Harcourt repoussait les Allemands au delà du fleuve; dans les Alpes, Berwick envahissait l'Italie; puis, rappelé en Espagne, il remplaçait Vendôme et renfermait Stahremberg dans Barcelone; en Flandre, Villars battait Albemarle, ruinait l'armée d'Eugène, reprenait la moitié des places perdues, et, vengeant l'honneur de nos soldats, il envoyait à Versailles soixante drapeaux arrachés à l'Autriche et à la Hollande. La vue

[1] 4 janvier 1713. *Archives de la guerre*, vol. 2358, 2404, 2405, 2406, 2407.

de ces trophées, qui rappelaient sa jeunesse, réjouit le cœur attristé du vieux roi. Il entrevit dès lors le terme de cette longue guerre, qui avait épuisé la France et ébranlé son trône. Déjà l'Angleterre, le Piémont, le Portugal, posaient les armes. L'épée de Villars avait tranché le nœud des négociations. Louis XIV pouvait maintenant traiter avec honneur, au bruit du canon de ses armées. Après de si épouvantables revers, ces succès parurent si merveilleux que le peuple les attribua à l'intercession du duc de Bourgogne auprès de celui qui donne les victoires et protége les nations [1].

---

[1] « Tout Paris veut que la révolution de nos affaires en Flandre soit un effet de la protection de M. le Dauphin, tant on y est persuadé de sa sainteté. » *Lettres de madame de Maintenon*, édit. Auger, t. II, p. 316.

CHAPITRE XIII

(1712-1713.)

Continuation du congrès d'Utrecht. — Révolution opérée par la victoire de Denain. — Insulte des laquais de Ménager par ceux de Rechteren. — Réparation exigée par Louis XIV. — Conséquence de cette affaire. — Négociations directes entre l'Angleterre et la France. — Voyage de Bolingbroke à Paris. — Concessions de la reine Anne à Louis XIV. — Découragement des alliés. — Rapprochement du Piémont, du Portugal et de la Prusse. — Mission de Peterborough à Turin. — Hésitations et demandes exagérées du duc de Savoie. — Trêves avec le Piémont, le Portugal et la Prusse. — Ouvertures pacifiques de la Hollande. — Réparation faite à Ménager par les Etats-Généraux. — Négociations entre la Hollande et la France. — Sérieuses difficultés touchant la Belgique et le tarif de 1699. — Loyale intervention de l'Angleterre. Menaces de Strafford aux Etats-Généraux. — Signature des traités d'Utrecht. — Conséquences de ces traités.

A Utrecht, cependant, depuis la journée de Denain, la physionomie du congrès était changée. Les négociations demeuraient interrompues; mais les ambassadeurs de la Grande-Alliance montraient une plus grande modération dans leur conduite et leur langage. Les ministres de Savoie fréquentaient ouvertement les nôtres, ceux de Portugal et de Prusse les imitaient avec une certaine réserve; seuls, les Hollandais, les Allemands et les Autrichiens témoignaient le même éloignement pour la France. Les

Etats-Généraux imputaient aigrement à l'Angleterre le massacre de leur infanterie à Denain et les revers de la campagne. Heinsius et Zinzendorf s'efforçaient de rabaisser auprès des divers ministres les succès de Villars. Leurs émissaires allaient partout répétant que l'armée du prince Eugène était toujours supérieure en nombre; qu'il allait envahir la Picardie, écraser les Français et pousser cette fois jusqu'à Paris. Les Hollandais, sur le territoire desquels se tenait le congrès, s'efforçaient par tous les moyens de clore les conférences. Ils allaient jusqu'à dire aux Français qu'ils pouvaient retourner dans leur pays; sur quoi l'abbé de Polignac leur fit cette réponse péremptoire: « Non, Messieurs, nous ne sortirons pas d'ici, et nous traiterons de vous, chez vous et sans vous. »

Une sotte et ridicule affaire, qui survint sur ces entrefaites, servit les rancunes de la Hollande et ralentit de nouveau la reprise des négociations. Le jour où l'on apprit à Utrecht la victoire de Denain[1], comme le comte de Rechteren, député des Provinces-Unies, et zélé partisan de la guerre, passait en voiture devant l'hôtel de Ménager, ses laquais prétendirent que ceux de Ménager leur avaient fait des grimaces, pour insulter à la défaite de leur nation. Sur les plaintes de Rechteren, Ménager lui fit dire qu'il entendait ne laisser insulter personne par ses domestiques, et qu'il était prêt à les punir, si l'ambassa-

[1] 27 juillet 1712.

deur hollandais les reconnaissait. Rechteren avoua qu'il n'avait pas distingué les coupables, mais que ses gens sauraient bien les trouver eux-mêmes, si Ménager consentait à les laisser entrer dans son hôtel. Le ministre de Louis XIV invoqua le principe du droit des gens, et, comme ses domestiques niaient l'accusation, il refusa de soumettre sa demeure à une investigation de laquais.

A quelque temps de là, Rechteren rencontra Ménager sur la belle promenade du Mail à Utrecht, où il causait avec son collègue, et lui renouvela sa demande. Ménager répondit, non sans raison, que s'il ouvrait son hôtel aux Hollandais, ceux-ci ne manqueraient pas d'y trouver des coupables, et qu'il ne pouvait livrer les accusés aux accusateurs. Rechteren alors s'emporta : « Je suis revêtu comme vous, dit-il, d'un caractère souverain, et je ne souffrirai pas une insulte. Le maître et les valets se feront justice [1]. » Puis, se tournant vers ses gens, il leur dit en hollandais qu'ils pouvaient vider eux-mêmes leur querelle. La promenade continuait. Tout à coup arrivent les domestiques de l'ambassadeur français, les habits en désordre, le visage couvert de sang; ils se plaignent d'avoir été assaillis à l'improviste, couverts de meurtrissures et menacés de coups de couteau. Au lieu de déplorer ces violences, Rechteren approuve la con-

---

[1] Dans les nombreux Mémoires de Rechteren et de Ménager, déposés aux Archives de La Haye, et relatifs à cette affaire, nous devons dire que Rechteren nie cette réponse, rapportée dans tous les documents français.

duite de ses gens, s'écriant qu'il les aurait chassés s'ils avaient agi différemment [1]. Ménager garde le silence. Sa voiture suivait à quelques pas ; il salue ses collègues et s'éloigne. Il écrit ensuite à Louis XIV pour lui exposer les faits et lui demander des instructions. Le roi lui ordonna de cesser tout rapport avec les Hollandais jusqu'à ce qu'il eût obtenu la plus éclatante réparation. Les États-Généraux essayèrent d'assoupir l'affaire, en alléguant l'état d'ivresse de leur député ; la reine Anne employa elle-même ses bons offices auprès de Louis XIV ; le roi refusa tout accommodement, et les conférences demeurèrent encore une fois interrompues. Ce nouveau grief vint s'ajouter aux nombreuses raisons qui empêchaient déjà la reprise des conférences [2].

Sans s'inquiéter de cette complication, les ministres de France et d'Angleterre continuaient à traiter directement par l'intermédiaire de Gautier et de Prior. Les deux cabinets réglaient ensemble les droits des alliés, bien résolus, si ces derniers refusaient plus tard de les accepter, à signer seuls la paix à Utrecht. Pour accélérer les négociations, la reine envoya en France un de ses propres ministres, lord Bolingbroke, avec mission de renouveler la trêve, près d'expirer, et d'aplanir les derniers obstacles. Bolingbroke fut reçu en France avec un enthousiasme mêlé de res-

---

[1] Rechteren avoue lui-même ces paroles, et il les explique en disant qu'il valait mieux laisser vider cette affaire entre valets qu'entre maîtres, et surtout entre souverains.

[2] Cerisier, t. IX, p. 418.

pect. Dès son arrivée, la marquise de Croissy, mère du ministre des affaires étrangères, lui offrit chez elle un logement pour toute la durée de son séjour. C'était l'été [1]. La cour était à Fontainebleau; Torcy vint prendre chez sa mère l'illustre voyageur et le présenta lui-même au roi. Louis XIV accueillit Bolingbroke avec la grâce qu'il savait montrer quand il voulait plaire. Il lui fit préparer un magnifique appartement dans le château et lui prodigua les attentions les plus délicates et les plus flatteuses. Lorsque le ministre d'Angleterre prit congé, il lui fit remettre par M. de Torcy un diamant d'un grand prix que le Dauphin portait à son chapeau, et que le roi lui-même avait fait monter en bague [2]. Paris imita la cour, et salua dans Bolingbroke, non-seulement l'envoyé d'une grande nation désormais amie, mais pour ainsi dire un bienfaiteur de l'humanité. A son entrée à l'Opéra, tous les spectateurs se levèrent comme devant le roi.

Pendant son séjour en France, Bolingbroke décida Louis XIV à céder au duc de Savoie la Sicile et la Sardaigne, qu'il avait réservées jusque-là pour son fidèle allié l'électeur de Bavière. L'Angleterre nous garantit en échange la possession de Strasbourg. Bolingbroke avait d'abord promis à l'Empire cette vieille métropole germanique; mais la conduite des ambassadeurs allemands à Utrecht, où ils changeaient, di-

[1] Août 1712.
[2] *Extraits de Dangeau*, publiés par Lemontey, p. 231. — 21 août 1712.

sait-il, un congrès de paix en un conseil de guerre et de provocations, le décida à laisser Strasbourg à la France. C'est ainsi que les conseils de l'Autriche firent perdre à l'Allemagne une des plus fortes barrières du Rhin [1]. Torcy signa ensuite avec Bolingbroke une nouvelle trêve de quatre mois. L'Angleterre devait cesser tout subside aux souverains de la Grande-Alliance, et rappeler d'Espagne ses régiments. Un traité secret garantit à Louis XIV ces diverses stipulations.

Le voyage triomphal de Bolingbroke causa à Utrecht une impression profonde. Les ministres de France et d'Angleterre reprirent leur assurance [2], et ceux de Hollande, d'Allemagne et d'Autriche manifestaient leurs inquiétudes et leur découragement. Les ambassadeurs de Savoie, de Prusse et de Portugal, au contraire, voyant les puissances occidentales s'unir de plus en plus, visitaient publiquement les ministres de France. Il était certain maintenant que Louis XIV et la reine Anne allaient imposer la paix à l'Europe, et que le redoutable faisceau de la Grande-Alliance était rompu.

Profitant des avantages de leur situation, de la faveur de la fortune et de la puissance que leur donnait leur union, Bolingbroke et Torcy redoublèrent

[1] Bolingbroke le dit expressément dans ses Mémoires. La correspondance de Bolingbroke et de Prior le prouve d'ailleurs surabondamment. *Voy.* notamment Lamberty, t. VII, p. 521. Lettre du 20 septembre 1712.

[2] « Nous prenons la figure que les Hollandais avoient à Gertruydemberg, écrit l'abbé de Polignac, et ils prennent la nôtre : c'est une revanche complète. »

d'efforts pour entraîner à leur suite les puissances restées encore indécises. Ils s'adressèrent principalement au duc de Savoie, le plus rusé et le plus ambitieux des alliés. Dès l'ouverture du congrès, ses ambassadeurs avaient noué des relations avec les Français et les avaient conservées, malgré la rupture des conférences et les récriminations de leurs collègues. Lors du voyage de Ménager à Londres, le duc de Savoie avait revendiqué la protection de l'Angleterre et participé aux négociations les plus secrètes. La reine Anne avait consenti à prendre ses intérêts sous sa sauvegarde, pour le décider à quitter aussitôt la Grande-Alliance, et, lors de la signature des préliminaires, elle avait obtenu pour lui, par une convention séparée, la Sicile et le titre de roi. Mais l'avide Piémontais n'était point satisfait. Il réclamait en outre, sous ce commode prétexte de barrières, les forteresses italiennes d'Exilles et de Fenestrelles, depuis longtemps occupées par les Français, la ville forte de Briançon et plusieurs vallées du Dauphiné, qui devaient arrondir singulièrement ses États au delà des Alpes. A ces seules conditions il consentait à quitter la Grande-Alliance. Mais Louis XIV refusait de céder des villes et des territoires qui donnaient au Piémont les clefs de ses frontières. Pour décider et modérer le duc de Savoie, l'Angleterre envoya à Turin le comte de Peterborough, un des hommes les plus brillants et les plus déliés de sa diplomatie, qui, en haine de Marlborough, avait passé des whigs aux tories. Avec Peterborough, Victor-Amédée changea de langage. Il affecta de redouter la vengeance de l'Autriche dans le cas où il embrasserait la cause des puissances de l'Occident. L'ambassadeur feignit de partager ses craintes, et l'assura que si l'Empereur envahissait ses États, l'Angleterre l'aiderait de ses subsides et la France de ses armées; que s'il hésitait plus longtemps, au contraire, il offenserait la reine Anne, sa gracieuse et toute-puissante protectrice, et qu'elle l'abandonnerait alors aux exigences de Louis XIV et aux représailles de l'Empereur. Victor-Amédée se laissa convaincre, mais ne céda rien de ses prétentions sur les forteresses italiennes et sur sa barrière du Dauphiné. Louis XIV accorda les premières, refusa Briançon et offrit en échange plusieurs vallées françaises qui se trouvaient au milieu de la Savoie, de telle sorte que les Alpes pussent servir désormais de frontière aux deux pays. Après de longues conférences, Victor-Amédée adhéra enfin à ces propositions. Il licencia ses armées et abandonna la Grande-Alliance[1]. Il se retirait, avec des conditions inespérées, d'une guerre où il avait trahi deux fois ses engagements et combattu ses deux gendres. Mais il devait expier dans sa famille et dans son pouvoir cette injuste et monstrueuse prospérité.

La défection de la Savoie fut comme un signal. Les autres puissances semblaient n'attendre que son exemple; l'exemple donné, toutes le suivent. Le Portugal se prononça le premier; son jeune roi,

[1] Octobre 1712.

Jean V, dévot, débauché, despote[1], soutenait sans succès et sans espoir la cause de l'Autriche en Espagne. Il avait sacrifié la fleur de son armée à Almanza et à Villaviciosa, subi l'affront et le désastre de Rio, et n'avait reçu de Vienne que de vagues promesses. L'archiduc Charles, qui devait lui donner l'Estramadure, avait perdu et quitté l'Espagne pour aller se faire couronner à Francfort, et il était incapable d'indemniser le Portugal de tout le sang versé pour lui. Avec l'appui de la Grande-Bretagne, au contraire, Jean V comptait obtenir de Louis XIV, sinon en Espagne, du moins en Amérique, plusieurs territoires dont il revendiquait la propriété. Il signa donc d'abord une trêve avec l'Espagne, et retira ses troupes d'Estramadure[2]. Il insinuait en même temps à Utrecht, par les ambassadeurs de la reine Anne, qu'il était prêt à poser les armes si Louis XIV voulait lui céder en toute propriété les deux rives du fleuve des Amazones. Sur les pressantes sollicitations de l'Angleterre, Louis XIV ayant consenti à admettre cette demande et promis de la reconnaître dans le prochain traité d'Utrecht, Jean V abandonna alors publiquement la Grande-Alliance. Mais la cession d'un fleuve lointain ne compensait pas, à beaucoup près, le bombardement de Rio, le ravage des frontières, la ruine des finances et des armées du Portugal, et surtout ce fameux et sinistre traité de Me-

---

[1] Il traitait ses ministres aussi mal que Frédéric-Guillaume Ier ses enfants : à coups de bâton.
[2] Novembre 1712.

thuen, signé durant la guerre, et qui devait asservir le Portugal aux Anglais pendant cent ans [1].

Un mois après le Portugal, la Prusse, à son tour, se détacha de la coalition. Son souverain et son premier roi était Frédéric Ier [2], qui avait été un puissant auxiliaire de Léopold Ier dans ses guerres contre les Turcs, et avait sacrifié de la sorte trente mille sujets à l'espoir d'une couronne dont la légitimité était au moins douteuse; mais si ce prince fut dissipateur et prodigue, mobile et vaniteux, il s'est acquis des titres incontestables à la reconnaissance de ses compatriotes. Vivement stimulé par sa seconde femme, Sophie-Charlotte, la disciple et l'amie de Leibnitz, il se montra pendant tout son règne le protecteur éclairé des lettres et des arts, et fut le fondateur des Académies de Halle et de Berlin.

Frédéric Ier souhaitait depuis longtemps la paix; mais, comme Victor-Amédée, il demandait des conditions trop élevées pour l'obtenir : la reconnaissance

---

[1] Ce traité, signé en 1703, et portant le nom de Methuen, son auteur, n'a été abrogé qu'en 1810. Il assurait aux Anglais l'introduction de leurs articles manufacturés (étoffes de laine, etc., etc.), en échange desquels ils emportaient les vins du Portugal et l'or du Brésil. De cette façon ils ruinaient l'industrie portugaise, incapable de produire à aussi bon marché qu'eux-mêmes, et ils retiraient du pays tous ses métaux précieux. En industrie comme en politique, les fautes s'enchaînent. Si le traité de Methuen n'eût pas existé, les Anglais auraient été forcés de payer de leur argent les vins portugais; le Portugal eût gardé son or, et son industrie eût pu subsister.

[2] Frédéric Ier, électeur de Brandebourg en 1688, roi en 1701, mort en janvier 1713. C'est l'aïeul du grand Frédéric. Sa seconde femme, Sophie-Charlotte, était née en 1668, l'épousa en 1684 et mourut en 1705. (V. sur Frédéric Ier les *Mémoires pour servir à l'histoire du Brandebourg*, par Frédéric le Grand, 1754, in-12, p. 43.)

de sa royauté, la principauté de Neuchâtel, qu'il avait acquise pendant la guerre, la province espagnole de Gueldre, contiguë au duché prussien de Clèves, et comprenant Gueldre, Ruremonde et Vanloo. Les puissances occidentales consentaient à reconnaître ses droits à la couronne et ses prétentions sur la principauté de Neuchâtel; mais elles lui refusaient la Gueldre. La Hollande convoitait ardemment cette province, enclavée dans son territoire, et les États-Généraux avaient obtenu du ministère whig un traité secret, signé le 29 octobre 1709, qui lui en assurait la possession. Il était dès lors très-difficile de l'ôter à la République pour la donner au roi de Prusse. Les tories prirent un terme moyen : exaspérés par les whigs, dont les attaques continuaient dans les deux chambres, ils désavouèrent la convention de 1709, en déclarant aux Communes que ceux qui l'avaient signée étaient les ennemis de la paix et de la reine, et offrirent ensuite à Frédéric Ier, s'il voulait quitter la coalition, la possession de la Gueldre, sauf Ruremonde et Vanloo, qu'ils réservèrent à la Hollande. Après quelques difficultés, le roi de Prusse se décida à accepter, conclut une trêve avec la France et rappela ses troupes des Pays-Bas [1]. Ainsi se poursuivait peu à peu la dissolution de la Grande-Alliance; de sept peuples unis contre nous, trois seulement conservaient leurs armes : l'Autriche, l'Allemagne et la Hollande.

[1] Décembre 1712.

Mais la Hollande elle-même était ébranlée : son trésor était épuisé, son armée en partie détruite, son commerce anéanti. Dans l'impuissance de supporter seule le fardeau de la guerre, elle se décida enfin à traiter, et, au mois de décembre 1712, elle pria la reine Anne, à laquelle Louis XIV témoignait les plus grands égards, de s'entremettre en sa faveur. Le roi, qui n'avait pas oublié les humiliations de Gertruydemberg et les récentes insultes de Rechteren, repoussa toute ouverture avant d'avoir reçu satisfaction des violences commises envers Ménager. Les Hollandais offrirent de désavouer Rechteren dans un Mémoire; mais Louis XIV exigea une réparation plus éclatante, et les États-Généraux durent céder. Dans un dîner d'apparat, chez le maréchal d'Huxelles, où se trouvaient Ménager et la plupart des ambassadeurs présents à Utrecht, les députés hollandais déclarèrent que la République blâmait la conduite de Rechteren, et que, pour en donner une preuve manifeste, elle révoquait sa commission au congrès. Rechteren fut en effet rappelé d'Utrecht et remplacé par un autre plénipotentiaire [1]. A cette condition, les conférences recommencèrent entre les ambassadeurs de France et les députés des États-Généraux.

Les anciennes difficultés déjà soulevées à Gertruydemberg et à La Haye reparurent alors. La première était cette délicate question des places belges, que la République réclamait pour y mettre garnison et

[1] 29 janvier 1713.

s'en servir de barrière contre la France. Découvrant une ambition longtemps cachée au fond de leurs cœurs, les Hollandais demandèrent, non plus l'occupation, mais la propriété de ces villes [1]. L'Angleterre, la France et l'Autriche, déjà souveraine des Pays-Bas, ayant rejeté cette prétention d'une voix unanime, les Hollandais réclamèrent du moins, pour fortifier leur barrière, Tournai, Lille et Béthune, en un mot, les villes prises par les alliés dans les dernières campagnes de Flandre. C'était ouvrir notre frontière du Nord, la plus faible et la plus menacée du royaume. Louis XIV refusa. Après des conférences, qui durèrent plusieurs semaines, les États-Généraux renoncèrent à Lille, mais ils réclamèrent Tournai, qui relevait de nos rois depuis les premiers temps de la monarchie, et en outre les priviléges commerciaux accordés aux Français en Espagne, l'exemption du droit de cinquante sous par tonneau établi sur les vaisseaux étrangers, pour protéger notre marine marchande; le rétablissement du tarif modéré de 1664 et l'abolition du tarif de 1699, plus favorable à la France.

Louis XIV fit les plus larges concessions : il promit à la Hollande tous les priviléges commerciaux accordés à ses sujets en Espagne, l'exemption du droit de cinquante sous, le tarif même de 1664, à la seule condition de maintenir les droits existants sur quatre classes de marchandises : les sucres, les draps, les baleines et les salaisons, pour lesquelles la con-

---

[1] Continuation de Rapin-Thoyras, t. XII, p. 606.

currence des Hollandais était ruineuse. La pêche et surtout celle du hareng étant souvent la plus féconde de leurs richesses[1], les États-Généraux insistèrent sur la libre entrée de leurs salaisons. D'un autre côté, la France, qui sacrifiait déjà sa marine marchande, ne pouvait sacrifier encore son commerce; les États-Généraux, s'obstinant dans leurs prétentions, Louis XIV ne voulut céder ni Tournai, ni le tarif entier de 1699.

L'Angleterre intervint de nouveau dans l'intérêt de la paix, si vivement désirée par la reine et ses ministres; une réaction manifeste s'accomplissait à Londres en faveur de la Hollande, ancienne alliée, sœur politique et religieuse de la Grande-Bretagne: la reine était à l'extrémité, sa mort rappelait les whigs et rompait toutes les conventions établies depuis deux ans; Harley et Bolingbroke représentèrent à Louis XIV les dangers d'un plus long retard et le prièrent d'épuiser sur-le-champ la mesure des concessions qu'il pouvait faire. Ils écrivirent en même temps aux États-Généraux de tenir compte de la générosité des Français et d'accepter le tarif de 1699, avec les exceptions invoquées par Louis XIV, rendues nécessaires par l'état de l'industrie française. Excités à la lutte par l'Autriche, soutenus en Angleterre par les whigs et l'opinion, les Hollandais répondirent que les quatre exceptions au tarif frappaient les branches

[1] Suivant le comte d'Avaux, ambassadeur de France à La Haye, soixante mille personnes en Hollande vivaient de la pêche du hareng. Suivant les Mémoires de Jean de Witt, cinq cent mille personnes vivaient de la grande pêche (morue, baleine, etc.).

les plus considérables de leur commerce, et ils écrivirent à la reine une lettre désolée, la suppliant publiquement de prendre leur défense[1]. Louis XIV offrit alors l'abandon du tarif entier de 1699, à la condition de garder Tournai; les États-Généraux refusèrent encore, sous ce spécieux prétexte, qu'ils ne pouvaient se passer de la terre grasse de Tournai pour la fabrication de leurs faïences.

Cette avidité des Provinces-Unies rangea de notre côté l'Angleterre, déjà jalouse de l'extension des Hollandais en Belgique et sur les frontières de France. Le colonel Strafford somma brusquement les États-Généraux de se prononcer dans le plus bref délai. L'évêque de Bristol ajouta, avec une froide politesse, que le congrès durait depuis plus de quatorze mois, qu'un plus long retard compromettait la paix du monde, et que si les hésitations de la République continuaient, il avait l'ordre de signer seul et sur-le-champ la paix avec la France. Cette menace décida les Hollandais. Ils gardèrent Tournai, le tarif de 1664, mais Louis XIV maintint les quatre exceptions sur les marchandises, en promettant toutefois des adoucissements sur l'entrée des harengs dans le royaume[2].

Toutes les conditions de la paix générale étant ainsi réglées, sur le refus de l'Allemagne et de l'Autriche d'y prendre part, les ambassadeurs réunis à Utrecht rédigèrent les traités et y apposèrent leurs signatures. Les Anglais signèrent les premiers, les

[1] 28 février 1713.
[2] Lamberty, t. VIII, p. 53.

ministres de Piémont, de Portugal et de Prusse, signèrent ensuite ; les tenaces Hollandais, les derniers, à une heure du matin. L'Angleterre et la Hollande conclurent en même temps un traité de commerce avec la France et l'Espagne, par lequel Philippe V ratifiait toutes les promesses de son aïeul. Il accordait aux États-Généraux les priviléges déjà accordés aux Français, mais ces priviléges étaient peu importants. La Hollande qui, malgré la rigueur des lois castillanes, faisait un commerce clandestin avec les colonies espagnoles[1], où elle écoulait avec avantage les produits de ses manufactures, sollicita vainement la continuation de ce négoce de contrebande. L'Angleterre s'y opposa et fit écarter sa rivale des ports de l'Espagne, de l'Afrique et de l'Amérique. Elle réserva pour elle seule l'entrée des colonies espagnoles, fermées à toutes les puissances de l'Europe, même à la France. La Hollande dut s'incliner et se taire.

Tels sont les divers traités qui constituent la paix d'Utrecht et règlent tout le xviiie siècle. On le voit, ces traités, qui élevaient si haut l'Angleterre, abaissaient au contraire la Hollande ; elle se retirait d'une lutte de dix années, où elle avait généreusement donné son or et son sang, avec une dette énorme, une marine décimée par nos corsaires, un commerce amoindri, et pour compenser tant de sacrifices, elle

---

[1] Les colonies espagnoles étaient tellement dépourvues de marchandises et de commerce, ce que l'on pouvait y faire était si profitable, qu'en 1702, des marchands de Saint-Malo, s'étant rendus à Lima, y vendirent leur cargaison en gagnant 800 p. 100. V. Ulloa, 2e partie, p. 105. Cité par M. Weiss, t. II, p. 242.

n'obtenait que Ruremonde, l'augmentation de son inutile et coûteuse barrière, sans aucune concession nouvelle pour son commerce, source unique de sa grandeur. La paix d'Utrecht ouvrait l'ère de sa décadence. Après avoir été, pendant tout le xviiie siècle, une grande puissance, la Hollande retombait au second rang. Le parti de la guerre, parti insensé dans un pays producteur, avait provoqué à plaisir cet abaissement. Deux fois, à Gertruydemberg et à La Haye, les États-Généraux avaient tenu dans leurs mains les destinées du monde, Louis XIV leur offrant alors le rôle que devait prendre plus tard l'Angleterre; deux fois ils avaient laissé fuir l'occasion. Malheur aux peuples gouvernés par des soldats !

Comme la Hollande, la France se retirait de la lutte, épuisée d'hommes et d'argent. Mais si elle cédait la moitié de la succession de Charles II, quelques villes de Flandre, quelques vallées des Alpes, quelques colonies d'Amérique, quelques conditions défavorables à sa marine et à son commerce, elle gardait du moins toutes les conquêtes de Louis XIV, l'Artois, la Flandre, l'Alsace, la Franche-Comté, le Roussillon. La paix d'Utrecht achevait l'œuvre de Henri IV et de Richelieu, et consacrait la défaite de l'Autriche, renversée du trône de Charles-Quint. Elle assurait à un petit-fils de France l'Espagne et les Indes, et réalisait la belle parole de Louis XIV : Il n'y a plus de Pyrénées. Ce triomphe, il est vrai, coûtait cher, mais il honorait singulièrement notre pays. Au sortir d'une guerre générale de dix ans, la France avait soutenu, dix ans encore, une nouvelle lutte contre l'Europe, et, malgré d'effroyables désastres, l'hiver, la famine, la banqueroute, elle se retirait sans être vaincue, maintenant l'honneur de ses drapeaux et la réputation de ses armées.

La paix d'Utrecht, si glorieuse pour la France, était surtout favorable à l'Angleterre, dont elle fondait la richesse et la grandeur. L'Angleterre partageait l'Espagne avec la France. Elle laissait à Louis XIV les troupes, les flottes, le gouvernement de la Péninsule, et prenait ses ports et ses colonies. Elle s'établissait à Port-Mahon et à Gilbraltar, d'où, malgré les douanes espagnoles, elle allait inonder le pays de ses produits; en Afrique, elle accaparait le précieux monopole de la traite des nègres; en Amérique, les riches marchés de Cuba, du Chili, du Pérou, de la Colombie; elle donnait à ses pêcheurs l'île de Saint-Christophe, aux portes du Canada resté français, Terre-Neuve, la baie et le détroit d'Hudson, jusqu'aux glaces du pôle; elle couvrait de ses comptoirs et de ses vaisseaux les rivages des deux océans et les mers des deux mondes. Sans aucun droit à la succession d'Espagne, par le seul talent de ses hommes d'État, elle recueillait la plus belle part de l'héritage de Charles II. La paix d'Utrecht révélait le génie si différent des deux peuples : les Anglais avaient le profit, nous l'honneur.

CHAPITRE XIV.

(1713-1714.)

Refus de l'Empire et de l'Autriche d'accéder à la paix d'Utrecht. — Guerre entre l'Allemagne, l'Autriche et la France. — Dernière campagne sur le Rhin entre Eugène et Villars. — Succès de Villars. — Prise de Landau. — Passage du Rhin. — Ravages de l'Allemagne. — Siége de Fribourg. — Importance de cette place. — Brillant assaut donné au Ross-Kopf. — Détresse d'Eugène. — Sa marche inutile sur Fribourg. — Continuation du siége. — Retraite de la garnison dans la citadelle. — Ruse inhumaine du gouverneur, déjouée par Villars. — Capitulation de la citadelle de Fribourg. — Négociations entre l'Autriche et la France. — Entrevue de Villars et d'Eugène au château de Rastadt. — Caractère de cette négociation. — Difficultés relatives à l'Electeur de Bavière et aux Catalans. — Rupture et reprise des négociations. — Paix de Rastadt, entre l'Autriche et la France. — Ouverture des négociations avec l'Allemagne. — Acceptation de la paix de Rastadt par les plénipotentiaires de l'Empire assemblés à Bade. — Importance de ces traités. — Tristes résultats de la guerre de la succession d'Espagne.

La guerre n'était pas encore finie. Des sept nations qui formaient la Grande-Alliance, cinq avaient désarmé, mais deux, l'Allemagne et l'Autriche, combattaient encore. Lors de la signature du traité d'Utrecht, la reine Anne avait vainement insisté auprès des ambassadeurs autrichiens pour les décider à accéder à la paix générale de l'Europe; ils avaient répondu que l'Empereur avait droit à la succession entière de Charles II; qu'il ne pouvait accepter des conventions qui donnaient la Sicile à Victor-Amédée et l'Espagne à Philippe V; que, les droits de leur maître étant incontestables, il en appelait de nouveau à la Providence et à la souveraine décision des batailles.

La lutte continue donc entre l'Autriche et la France. Dans cette seconde lutte comme dans la première, l'Empire suit l'Empereur. Certes il importait peu aux princes germaniques que Charles VI eût l'Espagne et la Sicile. L'intérêt évident de l'Allemagne, au contraire, était d'affaiblir cette colossale maison de Habsbourg, qui depuis Charles-Quint la gouvernait comme une de ses provinces. Tandis que l'Autriche, éloignée par sa situation des champs de bataille, préservait ses États des calamités de la guerre, l'Allemagne était seule exposée aux invasions des souverains des puissances voisines. Depuis douze ans les armées françaises et impériales foulaient son territoire, démantelaient ses forteresses, brûlaient ses villes et dévastaient ses campagnes. Les deux incendies du Palatinat avaient fait éprouver aux provinces rhénanes des pertes qu'elles ne pouvaient avoir oubliées, et les ruines toutes fumantes encore des palais de Manheim et de Heidelberg étaient là pour témoigner des terribles sacrifices que l'alliance de l'Autriche avait imposés à l'Empire.

Depuis le commencement de la guerre de la succession, deux fois les escadrons de Villars avaient traversé l'Allemagne et jeté la terreur jusqu'au Danube. Après des avantages mêlés de revers, les Français occupaient encore, sur la rive allemande du Rhin, Brisach, Kehl et Philipsbourg. L'Allemagne, livrée à elle-même, eût assurément accepté les propositions de Louis XIV ; mais l'Autriche, qui pesait sur ses conseils, décida la diète germanique à les rejeter. La diète, convoquée à Francfort, vota cent mille hommes et quatre millions de thalers [1] pour subvenir aux frais de la campagne, et au printemps de 1713 la guerre recommença sur le Rhin entre l'Allemagne, l'Autriche et la France. Les deux rivaux de Denain, Eugène et Villars, s'y retrouvaient face à face, avec les vétérans des premières campagnes et les débris des armées qui luttaient ensemble depuis douze ans.

Avec son audace ordinaire, Villars attaque le premier. Sans laisser à l'ennemi le temps de se reconnaître, il publie qu'il va passer le Rhin. Il se dirige en effet sur Rastadt avec une partie de sa cavalerie, et prend toutes ses mesures pour faire croire à l'ennemi que tous ses efforts doivent se porter sur ce point, puis il revient précipitamment sur ses pas, se met à la tête de son infanterie, qu'il forme en brigades, pour accélérer la marche, fait seize lieues en vingt heures et arrive à quelque distance de Landau, place importante, prise et reprise deux fois pendant la guerre, et dont il voulait s'assurer la conquête avant d'aller plus avant. Cette manœuvre hardie

---

[1] Environ 16 millions. 31 mai 1713.

exigeait surtout une grande célérité, et comme quelques soldats succombaient à la fatigue : « Mes amis, leur dit-il, ce n'est que par la vigilance et de telles peines que l'on attrape les ennemis. — Pourvu, lui répondirent-ils, que vous soyez content et que nous les attrapions, ne vous embarrassez pas de notre peine, nous avons bon pied et bon courage [1]. » Le succès dépassa ses espérances. Eugène, convaincu qu'il aurait à tenir tête au maréchal, avait dégarni ses forteresses du Rhin et l'attendait de pied ferme à Rastadt, au moment même où les habitants de Spire voyaient de loin nos colonnes se développer dans la plaine. Telle était leur illusion qu'ils prenaient les Français pour des troupes amies, et croyaient qu'une armée impériale avait franchi le Rhin à Philipsbourg. Ils furent bientôt désabusés. Villars, pour récompenser ses soldats de l'activité qu'ils avaient déployée et les exciter à mieux faire encore à l'avenir, leur abandonna les caves du pays, remplies de vins généreux, et, désormais à l'abri de toute surprise, il leur laissa deux jours de repos. Ce délai passé, la discipline se rétablit aussitôt dans les rangs, et cette armée, tout à l'heure débandée et pillarde, se rapprocha de Landau dans le meilleur ordre, et se prépara à investir la place [2].

Landau avait de bonnes fortifications, réparées par Vauban, et renfermait douze mille hommes des meilleures troupes de l'Empire, commandées par le duc

[1] *Mémoires de Villars*, p. 218.
[2] 25 juin 1713.

Alexandre de Wurtemberg, un des généraux les plus estimés de l'Allemagne. Le siége dura deux mois, et, dans l'intervalle, les assiégés tentèrent à plusieurs reprises d'entrer en pourparlers avec Villars, afin d'obtenir une capitulation honorable; ils consentaient à livrer la place, mais à la condition d'en sortir avec les honneurs de la guerre. Le maréchal était sourd à toute proposition, et voulait que toute la garnison restât prisonnière; et comme les parlementaires alléguaient que leur général ne consentirait jamais à subir une telle humiliation : « Reportez votre capitulation, répliqua-t-il; bien des compliments à M. le prince de Wurtemberg. Vous lui direz que je considère trop son mérite pour ne pas priver quelque temps l'Empereur de ses services et de ceux des braves gens qui défendent Landau. » Il persista, et les événements lui donnèrent bientôt raison : la ville se rendit aux conditions fixées par le vainqueur [1].

Eugène, cependant, était demeuré immobile sur la rive allemande, derrière les lignes d'Ettlingen, dans le pays de Bade. En dépit de ses prières et de ses ordres, les princes germaniques n'envoyèrent pas leurs contingents; le général des armées impériales n'avait pas assez de monde pour franchir le Rhin, et il dut sacrifier Landau.

Villars, informé de ces circonstances, résolut de les mettre à profit, de prendre l'offensive, de pénétrer sans plus tarder dans le centre de l'Allemagne,

[1] Août 1713.

et de marcher droit sur Fribourg en Brisgau. Toutefois, avant de réaliser ce projet, il eut soin de fortifier Landau et d'y laisser des forces assez imposantes pour tenir les Impériaux en respect dans le cas où ils voudraient tenter une diversion de ce côté; puis il revint à Strasbourg pour s'occuper exclusivement des moyens de porter la guerre sur l'autre rive du Rhin. Il avait à lutter contre des difficultés très-sérieuses. Indépendamment de l'énorme quantité d'approvisionnements qu'il avait à réunir pour subvenir à la nourriture de deux cents bataillons et de plus de trois cents escadrons rassemblés dans un rayon très-circonscrit, il lui fallait encore des chariots pour transporter les vivres et les munitions, et des bateaux pour traverser le fleuve. Pour comble d'embarras, les Suisses alléguaient des capitulations qui les autorisaient à ne pas servir au delà du Rhin. Villars ne crut pas devoir insister, malgré les instructions contraires du ministère; il lui répugnait de sévir contre des soldats que les éventualités de la guerre pourraient appeler à lutter contre leurs compatriotes. Quant aux autres obstacles, il en triompha rapidement, grâce à l'admirable discipline qui régnait dans son armée et à la stricte économie qu'il avait su introduire dans son administration. C'est un fait remarquable que, dans un pays occupé militairement depuis plus de trois mois, il ne se trouva pas un paysan qui eût à se plaindre des calamités inséparables de la guerre, et qui fût contraint de quitter sa demeure.

Tout en veillant au rassemblement de son matériel,

Villars recourait sans cesse à de nouvelles feintes, dans le but d'entretenir dans l'esprit de son adversaire l'incertitude la plus complète sur le parti auquel il s'était arrêté. Il avait, en conséquence, fait faire à ses troupes une suite de marches et de contre-marches de Mayence à Huningue ; il avait placé des ponts portatifs sur le Rhin en différents endroits, donnant à penser par ces mouvements que tous ses efforts étaient dirigés contre les lignes d'Ettlingen et contre Rastadt, déjà menacées une première fois. Cependant quarante bataillons, commandés par le comte du Bourg, un de ses meilleurs lieutenants, étaient partis secrètement pour Fribourg, et, le 17 septembre, au sortir d'un bal qu'il avait donné à Strasbourg, et pendant lequel il avait distribué ses derniers ordres, le maréchal jetait le masque, quittait la ville et traversait le Rhin. Il lance aussitôt en avant ses cavaliers, qui rançonnent l'Empire jusqu'au Danube, remonte la rive allemande du Rhin et vient camper, après trois jours de marche, sous les murs de Fribourg avec une armée de cent trente mille hommes. Un mouvement aussi rapide, exécuté en vue des armées et des lignes autrichiennes, au milieu de l'Allemagne ravagée et désormais ouverte, présageait à Villars les résultats les plus heureux. En montrant aux populations de l'Empire l'impuissance de l'Empereur, il devait croire que le jour n'était pas éloigné où les États allemands se décideraient à abandonner la cause de l'Autriche [1].

---

[1] « Il étoit important, en effet, dit Villars, que ces peuples, las de la

Quoi qu'il en soit, et pour donner une consécration à de si légitimes espérances, il fallait prendre Fribourg.

L'entreprise était difficile. Le siège était hardi et dangereux. Situé au pied des gorges de la forêt Noire, Fribourg avait de bonnes fortifications, une excellente citadelle, dix-huit mille soldats, et devant elle une chaîne de montagnes hérissée de redoutes et de retranchements qui le couvraient comme un premier rempart. Sur la principale de ces hauteurs, le Ross-Kopf [1], montagne haute et escarpée, le général autrichien Vaubonne [2] campait avec huit mille soldats. Avant d'investir la place, il fallait emporter d'abord le Ross-Kopf et occuper ensuite toutes les hauteurs.

A peine arrivé devant Fribourg, Villars attaque le Ross-Kopf. Il avait avec lui deux princes du sang : le duc de Bourbon et le prince de Conti, le duc de Richelieu, destiné plus tard à une renommée aussi éclatante que scandaleuse, et une foule de jeunes officiers qui venaient essuyer les derniers coups de canon d'une longue guerre. Leur présence redouble son audace. En touchant cette terre d'Allemagne, théâtre de ses premiers triomphes, le maréchal semble retrouver lui-même l'énergie de ses jeunes an-

---

guerre, fussent confirmés dans leur mécontentement par notre retour dans un pays si couvert de lignes et de retranchements, qu'ils le croyoient inaccessible. » *Mémoires de Villars*, p. 223.

[1] Mot à mot : tête de cheval.

[2] Le marquis de Vaubonne était Français; il s'était expatrié à la suite d'un duel, et avait pris du service en Autriche.

nées. Souffrant encore de sa blessure, il se fait hisser sur son cheval par deux soldats [1], range en colonne son armée et la mène à l'attaque du Ross-Kopf. Le lieutenant-général du Bourg demandait des fascines, des pioches et des outils pour couvrir l'attaque. Villars avait hâte de prendre ce poste, dans la crainte que les ennemis, prévenus à temps, n'y envoyassent des renforts. « Rien de tout cela, dit-il, comme autrefois à Denain : des hommes [2]. » Il envoie cinq cents grenadiers en avant, se met lui-même à la tête des troupes, et, escorté de son brillant état-major, il donne l'ordre de monter à l'assaut. Malgré la raideur de la pente et le feu plongeant de l'ennemi, les Français montent en gardant leurs rangs. La terre glissait sous leurs pas; ils gravissent en s'aidant de leurs mains et en s'accrochant aux rochers. Au milieu de l'escalade, le cheval de Villars s'abat des quatre pieds et roule sur les bords d'un précipice. Le maréchal se jette rapidement à terre, puis se traîne en boitant à l'assaut, soutenu par ses grenadiers. Après une mêlée sanglante, les Français culbutent les Autrichiens et restent maîtres du Ross-Kopf.

Ce premier avantage justifiait une fois de plus la hardiesse des conceptions du maréchal. Comptant sur l'imprévu d'une attaque inopinée, il avait précipité sa marche de manière à arriver devant la place en même temps que son lieutenant du Bourg, et il avait

---

[1] Il lui fallait toujours deux hommes pour le mettre à cheval.
[2] *Mémoires de Villars*, p. 223.

réussi au gré de ses desirs. Mais les convois de vivres étaient restés en arrière, et le pain vint à manquer. Toutefois, tel était le prestige de la victoire qu'il n'hésita pas à lancer des détachements dans toutes les directions, avec mission de s'assurer des positions qui dominaient Fribourg. « Nos troupes, à leur retour, dit-il, trouvèrent du pain sec, pas trop abondamment; mais quand le soldat est victorieux on le contente de peu [1]. »

Ces précautions prises, Villars ouvrit la tranchée devant la place, malgré l'époque avancée de la saison [2].

Pendant ce temps, Eugène était toujours retenu à Ettlingen, où il maudissait l'apathie des princes allemands, qui l'empêchaient de combattre. Au lieu de cent dix mille hommes qu'il devait commander, il en comptait à peine soixante mille. La diète avait voté quatre millions de thalers, et il n'en avait pas reçu trois cent mille; sa détresse était telle qu'il ne pouvait payer les lettres de change qui lui arrivaient de toutes parts. L'Autriche n'avait plus à sa disposition les trésors de la Hollande et de l'Angleterre. Pour se procurer des ressources, Charles VI avait vendu aux Génois le marquisat de Finale, et il empruntait à grand'peine à Amsterdam un million de florins [3]. Eugène dépêchait vainement courrier sur courrier à l'Empereur. Il sentait qu'il allait perdre Fribourg

---

[1] *Mémoires de Villars*, p. 223.
[2] 20 septembre 1713.
[3] Rousset, t. III, p. 331.

comme Landau, et, dans son désespoir d'abandonner à Villars ces magnifique vallons du Rhin, il proposait de sonner le tocsin dans tous les villages, de lever en masse les paysans et d'armer deux cent mille hommes [1]. La diète étant restée sourde à ces exigences, peu conformes au caractère germanique; et, plus inspiré par le dépit que par la raison, Eugène tenta du moins de sauver Fribourg. Il marcha tout à coup sur Villars, espérant le surprendre au milieu des travaux du siége, le mettre entre deux feux et le forcer à combattre en même temps l'armée impériale et la garnison. Mais Villars était sur ses gardes. Averti de l'approche d'Eugène, il fortifia si bien les montagnes qu'il ne lui laissa d'accès que par la plaine, où il lui opposa toute son armée et lui offrit la bataille [2]. Eugène espérait que les assiégés lui donneraient le signal de l'attaque. Il attendit une journée entière, et, voyant qu'ils demeuraient immobiles, il revint tristement sur ses pas.

Cependant le temps marchait; la saison devenait mauvaise; on était à moitié d'octobre, et chaque jour apportait à Villars de nouvelles inquiétudes.

Louis XIV, qui avait reçu de secrètes ouvertures de l'Empire [3], lui avait envoyé des pouvoirs pour traiter, et le moindre échec devant Fribourg rendrait

---

[1] Lamberty. Continuation de Rapin-Thoyras.
[2] *Mémoires de Villars*, p. 224.
[3] Suivant d'Antin (*Mémoires de d'Antin*, p. 106), ce fut Louis XIV qui proposa la paix; suivant Flassan, ce fut l'Empereur. — Dans ses *Mémoires*, Villars prétend que la cour de Vienne lui avait fait des propositions indirectes pendant le siége de Landau.

à l'Autriche toute sa confiance, augmenterait ses prétentions et peut-être aussi modifierait ses desseins. Enfin Eugène pouvait recevoir les renforts qu'il attendait depuis si longtemps, et il reviendrait alors avec des forces supérieures, ravitaillerait la place ou livrerait bataille. Soutenus par cet espoir, les assiégés prolongeaient la résistance. Ils tenaient vaillamment, livraient de nombreux combats et défendaient chaudement leurs ouvrages. Dans une sortie ils avaient perdu douze cents hommes; mais à l'attaque d'une lunette deux mille grenadiers français et presque tous les capitaines qui les commandaient étaient morts sur la brèche; Villars lui-même avait reçu à la hanche un si violent coup de pierre que ses habits en avaient été percés.

Le maréchal sentit la nécessité d'emporter au plus tôt la place, et pour réussir mit en œuvre tous les moyens que lui suggérait sa vieille expérience militaire. Ingénieur aussi consommé que brillant général, il dirigea lui-même tous les travaux d'approche, dressa cent pièces d'artillerie devant les remparts, ouvrit d'énormes brèches, combla les fossés, et, le 30 octobre, il se trouva en mesure de donner un assaut décisif. Le baron d'Arsch, gouverneur de Fribourg, ne l'attendit pas. Il s'enferma dans la citadelle avec les huit mille hommes qui lui restaient, abandonnant la ville à la discrétion du vainqueur, et avec elle les femmes, les blessés et les nombreux paysans qui s'y étaient réfugiés. Les vivres lui manquaient, et il comptait forcer Villars à nourrir ces malheureux.

Il lui écrivit dans ce but une lettre fort adroite, où il le suppliait de leur donner du pain, espérant, disait-il, que sa religion ne lui permettrait pas de laisser périr des chrétiens. Le gouverneur spéculait ainsi sur la générosité bien connue de Villars, et en même temps il conjurait Eugène d'accourir au plus vite, lui promettant de tenir jusqu'à son arrivée.

Les lois de la guerre ne prescrivaient pas de nourrir des soldats abandonnés à dessein par l'ennemi. Villars vit le piége et sut l'éviter. S'il cédait aux instances du gouverneur, il épuisait ses vivres en trois semaines, et il n'était pas sûr de prendre la citadelle avant un mois. Il avait perdu beaucoup de monde. L'automne, froid et pluvieux dans ces hautes régions, touchait à son terme. Déjà les montagnes de la forêt Noire se couvraient de neige. S'il échouait devant Fribourg, il fallait repasser le Rhin à la hâte, traîner dans les boues ses voitures, ses canons et ses malades, au milieu de pays soulevés et devant une armée victorieuse. Il savait, d'autre part, que les troupes du château n'avaient de vivres que pour deux mois, et que, si elles étaient dans la nécessité de les partager avec cinq mille personnes de la ville, la résistance ne pourrait pas dépasser trois semaines. En présence de considérations aussi sérieuses, il n'y avait pas à hésiter. « Mon honneur, ma religion, répondit Villars au gouverneur, et ce que je dois à mon maître, ne me permettent pas de laisser du pain à un ennemi qui n'en veut que pour tuer les Français ; ainsi vous enverrez du pain aux soldats que vous avez abandonnés, ou vous répondrez à Dieu de ceux qui périront à vos yeux [1]. » Ayant évité de la sorte ce perfide stratagème, le maréchal attendit pendant deux jours la réponse du baron d'Arsch. Le troisième, il fit conduire devant la citadelle vingt de ses soldats déjà épuisés par la faim. A ce spectacle, les assiégés se soulèvent et forcent le gouverneur à envoyer à leurs compagnons du pain et de la viande. Le baron, qui espérait à tout moment voir le prince arriver à son secours, demanda un dernier délai pour lui envoyer un message et recevoir ses instructions. Villars accorda cinq jours. Ce terme écoulé, au moment où il se préparait à recommencer le feu, le gouverneur rendit la citadelle [2]. Villars emmena prisonniers les six mille hommes qu'elle contenait, laissa dans Fribourg une forte garnison et repassa le Rhin. L'hiver était venu. Cette retraite victorieuse ne se fit pas sans de grandes difficultés : deux pieds de neige couvraient la terre. Il fallut ouvrir des chemins à force de bras [3].

La prise de Fribourg et les courses de la cavalerie française décidèrent enfin l'Allemagne à poser les armes. Les députés de l'Empire, réunis à Francfort, votèrent une adresse à Charles VI, le suppliant de leur donner une paix prochaine, ou de leur permettre au moins une neutralité qui les affranchît de l'invasion [4]. Ce manifeste mit fin aux incertitudes de l'Empereur : l'Autriche était épuisée, la Turquie

---

[1] *Mémoires de Villars*, p. 226.
[2] 13 novembre 1713.
[3] *Mémoires de Villars. Archives de la Guerre*, vol. 2462.
[4] Rousset, t. III, p. 331.

menaçante, la Hongrie frémissait encore. Charles VI comprit enfin que le temps des illusions était passé, et qu'il devait à tout jamais renoncer à l'Espagne, que l'Europe entière avait garantie à Philippe V ; il envoya donc des pouvoirs au prince Eugène, qui fit demander à Villars une entrevue dans le château de Rastadt, sur les bords du Rhin [1]. La proposition fut acceptée, et au jour fixé, les deux généraux se rendirent au magnifique château du margrave, avec un cortége d'officiers et de diplomates, MM. de Saint-Contest et du Luc pour les Français, les comtes de Gœz et de Seilern pour les Autrichiens[2]. Villars, venu le premier, reçut le prince sur le grand escalier et l'embrassa cordialement. Tous deux se présentèrent les personnes de leur suite, puis se retirèrent chacun dans ses appartements. Pour s'affranchir des dangereuses entraves de l'étiquette, qui avaient arrêté tant de négociations, ils convinrent de se traiter en soldats. Ils se partagèrent le château : Eugène prit le côté de l'Allemagne, Villars celui de la France. De cette façon, ils ne pourraient voir les messages qui arriveraient des deux gouvernements. Ils décidèrent enfin qu'ils dîneraient tous les jours l'un chez l'autre, et qu'ils se réuniraient le soir chez Villars, dont l'appartement était le plus spacieux[3].

[1] « Le château de Rastadt, bâti magnifiquement par le feu prince Louis de Bade, et que sa veuve prêta pour y tenir entre les deux généraux les conférences de paix entre la France, l'Empereur et l'Empire. » *Mémoires de Saint-Simon*, t. XI, p. 97.

[2] 26 novembre 1712.

[3] *Mémoires de Villars.*

Ces dispositions établies, les pourparlers commencèrent. La première question, la succession d'Espagne, ne souleva aucun obstacle. L'Empereur ne pouvait refaire à lui seul la paix d'Utrecht; il laissa donc à Victor-Amédée la Sicile, à Philippe V l'Espagne et les Indes, et reçut en échange la Belgique, le Milanais, la Sardaigne et le royaume de Naples. Eugène dit plaisamment à ce sujet qu'il était forcé d'apposer son sceau sur les péchés de l'Angleterre et de la Hollande. Mais d'autres embarras survinrent : l'Autriche ne consentait à céder Landau qu'après en avoir rasé les murailles, et les Français prétendaient garder la ville et les fortifications. Louis XIV, de son côté, réclamait le rétablissement de nos alliés, les électeurs de Bavière et de Cologne, mis au ban de l'Empire et dépouillés de leurs États, avec une indemnité pour les pertes qu'ils avaient subies pendant la guerre. L'Empereur ne s'opposait pas à leur restauration, mais il refusait un dédommagement pécuniaire. Eugène alléguait que leurs domaines avaient été mis sous le séquestre, préservés de la moindre dévastation; que leurs meubles étaient encore dans leurs châteaux. Villars insinuait quelques mots touchant le rappel de Ragoczi, et l'Empereur intercédait en faveur de ses fidèles Catalans, qui, après huit années de combats, se trouvaient abandonnés par tous les souverains, réduits à Barcelone, assiégés par une armée française et par Berwick, et menacés des représailles de Philippe V. Eugène déclara qu'il avait ordre de se retirer, si Louis XIV ne rappelait ses troupes d'Espagne. Villars ayant refusé, Eugène insista pour qu'il fût du moins possible d'envoyer à Barcelone des vivres et de l'argent. Villars refusa de nouveau. Mais ayant surpris dans la conversation que l'Empereur n'avait ni troupes ni vaisseaux, il consentit à lui accorder un droit dont il était incapable de se servir[1]. Par un honorable scrupule, Charles VI voulait seulement montrer à l'Europe qu'il n'abandonnait pas des hommes qui avaient versé leur sang pour sa cause[2].

Cette question de Barcelone souleva de brûlants débats. Les deux capitaines oubliaient parfois la mission de conciliation qui les réunissait; d'un naturel ardent et impétueux, ils s'irritaient des objections qui leur étaient faites, et le tumulte des camps venait alors rompre pour un moment la tranquillité des conférences[3]. Mais si les discussions étaient passionnées, elles n'étaient jamais blessantes : quand, de part ou d'autre, les récriminations avaient été trop vives, Eugène et Villars se faisaient porter des excuses par leurs officiers. L'honneur du soldat couvrait alors la dignité du négociateur. Quelquefois des reparties familières remplaçaient les apostrophes. Un jour, après un orageux débat, comme Eugène parlait de recommencer la guerre : « Mais si vous recommencez la guerre, dit Villars, où prendrez-vous

---

[1] *Mémoires de Villars*, p. 231.
[2] Après la plus héroïque résistance, Berwick prit Barcelone.
[3] « Qui nous eût entendus, dit Villars, eût cru que nous n'avions pas deux heures à passer ensemble. » *Mémoires de Villars*.

de l'argent? — Il est vrai que nous n'en avons pas, répondit Eugène, mais il y en a encore en Allemagne.

— Pauvre Allemagne! s'écria Villars, on ne vous demande pas votre avis pour entrer en danse, mais il faut bien que vous suiviez ensuite[1]. » Au sortir des conférences, les généraux et les officiers des deux nations se réunissaient et cherchaient dans le jeu, comme sous la tente, des distractions aux longues soirées d'hiver[2].

Après de nombreux pourparlers, Louis XIV accepta la restauration pure et simple des Électeurs, à condition toutefois que Landau resterait à la France avec ses fortifications; la paix semblait donc assurée, lorsque Eugène réclama le maintien de tous les priviléges de la Catalogne, en déclarant que l'honneur de ses maîtres y était intéressé. Villars repartit avec raison que Charles VI était avant tout empereur d'Allemagne, qu'il valait mieux sacrifier la Catalogne que ruiner l'Empire, et les négociations demeurèrent encore une fois interrompues. Ajoutons que de misérables intrigues, de basses jalousies arrêtaient les grands intérêts des nations. En France, les ennemis de Villars, au nombre desquels nous regrettons d'avoir à nommer M. de Torcy, s'efforçaient de lui ravir la gloire du traité; ils s'autorisaient de la longueur des conférences pour insinuer que les généraux des deux nations imaginaient mille pré-

---

[1] *Mémoires de Villars*, p. 228.

[2] « Néanmoins, pour ne pas perdre l'habitude de batailler, nous jouions au piquet tous les soirs. » *Ibid.*

textes pour amener une rupture et prolonger une guerre qui servait leurs intérêts en perpétuant la nécessité de leurs services [1].

En Autriche, les courtisans, détenteurs des domaines confisqués sur la Bavière, entrevoyaient avec dépit la restauration de l'Électeur, qui les obligerait à les restituer. Après soixante-treize jours de négociations, les deux généraux se quittèrent sans résultat. Eugène revint à Stuttgard, Villars à Strasbourg [2].

L'épuisement de leur pays les rapprocha de nouveau, cette fois pour finir. Louis XIV et Charles VI firent des concessions réciproques, et, après huit jours, la paix fut définitivement conclue [3]. L'Empereur se contenta d'une vague promesse de Louis XIV d'intervenir en faveur des Catalans. La France reconnut la liberté du Rhin, rendit Kehl, Brisach et Fribourg sur la rive allemande, démolit Huningue sur la rive française, mais elle obtint le rétablissement des Électeurs et garda Landau. Eugène se

---

[1] La meilleure réfutation que l'on puisse opposer à ces incriminations indignes de l'histoire se trouve dans les *Mémoires de Villars*, qui rapporte textuellement les conversations qu'il avait à ce sujet avec le prince Eugène : « On veut croire dans le monde entier (lui disait le prince Eugène) que nous voulons tous deux la continuation de la guerre, et je vous assure que la paix ne seroit jamais faite si d'autres que nous la négocioient : c'est que nous traitons en gens d'honneur, et d'une manière bien éloignée de toutes les finesses que plusieurs estiment nécessaires dans les négociations. Pour moi, j'ai toujours pensé, et je sais que vous pensez de même, qu'il n'y a pas de meilleure finesse que de n'en pas avoir. » *Mémoires de Villars*, p. 230.

[2] 6 février 1714. *Mémoires de Villars*, p. 232.

[3] On commença à relire le traité le 6 mars 1714, à six heures du soir, et la lecture ne fut terminée qu'à sept heures du matin. Eugène et Villars le signèrent alors, et se séparèrent immédiatement.

sentit vaincu comme à Denain. « Quand je songe, dit-il à Villars, qu'avec l'abandon des Catalans vous avez obtenu le rétablissement total des Électeurs, la paix entière de Ryswick et Landau fortifiée, je trouve, monsieur le maréchal, que, depuis deux ans, vous m'avez assez maltraité. L'amitié qui est entre nous ne m'empêche pas de le sentir vivement, et je vous assure que je ne serai pas bien reçu à Vienne. » Et comme Villars lui faisait observer qu'il ne le serait pas mieux à Versailles : « Je vous le répète, monsieur le maréchal, continua Eugène, si j'avais pu m'imaginer que l'on pût porter si loin les intérêts de votre maître, j'aurais mieux aimé avoir les bras cassés que de me charger de la négociation [1]. »

L'Autriche avait traité à Rastadt, au nom de l'Allemagne, pour éviter les lenteurs de la diète germanique [2]; la paix conclue, elle convoqua les députés de l'Empire à Bade, sur les frontières de la Suisse [3], pour leur soumettre le traité. Eugène et Villars s'y rendirent en même temps. Eugène déclara aux plénipotentiaires allemands que Charles VI les remerciait des sacrifices qu'ils avaient faits pour sa cause, et qu'il ne leur demandait plus maintenant que la ratification des conditions arrêtées à Rastadt. La délibération ne fut pas sérieuse. Les princes allemands étaient habitués à considérer comme des ordres les volontés de l'Autriche; leurs plénipotentiaires ne furent ad-

[1] L'Empereur traitait au nom de l'Autriche et de l'Empire, sauf la ratification de la diète.
[2] 27 février 1714. *Mémoires de Villars*, p. 232.
[3] 10 juin 1714.

mis qu'à collationner les copies du traité, on n'écouta point leurs observations et ils subirent une paix déjà faite. Toutefois, comme les articles avaient été écrits en français à Rastadt et que, d'après les traditions de la chancellerie allemande, les actes du Saint-Empire devaient être rédigés en latin, les députés s'occupèrent à faire une traduction, et, après quelques changements de mots, la paix fut définitivement conclue entre l'Empire, l'Autriche et la France [1].

L'Autriche et l'Allemagne expiaient cruellement leur obstination à prolonger la guerre. L'Empereur perdait la Sicile; l'Allemagne, Strasbourg et Landau, vainement offerts par Louis XIV en 1712. Le traité d'Utrecht était non moins funeste à l'Autriche qu'à la Hollande. En créant deux royautés nouvelles, la Prusse et le Piémont, il enlevait à la maison de Habsbourg cette prépondérance sur l'Allemagne et sur l'Italie qu'elle exerçait depuis trois siècles. La Prusse recevait avec la Gueldre, qui la fortifiait sur le Rhin, la principauté de Neuchâtel qui l'établissait en Suisse; elle ralliait autour d'elle les États protestants du Nord et saisissait le rôle et l'épée de Gustave-Adolphe. Augmenté de la Sicile et de plusieurs territoires enclavés dans les États de l'Autriche, le Piémont menaçait cette puissance dans ses possessions lombardes et dans la suzeraineté de la Péninsule. En Allemagne, l'Autriche allait désormais rencontrer à

---

[1] 7 septembre 1714. Le traité de paix fut lu le 10, dans la grande salle de Bade, toutes les portes ouvertes, et devant tous les ambassadeurs réunis. Villars et Eugène se séparèrent le lendemain 11.

chaque pas les armées et les diplomates de la Russie, et en Italie les influences du Piémont.

Après la signature de la paix, Villars quitta Bade et revint à Paris. En récompense de ce traité, plus glorieux qu'une victoire, Louis XIV lui donna l'ancien logement du Dauphin à Versailles, avec les grandes entrées, c'est-à-dire la faveur de voir le roi quand il le voudrait [1]. Philippe V lui envoya la Toison d'or, et l'Académie l'admit dans son sein. Louis XIV trouva pour le retour de Villars des paroles qui rappelaient le poétique souvenir des Valois : « Voilà donc votre rameau d'olivier, monsieur le maréchal, lui dit-il, il couronne tous vos lauriers [2] ! » Lauriers teints de sang, véritables cyprès ! Les frontières de France, la Belgique, l'Allemagne, la Hongrie, l'Italie, l'Espagne restaient dévastées, toutes les armées de l'Europe renouvelées, un million d'hommes étaient morts, la civilisation avait été arrêtée quatorze

---

[1] Outre les grandes entrées, le roi lui accorda la survivance du gouvernement de Provence pour son fils. Villars cependant n'estimait pas que ces récompenses fussent proportionnées aux services qu'il avait rendus. Jaloux, non sans cause, de se voir primé dans le maréchalat par le duc de Villeroy, il sollicita à plusieurs reprises l'épée de connétable et l'entrée au Conseil. Louis XIV lui refusa obstinément ces faveurs, comme autrefois à Turenne, tout en lui donnant des indices irrécusables du chagrin qu'il éprouvait de ne pouvoir le satisfaire. « Il ne me restera donc plus, disait Villars, que d'aller chercher une partie de piquet chez les fainéants de la cour, puisque Votre Majesté ne daigne pas me donner entrée dans ses Conseils. » Voy. *Mémoires de Villars*, p. 235.

[2] Un jour, à la chasse, Louis XIV, suivant sa coutume, avait manqué plusieurs pièces de gibier, Villars survient et en abat quatre successivement sous les yeux du roi. « Partout où vous êtes nos armes sont heureuses, » lui dit le roi avec le plus gracieux à-propos, en se tournant vers lui.

ans dans son cours, et l'on finissait par cette transaction, deux fois offerte par Louis XIV (il faut le proclamer à son honneur), deux fois rejetée par la Grande-Alliance. « Après une guerre de quatorze ans, dit Villars lui-même, pendant laquelle l'Empereur et le roi de France avoient été près de quitter leur capitale, et l'Espagne avoit vu deux rois rivaux dans Madrid, une guerre dont toute l'Europe, excepté la Suisse, avoit ressenti les horreurs, nous nous remettions précisément au même point d'où on étoit parti en commençant[1]. » Nulle guerre n'a plus montré la vanité de la guerre ! Quand donc viendra le jour où ceux qui gouvernent les États seront plus avares de la vie des hommes, et quand donc les peuples ne prendront-ils les armes que pour défendre leurs libertés ou leur honneur !

[1] *Mémoires de Villars*, p. 228.

CHAPITRE XV

(1706-1713.)

Querelles du jansénisme. — Opposition de Port-Royal des Champs à la bulle. — Persécutions et décrets contre les religieuses des Champs.— Procès entre Port-Royal des Champs et Port-Royal de Paris. — Tentatives de conciliation faites par le cardinal de Noailles. — Plaidoiries passionnées devant l'officialité de Paris. — Condamnation des religieuses des Champs. — Bulle terrible du pape contre Port-Royal des Champs, confiée à la discrétion de M. de Noailles. — Rivalité du cardinal de Noailles et du P. Letellier. — Il presse l'exécution de la bulle, et force le cardinal à la publier. — Suppression de Port-Royal des Champs. — Enlèvement des religieuses par le lieutenant de police. — Désespoir des sœurs. — Touchants adieux des pauvres. — Fermeture et démolition du monastère. — Destruction de l'église. — Exhumation des morts. — Ivresse des fossoyeurs. — Scènes sacriléges. — Translation des corps à Saint-Lambert. — Tempête soudaine au cœur de janvier. — Soulèvement de l'opinion en faveur de Port-Royal. — Chanson. Satires. Pamphlets. Gravures. — Conséquences de la destruction de Port-Royal.

Au moment où s'ouvre la lutte suprême dans laquelle doivent si tristement succomber les pauvres religieuses de Port-Royal des Champs, elles sont seules et délaissées; elles ont perdu leurs protecteurs à la cour : Arnauld d'Andilly, son fils Arnauld de Pomponne, la princesse de Conti et cette belle duchesse de Longueville, si constamment et si tendrement dévouée. A leur porte, la maison des Granges est fermée et vide. La mort a emporté tous les solitaires : Lemaistre et Sacy, Desmares et Singlin, Lancelot et Dufossé, Nicole et Tillemont; le grand Arnauld repose dans une église de Bruxelles, Pascal à Saint-Etienne-du-Mont, Racine sous les voûtes mêmes de Port-Royal. Les pauvres religieuses ont cruellement ressenti le contre-coup de tant de pertes. Dès 1679, l'archevêque de Harlay a frappé Port-Royal au cœur en lui défendant de recevoir des novices, « rendant ainsi stérile, suivant l'éloquente parole d'un janséniste, une virginité qui avait été si féconde. » Pendant trente années, malgré leurs supplications, l'archevêché de Paris a maintenu cette défense [1], et les religieuses sont alors réduites à vingt-deux, toutes malades et infirmes, et dont la plus jeune a cinquante ans. Un danger plus imminent les menace. Séparée de l'abbaye-mère [2], rangée depuis lors dans le parti orthodoxe et gouvernée par des abbesses mondaines ou prodigues qui ont dissipé sa fortune, la maison de Port-Royal de Paris réclame les biens de son ancienne métropole, à la condition de payer une pension aux religieuses qui restent. A trois reprises différentes les sœurs de Paris ont adressé au roi une requête où elles représentent que les religieuses des Champs jouissent du superflu, et qu'elles manquent du nécessaire; elles insinuent en même temps qu'elles sont rentrées dans le sein de l'Eglise, tandis que leurs rivales persévèrent dans l'hérésie, et demandent la suppression

---

[1] Louis XIV la renouvela ensuite par un arrêt du Conseil du 17 avril 1706.

[2] Depuis 1669. Voy. le chapitre xv du t. II.

de l'abbaye des Champs et l'attribution de tous ses biens [1]. Cédant à leurs obsessions, Louis XIV renvoya l'affaire devant l'officialité de Paris, tribunal ecclésiastique qui s'assemblait sous la présidence de l'archevêque.

L'archevêque de Paris était alors le cardinal de Noailles [2], de l'ancienne maison de ce nom, et l'un des plus éminents prélats du règne. Il était pieux, éclairé, savant, aimé de la cour et chéri du peuple, pour lequel il montrait la tendre sollicitude du bon pasteur. Dans la famine de 1709, il avait vendu son argenterie et nourri seul deux mille pauvres. Il dépensait en aumônes son patrimoine et l'immense revenu de son évêché; tel était son désintéressement que l'on ne trouva à sa mort que cinq cents livres. Par la nature de son esprit, la rigidité de ses opinions et de ses mœurs, le cardinal inclinait peut-être à son insu vers le jansénisme [3]; mais, comme un chrétien

---

[1] D. Clémencet, *Histoire générale de Port-Royal*, t. IX, p. 148.—*Histoire abrégée de Port-Royal*, p. 37.

[2] « Il brilloit, dit Saint-Simon, avec les mœurs d'un ange, une sollicitude pastorale douce, appliquée, instructive, pleine des plus grands exemples, et une désoccupation totale de tout ce qui n'étoit pas de son ministère. » *Voy.* Saint-Simon, t. XIII, p. 149.—« J'ai toujours craint votre austérité, lui écrit madame de Maintenon; je vous avertis que je vous croirai janséniste si vous n'avez plus soin de vous. Il n'y a qu'un hérétique qui puisse être homicide de soi-même. » *Lettre de madame de Maintenon*, édition Auger, t. III, p. 58.

[3] Madame de Maintenon résume en ces termes l'opinion du clergé sur le cardinal de Noailles: « M. le cardinal n'est point janséniste, mais il les ménage; M. le cardinal n'est point janséniste, mais il est obsédé par eux; M. le cardinal n'est point janséniste dans le fond, mais son inclination est pour la cabale; M. le cardinal n'est point janséniste, mais ils se parent de lui, quoique dans le cœur ils en soient très-mécontents. » *Voy.* Edition Auger, t. III, p. 77-78.

des premiers âges, il prêchait aux deux partis la tolérance[1], au risque de se rendre suspect à tous les deux. C'était, si l'on peut ainsi parler, le L'Hospital de l'Eglise.

Suivant l'esprit de charité qui lui était propre, l'archevêque essaya de sauver Port-Royal des Champs. Il y envoya d'abord un de ses prêtres pour amener les sœurs à recevoir la bulle. Les religieuses tombèrent à ses genoux, le supplièrent de les défendre près du cardinal; mais, le prenant à témoin de leurs scrupules : « Devons-nous, lui disaient-elles, livrer nos âmes? » M. de Noailles alla lui-même les visiter, et il épuisa sa douce éloquence à les convaincre. Il reconnut du moins l'injustice du procès qui leur était intenté. Quelques jours auparavant, l'abbesse de Paris avait donné un bal dans son parloir : « Il n'est pas juste, avoua l'archevêque, que Port-Royal de Paris donne un bal et que Port-Royal des Champs paye les violons[2]. » Cependant le procès suivit son cours.

Sentant que leur perte était certaine à Paris, les religieuses déclinèrent la compétence de l'officialité. L'affaire se plaida au milieu d'une assistance nombreuse et passionnée. On retenait et on s'arrachait les places comme pour une fête; une foule d'élite se pressait trois heures à l'avance aux portes du tribu-

---

[1] Le cardinal de Noailles avait déjà montré la douceur de son caractère dans les affaires des protestants, pour lesquels il avait demandé la tolérance la plus absolue. *Voy.* Henri Martin, *Histoire de France* (édition 1848), t. XVI, p. 456. Fléchier avait tenu, dans les mêmes circonstances, un langage tout différent.

[2] Clémencet, t. IX.

nal. Elle écouta dans un religieux silence et avec
une visible approbation l'avocat de Port-Royal des
Champs. Elle interrompit, au contraire, celui des
religieuses de Paris par des murmures, des exclama-
tions, des bruits perfides et concertés. Ces bruits
devinrent si violents que l'avocat de Port-Royal de
Paris fut plusieurs fois obligé de s'interrompre pour
réclamer le silence. Les plaidoiries remplirent huit
audiences, après lesquelles les juges délibérèrent
huit jours entiers. Ils proclamèrent enfin leur compétence, et condamnèrent les religieuses des Champs [1].
Entraîné par son clergé, le cardinal de Noailles rendit
une ordonnance qui leur interdisait les sacrements.
Le ministère alla plus loin encore : il fit conduire à
la Bastille l'avocat Lenoir de Saint-Claude, l'agent et
le conseil des sœurs des Champs, leur enlevant ainsi
leur plus fidèle et leur plus précieux défenseur; et,
comme s'il n'y avait plus eu pour elles de justice, on
refusa de recevoir la plainte d'un de leurs domestiques, qui avait été frappé et meurtri par les gens de
Port-Royal de Paris [2].

Les religieuses des Champs tentèrent un dernier
effort, et, dans la naïveté de leurs âmes, elles implo-
rèrent cette cour de Rome, que leur résistance avait si
profondément blessée. Le pape répondit par une bulle
terrible, où il prononçait la suppression de leur monastère, adjugeait ses biens à la maison de Paris, et

---

[1] Juillet 1707. Clémencet, t. IX, p. 200. — *Histoire abrégée de Port-Royal*, p. 39 et 40.

[2] Novembre 1707. *Histoire abrégée de Port-Royal*, p. 43.

ordonnait la dispersion des sœurs dans d'autres abbayes, quand l'archevêque le jugerait à propos, afin, disait le pontife avec colère, *que ce nid d'erreurs fut arraché jusqu'en ses fondements*[1]. M. de Noailles tenait ainsi dans ses mains l'arrêt de Port-Royal; mais il hésita à s'en servir. Cette proscription de femmes accablées par l'âge et les maladies lui semblait une violence lâche et inutile. Le temps vidait peu à peu le monastère. Il voulait laisser faire la mort.

Mais le confesseur du roi, le P. Letellier, qui avait, comme tous les jésuites, la haine de Port-Royal, tenait à Versailles un autre langage. Vieux[2], austère, désintéressé, mais robuste, haineux, insatiable de domination et de vengeance, il cachait sous une feinte humilité l'orgueil qui gonflait son cœur. Le jour de sa présentation à Versailles, Louis XIV lui ayant demandé s'il était parent du chancelier Le Tellier, père de Louvois : « Sire, avait répondu le confesseur en s'inclinant jusqu'à terre, et avec une voix doucereuse qui fit frémir les spectateurs, je ne suis que le fils d'un pauvre paysan qui n'a ni parents ni amis[3]. » Son visage et ses manières contrastaient avec la belle

---

[1] « Ut nidus, in quo error prava suscepit incrementa, penitus evellatur ac eradicetur. » Septembre 1708. Clémencet, t. IX, p. 324. — *Histoire abrégée de Port-Royal*, p. 45.

[2] Né en 1643, il avait, en 1709, soixante-sept ans, presque l'âge de Louis XIV, né en 1638.

[3] Saint-Simon, t. VII, p. 27. Il avait remplacé le P. Lachaise, confesseur depuis 1675, homme d'une liberté de parole et d'une hardiesse de conduite rares chez un jésuite, qui lisait le P. Quesnel, et qui disait que les dévots n'étaient bons à rien. Voy. à ce sujet une curieuse lettre de madame de Maintenon adressée au cardinal de Noailles, édition Auger, t. II, p. 305.

figure ¹ et les façons patriciennes du cardinal. Il avait la démarche, le regard, le visage d'un inquisiteur. « Il eût fait peur au coin d'un bois, » dit Saint-Simon ². Jaloux de toute influence rivale, il enviait à l'archevêque ses relations et ses alliances avec madame de Maintenon ³. Il lui reprochait sa raideur à l'égard de son ordre, une fière réponse qu'il avait faite autrefois à Bourdaloue : « Je veux bien être l'ami des jésuites, mais je ne serai jamais leur valet ⁴. » Letellier nourrissait enfin contre le cardinal une rancune personnelle. A la fin du xviiiᵉ siècle, on avait reproché aux jésuites de laisser aux Chinois le culte païen de leurs ancêtres, pour faciliter leur conversion. En réponse à ces attaques, Letellier avait publié un livre ⁵ où il s'efforçait d'établir que le culte des ancêtres était civil et nullement religieux; mais, sous le pontificat de M. de Noailles, la Sorbonne avait condamné à la fois, et les missionnaires de la Chine, et le livre de leur défenseur ⁶.

Letellier imputait au cardinal cette double condamnation, qui l'atteignait comme jésuite et comme

---

¹ *Voy.* à la Bibliothèque impériale les nombreux portraits du cardinal de Noailles. Deux surtout, qui le représentent dans sa jeunesse, lui donnent la plus charmante et la plus gracieuse figure.

² Saint-Simon en a tracé un effroyable portrait, t. VII, p. 27. Nous avons trouvé de lui aux estampes de la Bibliothèque plusieurs portraits. Il a le visage long, fin, doucereux, le nez pointu; quelques traits du second Pitt.

³ On sait que le duc de Noailles, neveu de l'archevêque, avait épousé une nièce de madame de Maintenon.

⁴ *Histoire du livre des réflexions morales*, t. 1ᵉʳ, p. 14.

⁵ *Défense des nouveaux chrétiens.*

⁶ *Histoire du livre des Réflexions morales.*

auteur, et il saisit avec empressement l'occasion qui lui était offerte de se venger. Il représenta à Louis XIV qu'il fallait presser M. de Noailles d'exécuter la bulle du pape; qu'il prolongeait à dessein l'existence de Port-Royal pour le sauver; et il obligea le cardinal à fermer l'abbaye ou à se perdre [1].

M. de Noailles eut la faiblesse de céder. Il publia le fatal décret qui supprimait Port-Royal des Champs et le réunissait à Port-Royal de Paris [2]. Aussitôt Louis XIV lança deux arrêts du conseil qui enjoignaient aux religieuses des Champs de remettre à l'abbesse de Paris les titres et les papiers de leur maison, puis ordonnait au lieutenant de police d'Argenson [3], magistrat de mœurs suspectes, mais intelligent, adroit et résolu, d'entrer de gré ou de force à Port-Royal, et d'envoyer chacune des religieuses dans un couvent orthodoxe, hors du diocèse de Paris [4].

D'Argenson partit de Paris le 28 octobre 1709, jour de Saint-Simon et Saint-Jude, avec des voitures et trois cents archers et cavaliers de la maréchaussée, comme pour saisir des voleurs. L'enlèvement devait avoir lieu le jour même; mais la pluie tombant par torrents, d'Argenson le remit au lendemain, et il alla coucher dans les environs pour cacher aux sœurs son arrivée. Ses hommes passèrent la nuit sur la colline

---

[1] Saint-Simon, t. VII, p. 420, et t. XIII, p. 154.

[2] 2 juillet 1709. Clémencet, t. IX, p. 414.

[3] Marc-René de Voyer de Paulmy, marquis d'Argenson, « cet inquisiteur suprême, dit Saint-Simon, et qui avoit tant enchéri en ce genre sur La Reynie. » T. V, p. 309.

[4] Arrêts du 8 et du 26 octobre 1709.

des Granges, non loin de la petite maison des solitaires, au milieu des bois. Le temps était froid et humide; ils allumèrent de grands feux et se couchèrent à l'entour. Les religieuses reposèrent ainsi près de leurs ennemis sans soupçonner le péril. Toutefois, comme par un triste avertissement, nous dit le consciencieux écrivain auquel nous empruntons ces détails, ce qui n'était jamais arrivé, dans cette nuit les deux lampes du dortoir s'éteignirent, et les sœurs virent dans l'obscurité qui les enveloppait à leur réveil le présage d'un grand malheur [1].

Le lendemain, 29 octobre 1709, anniversaire longtemps déploré dans les familles jansénistes, d'Argenson arrive dès le matin à l'abbaye. Il cerne les murs du monastère avec des soldats pour prévenir toute évasion, range à la porte ses voitures, puis se présente à la grille avec un commissaire de police et son greffier. La prieure ouvre les volets, mais sans tirer les rideaux. « Je suis le lieutenant de police, dit d'Argenson, et au nom du roi, je vous ordonne d'ouvrir et de réunir sur-le-champ votre communauté. » A ces mots, la prieure ouvre la grille en faisant des excuses au magistrat [2], qui entre avec son escorte. Tandis qu'il monte à la salle du chapitre, la prieure sonne la cloche qui convoque les religieuses. Elles arrivent lentement et s'asseoient en silence à leur place. D'Argenson les compte à plusieurs reprises. Il monte ensuite dans la chaire de l'abbesse, déploie

[1] Clémencet, t. IX, p. 466.
[2] *Histoire abrégée de Port-Royal*, p. 49.

un papier aux armes du roi et lit l'arrêt du conseil qui ordonne la dispersion des religieuses. Elles écoutent cet ordre fatal sans une larme, sans un soupir. La prieure seule élève la voix pour objecter que ses filles sont accablées par l'âge, qu'elles ont besoin de secours, et pour demander qu'on les réunisse au moins deux dans chaque voiture. Mais d'Argenson refuse, en alléguant des ordres précis. Il tire alors d'une cassette la liste des couvents où les religieuses doivent être envoyées, avec les lettres de cachet adressées aux supérieures chargées de les recevoir [1]. Les noms des sœurs restaient en blanc dans chaque lettre. D'Argenson demande à la prieure où elle désire être conduite. Elle répond qu'il lui est indifférent d'aller où il lui plaira; mais elle le prie d'envoyer les plus malades dans les maisons les moins éloignées. « S'il en est ainsi, réplique d'Argenson, vous irez à Blois, au couvent des Ursulines. » Et il remplit successivement les blancs des lettres de cachet.

Les religieuses étaient à jeun; l'une d'elles se sent tout à coup faiblir. En raison du long voyage qu'elles vont faire, la prieure demande alors la permission de passer un instant au réfectoire. D'Argenson refuse

---

[1] Voici le modèle de toutes les lettres de cachet : « Chère et bien aimée, ayant donné nos ordres pour conduire en votre monastère sœur....., religieuse de l'ordre de Cîteaux, nous vous ordonnons de l'y recevoir et retenir jusqu'à nouvel ordre, vous avertissant qu'il sera régulièrement pourvu au payement de sa pension par Port-Royal de Paris. Si n'y faites faute, car tel est notre plaisir. Donné à Versailles, le 26 octobre 1709. LOUIS. »

de nouveau, mais il fait apporter du pain et du vin dans la salle du chapitre. La sous-prieure seule mange un peu de pain; les autres n'y touchent pas. Pendant ces préparatifs, qui durent plusieurs heures, elles restent immobiles, leurs grands voiles baissés[1], leurs mains cachées dans leurs robes blanches, sur lesquelles brillent de larges croix rouges, comme des instruments de martyre[2]. Saint Benoît et saint Bernard, Arnauld et saint Cyran, dont les portraits couvrent la muraille, semblent les regarder et les soutenir dans cette dernière lutte. Les saintes filles rappellent, par leur fière attitude, les premiers confesseurs devant le prétoire[3].

Les lettres de cachet remplies, d'Argenson fait approcher les voitures et les soldats. L'heure du départ étant venue, les religieuses se demandent mutuellement pardon de leurs fautes, s'embrassent avec tendresse, s'exhortent au courage et se disent adieu en montrant le ciel. « Nous prierons ensemble, dit la mère, malgré la séparation, et nous retrouverons ainsi partout Port-Royal. » Pendant quelques instants elles semblent confondues dans une même douleur

---

[1] *Histoire abrégée de Port-Royal*, p. 50.

[2] « Les religieuses de Port-Royal s'étaient vouées, en 1647, à l'adoration perpétuelle du saint-sacrement. Elles avoient changé alors leur scapulaire noir (celui de Saint-Bernard) en scapulaire blanc, où il y avoit une large croix d'écarlate attachée sur la poitrine. Ces deux couleurs, le blanc et le rouge, désignoient le pain et le vin, qui sont les voiles sous lesquels est caché Jésus-Christ dans l'Eucharistie. » Racine, *Histoire de Port-Royal*, p. 117. Il y a encore aujourd'hui, dans la petite chapelle de Port-Royal, un vieux tableau représentant cette scène.

[3] Clémencet, t. IX, p. 477.

et comme dans un même embrassement. Leurs voiles et leurs robes se mêlent; on n'entend que ces paroles, qu'entrecoupent des sanglots : « Adieu, ma sœur! Adieu, ma sœur! » Cette cruelle séparation les arrache à toutes les affections de leur vie. Au milieu des adieux, deux sœurs tombent évanouies. L'une avait été saignée la veille; sa plaie se rouvre et le sang coule sur sa main. D'Argenson est lui-même attendri. Il exprime le regret d'avoir à remplir une mission si douloureuse [1].

Mais les heures s'écoulent; chacune des exilées a une longue route à parcourir : quelques-unes vont jusqu'à Amiens, d'autres jusqu'à Nevers, et les chemins sont effroyables, et la nuit approche. D'Argenson presse le départ. A l'appel de son nom, chaque religieuse se rend à l'église, s'agenouille devant l'autel, fait une courte prière, puis revient se jeter aux pieds de la mère et lui demande sa bénédiction. La prieure la bénit, la relève et l'embrasse, en l'exhortant à rester fidèle à sa conscience [2]. Ces prières et ces bénédictions chaque fois répétées prennent un temps considérable. D'Argenson n'ose les interrompre; mais il se promène à grands pas, tirant sa montre et donnant les marques les plus visibles de son impatience.

Sur une dernière observation de la prieure, il répond brusquement : « Nous verrons tout cela quand vous serez parties, et je voudrais bien qu'on

---

[1] *Histoire de la dernière persécution de Port-Royal.*
[2] *Mémoire sur la destruction de Port-Royal*, p. 136 et 138.

se dépêchât[1]. » Mais, en dépit de ses efforts, surviennent des retards de toute nature : les pauvres filles marchent à petits pas. L'une d'elles, âgée de quatre-vingts ans, qui va pieds nus pour donner aux pauvres l'argent de sa chaussure, se traîne difficilement dans la boue. Une autre s'arrête haletante au milieu des railleries des soldats[2]. « Qu'on la porte ! » s'écrie d'Argenson impatienté. Deux archers l'enlèvent dans leurs bras[3]. Dans chaque voiture monte un exempt de police; derrière suivent plusieurs cavaliers de la maréchaussée.

Ces voitures passent au milieu des pauvres du voisinage, accourus aux portes de l'abbaye. C'était, il ne faut pas l'oublier, à la fin de la cruelle année 1709. Malgré la rigueur des temps, les sœurs donnaient tous les jours du pain et du travail; ces malheureux, qui perdent leurs bienfaitrices, poussent des cris déchirants: « On nous enlève nos mères ! disent-ils avec désespoir, il faut donc mourir de faim ! » Ces cris redoublent à chaque départ et parviennent jusqu'à d'Argenson, qui s'étonne et se trouble. Lorsque disparaît la dernière voiture, où se trouvait la prieure, les pauvres l'accompagnent de cris si violents qu'ils retentissent dans toute la vallée comme une protestation solennelle contre les abus inhumains de la force. Des vingt-deux religieuses, une seule,

---

[1] *Histoire abrégée de Port-Royal*, p. 54.

[2] « Ils étoient dans la cour, à plaisanter, à chanter et à rire, » dit l'*Histoire abrégée de Port-Royal*, p. 57.

[3] Clémencet, t. IX, p. 508.

âgée de quatre-vingt-six ans, paralytique et à demi morte, restait encore; une litière l'emporta le lendemain. La mourante parut se ranimer : « C'est aujourd'hui le jour de l'homme, s'écria-t-elle, bientôt viendra le jour de Dieu. » Elle expira quelques jours après [1].

Letellier cependant n'était pas satisfait. Le couvent était vide, mais il restait debout. Louis XIV était vieux, son successeur pouvait rappeler les religieuses. Afin d'assurer la victoire, il fallait détruire Port-Royal. Letellier persuada au roi que l'entretien de la maison des Champs ruinerait celle de Paris, et il obtint de Louis XIV, toujours docile à sa voix, un édit qui ordonnait la démolition du monastère [2]. On mit en adjudication les matériaux; d'avides spéculateurs les achetèrent, et en huit mois l'abbaye fut abattue [3]. Il ne resta plus dans le vallon que la vieille église du XIII° siècle et le cimetière, déjà couvert des ruines du cloître, mais que semblaient garder l'ombre de la basilique, la consécration des dernières prières et le respect des morts.

Vaine précaution contre la haine du confesseur! L'église était l'arche sainte et la nécropole du jansénisme. Elle renfermait ses reliques et ses légendes, les cendres de ses saints, tous ceux qui avaient habité, gouverné, défendu ou illustré Port-Royal. Là, sous les dalles humides du chœur, et confondus dans l'é-

[1] Clémencet, t. IX, p. 483.
[2] Arrêt du conseil du 22 janvier 1710.
[3] De l'été de 1710 au printemps de 1711.

galité religieuse de la mort, dormaient dans l'attente du dernier réveil : Pontchâteau et Coislin, la mère Agnès, la princesse de Conti[1] et la duchesse de Luynes, Lemaistre, Sacy, Sericourt, Tillemont, Racine. A défaut des corps, on avait déposé les cœurs de Dufossé, de Singlin, du grand Arnauld, de la mère Angélique, de la duchesse de Longueville, cœurs ardents et magnanimes, qui semblaient aimer Port-Royal malgré la mort. Dans le cimetière, les corps étaient entassés par couches, les uns sur les autres. Ce coin de terre renfermait trois mille cercueils, toutes les générations qui s'étaient succédé à l'abbaye depuis cinq siècles. Letellier s'acharna sur ces dépouilles. Il arracha au roi un dernier édit ordonnant la destruction de l'église et l'exhumation des morts.

Devançant l'exécution de l'arrêt, les familles obtinrent la permission d'enlever leurs parents. Le marquis de Pomponne fit déposer à Palaiseau les corps des Arnauld, ses aïeux. On porta les restes de Tillemont, de Sacy et de Lemaistre dans l'église de Saint-Jacques-du-Haut-Pas, près de Saint-Cyran ; le cercueil de Racine à Saint-Etienne-du-Mont, près de Pascal. Le ministère, redoutant une révolte des paysans, qui voulaient garder ces reliques, prescrivit d'enlever les corps pendant la nuit[2]. Ces trans-

---

[1] Ou, pour parler plus exactement, les entrailles de la princesse de Conti. Son corps avait été inhumé à Saint-André-des-Arcs. Anne-Marie Martinozzi, princesse de Conti, était morte le 4 février 1672.
[2] Clémencet, t. X, p. 12.

lations eurent lieu à l'automne de 1711 ; on attendit l'hiver pour l'exhumation générale.

Dès les premiers froids, à la fin de novembre 1711, des bandes d'ouvriers, armés de bêches et de pioches, descendirent dans le vallon, arrachèrent les croix et les tombes et commencèrent l'œuvre impie. Le cardinal de Noailles avait chargé un prêtre d'assister à l'exhumation et de veiller à ce qu'elle se fît avec décence ; le prêtre vint, mais sa présence fut inutile. Pour combattre l'infection, les ouvriers buvaient l'eau-de-vie à plein verre. Le moyen ensuite d'accomplir un sacrilége avec décence ! A chaque coup de pioche, les ouvriers heurtent un cercueil. Ils brisent les planches à demi pourries, et alors apparaissent des prêtres revêtus de leurs habits pontificaux, des solitaires dont le visage a une telle expression de sérénité, qu'ils semblent plutôt endormis que morts ; des religieuses, enveloppées dans leur robe et tenant un petit crucifix dans leurs mains. Les ouvriers arrachent leurs vêtements, saisissent les morts par les cheveux et les traînent ainsi jusqu'aux voitures. Quelquefois la tête se détache dans le trajet et le tronc roule par terre. Le plus souvent, les fossoyeurs ne prennent pas la peine d'enlever le corps, ils le hachent à coups de bêche et jettent dans les tombereaux cette boue humaine. Les plus révoltantes profanations se succèdent [1]. Un té-

[1] Pour ne citer que cet exemple, un jour, les ouvriers déterrèrent un ancien serrurier de l'abbaye, nommé Laisné, mort depuis peu de temps. L'un d'eux le reconnaît, malgré l'ivresse : « Ah ! te voilà, Laisné ! » s'é-

moin oculaire rapporte même qu'il vit les chiens des ouvriers dévorer les entrailles et la figure des morts[1]. Si l'on se représente sous ce ciel d'hiver, au milieu de la vallée déserte, des poutres, des pierres amoncelées et de tous les débris du cloître, les tombes ouvertes, les jurements, les chants grossiers, les obscènes railleries de ces hommes qui dépouillent des femmes, ces amas de squelettes exhalant la fétide odeur du sépulcre, on aura une faible idée de ces scènes, qui dépassent les plus sombres rêves de Shakspeare. « Si ce désert eût eu du sentiment, dit Fontaine, il eût pleuré. »

Enfin, après deux mois, l'odieuse besogne fut achevée[2]. Les fossoyeurs chargèrent sur des voitures les derniers ossements et les conduisirent au village de Saint-Lambert. Pendant le trajet, des éclairs brillèrent, la foudre gronda, une tempête éclata sur la vallée et elle arrêta quelques instants les voitures. Cet orage, au milieu de janvier, frappa les paysans, qui s'écrièrent que Dieu vengeait ses saints. Arrivés à Saint-Lambert, les ouvriers creusèrent une grande fosse, ouvrirent les tombereaux et y laissèrent rouler les corps. Quatre pierres placées aux angles de la fosse marquèrent la place des Jansénistes. Là, du moins, ils reposent en paix.

crie-t-il ; et, levant le mort avec son linceul, il le dresse contre la muraille. Là, après l'avoir considéré avec des ricanements, il le dépouille et le lance dans un tombereau. » Clémencet, t. X, p. 30.

[1] *Vies intéressantes et édifiantes des religieuses de Port-Royal-des-Champs*, t. IV, p. 59. — Lettre du 2 février 1712.

[2] Janvier 1712.

L'église, ouverte et dévastée, subsistait encore; les ouvriers revinrent, la démolirent pierre par pierre et firent sauter avec la poudre les gros murs. On vendit à l'encan les dalles et les tombes de la basilique, qui furent dispersées dans les villages voisins, jusqu'au milieu des cabarets. La charrue passa ensuite sur les ruines, et il ne resta plus que quelques pans de mur, marquant la place de l'église et la petite croix de fer du cimetière. Le temps, plus clément que les hommes, les a respectés. Ainsi s'exécuta la bulle du pape : « Le nid de l'erreur était arraché jusqu'en ses fondements. »

Les faits que nous venons de raconter, l'expulsion des religieuses, la démolition de l'abbaye, la violation des tombeaux soulevèrent l'opinion publique. On se demanda si le moment était bien opportun, lorsque l'ennemi campait à soixante lieues de la capitale, pour combattre des femmes et insulter des morts. Tous les honnêtes gens accusèrent l'orgueil vindicatif de Letellier, la coupable condescendance de Louis XIV pour son confesseur, et flétrirent cette expédition brutale, où l'on traitait comme des prostituées les vénérables filles des Champs. Aux paroles se mêlèrent les écrits. Les plaisants de la cour chansonnèrent l'héroïsme de d'Argenson et la prise de Port-Royal. A Paris, sous les yeux du roi, des mains pieuses gravèrent les lieux célèbres de l'abbaye, pour en perpétuer le souvenir malgré sa ruine[1].

[1] Plusieurs de ces gravures se trouvent aujourd'hui dans l'école des Frères bâtie sur l'emplacement de Port-Royal. Un curieux petit volume,

La police saisit ces gravures, mais beaucoup d'entre elles échappèrent et sont venues jusqu'à nous. Les jansénistes lettrés qui remplissaient les parlements, les universités et les abbayes, protestèrent avec indignation contre le sac de leur métropole. Ils racontèrent avec l'ardente conviction des persécutés les faits miraculeux qui avaient suivi le renversement de l'abbaye : du cercueil de Guillaume du Gui, l'un des solitaires, enseveli depuis cinquante années, un sang frais et vermeil avait coulé ; l'abbesse de Paris, qui avait intenté ce procès si fatal à Port-Royal, était morte subitement, sans jouir des fruits de son usurpation ; madame de Château-Renaud, nommée à sa place, avait été emportée par une attaque d'apoplexie dans la nuit du jour où elle avait ordonné la destruction du monastère ; plusieurs ouvriers qui avaient travaillé aux démolitions avaient succombé[1]. Les morts si rapides du Dauphin, du duc, de la duchesse de Bourgogne et du duc de Bretagne, survenues pendant la ruine, frappèrent surtout les esprits. « On n'a pas donné un coup à cette sainte maison, s'écriait Madame à Versailles, dont nous n'ayons ressenti les éclats. »

---

sans date, portant ce titre : *Tableaux historiques de l'abbaye de Port-Royal-des-Champs*, représente tous les lieux célèbres du monastère : l'église, le chœur, le cloître, le chapitre, la solitude, les portraits de plusieurs abbesses, etc., etc... En tête sont des gravures entourées de légendes d'une mystique allégorie. L'une d'elles résume assez heureusement le caractère du couvent, situé dans un vallon désert : *Sicut lilium inter spinas*, « comme le lis au milieu des épines. »

[1] Clémencet, t. X, p. 21. — *Mémoires pour servir à l'histoire de Port-Royal*, p. 535.

Des vers[1], des lettres et des pamphlets dénoncèrent ces événements à la France et à l'Europe. Une brochure relative à l'exhumation des morts apparut avec cette épigraphe, empruntée à l'un des plus sombres récits de la Bible et qui semblait crier vengeance : *Le lévite prit un couteau, divisa le corps de sa femme en douze parts, et en envoya une à chacune des tribus d'Israël; ce que les enfants d'Israël ayant vu, ils crièrent tous d'une voix : Jamais rien de semblable n'est arrivé dans Israël*[2]. La même année 1713, apparaissait le terrible journal des *Nouvelles ecclésiastiques*, satire vengeresse, qui devait durer quatre-vingts ans et survivre à la suppression des jésuites et au triomphe des jansénistes. Ces feuilles légères, imprimées en secret et colportées par des mains amies, se répandirent rapidement dans les provinces et pénétrèrent jusque dans les couvents et les presbytères. Les curés de campagne, jansénistes pour la plupart, les portaient de village en village, des landes de la Bretagne aux vallons des Alpes et des Pyrénées. La destruction de Port-Royal eut, pendant tout le xviiie siècle, un long et sourd retentissement. Elle laissa dans l'âme des vaincus une haine qui, après avoir longtemps fermenté, éclata avec violence. Lors de l'expulsion des jésuites, on leur cria que les

---

[1] Entre autres, la fameuse et violente pièce du *J'ai vu*, attribuée à Voltaire.

[2] Elle parut en 1713, sans nom d'auteur ni d'imprimeur, sous ce titre : *Troisième Gémissement d'une âme vraiment touchée de la destruction du monastère de Port-Royal-des-Champs*. L'épigraphe est tirée de l'épisode du lévite d'Ephraïm dans le Livre des Juges.

pierres de Port-Royal retombaient sur leurs têtes. Plusieurs jansénistes siégeaient parmi les juges de Louis XVI. En renversant Port-Royal, Louis XIV avait enseigné à la France la violation des églises et des tombeaux, et Dieu sait s'il n'y eut pas, au milieu des fossoyeurs de Saint-Denis, le petit-fils d'un des fossoyeurs de Port-Royal !

CHAPITRE XVI[1].

(1706-1714.)

Nouvelle phase du jansénisme.— Le P. Quesnel et son livre des *Réflexions morales.* — Sa condamnation à Rome. — Nouvelle rivalité du cardinal de Noailles et du P. Letellier relativement au livre des *Réflexions.* — Mandement des évêques de Luçon et de La Rochelle, dirigé par Letellier contre l'archevêque, et affiché sur toutes les murailles de Paris. — Réponse de l'archevêque. — Il interdit aux jésuites le pouvoir de confesser dans son diocèse. — Vengeance du P. Letellier. — Sa perfidie découverte. — Ses manœuvres à Rome contre M de Noailles. — Ses intrigues pour obtenir la bulle *Unigenitus.* — Indignation en France contre cette bulle. — Promesses et menaces de Letellier pour la faire recevoir à l'assemblée du clergé. — Protestation du cardinal de Noailles et de sept évêques. — Résistance du Parlement. — Arrêt secret contre la bulle. — Vive opposition de la Sorbonne. — Violences du président de la Faculté de théologie Lerouge. — Persécutions contre les opposants. — Mission d'Amelot à Rome pour obtenir la déposition du cardinal de Noailles. — Dénonciations. Arrestations. — Destitution de Rollin. — Affaire de Fontenelle. — Incarcération de d'Abizzi, — du frère de Quesnel, — de Fourgon. — Déposition des supérieurs et fermeture de couvents jansénistes. — Exils et internements. — Nombre des prisonniers d'État. — Opposition déclarée du Parlement. — D'Aguesseau mandé à Versailles. — Belle parole de madame d'Aguesseau. — Préparatifs pour un lit de justice.

L'exil des religieuses et le renversement de Port-Royal n'étaient qu'un épisode du jansénisme, et Letellier frappait non-seulement des morts, mais des vivants. La lutte s'était étendue peu à peu dans les provinces et elle embrasait alors tout le royaume. Elle avait changé toutefois de terrain : le cas de con-

---

[1] Ce chapitre a été lu par l'auteur à l'Académie des sciences morales et politiques, dans la séance du 5 septembre 1857.

science était désormais oublié et les deux partis combattaient maintenant à propos d'un livre dont la publication remontait à plus de trente ans.

En 1671, un des amis du grand Arnauld, l'oratorien Quesnel[1], prêtre austère, érudit et éloquent, avait publié un ouvrage intitulé : *Abrégé de la morale de l'Evangile*. C'était un livre fort et sain, où l'on sentait un esprit nourri des auteurs sacrés. Le P. Quesnel y reproduisait en français les doctrines de l'*Augustinus*, qui n'avait point été traduit, mais avec plus de hardiesse encore. Le disciple, comme il arrive si souvent, dépassait le maître.

Cet ouvrage, dont les vicissitudes ont rempli toute une histoire[2], ne se composait d'abord que d'un simple volume, qui eut cinq éditions en vingt ans. Encouragé par le succès, Quesnel y ajouta un second volume; il continua d'y travailler à Bruxelles, où il avait suivi le grand Arnauld dans l'exil, et l'ouvrage, subissant une modification dernière, reparut en quatre volumes in-8°, sous ce titre : *Réflexions morales sur le Nouveau Testament*[3], livre célèbre entre tous les livres du siècle, lu, consulté, vénéré par trois générations, presqu'à l'égal de l'Evangile, oublié maintenant dans les bibliothèques, comme toutes les querelles du passé.

Dès son apparition, l'ouvrage souleva des tempêtes.

---

[1] Né en 1634, enfermé, puis échappé de prison en 1703, et réfugié depuis lors en Hollande, où il mourut en 1719, à quatre-vingt-cinq ans.

[2] *Histoire du livre des Réflexions morales*. Amsterdam, 1726-1734, 4 vol. in-8; par les abbés Louail et Cadry.

[3] En 1693. *Histoire de l'Église au XVIIIe siècle*, d'Aimé Guillon.

Quesnel sollicita l'approbation de l'archevêque de Paris ; M. de Noailles, étant évêque de Châlons, avait approuvé l'ouvrage alors qu'il se composait d'un seul volume ; cette fois il refusa le privilége. Un docteur de Sorbonne déclara qu'il y avait trouvé au moins deux cents propositions condamnables. Bossuet, consulté à son tour, répondit qu'il ne pouvait extraire les propositions erronées, tant l'ouvrage lui paraissait infesté d'hérésies. Le bénédictin Thierry de Viaixmes, auteur d'un livre intitulé le *Problème ecclésiastique*, où il prenait la défense de Quesnel, fut mis à la Bastille[1]. Trois évêques proscrivirent de leurs diocèses les *Réflexions morales*, et la cour de Rome les condamna au feu, comme l'œuvre la plus pernicieuse qui eût jamais paru[2].

La rivalité de Letellier et de M. de Noailles, déjà si fatale à Port-Royal, envenima encore cette affaire. Favorable aux idées nouvelles, par la nature et la modération de son caractère, le cardinal avait refusé d'approuver ou de condamner les *Réflexions*; le confesseur profita de son hésitation pour l'attaquer une fois encore. Il le frappa d'abord dans ce livre, qu'il protégeait de son silence. Il le fit condamner par une assemblée d'évêques[3], puis il obtint un arrêt du Conseil, qui défendait sa réimpression et sa vente[4]. Enhardi par la faveur royale, il fit écrire par ses

[1] 1699.
[2] 13 juillet 1708. *Histoire du livre des Réflexions morales*, t. Ier, p. 22.
[3] 1710.
[4] Novembre 1711.

amis, les évêques de Luçon et de La Rochelle, un long et perfide mandement, où l'on flétrissait le livre de Quesnel et l'ancienne approbation donnée par M. de Noailles à Châlons. Les deux évêques y traçaient du cardinal un portrait odieux et anonyme, sur lequel il n'était pas possible de se méprendre. Sans respect pour la hiérarchie ecclésiastique, Letellier fit afficher ce mandement sur toutes les murailles de Paris, jusque sur les portes de Notre-Dame[1].

En réponse à de telles injures, l'archevêque, indigné, publia à son tour un mandement[2] où, sans défendre Quesnel, il se justifiait d'avoir approuvé son livre, et il ôta aux jésuites le pouvoir de confesser dans tout le diocèse de Paris[3]. Mais le cœur lui faillit dans ces représailles : il excepta de la défense le confesseur du roi, le premier qu'il dût atteindre[4], irritant l'ennemi sans l'abattre. Letellier, plus adroit, vengea sourdement sa compagnie. Il représenta à Louis XIV, élevé dans l'horreur des jansénistes, que le cardinal leur était attaché par des liens secrets; il rappela sa conduite dans le procès de Port-Royal, sa neutralité dans celui de Quesnel, exagéra l'audace de l'archevêque qui, au mépris de l'autorité royale,

[1] Il y en avait plus de vingt exemplaires à la porte de l'archevêché. (*Histoire du livre des Réflexions morales,* t. 1er, p. 24.)

[2] « Est-il juste, écrit à ce propos madame de Maintenon, que, tandis que les plus vils des prélats font des mandements, un archevêque de Paris n'ait pas le droit d'en faire? » 4 mai 1711. *Lettres de madame de Maintenon,* édition Auger, t. III, p. 92.

[3] *Mémoires chronologiques de d'Avrigny.*

[4] « J'envoie, écrit le cardinal à madame de Maintenon, de nouveaux pouvoirs au P. Letellier, quoique ce soit lui qui mérite le moins d'en avoir. » 20 août 1711.

dans la capitale et sous les yeux du souverain, se faisait justice lui-même. Cette usurpation prétendue irrita particulièrement Louis XIV ; il défendit à M. de Noailles de remettre les pieds à la cour [1].

Emporté par sa haine, le confesseur pressa le roi de convoquer un concile pour déposer le cardinal, et pour amener Louis XIV à cet éclat, il imagina les plus indignes subterfuges. Il lui fit écrire des lettres mystérieuses, où les évêques, feignant les plus vives alarmes, se jetaient aux genoux du roi et le conjuraient de sauver l'Eglise, en la débarrassant d'un chef qui favorisait au fond du cœur les hérétiques. Letellier envoyait de Versailles les modèles de ces lettres, que les évêques n'avaient plus qu'à signer [2]. Comme il avait la feuille des bénéfices, c'est-à-dire la dispensation des abbayes, les évêques n'osaient refuser une signature à l'homme qui distribuait la fortune. Trente évêques écrivirent successivement à Versailles [3], et la fourberie du confesseur parut le cri de la conscience publique. Le remords et l'effroi s'emparèrent de Louis XIV ; la religion lui semblait perdue [4].

Le hasard dévoila ces basses intrigues. Un inconnu remit à l'archevêque de Paris deux pièces : la première était une lettre de Letellier, dans laquelle il pressait l'évêque de Clermont d'écrire au roi contre le cardinal ; la seconde était le modèle même de la lettre

[1] Saint-Simon, t. X, p. 144.
[2] Id., t. X, p. 146.
[3] *Histoire du livre des Réflexions morales*, t. I*er*, p. 26.
[4] Saint-Simon, t. X, p. 145.

à écrire. La publication de ces deux pièces, si énergiquement accusatrices, révolta tous les courtisans[1]. Le pieux duc de Bourgogne défendit le cardinal de Noailles[2], et s'écria qu'il fallait chasser le confesseur. Mais Letellier protesta à Louis XIV, et il offrit d'affirmer par serment[3], qu'il était entièrement étranger à l'envoi de ces lettres ; que ses ennemis avaient inventé cette calomnie, et telle était la fascination exercée par cet homme, que le roi eut la simplicité de le croire et la faiblesse de l'absoudre. Le confesseur, à peine ébranlé, reprit son crédit et travailla avec un nouvel acharnement à perdre l'archevêque. Il employa seulement une autre voie, celle de la cour de Rome, qui lui avait si bien servi contre Port-Royal. Il flatta le pape de terrasser le jansénisme en foudroyant les *Réflexions morales* par une bulle solennelle, et il atteignit ainsi directement l'archevêque. Il le forçait, ou à recevoir la bulle en se donnant un démenti, ou à la rejeter et à se mettre au ban de l'Eglise. Docile, cette fois encore, à la voix de

---

[1] *Voy.*, dans la *Correspondance de madame de Maintenon*, édition Auger, t. III, p. 96-97, de curieux détails sur la découverte de la lettre adressée à l'évêque de Clermont.

[2] « Jamais, dit le duc de Bourgogne du cardinal de Noailles, on ne me persuadera qu'il est janséniste. » Saint-Simon, t. X, p. 147-148.

[3] « Comment peut-on l'espérer (le salut du roi), tant qu'il sera dans les mains d'un confesseur qui, loin de le porter à la vertu par son exemple, manque au premier principe de la probité et de la sincérité, *s'étant offert d'affirmer avec serment* qu'il n'a aucune part à ce qui s'est passé, quoiqu'il en soit le principal auteur, comme le prouvent des pièces qui ont été découvertes par un coup de Providence si surprenant. » *Lettres du cardinal de Noailles à madame de Maintenon.* 11 août 1711. Edition Auger, t. III, p. 100.

son confesseur, Louis XIV écrivit au pape en le priant de rédiger la bulle [1].

A Rome régnait le pape Clément XI [2], pontife éclairé, doux, ami de la France, mais craintif, faible jusqu'aux larmes et faux comme les faibles. Malgré les sollicitations de Letellier, il résista longtemps. Il savait, par l'exemple de ses prédécesseurs, que les bulles, loin de détruire le jansénisme, lui avaient donné une force nouvelle. Lui-même avait lancé contre les *Réflexions* un premier anathème resté sans effet. Il comprenait que Letellier demandait une arme pour frapper M. de Noailles et tous les ennemis des jésuites, *un inépuisable pot au noir, pour parler comme Saint-Simon, pour barbouiller qui l'on voudroit* [3]. La France, soulevée déjà par la destruction de Port-Royal, verrait avec colère le pape servir les vengeances d'un confesseur exécré. Les cardinaux craignaient comme le pontife : « Prenez garde, lui répétaient les plus âgés, on vous demande une torche qui peut embraser tout un royaume. » Mais Letellier affirmait impudemment que la bulle passerait en France sans obstacle. Clément XI déféra le livre à une commission.

Cette commission, destinée à juger un livre français, se composa de neuf prélats, dont huit étaient Italiens et dont trois seulement entendaient l'origi-

---

[1] Décembre 1711. *Histoire du livre des Réflexions morales*, t. 1er, p. 30.
[2] François Albani, élu pape le 23 décembre 1700.
[3] Saint-Simon, t. IX et XIII, p. 157.

nal [1]. Ces prélats, tous dévoués aux jésuites, étaient présidés par le cardinal Fabroni, violent et orgueilleux ultramontain, qui gouvernait le pape et ne parlait qu'avec mépris du clergé de France [2]. Malgré ces précautions, les commissaires montrèrent des scrupules. L'un d'eux s'écria, à propos d'une phrase de Quesnel : « Mais c'est la propre doctrine de saint Thomas [3] ! » Ils répétaient qu'ils allaient condamner les divines paroles de l'Ecriture ; mais Louis XIV, l'ambassadeur de France et Letellier insistèrent. Le confesseur écrivait qu'il avait trouvé dans Quesnel plus de cent propositions hérétiques. Il prodiguait l'argent et les promesses [4]; il pressait tour à tour le pape et Fabroni, les jésuites et les commissaires, et, après dix-huit mois de retards, Clément XI donna la célèbre constitution *Unigenitus*, malgré les cardinaux et malgré lui-même [5]. Contrairement à l'usage, il publia la bulle sans la communiquer aux cardinaux,

---

[1] Ils firent plusieurs contre-sens. *Voy.* à ce sujet le curieux ouvrage intitulé : *La Vérité de l'histoire ecclésiastique*, par M. S. (Silvy, le dernier propriétaire de Port-Royal), ancien magistrat. 1814, in-8, p. 54.

[2] *Mémoires secrets sur la constitution* UNIGENITUS, de Bourgoing de Villefore, t. Ier, p. 324.

[3] « Questo è la medesima dottrina di san Tomaso. » *Histoire du livre des Réflexions morales*, t. Ier, p. 49.—Comme on objectait à Letellier qu'il allait faire condamner saint Paul, saint Augustin et saint Thomas : « Saint Paul et saint Augustin, répondit-il, étaient des têtes chaudes que l'on mettrait aujourd'hui à la Bastille. A l'égard de saint Thomas, vous pouvez penser quel cas je fais d'un jacobin, quand je m'embarrasse peu d'un apôtre. » *Mémoires de Duclos*, p. 474.

[4] Suivant Lemontey (t. II, p. 28-29), la bulle coûta des sommes énormes : l'avocat Barbier dit 4 millions.

[5] Septembre 1713.

qui furent réduits à la détester en silence [1]. Fabroni fit enfermer les imprimeurs, tirer les épreuves, et, suivi du P. d'Aubenton, assistant général des jésuites à Rome, et son plus fidèle auxiliaire, il se rendit près du pape et lui lut une des épreuves. Clément XI voulait la garder pour y faire des corrections, Fabroni s'y refusa avec emportement, traita le pape « de faible et de petit garçon ; » puis, le laissant éperdu, courut faire afficher la bulle dans tous les lieux publics [2], et l'envoya sur-le-champ en France par un courrier secret. Dans cette bulle nouvelle, le pape condamnait cent et une propositions de Quesnel [3], en le qualifiant d'Antechrist, et, pour éviter toute équivoque, citait textuellement les propositions condamnées.

A son arrivée en France, la bulle essuya d'abord une bordée de sarcasmes et de chansons [4]. Elle rencontra ensuite une opposition sérieuse et universelle. Jansénistes et gallicans, libertins et libres penseurs, « tout ce qui n'étoit pas esclave des jésuites, c'est-à-dire tous les honnêtes gens de tous les états [5], » maudirent cette machination nouvelle de Letellier, et accusèrent aigrement la cour de Rome d'avoir vendu ses anathèmes à l'orgueil du confesseur. Les prélats les plus réservés de la cour, le cardinal de

[1] *Histoire du livre des Réflexions morales*, t. Ier, p. 51.
[2] Saint-Simon, t. XI, p. 77-79.
[3] *Voy.*, sur ce nombre de cent et un, le piquant aveu fait par le pape lui-même à M. Amelot, ambassadeur de France à Rome. Saint-Simon, t. XIII, p. 294.
[4] *Histoire du livre des Réflexions morales*, t. Ier, p. 77.
[5] Saint-Simon.

Rohan [1] et l'évêque de Meaux Bissy [2] déclarèrent qu'une telle constitution ne pouvait être reçue. Un nombre prodigieux de curés et de supérieurs refusèrent de la publier dans leurs églises. Du fond de la Hollande, le vieux Quesnel écrivit pour défendre son œuvre et sa personne. Le protestant Basnage luimême prit la parole en faveur des jansénistes, et appela à la liberté les évêques de France. De toutes les provinces arrivaient des protestations [3]. En quelques mois, vingt-six ouvrages parurent contre la bulle.

Sans nul souci de ces clameurs, Letellier travailla à faire accepter sa constitution par les corps qui recevaient en France les actes pontificaux : l'assemblée du clergé, les Universités et les Parlements. Pour obtenir cette réception, promise à Rome et si ardemment désirée, il ne recula devant aucun

[1] Armand Gaston de Rohan, né en juin 1674, cardinal en 1712, mort en 1749. Saint-Simon, dans le brillant portrait qu'il a tracé de ce personnage, l'appelle le « fils de l'amour..., l'heureux fils de la belle Soubise. » V. t. XI, p. 12-15.

[2] Henry de Thiard, cardinal de Bissy, né en 1657, occupa le siége de Meaux après Bossuet, et mourut en 1737. « Le cardinal de Bissy est laid, dit Madame dans sa correspondance ; il a la mine d'un paysan bien lourd ; il est fier, méchant et faux, plus dissimulé qu'on ne sauroit l'imaginer, flatteur jusqu'à la fadeur... Il ressemble au Tartufe comme deux gouttes d'eau, il en a toutes les manières. » Voy. t. Ier, p. 214. — « Bissy, dont l'âme étoit forcenée d'ambition, sous le pharisaïque extérieur d'un plat séminariste de Saint-Sulpice, » dit Saint-Simon, t. XI, p. 2. — Suivant le Journal de l'abbé Ledieu, que vient de publier récemment la librairie Didier, Bossuet disait de Bissy, alors évêque de Toul : « Oui, oui, M. de Toul est un fripon, un petit fripon. »

[3] Ces protestations, recueillies sous le titre de Cri de la foi, formèrent trois gros volumes in-12 de 600 pages chacun. (Histoire du livre des Réflexions morales, t. Ier, p. 80 et 211-224.)

moyen [1]. Après avoir choisi à son gré les évêques qui devaient composer l'assemblée [2], il gagna les principaux : Bissy par la perspective du cardinalat, Rohan par celle de la grande aumônerie, Polignac, criblé de dettes, à prix d'argent. Il conquit les prélats de cour, avides d'ajouter à leurs évêchés de riches abbayes, en montrant la feuille des bénéfices. Il épouvanta les timides en les menaçant de l'autorité du pape et de la vengeance du roi, et, pour joindre le fait à la menace, il fit conduire à la Bastille plusieurs curés qui avaient parlé contre la bulle [3].

En dépit de ces menées, et malgré la servitude de l'épiscopat, la constitution ne passa point sans obstacle à l'assemblée du clergé. Le cardinal de Noailles était naturellement hostile à un acte dirigé contre lui-même ; il refusa d'accepter la bulle, en disant qu'il n'était pas assez éclairé sur la question. Sept évêques se rangèrent de son côté ; quarante acceptèrent. Au sortir de la séance, le cardinal de Rohan, voulant faire excuser son vote, s'approcha

[1] Pour éclairer les sceptiques sur le rôle de Letellier dans cette affaire, citons plusieurs lettres du confesseur, extraites des archives du Vatican, et tirées du livre de M. Silvy, p. 31. Le 27 mai 1713, Letellier écrit au P. d'Aubenton à Rome : « Nous suons sang et eau, monseigneur le cardinal de Rohan, M. l'évêque de Meaux (Bissy) et moi, pour justifier la censure de plusieurs propositions, et nous espérons réussir malgré N. (Noailles), qui a un parti parmi les évêques. » Le 28 octobre 1713 : « Il semble que vous doutiez de mon zèle pour la bulle. Il faudrait un volume pour marquer tout ce que j'ai fait pour la faire recevoir comme il convient. Vous pouvez compter, ajoute-t-il, que c'est N. N. (madame de Maintenon) qui a mis tous les évêques en faveur de la bulle, en procurant à M. l'évêque de Meaux la confiance du roi. »

[2] Octobre 1713. Saint-Simon, t. XI, p. 85.

[3] *Histoire du livre des Réflexions morales*, t. Ier, p. 77.

de M. de Noailles et lui expliqua qu'il ne s'était déterminé à recevoir la bulle qu'après avoir examiné les théologiens les plus rigoureux. « Oh bien ! moi, répartit ironiquement l'archevêque, c'est bien différent, je ne la repousse qu'après avoir consulté les casuistes les plus relâchés [1]. »

L'opinion accusa ouvertement les acceptants d'avoir moins écouté leur conscience qu'envisagé leur fortune. Un scandale, arrivé sur ces entrefaites, ne justifia que trop ces accusations, par les révélations inattendues d'un des complices de Letellier. Parmi les acceptants se trouvait l'évêque de Soissons, Brulart de Sillery, prélat d'une haute naissance [2], érudit, spirituel, membre de deux académies, mais insupportable par son pédantisme et sa hauteur, et dévoré par l'ambition la plus profonde. Il aspirait depuis longtemps à l'archevêché de Reims, et pour l'obtenir il s'était livré corps et âme aux jésuites. Dans l'assemblée du clergé il s'était montré l'un des plus chauds partisans de la bulle ; mais ses habiles maîtres, qui le voyaient si désireux de les servir, le compromirent sans l'acheter. Soit chagrin, soit fatigue, Sillery tomba malade. Il était jeune encore, d'une santé robuste ; la maladie cependant devint grave, et au bout de quelques jours, égaré par le délire, le malheureux évêque se mit à déplorer son ambition et à crier qu'il avait adopté la bulle contre

[1] Janvier 1714. *Histoire du livre des Réflexions morales*, t. 1er, p. 135.
[2] Il était petit-fils du secrétaire d'Etat Sillery et La Rochefoucauld par sa mère.

sa conscience. Ses collègues essayèrent de le calmer ; ils durent le faire administrer à huis clos, dans la crainte d'une rétractation publique. Il mourut en proie à ce désespoir furieux, au milieu de hurlements épouvantables. Sa famille s'efforça d'assoupir le bruit d'une telle fin, en écartant de son lit les domestiques et les médecins. Le petit nombre de personnes qui l'avait entendu avait été trop frappé de ses remords pour se taire. Les détails de cet événement se répandirent à Versailles et à Paris, malgré les dénégations obstinées des intéressés, et le roi, auquel il importait tant de connaître les circonstances de cette mort, fut le seul à les ignorer [1].

Dans le Parlement de Paris, tout rempli de jansénistes, la lutte n'était plus possible, Louis XIV ayant bâillonné les conseillers par la suppression des remontrances ; mais, pour être moins déclarée, l'opposition à la bulle n'en fut pas moins certaine. Le jour du vote, plus de cent membres refusèrent de s'asseoir et restèrent collés à la porte, comme de simples spectateurs. L'avocat général Joly de Fleury, qui portait la parole, conclut en quelques mots à l'acceptation, mais avec cette clause restrictive : « Sous la réserve expresse des lois et maximes du royaume. » C'était une protestation contre la force que le Parlement devait plus tard revendiquer. Suivant quelques contemporains, les magistrats rendirent même un arrêt secret contre la constitution et l'inscrivirent

---

[1] Saint-Simon, t. XI, p. 334-337. — *Mémoires de Duclos*, p. 477. — Novembre 1714.

sur leurs registres. Le Parlement acceptait la bulle avec la tristesse, mais aussi la haine de l'impuissance [1]. Contrairement à l'usage, l'arrêt d'enregistrement ne fut point vendu dans les rues. On craignit un soulèvement du peuple de Paris, si profondément attaché à l'archevêque [2].

A l'Université de Paris, dans la Sorbonne, la résistance fut déclarée. Ici les théologiens rencontraient des théologiens, et la lutte eut le caractère passionné des luttes intestines. Le syndic ou président de la Faculté de théologie, Lerouge, ambitieux et brutal, ne contint les docteurs que par le nom même de Louis XIV. A la moindre objection, il criait au greffier : « Ecrivez le nom de Monsieur, qui résiste au roi [3] ! » Faisant du refus de la bulle un crime de lèse-majesté, il appelait ennemi du roi ceux qui résistaient, et les menaçait de destitution. Il annonçait que la cour ferait emprisonner tous les opposants, et répétait sans cesse ces impudentes et ridicules paroles, adressées à une assemblée délibérante : « Nous ne sommes pas ici pour délibérer, mais pour obéir [4] ! »

En dépit de ces violences, après quatre séances tumultueuses, sur deux cent cinquante docteurs, cent vingt-huit seulement votèrent à la dernière assemblée. Après avoir recueilli les suffrages, Lerouge leva

---

[1] Février 1714. Picot, *Mémoires ecclésiastiques*, t. Ier, p. 90.
[2] *Journal de l'abbé Dorsanne*, édition in-4, t. Ier, p. 103-106.
[3] « *Scribe, adversatur regi!* » On sait que les délibérations avaient lieu en latin.
[4] « *Obtemperandum regi, non deliberandum.* »

brusquement la séance et déclara la session finie [1].

Letellier récompensa généreusement les transfuges. Il fit donner à Lerouge une pension de quinze cents livres, à Rohan la grande aumônerie, avec l'abbaye de Saint-Waast, à Polignac la magnifique abbaye d'Anchin, à Bissy le chapeau de cardinal, avec l'abbaye de Saint-Germain-des-Prés, et plusieurs bénéfices qui valaient cent cinquante mille livres de rente [2]. Il frappait en même temps ses adversaires. Les évêques jansénistes furent renvoyés dans leurs diocèses, avec défense d'en sortir. On chassa de la Sorbonne neuf docteurs, dont quatre furent exilés dans les provinces, sans égard pour leur âge ou leurs services. A Reims, dans la Faculté de théologie, six ecclésiastiques repoussaient la bulle; l'archevêque les enferma dans le séminaire, avec interdiction des sacrements et défense de communiquer avec personne [3]. Mais l'événement démentait singulièrement les prévisions du confesseur. Les évêques et les docteurs ne cédaient qu'à l'interdiction et à l'exil. Cette bulle, qui devait pacifier l'Eglise, la divisait.

Le roi fut douloureusement surpris de ces résistances [4]. Il se montra particulièrement irrité contre

---

[1] 10 mars 1714. *Histoire du livre des Réflexions morales*, t. Ier, p. 147.

[2] *Ibid.*, p. 358.

[3] *Histoire du livre des Réflexions morales*, t. Ier, p. 165.

[4] Louis XIV s'entretenait sans cesse de cette affaire : « Si l'on pouvait, s'écria-t-il un jour, ramener les huit évêques à l'opinion des quarante, on éviterait le schisme; mais cela ne sera pas facile. » La belle, maligne et spirituelle duchesse de Bourbon, fille de madame de Montespan et de Louis XIV, était présente: « Ah! sire, répondit-elle en

l'archevêque de Paris, que Letellier accusait d'exciter à la révolte. Ce dernier pressait Louis XIV de déposer M. de Noailles de son siége, suivant la rigueur des lois ecclésiastiques. Trop scrupuleux pour décider lui-même, le roi s'arrêta à l'idée d'un concile national qui jugerait l'archevêque; et comme le pape, depuis la fameuse assemblée de 1682, redoutait les conciles de France, disant « qu'il ne voulait point se livrer à une centaine d'ours qui le dévoreraient tout vivant[1], » Louis XIV envoya à Rome M. Amelot, négociateur adroit et conciliant, pour décider Clément XI. La déposition du cardinal parut certaine; tous les courtisans s'enfuirent de l'archevêché; madame de Maintenon elle-même renia son ami[2].

En attendant la réponse du pontife, le gouvernement sévit. Les dénonciations arrivaient de toutes les provinces à Letellier, comme au grand inquisiteur du royaume. Une terreur véritable, organisée par Letellier et les trois jésuites Doucin, Lallemand et Tournemine, pesa sur les consciences et les familles. On dénonçait ses rivaux et ses ennemis, ceux qui

---

riant, que ne dites-vous plutôt aux quarante de se réunir à l'avis des huit, ils ne vous refuseraient certainement pas. » *Mémoires de Duclos*, p. 477.

[1] *Mémoires secrets sur la constitution Unigenitus*, t. Ier, p. 300. « Un concile national, dit Saint-Simon, était la bête de Rome. » T. XI, p. 332.

[2] « Plus d'espérance d'accommodement; l'affaire de M. le cardinal de Noailles n'en souffre pas. On ira à Rome, pour concerter avec le pape les moyens de réduire ce prélat à la soumission. *Voilà encore un ami qu'il faut sacrifier.* » 26 septembre 1714. *Lettres de madame de Maintenon*, édition Auger, t. II, p. 263.

fréquentaient des personnes suspectes [1], ceux qui menaient une vie austère et retirée, et, par un étrange contraste, ceux qui tenaient des discours licencieux, ceux qui avaient des attachements illégitimes, ceux qui menaient une conduite irrégulière [2], ceux qui faisaient gras les jours maigres [3]. Ces vagues accusations de jansénisme rappelaient les procès de lèse-majesté sous les empereurs. Ainsi se réalisait le mot du maréchal d'Harcourt : « Un janséniste n'est souvent qu'un homme qu'on veut perdre à Versailles [4]. »

La persécution [5] enveloppa ainsi les personnages les plus divers. A Paris, par exemple, Letellier poursuivit Rollin, le plus religieux, le plus respectable des écrivains, que Montesquieu appelait l'*Abeille de*

---

[1] Saint-Simon, t. IX, p. 419-420.

[2] Chamfort, *Caractères et portraits*, édition Houssaye, p. 92. — *Mémoires de Duclos*.

[3] Nous trouvons dans un ouvrage postérieur un passage qui montre jusqu'où allait cette inquisition. « On n'osait faire gras les jours maigres, et ceux qui transgressaient le précepte, pour tromper les espions de la police, qui rôdaient et allaient, en quelque sorte, flairer les cuisines, à dessein de noter les gens scandaleux, *faisaient griller des harengs sous la porte*, afin que cette odeur, saisissant les narines des émissaires, les rendît dupes de cette hypocrisie. » *Vie privée de Louis XIV*, t. Ier, p. 34, note.

[4] « Choses et gens donnés pour tels (jansénistes), demeuroient proscrits sans examen, sans informations et sans ressources. » V. Saint-Simon, t. V, p. 31.

[5] « Atroce persécution, » dit M. Sainte-Beuve, au sujet de laquelle M. De Maistre ose avancer « qu'elle se réduisait au fond à quelques emprisonnements passagers, à quelques lettres de cachets *très-probablement agréables* à des hommes qui, n'étant rien dans l'Etat et n'ayant rien à perdre, tiraient toute leur existence de l'attention que le gouvernement, etc. » *Voy.* Sainte-Beuve, *Port-Royal*, t. III, p. 181.

la France [1], et auquel Racine avait confié l'éducation de son fils en disant : « M. Rollin en sait plus que moi là-dessus. » Un ordre de la cour arracha le vieillard du collége de Beauvais, dont il était directeur. La police envahit sa chambre et fouilla ses papiers. Rollin se retira au faubourg Saint-Marceau, dans une petite maison où il y avait un petit jardin dont il décrit dans ses lettres le berceau de verdure, les deux allées et l'espalier couvert de pêches [2], et il continua paisiblement ses travaux en attendant de meilleurs jours. Mais, à la même époque, Letellier inquiétait Fontenelle, le moins janséniste des Français. A propos de son *Histoire des oracles*, traduite du Hollandais van Dale et publiée depuis longtemps, un obscur jésuite, auquel il n'avait pas daigné répondre, l'accusa d'athéisme près du confesseur. L'affaire devint sérieuse : Letellier parlait d'expulser Fontenelle de l'Académie, de lui ôter sa pension et de l'enfermer dans une forteresse. Le lieutenant de police d'Argenson, son ami, son protecteur et son collègue, intervint heureusement et le sauva [3]. Un autre sceptique, le voluptueux abbé Servien [4], si décrié pour ses mœurs, ayant hasardé une plaisanterie

---

[1] Montesquieu, *Poésies diverses*.

[2] *Voy.* M. Villemain, *Tableau de la littérature française au XVIIIᵉ siècle*, t. Iᵉʳ, p. 312-313.

[3] Voltaire, *Siècle de Louis XIV*. Notice biographique en tête des Œuvres de Fontenelle. (1818, 3 vol. in-8.) — *Biographie universelle*, art. FONTENELLE. — Fontenelle, dans son *Eloge de d'Argenson*, fait allusion à ce service.

[4] Fils du célèbre négociateur de la paix de Westphalie, et surintendant des finances.

à l'Opéra contre le roi, à propos d'un prologue rempli de louanges exagérées, fut arrêté deux jours après et conduit à Vincennes, avec défense de parler à personne et sans un domestique pour le servir[1].

Une autre rigueur, plus cruelle et plus froidement préméditée, causa la mort d'un des hommes les plus estimés et les plus honnêtes de l'époque, M. du Charmel, janséniste déclaré, vieux gentilhomme de Champagne, ami personnel du roi, qui lui avait constamment témoigné les plus grands égards. Disgracié, puis exilé dans sa terre[2], à cause de relations publiques avec le P. Quesnel, Du Charmel y vivait depuis huit années dans la plus exacte et la plus sévère pénitence, partageant son temps entre la prière et les bonnes œuvres, lorsqu'il tomba malade de la pierre. Il avait soixante-huit ans, le mal était sérieux; Du Charmel demanda la permission de se faire transporter à Paris pour s'y faire tailler. Le ministère refusa de lever un instant son exil : l'opération fut faite au Charmel par des chirurgiens de campagne; elle fut si malheureuse que le malade expira trois jours après[3].

A Versailles, la disgrâce la plus brutale et la plus révoltante atteignit le premier commis de la marine, Lachapelle, homme habile, expérimenté, justement considéré de toute la cour, et dont le mérite était le seul crime. Le ministre de la marine, Pontchartrain,

---

[1] Dangeau. 11 janvier 1714. — Saint-Simon, t. XI, p. 106.
[2] Au Charmel, près Château-Thierry. En 1706.
[3] Saint-Simon, t. XI, p. 132.

bassement jaloux d'un inférieur, profita de cette accusation si commode de jansénisme pour le perdre. Il dénonça au P. Letellier Lachapelle et sa femme, comme imbus des idées nouvelles, et il n'en fallut pas davantage. Sans la moindre preuve, Lachapelle fut immédiatement destitué et les deux époux reçurent l'ordre de quitter Paris. L'injustice de cette destitution fut si flagrante et le soulèvement qu'elle provoqua si général, que tout ce qu'il y avait de plus considérable à la cour vint rendre visite aux exilés, au mépris de la haine du ministre aussi lâchement et aussi publiquement implacable [1].

Mais la persécution atteignit surtout les adversaires et les rivaux des jésuites. Nous avons déjà raconté l'incarcération de Quesnel, de Gerberon, de Thierry de Viaixmes; citons encore d'autres noms: le jacobin d'Albizzi, célèbre orateur qui prêchait le carême à Saint-Benoît, fut arrêté à la porte de l'église, en présence des fidèles, et conduit à la Bastille. Deux prédicateurs renommés des Feuillants, dom Turquois et dom Jérôme, ce dernier, vieillard de soixante-dix-sept ans, furent saisis à la même heure et exilés au delà de la Loire. Un autre feuillant, dom Trudon, qui revenait d'Italie, ayant parlé en route contre la bulle, fut arrêté dès son arrivée à Paris : le lieutenant de police fouilla sa valise et,

---

[1] Printemps de 1715. « Il (Pontchartrain) eut le dépit que tout ce qu'il y eut de considérable à Versailles, en hommes et en femmes, accourut chez ces exilés, au moment que la chose fut sue, et que personne ne se méprit à l'auteur, qui encourut de plus en plus la haine et la malédiction publiques. » Saint-Simon, t. XII, p. 100.

sans y rien trouver, enjoignit à ses supérieurs de le mettre dans la prison du couvent, avec ordre de le représenter à la première réquisition [1]. Un ermite des campagnes de Laon, âgé de quatre-vingts ans, fut mis à la Bastille pour avoir prêté à un ami certaine brochure janséniste. Un pauvre oratorien de Paris, frère de Quesnel et vieux comme lui, craignant d'être inquiété à cause de son nom, s'était réfugié aux Trinitaires de Lyon. Les jésuites l'y poursuivent, interrogent pour le saisir tous les prêtres étrangers au diocèse, le découvrent et le font incarcérer à Pierre-Encise. Un saint prêtre, nommé Fourgon, compromis dans cette affaire, est arrêté, interrogé, fouillé : il portait comme une relique un morceau de la ceinture du grand Arnauld ; il est enfermé pour ce crime dans un cachot tellement humide, que les murs étaient couverts d'une couche de salpêtre qui se reformait dans une nuit, et il y reste trois mois, jusqu'à la mort de Louis XIV [1]. La terreur s'étend jusqu'à Versailles, où les plus grands seigneurs craignent de compromettre leur liberté par un mot. Madame de Saint-Simon exhorte son mari, qui s'élevait contre la bulle, à garder le silence, s'il ne veut se faire mettre à la Bastille [2]. Une lettre de madame de Maintenon, écrite à cette époque, témoigne quelle était la terreur des courtisans dans tout ce qui touchait aux affaires religieuses. Dans

---

[1] *Histoire du livre des Réflexions morales*, t. Ier, p. 324 et 333.

[2] *Ibid.*, t. Ier, p. 360-363.

[3] *Mémoires de Saint-Simon*, t. XI, p. 82.

cette lettre, madame de Maintenon avertit le duc de Noailles, l'époux de sa nièce et le neveu du cardinal, de se prononcer ouvertement contre son oncle, sous peine de se trouver enveloppé dans sa disgrâce. Elle refuse d'exposer elle-même sa toute-puissance, de se *sacrifier*, le mot est caractéristique, « pour un homme qui préfère les intérêts du P. Quesnel à ceux de sa famille[1]. »

On sévit non-seulement contre des individus, mais contre des communautés tout entières. A l'Isle-Adam, sur un domaine, et malgré les protestations du prince de Conti, l'évêque de Beauvais força la congrégation de Saint-Joseph à renvoyer toutes ses pensionnaires[2]. A Paris, dans la paroisse Saint-Sulpice, Letellier chassa lui-même plusieurs sœurs de la maison des Filles de Sainte-Thècle. Dans le faubourg Saint-Marceau, il ferma la nombreuse et austère communauté de Sainte-Marthe, placée sous la protection spéciale de M. de Noailles, renvoya les sœurs avec ordre de quitter leurs habits, enleva la croix plantée sur la porte et mura l'entrée de la chapelle. On exila jusqu'aux étudiants en théologie qui lais-

---

[1] « Il est temps, mon cher duc, que vous fassiez connaître au roi combien vous désapprouvez la conduite de M. le cardinal de Noailles. Sans cette précaution vous pourriez bien vous trouver enveloppé dans sa disgrâce..... Si monsieur votre oncle continue à préférer les intérêts du P. Quesnel à sa famille, il n'est pas juste que je me sacrifie pour lui, ni qu'il vous entraîne dans sa chute. Je sais qu'on vous a rendu de mauvais offices auprès du roi; un éclaircissement raccommodera tout. » 11 août 1714. *Lettres de madame de Maintenon*, édition Auger, t. III, p. 254.

[2] *Histoire du livre des Réflexions morales*, t. Ier, p. 359.

saient percer dans leurs thèses des sentiments favorables au jansénisme [1].

Dans tout le royaume on déposait solennellement les supérieurs et on instrumentait contre les religieux accusés de jansénisme. Les uns étaient enlevés la nuit de leurs couvents et enfermés dans des couvents orthodoxes; ceux-ci internés aux extrémités du royaume, ceux-là ensevelis dans les citadelles [2]. Un grand nombre d'entre eux, prévenus à temps, quittaient leurs robes, et, de cachette en cachette, gagnaient la frontière. D'autres fuyaient dans la campagne, sans pain et sans argent, préférant la misère à la prison. On rencontrait à chaque pas des archers à la recherche des fugitifs. Avocats et prêtres, écrivains et professeurs, colporteurs et libraires, étaient arrêtés pour un signe. Les prisons regorgeaient. Vers le milieu de l'année 1715, on enfermait les suspects dans leurs chambres, avec des exempts pour les garder [3]. Malgré les soins de la police, ces arrestations transpiraient, et le mystère même en exagérait l'étendue. Il est impossible de savoir au juste le nombre

---

[1] *Histoire du livre des Réflexions morales*, t. 1er, p. 333 et p. 359-360.

[2] D. Clémencet, *Histoire générale de Port-Royal*, t. X, p. 173. Les jésuites en vinrent jusqu'à frapper l'un des leurs, et le plus illustre d'entre eux, le P. André, suspect, à la vérité, de tolérance. Sous le plus futile des prétextes, « celui d'avoir fait des chansons et alleluia jansénistes, » le P. André fut mis à la Bastille. Le burlesque se mêle à l'odieux en cette affaire : « Un ami du P. André, le P. Urquart, compromis avec lui, a été mis en pénitence, dit M. Cousin (*Fragments de philosophie moderne*, p. 418), et pour première pénitence on lui a ôté sa perruque. » Ceci, il est vrai, quelques années plus tard, en 1718 et 1720.

[3] *Histoire du livre des Réflexions morales*, t. 1er, p. 356.

des prisonniers, mais il fut considérable. Les contemporains nous représentent Loches, Saumur, Pierre-Encise, le Châtelet, la Conciergerie, la Bastille et le donjon de Vincennes, comme remplis de jansénistes. « Nous voici arrivés, écrit Saint-Simon, à l'époque de la persécution qui a fait quelques martyrs et plusieurs milliers de confesseurs [1]. » Voltaire porte à deux mille le nombre des prisonniers à la mort de Louis XIV. Ce chiffre n'a rien d'exagéré [2]. Les passions étaient si animées que Letellier et les PP. Lallemant, Doucin et Tournemine [3], ses conseillers et ses complices, parlaient sérieusement de transporter l'inquisition en France. Le P. Lallemant, s'entretenant avec le maréchal d'Estrées à l'abbaye de Saint-Germain-des-Prés, alla jusqu'à exalter les vertus du terrible tribunal, et démontrer la nécessité de l'établir [4]. Les jésuites oubliaient leur prudence habituelle, et ils ne se cachaient pas de dire qu'il fallait verser du sang [5].

[1] Saint-Simon, t. XI, p. 119.

[2] Les noms des principaux prisonniers se trouvent dans l'*Histoire du livre des Réflexions morales*, t. Ier, p. 389. Mais à ces prisonniers il faut joindre les évêques renvoyés dans leurs diocèses, les internés, les fugitifs et les exilés. Quelques-uns s'enfuirent jusqu'au Canada.

[3] On appelait leur réunion la *cabale des Normands*, du nom de leur pays. « Les PP. Doucin et Lallemand, dit Saint-Simon, t. IX, p. 128, aussi fins, aussi faux, aussi profonds que Letellier. »

[4] Suivant Saint-Simon, « le maréchal le laissa dire quelque temps, puis, le feu lui montant au visage, il finit par lui dire que, sans le respect de la maison où ils étoient, il le feroit jeter par les fenêtres. » Saint-Simon, t. XI, p. 361.

[5] « De là ce peuple entier d'exilés et d'enfermés dans les prisons, et beaucoup dans les cachots, et le trouble et la subversion dans les monastères...; de là ce monde innombrable de tout état et de tout sexe, dans les mêmes épreuves que les chrétiens soutinrent sous les empe-

La résistance continuant, Louis XIV, déjà gravement malade, pressa le pape de lui accorder le pouvoir de déposer tous les évêques jansénistes [1], et il prépara dans ce but un édit; mais l'opinion se révoltait, et le Parlement refusa de l'enregistrer. Le roi, exaspéré par cette soudaine résistance, manda à Versailles le procureur général, M. d'Aguesseau, un des adversaires de l'édit, comptant le réduire par des menaces. D'Aguesseau fit ses adieux à sa femme, disant qu'il ne savait point s'il n'irait pas coucher à la Bastille. « Allez, Monsieur, répliqua madame d'Aguesseau, janséniste indignée comme son mari; allez, et agissez comme si vous n'aviez ni femme ni enfants. J'aime mieux vous voir mener avec honneur à la Bastille, que revenir ici déshonoré [2]. » Le roi le reçut avec un visage sévère, le menaça de lui enlever sa charge, mais sans pouvoir l'ébranler. Oubliant sa politesse habituelle, il le congédia en lui tournant le dos [3].

A la cour et dans le monde, on ne s'entretenait plus d'autre chose [4], et la plus vive émotion se manifestait dans Paris. On racontait que le roi allait se

---

reurs ariens, surtout sous Julien l'Apostat, duquel on semble adopter la politique et imiter les violences... S'il n'y eut pas précisément de sang répandu (je dis précisément, parce qu'il en coûta la vie d'une autre sorte à bien de ces victimes), ce ne fut pas la faute des jésuites, dont l'emportement surmonta cette fois la prudence, *jusqu'à ne pas se cacher de dire qu'il falloit répandre du sang.* » Saint-Simon, t. XIII, p. 157.

[1] *Histoire du livre des Réflexions morales*, t. 1er, p. 366.
[2] *Mémoires secrets sur la constitution* Unigenitus, t. 1er, p. 318.
[3] Saint-Simon, t. XII, p. 413. 11 août 1715.
[4] Saint-Simon, t. XII, p. 167.

faire transporter au Palais pour y imposer, dans un lit de justice, son édit contre les évêques; que M. de Noailles serait livré au pape, dépouillé de son cordon bleu, de son titre de cardinal, puis excommunié et enfermé à Pierre-Encise. La résistance d'une partie des conseillers était certaine : ils avaient reçu en frémissant la nouvelle des desseins du roi. L'impétueux Saint-Simon déclarait au duc d'Orléans que son honneur, sa conscience, les lois du royaume, lui faisaient un devoir de protester; qu'en sa qualité de pair de France il s'élèverait de toutes ses forces, dans la séance royale, contre la bulle; qu'il préparerait une chaise de poste et de l'argent pour partir ensuite, s'il rentrait chez lui, parce que le moindre qui pouvait lui arriver serait l'exil. Le duc d'Orléans l'embrassait, lui promettait de le soutenir et de parler de telle sorte à Louis XIV qu'il ne savait quelles en pourraient être les suites [1]. De son côté, le roi mourant faisait annoncer au Parlement sa volonté de tenir un lit de justice. Déjà les ouvriers avaient l'ordre de tendre la grand'chambre pour la cérémonie [2]. La mort seule de Louis XIV empêcha cette dernière violence.

[1] Saint-Simon, t. XII, p. 168.
[2] *Histoire du livre des Réflexions morales*, t. Ier, p. 387-88.

CHAPITRE XVII.

(1711-1715.)

Dernière persécution des protestants. — Odieux caractère de cette persécution. — Accusation et supplice du chef camisard Saint-Julien. — Edits de mai 1711, — de mars 1712, — de septembre 1713, — de mars 1715, contre les huguenots. — Leur résignation. — Assemblées dans le désert. — Dispersion de ces assemblées. — Arrestations. — Diverses condamnations des femmes et des hommes. — Prisons réservées aux protestantes. — Le vieux château de Carcassonne. — La tour de Constance, à Aigues-Mortes. - Galères protestantes. — Rigueurs exercées contre les galériens huguenots. — Secret et épouvantable règlement de Louis XIV contre les galériens protestants. — Visite du prince de Beauvau à la tour de Constance. — Vaines réclamations de Basnage au congrès d'Utrecht. — Son appel à l'opinion publique. — *Les plaintes des protestants, cruellement opprimés dans le royaume de France.* — Incarcération de Fréret à Paris. — Nombreux et violents écrits contre Louis XIV et Letellier. — Impopularité de Louis XIV à sa mort.

Il semble que nous ayons achevé le récit des persécutions religieuses, et que ce long martyrologe soit épuisé. Il n'en est rien pourtant, et après tant de violences nous avons d'autres violences à raconter. Letellier, qui frappe les jansénistes, frappe aussi les protestants, et ce sombre tableau demande encore quelques traits. Cette dernière persécution fut la plus odieuse. On s'explique celle des jansénistes : ils luttaient, ils disputaient aux jésuites leurs écoles et leurs chaires, leurs confessionnaux et le gouverne-

---

[1] Ce chapitre a été lu par l'auteur à l'Académie des sciences morales et politiques, dans la séance du 10 octobre 1857.

ment de l'Eglise. Le cardinal de Noailles, leur appui secret, avait cruellement offensé le confesseur en faisant condamner son livre; ici rien de pareil. Les protestants vivent loin de la cour, au milieu de leurs familles, de leurs manufactures ou de leurs terres; ils ensemencent leurs champs, relèvent leurs maisons, s'appliquant à réparer les maux d'une guerre qui a ravagé quatre provinces et dévoré cent mille Français [1], et l'on cherche en vain les motifs de cette seconde persécution, moins cruelle, mais plus odieuse que celle qui accompagne la révocation de l'édit de Nantes. N'en trouvant pas, on reste épouvanté du fanatisme de cet homme, « capable, dit un ecclésiastique, de tout incendier pour ce qu'il appelait la cause de Dieu [2]. »

La persécution s'annonça par un supplice, qui suivit la violation la plus scandaleuse et la plus manifeste du droit des gens. Après la déroute et l'extermination de ses compagnons d'armes, un des derniers Camisards, nommé Saint-Julien, s'était réfugié à Genève. C'était l'un de ces hommes intrépides et infatigables, qui, exposant chaque jour leur vie, passaient au milieu des sentinelles royales, du Languedoc en Suisse et de Suisse en Languedoc, pour porter aux insurgés des lettres et des fonds venus de la Hollande ou de l'Angleterre. Confiant dans la neutra-

---

[1] L'abbé Millot, l'éditeur des *Mémoires du duc de Noailles*.

[2] V. *Courte histoire des troubles des Cévennes*, t. 1er, p. 89.—Voltaire dit que, suivant les historiens contemporains des deux partis, cent mille hommes périrent et dix mille furent exécutés. (*OEuvres complètes*, t. XXVII, p. 492, édition Beuchot.)

lité du territoire helvétique, Saint-Julien se proposait de passer de Genève dans les Pays-Bas. Mais l'implacable ennemi des protestants, l'intendant du Languedoc, Bâville, qui n'avait pu le saisir en France et suivait depuis longtemps sa trace à l'étranger, résolut de le surprendre au moment où il quitterait Genève et de l'envoyer à la mort. Averti par les nombreux agents qu'il entretenait en Suisse que Saint-Julien devait traverser le lac Léman à son départ, Bâville lui dressa un piége pour l'arrêter au passage. Par ses ordres, un lieutenant d'infanterie, nommé d'Arquier, prépara à Versoix, ville française alors [1], située près de Genève, et sur les bords même du lac, un bateau et une escorte, et se tint prêt à saisir le Camisard. Le jour venu, comme Saint-Julien traversait le lac, dont les eaux appartenaient au canton de Berne, le lieutenant d'Arquier sort de Versoix sur le bateau préparé d'avance, s'élance à la poursuite du fugitif, le saisit au milieu du lac, le ramène sur les terres de France et l'envoie chargé de chaînes à Bâville. Cette capture combla de joie l'intendant, et, comme s'il eût craint de laisser évader sa victime, il fit instruire sur-le-champ son procès. Le malheureux Saint-Julien fut conduit à Montpellier, jugé, condamné et rompu vif [2].

Quelques semaines après son supplice parut l'édit

---

[1] Cette ville appartient à la Suisse depuis les traités de 1815. Elle fut agrandie par le duc de Choiseul sous Louis XV. On sait que M. de Choiseul voulait faire de Versoix la rivale victorieuse de Genève.

[2] Avril 1711. Brueys, *Histoire du fanatisme de notre temps*, t. IV. — Court, *Hist. des troubles des Cévennes*, t. III, p. 393-94.

du 17 mai 1711, avec lequel commençait la persécution générale des réformés du royaume. Cet édit leur défendait d'aliéner leurs meubles et leurs immeubles pendant trois ans, sous peine de confiscation. Le roi voulait les empêcher de réaliser leur fortune et de s'enfuir, comme on prévoyait qu'ils le voudraient faire. Un nouvel édit du 8 mars 1712 enjoignait aux médecins d'avertir les protestants de se confesser le second jour de toute maladie *qui pouvait avoir trait à la mort*, et si le troisième le malade ne présentait pas un billet de confession, de sortir de sa demeure et de le laisser sans secours. Si, par devoir ou par sympathie, le médecin donnait de nouveaux soins au malheureux voué à la mort, il était passible, la première fois, d'une amende de trois cents livres; la seconde fois, d'une interdiction de trois mois; la troisième, il était privé de sa profession [1].

Un nouvel édit, du 8 mars 1712, dépassa les deux autres. Il commençait par un mensonge : l'édit, partant de ce principe qu'il n'y avait plus de huguenots en France, « attendu que le séjour que ceux de la religion prétendue réformée ont fait dans le royaume était une preuve *plus que suffisante* qu'ils avaient embrassé la religion catholique, sans quoi ils n'y auraient été ni soufferts, ni tolérés [2], » déclarait que tous ceux qui, à partir de ce jour, mourraient sans sacrements, seraient considérés comme relaps, c'est-à-dire que procès serait intenté à leur mémoire, que

[1] Isambert, *Anc. lois françaises*, t. XX, p. 573.
[2] Id., *Ibid.*, t. XX, p. 640.

leur bien serait confisqué, leur corps traîné sur la claie et privé de sépulture, comme celui des criminels de lèse-majesté. Cet édit entraîna des scènes révoltantes : en vertu de la loi, dès qu'un protestant tombait malade, les prêtres envahissaient sa maison, apportaient le viatique, suivis d'huissiers et de recors, et, au milieu des parents en larmes, des voisins curieux ou ennemis, fatiguaient de leurs obsessions et de leurs menaces des vieillards, des femmes, des jeunes filles[1]. Si le malade repoussait le prêtre, sa famille était ruinée et sa mémoire publiquement flétrie. Quelquefois, surtout dans le Midi, le peuple s'attroupait devant la maison de l'hérétique et demandait son corps à grands cris. On amenait la claie aux applaudissements de la foule. On y plaçait le mort nu, à peine refroidi[2], devant les obscènes railleries des assistants ; puis, après l'avoir traîné dans le ruisseau, à travers les rues et les carrefours, pendu par les pieds à un gibet pendant vingt-quatre heures, on le jetait à la voirie. Quand l'instruction devait être longue, par une cruelle précaution, on faisait embaumer le cadavre ; d'autres fois on lui donnait une sépulture provisoire, puis on le déterrait, la condamnation rendue, et l'ignoble peine avait son cours[3].

[1] Rulhière, *Eclaircissements historiques sur la révocation de l'édit de Nantes*, t. V, p. 245. — Sismondi, *Histoire des Français*, t. XXV, p. 335-337.

[2] *Voy.*, dans M. Coquerel, *Histoire des Églises du désert*, t. Ier, p. 476, plusieurs applications de cet édit, notamment sur le corps de la comtesse de Monjou, à Bagnols, t. Ier, p. 275.

[3] Sur la procédure de la claie, *voy. Nouveau commentaire de l'ordonnance criminelle du mois d'août* 1670, par M. J. (Jousse), conseiller au

De ce principe, consacré par l'édit, qu'il n'y avait plus de protestants en France, on en vint à déduire une conséquence plus détournée, mais non moins infâme. Tous ceux qui n'avaient pas été mariés à l'Eglise cessaient de l'être, et comme le mariage civil n'existait pas à cette époque, il leur fallut dès lors s'unir devant un prêtre; sinon la loi méconnaissait les liens antérieurs, et pour les rompre elle faisait appel au libertinage ou à l'intérêt. En vertu de cet édit, les époux pourraient demander la nullité de leur mariage célébré seulement d'après le rite huguenot, et convoler à de nouvelles noces [1]. Les protestants demeuraient ainsi comme des parias au milieu de la société française. Quelques-uns se mariaient à l'Eglise, puis devant le pasteur; la plupart s'unirent seulement d'après leur culte, jusqu'au moment où Louis XVI leur accorda enfin un état civil. Ainsi, au moment de paraître devant Dieu, alors qu'il prodiguait aux fils de madame de Montespan, issus d'un double et scandaleux adultère, les droits et les bienfaits d'une naissance légitime, Louis XIV disputait à huit cent mille Français l'honneur de leurs femmes et de leurs enfants, et il les forçait à se parjurer

---

présidial d'Orléans. Paris, 1755, in-12, p. 409.—*Voy.* encore *Institutes du droit criminel*, par M. Muyard de Vouglans, p. 409.

[1] Il y eut sous Louis XV plusieurs exemples d'application de cet édit. Un de ces mariages calvinistes fut ainsi cassé devant le Parlement de Grenoble, malgré l'éloquent réquisitoire du célèbre et vertueux avocat général Servan, sur la demande du mari. La pauvre femme, qui avait des enfants, resta ainsi abandonnée, déshonorée et ruinée. On lui alloua seulement une petite pension,—*Voy.* M. Coquerel, t. II, p. 455.

publiquement ou à vivre dans le concubinage et à n'enfanter que des bâtards [1].

Ce n'est pas tout encore : les anciennes et épouvantables ordonnances publiées à l'époque de la révocation de l'édit de Nantes continuent d'être en vigueur, et elles oppriment les réformés depuis le berceau jusqu'à la tombe. A peine nés, ils sont arrachés à leurs familles, baptisés de force, conduits de force aux écoles catholiques, où des prêtres leur enseignent le plus souvent, avec la religion romaine, le mépris et l'horreur de leurs parents. Les filles sont enfermées dans des cloîtres, où elles entrent quelquefois pour n'en plus sortir [2]. Les jeunes calvinistes ne peuvent quitter le royaume avant seize années, dans la crainte qu'ils ne rejettent à l'étranger ces doctrines qu'on vient d'imposer à leur faiblesse. Devenus hommes, et dès leurs premiers pas dans la vie, ils se trouvent arrêtés par les édits royaux, qui leur interdisent toute fonction publique, même la plus humble [3]. Dans ces carrières commerciales et industrielles qu'on leur abandonne, ils sont gênés par les mille entraves d'une législation partiale et ennemie. Ils n'ont plus maintenant ces tribunaux maintenus par la sagesse de Henri IV, composés de juges réformés et catholiques, où la prévention reli-

---

[1] Voy, dans la *Correspondance de Voltaire*, une lettre qu'il adresse au duc de Richelieu, dans laquelle il énumère les fréquents inconvénients de cette législation. Lettre du 16 septembre 1772.

[2] Ces enlèvements d'enfants des deux sexes se prolongèrent jusqu'à la fin du règne de Louis XV.

[3] V. notre tome Ier pour les détails.

gieuse était si justement et si judicieusement pondérée; ils comparaissent maintenant devant des tribunaux entièrement catholiques, où leur titre de protestant est une présomption de dol et de mauvaise foi. Dans les affaires les plus simples et les plus communes de la vie civile, où il ne s'agit que d'une dette, de l'exécution d'un contrat, de la revendication d'une limite ou d'un héritage, la religion du calviniste est le plus fort des arguments invoqués par un adversaire orthodoxe. Le clergé, les dévots, les congrégations, interviennent chaque fois dans l'affaire et se déchaînent en sollicitations auprès des juges. On n'entend dans le barreau que ces sortes de discours : « J'ai affaire à un homme d'une religion odieuse à l'Etat, et que le roi veut exterminer; je plaide contre un hérétique. » Cette déclaration est la pièce décisive du procès, et elle suffit le plus souvent au gain de la cause [1].

Jusque dans leurs maisons, les protestants sont livrés aux tracasseries continuelles du clergé et des officiers royaux, et à des investigations vexatoires et misérables qui, se renouvelant chaque jour, gênent chaque jour la liberté de leurs actions et de leurs paroles; supplice épouvantable dans les villages, dans les bourgs et les petites villes, où la vie de chacun est livrée à tous, où chaque action est aussitôt connue, commentée et envenimée. Ils doivent observer les abstinences et les pratiques extérieures et pu-

[1] Voy. Claude, *les Plaintes des protestants, cruellement opprimés dans le royaume de France.* Edition de 1713, p. 10.

bliques du catholicisme, assister le dimanche aux offices, se confesser et communier une fois l'an. S'ils l'oublient, s'ils hésitent, s'ils diffèrent, on les menace. On attaque le plus fort par le plus faible, le mari par la femme ou la femme par le mari. On leur répète qu'ils s'obstinent à garder une religion vaincue, par entêtement séditieux, par pure désobéissance à la volonté et aux ordres formels du roi. Dans l'impuissance de résister, ils se montrent dans les églises; ils y apportent un corps distrait, un esprit hostile [1]; mais ils y viennent, ils assistent aux offices, ils se confessent, ils communient. Moins scrupuleux que les docteurs de l'Inquisition, qui refusaient du moins les sacrements aux misérables renfermés dans leurs cachots, parce que, disaient les décrets du saint-office, « ce serait une chose horrible que d'admettre aux divins mystères ceux qui sont détenus prisonniers pour les crimes qu'ils ont commis contre ces mystères [2], » les prêtres de Louis XIV traînent les huguenots à la sainte table. Ils savent qu'ils avilissent la religion et qu'ils profanent le plus auguste de ses mystères; ils le savent, et s'ils l'ignoraient, la pâleur et le tremblement de ces étranges néophytes, qui croient se damner sans retour en commettant un tel acte de dissimulation et d'idolâtrie, suffiraient plus qu'il n'est nécessaire pour les avertir; mais, suivant les maximes empoisonnées des jésuites, ils préfèrent

---

[1] Basnage, Préface des *Plaintes des protestants* de Claude, édition de 1713, p. xxxv.
[2] *Direct. inquisit.*, p. 111, cités par Basnage, même préface, p. xvi.

la soumission à la désobéissance et le sacrilége à l'abstention.

Quant à ceux des réformés qui repoussent énergiquement toute pratique romaine, ils sont dénoncés et d'abord frappés d'amendes considérables, et s'ils persévèrent dans leur refus, ils sont punis suivant la rigueur des ordonnances. Les hommes sont condamnés à la confiscation de leurs biens, à faire amende honorable, puis envoyés aux galères perpétuelles; les femmes subissent les mêmes peines, la confiscation et l'amende honorable, puis elles sont renfermées dans des couvents où des prisons [1]. Les chaires cependant retentissent de cris de triomphe et les églises de chants de joie. Les prédicateurs et les missionnaires célèbrent ces conversions menteuses et ces communions à main armée, qu'ils rapportent à la puissance et à la gloire de Dieu, comme si Dieu pouvait trouver de la gloire dans la douleur de tant de chrétiens, dont les biens sont confisqués, les femmes cloîtrées, les enfants ravis, et dont la conscience est troublée par les remords et le cœur ulcéré par la haine [2].

Devant de semblables persécutions, l'émigration prévue par le gouvernement recommença. Quelques protestants, et les plus riches, ceux qui habitaient les côtes ou les ports, profitant des navires étrangers revenus en France depuis la paix d'Utrecht, s'enfuirent avec leur famille et leur fortune. Un der-

---

[1] Préface de Basnage, p. XVI.
[2] *Ibid.*, p. XXX.

nier édit du roi interdit sur-le-champ ces émigrations. L'édit du 18 septembre 1713 défendit à tous les nouveaux convertis de quitter le royaume sans une permission écrite, sous les peines portées par les anciennes ordonnances : les galères perpétuelles pour les fugitifs, la mort pour les complices de l'évasion. Le même édit, par une nouvelle violation du droit des gens, défendait aux protestants français, naturalisés à l'étranger, de mettre le pied sur les terres du royaume. On craignait qu'ils ne vinssent entraîner leurs coreligionnaires à leur retour ou faciliter leur départ. L'édit, montrant ce mépris de la liberté humaine qui caractérise cette époque, défendait enfin aux réformés de passer par mer d'une province dans une autre sans un passe-port. Chaque bourgade devint de la sorte une prison où les calvinistes vivaient sous la surveillance de geôliers ombrageux, sans la permission desquels il leur était défendu de faire un pas[1].

Il faut le reconnaître cependant, en dépit de ces anciennes et de ces nouvelles ordonnances, qui les mettaient hors la loi de leur pays, les protestants restèrent calmes. Ils comprirent enfin que l'inertie était la meilleure des résistances, qu'elle userait la colère des persécuteurs, et ils attendirent avec résignation des temps meilleurs. Un très-petit nombre s'enfuit, un plus petit nombre abjura, les autres se soumirent, en les déplorant, aux pratiques extérieures qui leur

[1] Préface de Basnage, p. xvi

étaient imposées pour vivre en France ; mais, leur haine s'augmentant en raison de la tyrannie, tous restèrent huguenots au fond du cœur. Rejetant, comme ils le disaient, avec une image de l'Apocalypse, la *marque de la bête*, ils célébraient la simplicité de leur culte dans leurs maisons, lisant la Bible et faisant en commun la prière du soir devant le foyer domestique et les portraits de leurs aïeux [1]. Couverts d'habits empruntés, quelquefois de chapelets ou de reliques, pour mieux détourner les soupçons, les pasteurs se glissaient, au péril de leur vie, de demeure en demeure, baptisant les nouveau-nés, mariant les fiancés, exhortant les malades, bénissant les morts. Les réunions générales des réformés étaient impossibles dans les villes ; mais il n'en était pas de même dans les campagnes. Quand le pasteur arrivait dans un village, où les fidèles se disputaient le dangereux honneur de lui fournir un asile, la population réformée tout entière allait l'entendre au fond d'un bois, d'une grotte, d'un vallon sauvage, et, comme disaient les huguenots en leur langage biblique, *dans le désert*. Ces assemblées, tenues le plus

[1] On composa alors une prière spéciale pour ce culte domestique. (*Voy.* Coquerel, t. 1er, p. 97.) Elle nous a paru si simple, si touchante, et marquant si profondément le caractère de ce culte persécuté, que nous demandons la permission d'en citer les premières lignes : « Grand Dieu, que les cieux des cieux ne peuvent comprendre, mais qui as promis de te trouver où deux ou trois sont assemblés en ton nom, tu nous vois réunis en cette demeure pour te rendre nos hommages et implorer ta protection... Nous sommes sans temple ; mais remplis cette maison de ta glorieuse présence ! Nous sommes sans pasteur ; mais sois toi-même notre pasteur ! Nous allons lire et méditer ta parole ; imprime-la dans nos âmes. »

souvent la nuit, rappelaient, par le mystère et le danger [1], les premières réunions des chrétiens dans les catacombes. Le missionnaire huguenot lisait l'Evangile, y joignait une simple exhortation empruntée aux lieux et aux circonstances, puis donnait aux assistants la communion. Le chant des psaumes ouvrait et terminait la cérémonie. Et tandis que la foule émue recueillait la parole sainte, des sentinelles, échelonnées dans la campagne ou montées sur des arbres et des rochers, faisaient le guet et signalaient l'approche des soldats [2]. En 1712 et 1713, les intendants et les gouverneurs militaires des provinces poursuivirent avec la dernière rigueur ces assemblées. Plusieurs d'entre elles furent dispersées par la force et accompagnées d'arrestations [3]. Les tribunaux condamnaient les femmes à la prison, les plus coupables à être rasées et enfermées dans les hôpitaux avec les malades ou les fous; les hommes aux galères; le pasteur au gibet.

Comme si on eût craint de corrompre les autres prisonnières par le contact des protestantes, on les enfermait dans des maisons spéciales : les filles, dans

[1] En vertu des ordonnances, les assistants étaient exposés à perdre leur liberté et le pasteur la vie.
[2] Nous avons sous les yeux une curieuse gravure du temps, qui représente une de ces assemblées de jour.
[3] Ainsi, en 1712, assemblée surprise près de Bordeaux; en septembre 1713, près du Cayla; en octobre 1713, près de Milhau. Dans cette dernière on fit quatorze prisonniers, dont deux femmes, mademoiselle de Fontanier, qui fut rasée et enfermée à l'hôpital de Cahors, et mademoiselle Pelet, à l'hôpital de Rodez. Nous devons ces renseignements inédits à l'obligeance de M. Haag, le savant et consciencieux auteur de *la France protestante*.

le vieux château de Carcassonne, au milieu de la sombre ville du moyen âge[1], derrière un double rempart de murailles et de tours crénelées, ensanglantées par une autre guerre religieuse dont le temps n'a pas effacé l'horreur[2]; les femmes, dans la tour de Constance, dont le seul nom causait l'effroi. Elle était située au milieu des marais salés qui entourent Aigues-Mortes, petite ville alors misérable et déserte, entièrement fermée de remparts gothiques[3], et qui, elle aussi, rappelait de sanglants souvenirs[4]. Bâtie, dit-on, par saint Louis à son départ pour la terre sainte, la tour de Constance, ainsi nommée, sans doute, dit un historien protestant, pour indiquer de quelle vertu devait s'armer le cœur

[1] Carcassonne se divise, comme on sait, en ville neuve ou basse, et ville haute ou cité, qui est la vieille ville, remplie de rues étroites, sales, escarpées, et de maisons en ruines habitées par les ouvriers des fabriques. C'est dans la cité que se trouve le château ou la citadelle.

[2] Dans la guerre des Albigeois, le jeune vicomte de Béziers, enfermé à Carcassonne, refusa la capitulation qui lui était offerte; il fit sortir de la ville par un souterrain les femmes et les enfants, et ne se rendit qu'après une résistance désespérée. Les croisés violèrent la capitulation conclue avec lui. Leur chef, Simon de Montfort, fit enfermer le vicomte dans une prison, où il mourut peu de temps après, non sans soupçon de mort violente, puis il fit pendre ou brûler environ cinq cents Albigeois. Le tombeau de Montfort est encore aujourd'hui dans l'église de Carcassonne.

[3] Ces remparts, mieux conservés encore que ceux d'Avignon, garnis de machicoulis, de créneaux et flanqués de hautes tours dont les pierres sont taillées en pointes de diamant, ont été bâtis, dit-on, par Philippe le Hardi, fils de saint Louis, sur le modèle de ceux de Damiette. Ils donnent une idée bien précieuse et bien exacte de la science des fortifications au XIII° siècle.

[4] En 1421, les troupes royales ayant pris Aigues-Mortes, massacrèrent les Bourguignons qui la gardaient, et entassèrent leurs corps dans une tour appelée encore *Tour des Bourguignons*, sous des couches de sel, pour empêcher la peste.

des captifs enfermés dans son sein[1], s'élevait à un angle de la ville, dans la cour intérieure du château d'Aigues-Mortes. C'était une tour ronde et massive, qui se dressait seule et détachée des autres fortifications. Elle était haute de quatre-vingt-dix pieds, large de soixante, et surmontée d'un phare établi sur sa plate-forme, d'où l'on voyait un autre phare élevé sur les rivages de la Catalogne[2]. La tour se divisait en deux étages formant deux vastes chambres voûtées, d'une hauteur considérable. On enfermait les protestantes dans la plus haute. Elles vivaient entassées dans ce donjon, éclairé par un large trou de six pieds percé dans la plate-forme, où dardait le soleil, où tombait la pluie, où le mistral rabattait la fumée d'un foyer placé au centre de la salle, empoisonnées l'été par les exhalaisons des marais qui déciment la ville et lui méritent le triste nom d'Aigues-Mortes[3]. Toute pensée même d'évasion était impossible. Des sentinelles veillaient sur la plate-forme. Un escalier étroit et tortueux, fermé par une porte doublée de fer et soigneusement gardée, formait l'unique issue. Les murs avaient dix-huit pieds d'épaisseur. Il eût fallu franchir ensuite une double

[1] M. Nap. Peyrat, *Hist. des pasteurs du désert*, t. II, p. 318.
[2] Louvreleuil, *Hist. du fanatisme renouvelé*, t. IV, p. 122.
[3] Ou Eaux-Mortes. La ville n'a aujourd'hui que trois mille deux cents habitants. Voy. *Documents sur le département du Gard*, par M. Rivoire, t. Ier, p. 92; M. Coquerel, t. II, p. 442, et le curieux ouvrage intitulé: *Tableau de Nîmes et de ses environs*, par M. Frossard. Indépendamment du château de Carcassonne et de la tour de Constance, on enfermait encore les protestantes dans les hôpitaux-prisons de Tarbes, Cahors, Montauban, Pons, Saintes, Die, Vienne, Foix, etc.

enceinte, des marais immenses et faire vingt lieues avant de gagner les Cévennes[1]. Suivant le propre témoignage d'un ecclésiastique contemporain, on regardait les captives comme des personnes ensévelies [2]. Leur seule vue était le ciel sur leur tête, à travers la plate-forme, et au fond des murs, à travers leurs meurtrières étroites et grillées, la ville, les marais d'Aigues-Mortes, et, dans le lointain, la mer. Combien les heures devaient sembler longues et cruelles aux malheureuses enfermées dans ce tombeau, sans nouvelles et sans espoir ! On frémit quand on pense aux générations de martyres qui ont vécu dans cette chambre, et on déteste ces persécutions religieuses, si tranquillement inhumaines et si constamment implacables[3].

Les protestants condamnés aux galères étaient envoyés à Dunkerque ou à Rochefort, à Toulon ou à Marseille [4]. On ne croirait pas, s'il n'était attesté par

---

[1] M. Nap. Peyrat, t. II, p. 320.

[2] Louvreleuil, *Hist. du fanatisme renouvelé*, t. IV, p. 155.

[3] « J'ai vu, écrit un digne fils des vieux huguenots, le président de la Convention, Boissy d'Anglas ; j'ai vu, écrit-il à ses enfants, cette tour de Constance. Elle ne peut que vous inspirer un vif intérêt : la bisaïeule de votre mère y ayant été enfermée étant grosse, comme accusée d'avoir été au prêche, y donna le jour à une fille de laquelle vous descendez. *J'avoue que je n'ai rien vu d'aussi propre à inspirer de longs souvenirs,* » ajoute l'homme qui a vu de près la plus horrible des morts. Voy. *Essai sur M. de Malesherbes*, 1re partie, p. 381, cité par M. Coquerel, t. II, p. 441. La tour de Constance existe encore.

[4] De nombreuses condamnations aux galères furent prononcées en 1712 et 1713. Nous avons les noms de vingt-neuf des galériens condamnés à cette époque. Ces condamnations avaient quelquefois lieu par *fournées,* suivant le mot de la terreur : « J'ai condamné ce matin soixante-seize malheureux aux galères, écrit Bâville en *post-scriptum.* — Voy. *Lettre de Bâville,* citée par M. Coquerel, t. Ier, p. 500.

les récits les plus authentiques, le raffinement de barbarie déployé contre les galériens huguenots. On les conduisait au bagne, accouplés à des voleurs et des assassins, attachés au cou, aux mains, aux pieds, *menés en montre*, suivant l'expression de Jurieu, pour épouvanter leurs coreligionnaires. On réservait pour eux les plus lourdes chaînes ; quelques-unes pesaient jusqu'à cinquante livres. S'ils tombaient de fatigue, on les relevait à coups de bâton. Leurs conducteurs volaient sur leur nourriture et ne leur donnaient qu'un pain grossier, juste ce qu'il fallait pour vivre. A leur arrivée au bagne, on les enfermait dans les prisons les plus infectes, souvent sur le rivage où ils couchaient la nuit, sans couvertures et chargés encore de leurs chaînes. On leur mettait alors la casaque et le bonnet rouge, avec une chemise de toile épaisse comme le doigt et des bas de drap. Le travail des galères était d'une extrême dureté ; les forçats étaient attachés deux à deux sur le banc du navire, sans pouvoir aller plus loin que la longueur de leur chaîne, mangeant et dormant à leur place. On les occupait à remuer de longues et lourdes rames qui faisaient mouvoir la galère. Contre la pluie et le soleil, le froid si piquant des nuits sur la mer, ils n'avaient d'autre abri qu'une légère toile, qu'on étendait au-dessus de leur tête, quand le temps le permettait [1]. Une fois en marche, on repliait la toile

---

[1] C'est à ces faits que faisaient allusion les galériens protestants dans une requête adressée à la margrave de Bareuth, sœur du grand Frédéric, lors de son voyage en France : « Ils peuvent dire, comme ils le dé-

qui gênait les rames. Le long des bancs s'élevait une galerie où se promenaient les surveillants, le nerf de bœuf à la main. Ceux-ci, dépassant les instructions de leurs chefs, accablaient de coups les malheureux qui ne ramaient pas assez vite. A l'heure des offices, au moment de l'élévation de l'hostie, ils forçaient le galérien huguenot, qui ne croyait pas à la présence réelle, à ôter son bonnet. S'il refusait, on l'étendait nu sur le dos ; quatre hommes lui tenaient les mains et les pieds, tandis que le bourreau, armé d'une corde goudronnée, raidie par l'eau de mer, frappait de toutes ses forces. Le corps du patient rebondissait sous la corde, les chairs se déchiraient, son dos ne formait qu'une plaie vive et saignante, qu'on lavait avec du sel et du vinaigre. Quelques-uns recevaient jusqu'à cent cinquante coups de bâton; s'ils s'évanouissaient, on les portait à l'hôpital, et à peine guéris, on achevait leur supplice [1].

Ces galériens cependant appartenaient aux premières et aux plus honorables familles de France. Nous retrouvons parmi eux des négociants, des fils de pasteurs, des magistrats, des gentilshommes, un de Marolles, un Caumont. On imagine ce que devaient souffrir de pareils hommes dans cet enfer. Leur seule

claraient à la margrave, avec plus de fondement que Jacob, que le jour les hâle, que la nuit les consume, que le sommeil fuit loin de leurs yeux. » V. M. Coquerel, t. II, p. 413.

[1] Court, *Hist. des troubles des Cévennes*, t. 1er, p. 19. — Sismondi, t. XXVI, p. 391. — *Voy.* les passages de Benoît, de Louis de Marolles, de l'amiral Baudin, cités par M. Weiss dans son excellente *Histoire des réfugiés protestants*, t. 1er, p. 93.

consolation était la prière, puis de mystérieuses correspondances avec leur femme, leurs parents ou leurs amis persécutés ou proscrits eux-mêmes. On quêtait pour eux en France et à l'étranger, comme pour les prisonniers des corsaires barbaresques. Le consistoire de Middelbourg, en Hollande, avait voté en leur faveur deux mille livres par an. A Amsterdam existait une commission spéciale et permanente « pour ce qui concernait les galères de France. » L'Église française de Londres leur adressait de temps en temps des secours recueillis parmi les réfugiés d'Angleterre. Elle conserve dans ses archives les lettres que les forçats huguenots répondaient, au mépris des plus durs châtiments, pour remercier « ceux qui se souvenaient des pauvres captifs. L'une d'elles, écrite sur un carré de papier couvert de poussière et rongé par le temps, mais remarquable par la résignation chrétienne et ferme qui l'a dictée, est digne des premiers confesseurs de l'Église [1].

Mais ce qu'il y avait de plus horrible, c'est qu'une fois enchaînés sur les galères, les protestants n'en sortaient plus. On les condamnait à des peines temporaires ; mais à l'expiration de leur temps, on les retenait jusqu'à la mort. Une instruction ministérielle postérieure nous révèle l'authenticité de cet épouvantable règlement. « Le feu roi, écrit le comte de Saint-Florentin, ministre de Louis XV, à M. de Choiseul, auquel le duc de Bedford, ambassadeur d'An-

---

[1] M. Weiss l'a publiée pour la première fois. *Voy.* t. 1er, p. 393.

gleterre, avait demandé la grâce de plusieurs forçats protestants, le feu roi [1] avait si fort à cœur l'exécution des déclarations qu'il avait données sur le fait de la religion, que par un règlement particulier concernant le détail des galères, et qui est dans vos bureaux, il décida qu'aucun homme, condamné pour cause de religion, ne pourrait jamais sortir des galères. Et si Sa Majesté s'est écartée des dispositions tant de ce règlement que des édits, ce n'a été que fort rarement et pour des considérations très-importantes, *et en faveur de quelques particuliers seulement.* » C'est ainsi qu'à la paix d'Utrecht, sur les instances de la reine Anne, Louis XIV promit de relâcher cent trente-six protestants retenus au bagne ; mais il fit en sorte que quelques-uns à peine sortirent et que la plupart y étaient encore en 1715.

Ce machiavélisme infernal nous explique comment des galériens condamnés à quatre ans, à dix ans de fers, se trouvent encore détenus vingt ans après. On relâchait un voleur et un faussaire, jamais un protestant. Et de même pour les prisons. Les malheureux enfermés dans les forteresses y demeuraient jusqu'à la mort. Lorsque, en 1768, le charitable et généreux

---

[1] C'est-à-dire Louis XIV. Cette lettre inédite, dont nous devons encore la communication à M. Haag, porte la date du 16 janvier 1763, et provient des archives de l'empire (secrétariat de la maison du roi). Il ne faudrait pas croire que ce règlement ne fût pas appliqué. Nous trouvons dans Dangeau, édition Lemontey, t. III, année 1697, une note ainsi conçue : « Le roi a résolu d'ôter de dessus ses galères beaucoup de ceux qui y ont fait leur temps, quoique la coutume fût depuis longtemps établie d'y laisser également ceux qui y sont condamnés pour toute leur vie et ceux qui y *étaient condamnés pour un certain nombre d'années.* » V. encore M. Coquerel, t. II, p. 412.

prince de Beauvau, gouverneur du Languedoc, visita la tour de Constance avec le jeune chevalier de Boufflers, ils y trouvèrent quatorze femmes qui, à leur aspect, furent tellement surprises, qu'elles se précipitèrent à leurs pieds, « essayant des larmes et ne trouvant que des sanglots[1]. » Plusieurs étaient octogénaires. L'une d'elles, Marie Durand, arrêtée à quinze ans comme sœur d'un ministre exécuté, avait vécu dans ce sépulcre. Elle y était depuis trente-huit ans ! Lorsqu'elle sortit, décrépite et pauvre, car son petit bien avait été confisqué, l'Eglise française d'Amsterdam lui fit une pension de deux cents livres, que la généreuse martyre partagea avec le dernier galérien de Toulon, Chambon, vieillard octogénaire qui sortait alors du bagne, infirme et ruiné, après vingt-sept ans de fers[2].

Vainement, au congrès d'Utrecht, un des hommes les plus considérables de l'émigration, l'honnête et consciencieux Jacques Basnage[3], à la fois pasteur,

---

[1] Voy. le récit du chevalier de Boufflers, M. Coquerel, t. 1er, p. 524, pièces justificatives. « Les couleurs me manquent, dit le chevalier de Boufflers, pour peindre l'horreur d'un aspect auquel nos regards étoient si peu accoutumés, tableau hideux et touchant à la fois, où le dégoût ajoutoit à l'intérêt. Nous voyons une grande salle privée d'air et de jour... » Suit la description de la tour de Constance.

[2] La corruption ouvrit plus tard ces prisons perpétuelles. A la fin du règne de Louis XV, on trafiquait publiquement de la liberté des galériens protestants dans les bureaux du ministère. On rachetait un huguenot des galères, d'abord pour trois mille, puis pour deux mille, puis pour quinze cents livres, à peu près le prix d'un nègre. On faisait ainsi sous les yeux du roi la traite des Français. Voy. M. Coquerel, t. II, p. 418 et 427.

[3] Jacques Basnage de Beauval, né en 1653 à Rouen, mort en 1723, à La Haye.

diplomate, orateur et historien, et plus fait, suivant l'expression de Voltaire, pour gouverner un État qu'une paroisse, éleva la voix en faveur des victimes; les rois protestants fermèrent l'oreille. Le huguenot prit alors la plume, et il en appela au monde et à la postérité. Il réimprima le brûlant livre de Claude[1], rude et laborieux athlète qui avait fatigué Arnauld et Bossuet, mais qui n'était plus là pour combattre, les *Plaintes des protestants cruellement opprimés dans le royaume de France*, et il y ajouta une longue préface, où il dénonçait les faits que nous venons de raconter.

Emu par les souffrances de ses frères, mais plus encore par les périls de leurs âmes, Basnage finissait en exhortant les calvinistes français à passer dans des pays libres. Il les conjurait de quitter des lieux où leur foi et la foi naissante de leurs enfants, qui aiment, jusque dans la religion, ce qui est propre à leur âge, étaient surtout en danger. Il redoutait pour eux l'éclat extérieur du culte catholique, les peintures, le luxe des habits sacerdotaux, des autels et des églises, « ces lieux de tentation, disait-il, où l'on est à demi vaincu quand on y entre, et où l'idolâtrie paraît avec tous ses charmes. » Eux-mêmes, ils écoutaient peut-être avec plaisir des hymnes en l'honneur de la créature, parce qu'elles étaient mélodieusement chantées. Ils blâmaient peut-être la rigide simplicité de leur culte et regrettaient le faste des

---

[1] Un des plus infatigables polémistes des trois derniers siècles. Né en 1619, il était mort en 1687 en Hollande. Il avait combattu à la fois les jansénistes et les catholiques, et lutté corps à corps avec Bossuet, qui n'avait pu le réduire au silence.

prières et toutes ces cérémonies qui flattaient les sens[1]. Il est plus sûr d'éviter le combat, ajoutait Basnage, quand l'ennemi est supérieur. La confiance et la témérité suffisent pour faire perdre la victoire. Ceux qui s'exposaient volontairement au martyre ont souvent apostasié devant les supplices, tandis que ceux qui étaient arrêtés sur les frontières résistaient courageusement aux bourreaux. Il faut fuir, répétait Basnage. Il faut sortir des lieux où l'on craint la contagion et la violence, afin de vivre et de mourir dans la vérité. A l'appui de son opinion, le proscrit invoquait le témoignage de Tertullien dans une semblable circonstance, puis ces propres paroles du Sauveur : « Il vaut mieux obéir à Dieu qu'aux hommes; l'esprit est prompt, la chair est faible[2]. »

Après la préface de Basnage venait le terrible mémoire de Claude, qui contenait le récit de toutes les persécutions subies par les protestants depuis la révocation de l'édit de Nantes. Claude semblait sortir du tombeau pour déposer en faveur des victimes. L'ouvrage se terminait par une généreuse et solennelle protestation, que répétait Basnage après Claude. « Nous protestons, disait-il en finissant, contre toutes les violences qu'on nous a faites dans le royaume de France, contre les abjurations extorquées par la force et par les tortures, contre la confiscation de nos biens et le pillage de nos maisons; nous protestons contre la suppression de notre culte dans toutes

[1] *Plaintes des protestants*, préface de Basnage, p. CLXIV.
[2] Préface de Basnage, p. CLXV.

les provinces, au mépris du plus formel et du plus sacré des traités ; nous protestons contre les infamies et les cruautés exercées sur les corps en leur refusant la sépulture ; nous protestons surtout contre cette impie et détestable maxime, désormais érigée en dogme dans le royaume, de faire dépendre la religion d'un roi mortel et corruptible, et de traiter la persévérance en la foi de crime d'Etat, ce qui est faire d'un homme un Dieu, et autoriser l'athéisme et l'idolâtrie ; nous protestons contre la violente et inhumaine détention de nos frères, pour les empêcher de sortir du royaume et d'aller chercher ailleurs la liberté de leurs consciences, et nous supplions tous [1] rois, princes, Etats et peuples, et tous les hommes, de quelque condition qu'ils soient, de vouloir bien consentir que ces protestations que nous faisons dans la droiture de notre cœur servent devant eux et devant Dieu, à nous et à notre postérité, pour la conservation de nos droits et le repos de nos consciences. » Ces paroles sembleront bien vaines à ceux qui n'estiment que la force ; mais ceux qui considèrent d'abord la justice les regarderont comme un monument précieux et sacré, perpétuant et flétrissant, à travers les âges, les souvenirs d'une monstrueuse oppression et d'une inqualifiable tyrannie.

Telle fut la dernière persécution des protestants sous Louis XIV. Il est pénible sans doute, mais il est quelquefois salutaire de rappeler les misères de son

[1] *Plaintes des protestants*, de Claude, p. 119-122.

pays. Et qu'on ne nous accuse pas de charger le tableau : si l'on veut savoir ce que pesait la liberté d'un homme sous le gouvernement du P. Letellier, et cela, non dans les montagnes du Languedoc, non sur les rivages de la Méditerranée, mais à Paris, sous les yeux, dans le palais du roi, dans l'un des sanctuaires mêmes de la science, à l'Académie des inscriptions, il faut lire la vie de Fréret. Cet illustre et infatigable savant, qui, après deux brillants débuts au barreau, où il avait étonné les vieux magistrats par l'étendue de ses connaissances juridiques [1], était à vingt-six ans membre de l'Académie ; ayant lu alors, devant ses confrères des inscriptions, une thèse historique sur l'origine des Français, qui parut dangereuse pour la monarchie, il fut interrompu plusieurs fois par l'abbé Vertot, puis dénoncé à Versailles. Fréret menait la vie la plus retirée chez son père, procureur au Parlement de Paris ; mais il était neveu de Lenoir de Saint-Claude, agent de Port-Royal, enfermé à la Bastille, client des Noailles, ami de Rollin et de plusieurs autres jansénistes ; il n'en fallut pas davantage. On l'accusa d'avoir composé des libelles jansénistes avec une réfutation de l'histoire de France du jésuite Daniel, historiographe pensionné du roi. Sur l'ordre du chancelier Voysin, le lieutenant de police d'Argenson se transporta chez le jeune savant et l'arrêta au moment où, courbé sur une carte, il projetait d'aller en Chine, pour faire concorder la chronologie

---

[1] Il avait alors dix-neuf ans.

chinoise avec celle des peuples de l'Occident [1]. D'Argenson le fit mettre à la Bastille, où il resta pendant six mois [2].

Tant de persécutions, qui rappelaient les plus mauvais temps des plus mauvais rois, jetèrent un voile de deuil sur les derniers jours de Louis XIV. Elles le montraient agenouillé devant un moine, humiliant dans sa personne la royauté et la patrie, et soulevèrent contre lui les plus implacables des haines : les haines religieuses. La France lui avait pardonné ses amours et son luxe, ses dépenses et ses guerres, la banqueroute et la famine, elle ne lui pardonna point cette tyrannie. Bâillonnée et espionnée par les jésuites, l'opinion se vengea par des écrits. Le nombre prodigieux de satires composées à cette époque contre le roi, madame de Maintenon et le P. Letellier, témoigne hautement de l'impopularité du règne. Les mécontents ne raillent plus, ils déchirent. Ils demandent à grands cris la délivrance, c'est-à-dire la mort du roi et le supplice du confesseur [3]. La haine descend jusque dans les dernières classes de la nation. On répète que Louis XIV porte des reliques, qu'il est affilié aux jésuites, qu'il a prononcé leur qua-

---

[1] Il composa à la Bastille une grammaire chinoise, et sa famille eut plus tard beaucoup de peine à le faire renoncer à son voyage.

[2] Arrêté le 26 décembre 1714, il sortit le 28 juin 1715. *Voy.* sur Fréret, *Biographie universelle*, art. FRÉRET, et le savant examen critique des ouvrages composés par Fréret, de M. le baron Walckenaër.

[3] *Voy.* notamment une chanson du *Recueil Maurepas*, t. XIII, p. 123. Pour les nombreuses satires composées à cette époque, voy. *Recueil Maurepas*, t. XIII, p. 69 et suiv. L'une de ces chansons du *Recueil Maurepas*, t. XIII, p. 143, est véritablement éloquente. Voici une pièce composée

trième vœu, et le peuple, qui juge d'après les faits, accueille avidement ces accusations. Cette exaspération des esprits nous explique la railleuse indifférence de la foule aux funérailles de Louis XIV. Quand le peuple accourut sur les chemins, buvant et chantant devant le cercueil, il ne voyait plus en Louis XIV son roi, mais un jésuite.

en forme d'épitaphe contre le P. Letellier, qu'on appelait le *R. P. Tricorne*. Nous la citons parce qu'elle est courte et montre les colères du temps (1715) :

> Cy gît Letellier, d'exécrable mémoire.
> En deux mots voici son histoire :
> Il fut un fourbe déloyal,
> Il tourmenta l'Église, abatit Port-Royal,
> J'admire par quelle aventure
> Son corps repose en ce tombeau :
> Il devroit être la pâture,
> Ou d'un vautour ou d'un corbeau.
> (*Rec. Maurepas*, t. XII, p. 115.)

CHAPITRE XVIII.

(1713-1714.)

Epuisement de la France. — Sombre physionomie de Versailles depuis la mort de la duchesse de Bourgogne. — Lettres trouvées dans sa cassette. — Tristesse et accablement du roi. — Ses journées dans l'appartement de madame de Maintenon. — Rappel de Villeroy à Versailles. — Le duc et la duchesse de Berry. — Mort du duc de Berry. —Intrigues pour le gouvernement à la mort du roi.—Deux prétendants : le duc d'Orléans et le duc du Maine. — Manœuvres de madame de Maintenon pour le duc du Maine. — Son caractère et sa fortune.— Edits de légitimation et testament de Louis XIV en faveur du duc du Maine. — Longue résistance du roi. — Ses plaintes amères aux membres du Parlement et à la reine d'Angleterre. — Préparatifs du duc du Maine pour assurer l'exécution du testament. — Ses promesses aux pairs de France. — Ses intrigues dans le Parlement. — Commandement militaire attribué au maréchal de Villeroy par un codicille de Louis XIV. — Appui du pape et de l'Espagne. — Conduite suspecte et ambitieuse de Philippe V. — Ses instructions à Cellamare, ambassadeur d'Espagne à Paris.

La France était comme un champ de bataille. L'aigreur des disputes religieuses, les persécutions et les haines, les plaies d'une guerre de quatorze ans, la ruine de l'agriculture et de l'industrie, la dépréciation du crédit public, tellement avili, que Desmarets ne trouvait plus à emprunter à 400 pour 100, prolongeaient, au milieu de la paix, les souffrances de la guerre, et accablaient la vieillesse du roi. Loin de calmer les passions et d'imposer silence aux partis, Louis XIV apportait dans ces querelles religieuses la dureté d'un fanatique, l'insouciance d'un jeune homme et l'entêtement d'un vieillard. Cette résistance opiniâtre que rencontrait la bulle *Unigenitus* indignait son orgueil, et il reportait sur les huguenots et sur les jansénistes cette indomptable volonté qu'il avait déployée dans ses guerres contre l'Europe, tandis que la piété, le devoir, la nécessité de transmettre à son petit-fils un royaume pacifié, commandaient la clémence et la douceur.

Louis XIV, en effet, approchait de la tombe. Il avait maintenant soixante-seize ans. Il avait vu mourir tous les grands hommes de son règne : Pascal et Molière, Turenne et Colbert, Condé et Duquesne, Lebrun et Lesueur, Puget et Louvois, La Fontaine et Racine, Bossuet[1] et Boileau[2]. Fénelon seul restait encore; mais, frappé dans ses plus chères affections par la mort de son disciple bien-aimé le duc de Bourgogne et de ses amis les ducs de Chevreuse et de Beauvilliers[3], il allait bientôt les suivre dans la tombe[4]. Avec eux le roi avait perdu sa mère, sa

---

[1] Bossuet était mort le 12 avril 1704, en proie à un amer découragement, et prévoyant dans l'avenir l'avénement du libre examen, contre lequel il avait lutté jusque dans ses derniers jours.

[2] Le 13 mai 1711.

[3] Le duc de Chevreuse était mort le 5 novembre 1712, et le duc de Beauvilliers le 31 août 1714. « J'ai le cœur toujours malade, écrit Fénelon à la duchesse de Beauvilliers, depuis la perte irrémédiable de notre petit prince, et celle du cher duc a rouvert toutes mes plaies... Les vrais amis font notre plus grande douleur et notre plus grande amertume; on seroit tenté de désirer que tous les bons amis s'entendissent pour mourir ensemble le même jour. »

[4] Le 7 janvier 1715.

femme, son frère, ses belles et royales maîtresses : Fontanges, Montespan, Soubise, La Vallière, son fils, deux petits-fils, deux arrière-petits-fils; de toute sa race si nombreuse il ne conservait plus que son petit-fils le duc de Berry et son arrière-petit-fils le Dauphin [1]. Il avait vu se renouveler deux fois les maisons royales d'Orléans, de Condé et de Conti, et tous les souverains de l'Europe. Il vivait au milieu de générations nouvelles, et semblait mener le deuil de son siècle. Ses palais étaient autant de témoins qui, pour être muets, ne rappelaient pas moins cruellement à son esprit les tristes événements qu'ils avaient vu s'accomplir.

De tous ses enfants, c'était la duchesse de Bourgogne qu'il regrettait le plus. Elle n'était plus là pour animer les chasses et les fêtes; sa mort avait dispersé ce brillant chœur de jeunes femmes attachées à ses pas. Versailles semblait désert [2]. Avec sa fille chérie, le roi avait perdu jusqu'au respect de sa mémoire. Il avait trouvé des lettres dans lesquelles

---

[1] Plus tard Louis XV.

[2] « Depuis la mort de la Dauphine, écrit madame de Caylus, tout est mort ici, la vie en est ôtée. Avec elle s'éclipsèrent joie, plaisirs, amusements même et toutes espèces de grâces... » Saint-Simon, t. X, p. 190. Au dire de Saint-Simon, la douleur qu'éprouva le roi dans cette circonstance fut la seule véritable qu'il ait jamais eue dans sa vie. — « Tout est mort ici, écrit mademoiselle d'Aumale à madame des Ursins, après la mort de la duchesse de Bourgogne, la vie en est ôtée : cette princesse animoit tout, nous charmoit tous; nous sommes encore comme enivrés et étourdis de notre perte, et chaque jour ne peut que la faire sentir plus vivement. » *Lettres de madame de Maintenon*, édition Bossange, t. II, p. 267, lettre du 14 février 1712. — *Voy.* encore édition Auger, t. III, p. 252.

elle avertissait la Savoie de secrets importants, et qui prouvaient que, Française par son mariage, elle était restée Piémontaise par le cœur. Ce dernier coup accabla le vieillard : « Ah! notre petite coquine ! s'écria-t-il avec amertume, elle nous trompait [1] ! »

Depuis ce temps Louis XIV recherchait la solitude des bois de Marly, ou se renfermait des journées entières [2] dans la chambre de madame de Maintenon, alors sourde, presque aveugle et pleurant sans cesse. « Je ne vois goutte, écrit-elle à madame des Ursins, je n'entends pas, on ne m'entend point, parce que je ne prononce plus; je suis un squelette vivant [3]. » Cette chambre étroite suffisait à son activité défaillante. Là venaient deux sombres personnages dont le crédit augmentait chaque jour : le confesseur Letellier et le médecin Fagon [4], vieillard bossu, toujours courbé sur sa canne, ennemi fougueux et implacable, conseiller de vengeances et de haines, aussi difforme d'esprit que de corps. Mazarin, comme un mauvais

---

[1] *Mémoires du duc de Noailles.*

[2] *Voy.* Dangeau-Lemontey, p. 220.—Saint-Simon, t. X, p. 160. Madame de Maintenon gouvernait alors despotiquement par Voysin, dont elle avait fait un chancelier et un ministre de la guerre (après la chute de Chamillart). *Voy.* à ce sujet une curieuse note de Lemontey, *Monarchie de Louis XIV*, p. 423.

[3] *Lettres de madame de Maintenon*, édition Bossange, t. II, p. 363 (13 mars 1713).

[4] Premier médecin du roi depuis 1693. Madame de Maintenon « avoit mis Fagon auprès du roi au lieu de d'Aquin, qu'elle fit chasser, parce qu'il étoit de la main de madame de Montespan, et pour avoir un homme dont elle pût tirer un parti continuel dans cette place intime de premier médecin. » *Voy.* Saint-Simon, t. XIII, p. 136.—« Il avoit accoutumé de malmener les autres et d'en être respecté jusqu'au tremblement. » *Id.* t. XII, p. 486.

génie, avait éloigné du roi les livres¹. Cette aversion pour la lecture augmentait le vide de ses journées. L'ennui le rongeait² au milieu de ces appartements déserts, où ces vieillards passaient comme des ombres. A l'ennui se joignaient la préoccupation des affaires présentes et les graves soucis de l'avenir. Ajoutez une crainte horrible qui croissait avec les années et troublait alors tous ses instants. Subissant à son tour les calomnies si habilement ourdies contre le duc d'Orléans, Louis XIV voyait sans cesse son neveu distillant le poison destiné à le frapper comme ses fils³. Il restait des heures entières la tête inclinée sur sa poitrine, en proie à une douleur profonde et silencieuse. Versailles avait l'aspect de ces cours d'Orient, toujours troublées par les soupçons, quand elles ne le sont pas par les crimes.

Dans l'espoir de distraire le roi, madame de Maintenon fit revenir à la cour le maréchal de Villeroy, son contemporain, qui, depuis la bataille de Ramil-

---

¹ Louis XIV avait l'esprit lent, mais sûr. « Il se mettra en route plus tard qu'un autre, disait Mazarin, mais il arrivera; il y a en lui de quoi faire quatre rois et un honnête homme. » — Il était fort ignorant en toutes choses : législation, généalogie, histoire, et il mettait fort mal l'orthographe. Voy. Sismondi, *Histoire de France*, t. XXV, p. 3.— « Il était fort ignorant, et il en avait honte, dit Madame; aussi fallait-il tenir tous les savants comme gens ridicules... Il ne pouvait souffrir qu'on parlât politique. » Voy. *Correspondance de Madame*, t. Ier, p. 346.

² « Quand le roi est revenu de la chasse, il vient chez moi; on ferme la porte et personne n'entre plus; me voilà donc seule avec lui; il faut essuyer ses chagrins, son silence, ses tristesses, ses vapeurs; il lui prend quelquefois des pleurs dont il n'est pas le maître, ou bien il se trouve incommodé; il n'a point de conversation. » *Lettres de madame de Maintenon*, édition Lavallée, t. II, p. 162.

³ Saint-Simon, t. XI, p. 246.

lies, vivait dans une espèce de disgrâce. Louis XIV revit avec plaisir cet ancien favori, compagnon de sa jeunesse. Villeroy contait avec esprit et avec grâce. Le roi écoutait volontiers ses récits de guerre et d'amour, qui lui rappelaient ses belles années. Mais bientôt les récits s'épuisèrent, et l'ennui reprit le dessus[1]. La marquise essaya vainement des concerts, des comédies, des prologues d'opéra. Ses efforts restèrent superflus, et on l'entendit s'écrier avec amertume : « Quel supplice d'avoir à amuser un homme qui n'est plus amusable[2] ! » L'épouse secrète ne pouvait donner que des plaisirs, lorsque des consolations semblaient surtout nécessaires. L'âge avait glacé ce cœur qui n'avait jamais aimé.

Le duc de Berry, le dernier des petits-enfants du roi, et sa femme, fille du duc d'Orléans, essayèrent, comme la marquise, de remplacer auprès du vieux père le duc et la duchesse de Bourgogne ; leurs efforts ne furent pas plus heureux. Le duc de Berry[3] était gai, bon, généreux, mais il n'avait ni le savoir, ni le mérite de son frère. Son éducation avait été négligée comme celle d'un cadet, et le prince, qui avait la conscience de sa faiblesse, se sentait embarrassé de-

---

[1] *Mémoires de d'Antin.* — Saint-Simon, t. XI, p. 316.

[2] V. *Lettres de madame de Maintenon*, édition Auger, t. 1er, p. 172. — « L'ennui gagnoit le roi chez madame de Maintenon dans les intervalles du travail avec ses ministres... Les musiques, qui y devenoient fréquentes par cela même, languissoient. On s'avisa de les réveiller par quelques scènes détachées des comédies de Molière, et de les faire jouer par des musiciens du roi vêtus en comédiens. » Saint-Simon, t. X, p. 400.

[3] Fils de Monseigneur, frère de Philippe V et du duc de Bourgogne, né en 1686, marié en 1710 à Marie-Louise-Elisabeth d'Orléans.

vant le roi[1]. La duchesse de Berry remplaçait moins encore la duchesse de Bourgogne. Elle était grande et belle. Ses yeux noirs respiraient l'intelligence et la passion; elle avait l'élégante et spirituelle parole des Mortemart[2]; mais elle était fausse, capricieuse, emportée, sans dignité comme sans pudeur. Délaissée par une mère indolente, elle avait vécu au milieu des hommes et adopté leurs mœurs. Elle aimait le jeu et la table; on l'avait ramenée un jour à Versailles dans un état complet d'ivresse. Orgueilleuse et caustique, elle tournait en dérision sa grand'mère, à cause de son accent; elle insultait sa mère, fille légitimée de Louis XIV, pour sa naissance[3]; elle tyrannisait son père, dont la faiblesse avait prêté aux plus infâmes accusations; elle déshonorait son mari. Dans les premiers jours, le duc de Berry l'avait tendrement aimée; mais leur union n'avait pas été longtemps heu-

---

[1] « A la suite d'une séance du Parlement, dans laquelle il n'avait fait que balbutier quelques mots sans suite en réponse au discours de M. de Mesmes, alors premier président, il s'écria qu'on n'avait songé qu'à étouffer en lui tout ce qu'il pouvait être. « J'étois cadet, disait-il ; je te-
« nois tête à mon frère; ils ont eu peur des suites ; ils m'ont anéanti.
« On ne m'a rien appris, qu'à jouer et à chasser, et ils ont réussi à faire
« de moi un sot et une bête incapable de tout, et qui ne sera jamais
« propre à rien, et qui sera le mépris et la risée du monde. » V. Saint-Simon.

[2] *Lettres de madame de Maintenon*, t. II, p. 391. Mai 1713. Françoise-Marie (mademoiselle de Blois), sa mère, était fille de madame de Montespan.

[3] Saint-Simon, t. IX, p. 211.—*Voy.* encore, sur la duchesse de Berry, la *Correspondance de Madame*, t. 1er, p. 203. — Dangeau-Lemontey, p. 219. — *Souvenirs de madame de Caylus*, collection Michaud, t. XXX, p. 513. — *Lettres de madame de Maintenon*, édition Bossange, t. II, p. 306 et 391. — Enfin, un très-bon article de M. Durozoir, dans la *Biographie* Michaud, t. IV, édition Thoisnier-Desplaces.

reuse. Avec l'oubli de ses devoirs, la duchesse affichait le mépris de son époux et raillait sans pitié sa dévotion, son incapacité et jusqu'à sa tendresse. Les choses allèrent si loin que le jeune duc s'oublia jusqu'à la frapper brutalement[1]. Madame de Maintenon lui montrait un éloignement manifeste, et Louis XIV une telle aversion, qu'à la chasse il refusait de la laisser monter dans sa voiture.

Fuyant l'ennui et les déchirements de Versailles[2], les princes et les princesses du sang vivaient dispersés dans leurs châteaux : Madame à Saint-Cloud, la duchesse d'Orléans à Paris, le duc d'Orléans au Palais-Royal ou à Asnières, le jeune duc de Bourbon à Chantilly, le jeune prince de Conti à Ecouen, la duchesse de Bourbon et ses filles à Clagny[3], le comte de Toulouse, livré à une passion mystérieuse pour la charmante marquise de Gondrin[4], à Rambouillet[5];

[1] Saint-Simon, t. XI, p. 169.
[2] « La cour est solitaire; toutes les princesses et la plupart des dames ont la fantaisie des petites maisons de plaisance, où elles vont avec les personnes qui ont l'honneur d'être bien avec elles, ce qui ne rend pas notre cour fort agréable. » Lettre du 30 mai 1712. *Lettres de madame de Maintenon à madame des Ursins*, édition Bossange, t. II, p. 297.
[3] Le château de Clagny avait été construit pour madame de Montespan, qui l'avait donné au duc du Maine lorsqu'elle cessa de se montrer à la cour. C'était une magnifique résidence, située près de Versailles, avec de vastes dépendances, jardins, parc, aqueducs, etc...
[4] Marie-Victoire-Sophie de Noailles, la sixième fille du duc de Noailles, avait épousé, en 1707, Louis de Pardaillan, marquis de Gondrin, fils aîné du duc d'Antin; le comte de Toulouse l'épousa secrètement le 22 février 1723, après la mort de son mari.
[5] Le comte de Toulouse s'était acquis à la guerre, et dès ses premières années, une réputation toute différente de celle de son frère le duc du Maine, pour lequel il n'avait, du reste, ni estime ni affection. (*Voy.* Saint-Simon, t. X, p. 463.) Aussi modeste et réservé que savant et laborieux,

le duc et la duchesse du Maine à leur délicieuse maison de Sceaux, où ils recevaient les savants et les artistes et donnaient des fêtes royales. Madame de Maintenon elle-même passait la plus grande partie de ses journées à Saint-Cyr [1].

Sur ces entrefaites, un nouveau deuil vint s'ajouter à tant d'autres. Le duc de Berry se rompit un vaisseau dans la poitrine en tombant de cheval, et mourut en huit jours, étouffé par des vomissements de sang [2]. Ce dernier coup brisa le cœur du vieux roi. Il versa des larmes abondantes [3]. De toute sa descendance, naguère si nombreuse et si florissante, il ne lui restait plus qu'un enfant de quatre ans, le duc d'Anjou, son arrière-petit-fils, frêle et maladif,

il ne pouvait souffrir les prétentions et les afféteries de sa belle-sœur. « Elle le voyait en plein, elle en rageait ; elle ne le pouvait souffrir à son tour ; elle éloignait encore les deux frères l'un de l'autre. » *V.* Saint-Simon, t. V, p. 364. — L'ancien garde des sceaux, Fleuriau d'Armenonville, lui avait vendu, en 1705, la terre de Rambouillet, qui fut érigée en duché-pairie en 1711, et avait reçu comme pot-de-vin le château et les jardins de la Muette et du bois de Boulogne.

[1] *Lettres de madame de Maintenon et de madame des Ursins*, t. II, p. 326 et 387. — *Lettres de madame de Maintenon*, édition Auger, t. II, p. 398. — Cet empressement des princes à s'éloigner de Versailles aurait été sévèrement réprimé dans d'autres temps. « Le roi auroit été si choqué qu'ils n'auroient osé le hasarder ; mais il commençoit à être si dégoûté de tout, par les malheurs de sa famille, qu'il ne prenoit presque plus de part à rien, que celle qu'on l'engageoit à prendre. » *Voy.* Saint-Simon, t. XX, p. 491.

[2] Il mourut le 4 mai 1714, à l'âge de vingt-huit ans. Dans la crainte d'effrayer le roi sur les conséquences de cet accident, il s'obstina à refuser les soins des médecins et menaça d'expulsion ceux de ses domestiques qui dévoileraient le secret de son état. « Après sa mort on a trouvé sous son lit et sous les meubles des assiettes toutes pleines de son sang . Il a dit lui-même à son confesseur : « Ah ! mon père ! je suis la seule cause de ma mort. » *Correspondance de Madame*, t. Ier, p. 384.

[3] Saint-Simon, t. IV, p. 353.

et, pour garder son berceau, le duc d'Orléans, appelé à la régence par les lois de la monarchie, et que les cris du peuple désignaient au père comme l'empoisonneur de ses enfants[1].

Alors, aux chagrins domestiques, aux tortures de l'ennui, aux angoisses du poison, se mêlèrent les basses manœuvres de l'intérêt, qui troublent si souvent la couche des vieillards. Un parti se forma dans Versailles pour enlever la régence au duc d'Orléans. A la tête de ce parti figurait madame de Maintenon, son ennemie irréconciliable. Elle rappela au roi, déjà prévenu, l'entourage de son neveu, son irréligion, l'éclat de ses débauches, l'horreur de son passé, ses amours criminels et peut-être incestueux[2]. Elle représenta le danger de confier à un tel homme le trône, la vie, bien plus, l'âme du Dauphin. Elle exhorta le roi, non à dépouiller le duc de la régence, ce qui pouvait entraîner une guerre civile, mais à limiter son pouvoir dans le palais par un conseil de gens honnêtes et sains, qui gouverneraient en son nom. Tous ses amis étaient appelés à en faire partie, et il devait être présidé par son pupille et son élève, le duc du Maine, pour lequel elle ressentait une amitié vive et sincère. En travaillant à lui assurer le pouvoir pendant la minorité du roi, elle servait sa propre

[1] « Tellement que le roi, soutenu sans cesse dans ces pensées, et ayant tous les jours sous les yeux le prince qu'on lui donnoit pour l'auteur de ces crimes, et à sa table, et à certaines heures dans son cabinet, on peut juger du redoublement continuel de ses sentiments intérieurs. » *Voy.* Saint-Simon.

[2] Ces accusations remontaient à l'année 1710.

cause, et comptait prolonger sous le nouveau règne la royauté occulte que depuis si longtemps elle partageait avec Louis XIV. Le duc du Maine n'était pas à la hauteur d'un tel rôle. Il avait, il est vrai, l'esprit et les grâces de sa mère, de vastes connaissances, l'amour des lettres et des arts; mais il était faible, dissimulé [1], assujetti à une femme légère et impérieuse qui le ruinait par ses dépenses et le déshonorait par ses caprices, et il ne savait ni se faire aimer ni se faire craindre. Il était plus redoutable par son crédit que par son caractère. Louis XIV, qui l'aimait tendrement, l'avait comblé d'honneurs et de richesses. Il lui avait donné la plus grande partie des biens de la Grande Mademoiselle, et notamment les belles terres d'Eu et de Dombes, que madame de Montespan avait enlevées à Lauzun pour son fils. Le duc du Maine était en outre gouverneur de la province de Languedoc, colonel général des Suisses [2] et grand maître de l'artillerie. Il occupait à Paris l'Arsenal et à Versailles un magnifique appartement, où Louis XIV et madame de Maintenon le visitaient chaque jour. Uni à la maison de Condé par sa femme, à celle d'Orléans par sa sœur, au roi par le sang, il semblait être de fait, sinon de droit, l'héritier du trône.

Égaré par un amour adultère, le roi avait succes-

[1] Voir, dans la *Correspondance de Madame*, le portrait peu flatté qu'elle a laissé de ce prince, t. Ier, p. 335. — Saint-Simon ne le traite guère mieux. Voy. t. XII, p. 30.

[2] Outre les gardes suisses, il y avait alors neuf autres régiments suisses au service de la France.

sivement effacé toutes les taches de sa naissance [1]. Un premier édit [2] avait légitimé son origine, un second [3] lui avait donné rang au Parlement avant tous les pairs, immédiatement après les princes; un troisième édit assimila le duc du Maine et le comte de Toulouse, son frère, aux princes du sang, et les déclara aptes à succéder à la couronne [4]. Enfin, la déclaration du 23 mai 1715 comblait la mesure en leur

[1] Les jésuites, on le pense bien, ne furent pas les derniers à servir la cause des bâtards. Ils essayèrent à leur manière de préparer l'opinion. « Les jésuites, si adroits à reconnoître les foibles des monarques, et si habiles à saisir tout ce qui peut eux-mêmes les protéger et les conduire à leurs fins, montrèrent à quel point ils étoient maîtres. On vit paroître une nouvelle, et assurément très-nouvelle histoire de France, en trois volumes in-folio fort gros, portant le nom du P. Daniel pour auteur..... Tout l'ouvrage parut très-évidemment composé pour persuader, sous l'air naïf d'un homme qui écarte les préjugés avec discernement et qui ne cherche que la vérité, que la plupart des rois de la première race, plusieurs de la seconde, quelques-uns même de la troisième, ont constamment été bâtards, très-souvent adultérins et doublement adultérins; que ce défaut n'avoit pas exclu du trône et n'avoit jamais été considéré comme ayant rien qui en dût ni pût éloigner. » Saint-Simon, t. XI, p. 22.

[2] Décembre 1673.

[3] Déclaration de mars 1694.

[4] Juillet 1714. Enregistré, le 2 août suivant, par le Parlement, qui, si l'on en croit Saint-Simon, n'accueillit l'édit que par « un silence farouche, rarement interrompu par quelques ondulations de murmures sourds et contenus avec violence. » Voy. Saint-Simon, t. XI, p. 241. — Saint-Simon exprime dans les termes les plus violents l'indignation que lui cause la conduite du roi à l'égard de ses bâtards. « Ce mélange du plus pur sang de nos rois avec la boue infecte du double adultère a donc été le constant ouvrage de toute la vie du roi. » — « Il considère les enfants issus du trône par des générations légitimes comme les enfants de l'Etat et de la couronne, grands par là et par eux-mêmes, sans lui, tandis qu'il chérit les autres comme les enfants de sa personne..... L'orgueil et la tendresse se réunirent en leur faveur, le plaisir superbe de la création l'augmenta sans cesse et fut sans cesse aiguillonné d'un regard de jalousie sur la naturelle indépendance de la grandeur des autres sans son concours... Il tâcha ensuite de les confondre ensemble par des

attribuant la qualité de fils de France, par la plus scandaleuse des usurpations. Tous ces édits froissèrent cruellement l'opinion. Les premiers insultaient la pairie et les princes, le dernier était un outrage à la nation [1]. Cette France, qui avait tant combattu, tant souffert pour Louis XIV, vit avec colère qu'elle était léguée à un bâtard. Les plus timides prédirent une réaction violente à la mort du roi. L'académicien Valincour, ami du comte de Toulouse, lui dit à propos du dernier de ces édits : « Voilà, monseigneur, une couronne de roses ; mais je crains bien qu'elle ne devienne une couronne d'épines quand les fleurs seront tombées [2]. »

Poursuivant son but avec l'obstination des femmes, madame de Maintenon travailla à consolider ces établissements par un testament, qui assurerait au duc du Maine la personne du Dauphin, l'autorité militaire et le souverain pouvoir à la mort du roi. Mais il fallait décider Louis XIV à faire ce testament. Il répugnait, comme tous les vieillards, à cette pensée, qui semble appeler la mort. Il savait que l'autorité des rois de France, si grande pendant leur vie, descendait avec eux dans la tombe ; que le Parlement de Paris avait annulé les dernières volontés de son père et de son grand-père, et il s'indignait à l'idée de

---

mariages inouïs, monstrueux, multipliés, pour n'en faire qu'une seule et même famille. » *Voy.* Saint-Simon, t. XIII, p. 168-169.

[1] « Le gros du monde de tous états étoit irrité d'une grandeur inouïe en tout genre, et jusqu'au peuple ne s'en cachoit pas en les voyant passer ou en entendant parler. » *Voy.* Saint-Simon, t. XII, p. 328.

[2] *Voy. Mémoires de Duclos*, p. 469.

faire un acte inutile et d'être désobéi après sa mort.

Aussi, malgré les prières et les instances réitérées de madame de Maintenon, Louis XIV résista-t-il avec désespoir. Les rares courtisans qui l'entouraient encore crurent remarquer, sans les comprendre, ses impatiences et son humeur. Il était clair qu'il luttait. Mais les amis du duc du Maine, qui travaillaient aussi pour eux-mêmes, redoublèrent d'efforts : Letellier dans le confessionnal, Fagon à son chevet, le chancelier Voysin, Villeroy, madame de Maintenon, dans l'effusion des entretiens intimes. Si l'on en croit Saint-Simon, ils employèrent, pour dompter ce vieillard octogénaire, une violence indirecte et odieuse. Ils se firent un visage taciturne et glacé. Par leurs ordres, Versailles, déjà si sombre, s'assombrit encore. Les derniers sourires disparurent, les derniers entretiens cessèrent. Quand le roi paraissait, le silence s'établissait à son approche. S'il interrogeait, les assistants répondaient par monosyllabes; s'il se taisait, tous restaient muets. Les jours s'écoulaient ainsi dans la tristesse et dans le deuil. Plusieurs fois Louis XIV s'irrita de cette conspiration du silence, le silence seul répondit[1]. Accablé à la fin par cette muette tyrannie, après six mois de luttes vaines, le roi écrivit son testament. Il laissait la régence au duc d'Orléans, mais il lui adjoignait un conseil composé des partisans de madame de Maintenon, où le duc du Maine avait la majorité

---

[1] Saint-Simon, t. XI, p. 256-57.

presque absolue. C'étaient : le duc du Maine, le comte de Toulouse, les maréchaux de Villeroy, d'Harcourt, Villars, d'Huxelles, Tallard, les ministres Desmarets, Torcy, Pontchartrain, Voysin, amis personnels de la marquise et du bâtard. Par le même acte, Louis XIV confiait au duc du Maine la tutelle, la garde et la surintendance de l'éducation du Dauphin, avec le commandement suprême de la maison du roi, c'est-à-dire le palais et l'armée. Le duc d'Orléans n'avait plus que le vain titre de régent [1]. Madame de Maintenon l'emportait. Dès ce moment elle mit tout en œuvre pour distraire le roi des sombres préoccupations des derniers temps. La trame qu'elle avait ourdie avait produit l'effet désiré ; elle était désormais inutile ; aussi les opéras et les bals, le jeu et les comédies de Molière reparurent une fois encore à Versailles et se succédèrent presque sans interruption.

Ces efforts incessants pour égayer le roi ne l'empêchèrent pas de protester contre la pression dont il avait été l'objet. Il résulte clairement de ses plaintes amères et multipliées qu'il ne conservait aucune illusion sur la validité de l'acte qui lui avait été extorqué. Le 27 août 1714, ayant mandé à Versailles le premier président du Parlement, M. de Mesmes, et le procureur général d'Aguesseau: « Messieurs, leur dit-il, en leur remettant un large papier couvert de sept cachets aux armes de France, voilà

---

[1] Isambert, *Anciennes lois françaises*, t. XX, p. 623.

mon testament ; il n'y a que moi au monde qui sache ce qu'il contient. Je vous le donne en garde. Je ne puis donner au Parlement une plus grande preuve de confiance. L'exemple des rois mes prédécesseurs ne me laisse pas ignorer ce que celui-ci pourra devenir; mais on l'a voulu, j'ai donc acheté mon repos. Le voilà; emportez-le. Il deviendra ce qu'il pourra; au moins j'aurai la paix et n'en entendrai plus parler. » Les magistrats stupéfaits saluèrent et sortirent [1].

Ce fut à peu près dans les mêmes termes que, le lendemain, le roi exprima son ressentiment en présence de madame de Maintenon à la reine d'Angleterre [2], qui venait lui rendre visite. « J'ai acheté mon repos, dit-il à la reine : j'ai fait mon testament; j'en connais l'impuissance. Nous pouvons tout ce que nous voulons pendant notre vie, nous autres rois; après, nous sommes moins que des particuliers. Il n'y a qu'à voir le testament de mon père et celui de tant de rois. Mais malgré cela on l'a voulu, on ne m'a donné ni paix ni trêve qu'il ne fût fait. Eh bien! madame, le voilà fait, il deviendra ce qu'il pourra; mais au moins on ne me tourmentera plus [3]. »

Les membres du Parlement firent creuser une

---

[1] 26 août 1714. Saint-Simon, t. XI, p. 260-261. — *Mémoires de Duclos.*

[2] Veuve de Jacques II, retirée alors à Saint-Germain.

[3] Saint-Simon, t. XI, p. 261. — *Mémoires de Duclos.* — Madame, dans sa correspondance, confirme ces témoignages : « Le feu roi n'a jamais pensé que son testament pût être exécuté. Il a dit à plusieurs personnes : « On m'a fait écrire mon testament et plusieurs choses, je l'ai fait pour « avoir du repos; mais je sais bien que cela ne subsistera pas. » *Lettres de Madame*, t. 1er, p. 272.

brèche dans la tour du Palais et renfermèrent le précieux dépôt sous des grilles de fer, une porte de fer et de triples clefs, comme pour le mettre à l'abri d'un coup de main. Précautions dérisoires et menteuses! Les plus dangereux ennemis du testament étaient, non dans la rue, mais dans la grand'chambre. Louis XIV ne s'y trompait pas, et il exhorta le duc du Maine à veiller lui-même à sa fortune. « Quelque chose que je fasse de mon vivant, lui dit-il, songez que vous pouvez n'être rien après ma mort[1]. » Le duc du Maine et madame de Maintenon le savaient comme lui, et ils travaillaient à assurer l'acceptation du testament, arraché par tant d'efforts. Ils avaient le conseil de régence, les ministres, les maréchaux et les vieux généraux du règne, les grands officiers de la couronne, la plupart des courtisans voués à la fortune de la marquise, qui depuis trente ans distribuait les faveurs; les PP. Letellier, Lallemant, Doucin et Tournemine, et l'ordre si puissant des jésuites; les cardinaux de Rohan, de Bissy et de Polignac, chefs du parti ultramontain, compromis dans l'affaire de *la bulle;* la majorité du clergé, qui redoutait l'indifférence religieuse du duc d'Orléans. Mais il fallait gagner le Parlement, arbitre souverain en cette cause.

La tâche était difficile. Les princes, les pairs et les magistrats qui votaient ensemble dans les séances solennelles étaient hostiles au duc du Maine et à la

---

[1] Saint-Simon, t. XI, p. 259.

cour. Les pairs avaient vu avec indignation l'édit qui mettait au-dessus d'eux les bâtards; les princes, l'édit qui les déclarait leurs égaux. Les conseillers, la plupart jansénistes, détestaient dans le duc du Maine un client des ultramontains, dont le nom rappelait l'enregistrement de la constitution, leur faiblesse et leur servitude. Si les pairs et les conseillers parvenaient à unir leurs rancunes, le duc du Maine était perdu. Mais, heureusement pour le fils de Louis XIV, de profonds dissentiments les séparaient. C'était d'abord l'éternelle rivalité de la robe et de l'épée, de la bourgeoisie et de la noblesse, puis une querelle d'étiquette bien futile, si ce qui touche aux amours-propres l'était jamais. Les pairs prétendaient que le premier président devait se découvrir en demandant leur avis; les magistrats, qu'il devait garder son bonnet. Cette question, soulevée à chaque séance, aigrissait chaque fois les deux ordres. Sans rien promettre formellement, le duc du Maine flatta tour à tour les prétentions des pairs et des conseillers [1] avec plus d'habileté que de bonne foi. Secondé par les artifices de sa femme et les séductions de ses fêtes [2],

---

[1] Saint-Simon y fut pris tout des premiers. Quand il fut convaincu qu'il avait été joué, il s'expliqua très-vivement à ce sujet avec le duc du Maine : « Jouissez de votre pouvoir et de tout ce que vous avez obtenu, lui dit-il en le quittant; il vient quelquefois des temps où on se repent trop tard d'en avoir abusé et d'avoir joué et trompé de sang-froid tous les grands seigneurs du royaume en rang et en établissement, qui ne l'oublieront jamais. » *Voy.* Saint-Simon, t. XII, p. 51.

[2] L'esprit d'intrigue était tellement développé chez la duchesse du Maine qu'elle alla jusqu'à poursuivre de ses instances plusieurs pairs, dans l'espoir d'obtenir d'eux une promesse écrite de soutenir, après la mort du roi, la validité de son testament. Sur leur refus, elle leur dé-

il gagna de la sorte plusieurs suffrages. Il acheta par une pension de vingt-cinq mille livres [1] le premier président de Mesmes, homme d'esprit et de plaisir, hôte assidu de Sceaux, déjà porté par lui à la tête du Parlement, et précieux auxiliaire, en raison de l'influence qu'il exerçait sur ses collègues. Il rallia sans peine à sa cause les conseillers ultramontains, et parmi eux deux personnages importants : Blancmesnil [2], fils de l'illustre Lamoignon, et l'avocat général Chauvelin [3], dévoué aux jésuites et à la cour. Parmi les pairs il comptait les amis personnels de madame de Maintenon ; il eut aussi dans le Palais un parti considérable qui pouvait, sinon décider encore, du moins balancer la victoire.

En vertu des dispositions de Louis XIV, le duc du Maine avait le commandement de la maison du roi, troupe nombreuse et choisie [4], qui servait de garde à

clara, « pour qu'ils n'en pussent douter, que, quand on avoit une fois acquis l'habileté de succéder à la couronne, il falloit, plutôt que de se la laisser arracher, mettre le feu au milieu et aux quatre coins du royaume. » *Voy.* Saint-Simon, t. XII, p. 40 et 44.

[1] Louis XIV lui accorda cette pension, sur la demande du duc du Maine. — Saint-Simon raconte qu'il était de toutes les fêtes de Sceaux, de toutes les nuits blanches, et qu'il n'eut pas honte de faire le baladin à huis clos, entre une vingtaine de personnes.

[2] Guillaume de Lamoignon, seigneur de Blancmesnil, avocat général en 1707.

[3] Louis Chauvelin « n'avoit de dieu ni de loi que sa fortune ; il étoit vendu aux jésuites et à tout ce qui la lui pouvoit procurer et avancer. » *Voy.* Saint-Simon, t. XII, p. 168. — Il mourut en 1715. C'était le frère aîné de celui qui fut garde des sceaux sous Louis XV, en 1737 ; tous deux étaient fils d'un intendant de Picardie.

[4] « Troupe d'élite, dit Voltaire, qui formait environ un corps de dix mille hommes. » *Histoire du Parlement*, édition Beuchot, p. 271. — Elle comprenait les gardes du corps, les mousquetaires gris et noirs, les

l'ancienne monarchie. Il se rappela ce duc d'Epernon, qui, à la mort de Henri IV, était entré dans le Palais avec ses gardes et avait décidé le Parlement en faveur de Marie de Médicis, et il s'adjoignit un homme de guerre, ayant aux yeux des soldats l'autorité qui lui manquait. Il fit déclarer à Louis XIV, dans un codicille, que le maréchal de Villeroy serait chargé de prendre les dispositions militaires propres à assurer la reconnaissance du testament[1]. A l'exemple de d'Epernon, Villeroy devait entourer le Palais le jour de l'ouverture du testament. Maître du roi et de la garde, le duc du Maine pensait à la fois contenir le peuple, entraîner l'armée et dominer les magistrats [2].

A l'étranger enfin, le bâtard s'était ménagé deux alliés secrets, qui pouvaient un jour le servir utilement : le pape Clément XI, entièrement dévoué au parti qui venait d'imposer sa bulle, et qui la maintiendrait sous le nouveau règne; le roi d'Espagne, pupille de madame de Maintenon, et ennemi person-

gardes suisses, les gardes françaises, etc. Voy., pour les détails, l'*Etat de la France*, du P. Simplicien.—« Il y avait dans le régiment des gardes françaises six cents hommes d'une grandeur plus qu'ordinaire, et qu'on appelle *les géants*. Il y avait aussi, dans le régiment des gardes suisses, un certain nombre de soldats choisis qui sont plus beaux et plus grands que d'ordinaire. » V. Dangeau-Lemontey, p. 223.

[1] Premier codicille de Louis XIV. 23 avril 1715. 13 août 1715, suivant Isambert.

[2] Saint-Simon compare la situation que ce codicille faisait au régent à celle « d'une victime sans cesse sous le couteau du maire du palais. » *Voy*. Saint-Simon, t. XII, p. 490. — « Tellement, dit-il ailleurs, que le régent n'y avoit plus l'ombre même de la plus légère autorité, et se trouvoit à la merci et en état continuel d'être arrêté et pris toutes les fois qu'il auroit plu au duc du Maine. » *Ibid*., t. XII, p. 475.

nel du duc d'Orléans. Gouverné par un confesseur jésuite, une reine ambitieuse, un ministre téméraire; dominé par le regret de la France, où il brûlait de jouer un rôle, sinon comme roi depuis sa renonciation, au moins comme régent, Philippe V offrait son concours, mais un concours dangereux et intéressé. Il revendiquait la tutelle de Louis XV, comme étant le parent le plus rapproché, avec l'espérance de la faire exercer par le duc du Maine, sous la direction d'un conseil de régence formé de ses créatures, et de gouverner la France du sein de sa capitale. En conséquence, il donna l'ordre à Cellamare, son ambassadeur à Versailles, de pénétrer par tous les moyens possibles le testament de son aïeul, et de faire valoir ses droits dans le cas où le roi ne l'aurait pas nommé tuteur, ou lui aurait substitué un tuteur hostile (indiquant par là le duc d'Orléans), ou adjoint un conseil malintentionné; si Louis XIV mourait dans l'intervalle, l'ambassadeur devait protester à la face du royaume, et revendiquer au nom de son maître des fonctions qui lui étaient dévolues par les liens du sang. Entraîné sans doute par les conseils imprudents d'Alberoni, Philippe V fit rechercher, soit à Paris, soit dans le provinces, ceux qui seraient disposés à prendre parti pour l'Espagne. Prévoyant toutes les éventualités, il fit marcher, dans l'été de 1715, un corps de troupes sur la frontière française, afin de saisir, s'il le fallait, la régence à main armée. Après cent ans, le roi d'Espagne reprenait ainsi les perfides traditions de Philippe II, et, sous le spécieux prétexte de gouverner sous son neveu, il agissait comme pour le renverser. Exploitant l'ambition du duc du Maine, il oubliait l'intérêt de son royaume, la foi des serments, les devoirs de la parenté, le sang français versé pendant douze ans pour lui assurer un trône. Il préparait froidement la guerre civile et la guerre étrangère. L'ambition étouffait dans son âme la voix de deux patries [1].

---

[1] Lemontey, *Histoire de la régence*, t. Ier. — Vatout, *Conspiration de Cellamare*, pièces justificatives, t. Ier, p. 382. — Instructions de Philippe V à Cellamare. Aranjuez, 19 mai 1715.

CHAPITRE XIX.

(1714-1715.)

Triste situation du duc d'Orléans à la cour. — Son indifférence et son inaction. — Conseils de Saint-Simon et de Dubois. — Le duc d'Orléans se décide à les suivre. — Ses amis et ses partisans à la cour et dans le royaume. — La noblesse. — Les pairs. — Le Parlement. — Les jeunes officiers. — Les libres penseurs. — Les jansénistes. — Les protestants. — Entrevues du duc d'Orléans avec les chefs du Parlement de Paris et les principaux jansénistes. — Violente proposition du président de Maisons touchant le testament de Louis XIV. — Proposition de Saint-Simon non moins dangereuse. — Proposition de l'avocat général Joly de Fleury et du procureur général d'Aguesseau. — Discussion relative aux membres des futurs conseils de la régence. — Projet d'expulser les jésuites. — Funeste influence de Saint-Simon sur le duc d'Orléans. — Ses conseils relativement à madame de Maintenon, au P. Letellier, aux PP. Lallemant, Doucin et Tournemine. — Secrètes propositions de Villeroy et du chancelier Voysin au duc d'Orléans. — Liaisons de Dubois et de lord Stairs, ambassadeur d'Angleterre. — Mystérieuses entrevues du duc d'Orléans et de Stairs au Palais-Royal. — Le roi d'Angleterre, George Ier, promet au duc d'Orléans son appui.

Entouré d'ennemis qui s'apprêtaient à le dépouiller, le duc d'Orléans restait étranger à toutes les intrigues, suspect à tous les partis. Les accusations criminelles dont il était l'objet, plus encore sa disgrâce, éloignaient de lui tous les courtisans; il vivait à la cour sans parenté, sans protection, sans alliance. Son père, son ami le duc de Bourgogne, le duc de

Berry son gendre, étaient morts; sa mère vivait seule et retirée; le roi, son beau-père et son oncle, lui témoignait une glaciale froideur, sans cesse entretenue par madame de Maintenon. Quant à sa femme, elle était liée de cœur et d'âme à la cause des bâtards [1]; elle épiait assidûment les gestes et les paroles de son mari pour le trahir aussitôt auprès de son frère le duc du Maine. Philippe, qui la connaissait, redoutait avec raison sa présence [2]. « Nous sommes ici dans un bois, disait-il à ses familiers; nous ne saurions trop prendre garde à nous [3]. » La duchesse de Berry, sa fille aînée, était trop pervertie pour consoler son père, et le duc de Chartres, son fils, trop jeune pour le servir.

Fuyant les calomnies et la solitude de Versailles, le prince s'oubliait dans le séjour d'Asnières ou de Saint-Cloud et dans les soupers du Palais-Royal. Sans connaître exactement le testament du roi, il savait à n'en pouvoir douter que madame de Maintenon travaillait dans l'ombre à lui enlever les droits que lui assurait sa naissance; mais, aux soucis de la politique et de l'ambition il préférait les arts, les lettres et les loisirs de la vie privée. Rappelant ce jeune prince qui s'amusait à des fêtes, tandis que les Anglais prenaient ses États, il perdait aussi gaiement la régence que Charles VII la royauté.

---

[1] Elle était, dit Saint-Simon, possédée du démon de la bâtardise.
[2] Saint-Simon, t. XII, p. 224-225. — Il l'appelait *madame Lucifer*. Voy. Saint-Simon, t. IX, p. 195.
[3] Fin 1711.

Deux hommes le tirèrent de cette léthargie : l'un était le trop célèbre abbé Dubois, son précepteur et son secrétaire, qui avait rempli près de lui tous les offices, excepté ceux d'un prêtre; l'autre le duc de Saint Simon, son contemporain, le seul ami sur lequel il pût compter. Tous deux étaient animés par des motifs différents. L'abbé Dubois, avide d'honneurs, de richesses et de jouissances, poussait son maître au pouvoir dans l'espoir d'y participer un jour. Saint-Simon, le plus honnête, mais le plus passionné des hommes, excitait Philippe à prendre la régence pour l'arracher aux bâtards. Le formaliste gentilhomme avait vu avec horreur ces édits qui plaçaient les fils de l'adultère avant tous les pairs, puis au rang des princes, puis au pied du trône. Il haïssait personnellement le duc du Maine, et la seule pensée de lui obéir soulevait son cœur. A cette haine ajoutez une autre haine. Saint-Simon était zélé gallican ; il déplorait la ruine de Port-Royal, la bulle, les persécutions, le triomphe des ultramontains, clients ou patrons de M. du Maine, et il espérait que le duc d'Orléans renverserait ce double édifice d'iniquités : la bulle du pape et les édits du roi. Ainsi réunis, sinon par la sympathie, au moins par le but, ces deux hommes excitèrent le duc d'Orléans à défendre ses droits. La régence lui appartenait comme au plus proche parent du Dauphin; il était régent par droit de naissance comme Louis XIV était roi. Il fallait, sitôt le roi mort, revendiquer le pouvoir avec fermeté. En vain se flattait-il de trouver le repos et la liberté sous un autre règne; il comptait sans le nombre et la puissance de ses ennemis; les calomniateurs le poursuivraient sous Louis XV avec le même acharnement que sous Louis XIV : il serait encore le dernier des princes, sans crédit, sans considération, et, qui plus est, sans honneur [1].

La triste vérité de ce langage et la conscience de ses droits touchèrent le duc d'Orléans. Il songea enfin à se défendre, et prépara des armes pour anéantir un testament qui le dépouillait. Les ministres lui étaient hostiles. Parmi les maréchaux, le politique Villars, chevalier d'honneur de la duchesse d'Orléans, l'avait fait en secret assurer de son dévouement [2]; le maréchal de Berwick, qui avait servi avec lui en Espagne, conservait également son souvenir; mais il ne pouvait compter que sur le maréchal d'Estrées, le vainqueur de Malaga, officier brave, honnête et considéré. Dans le haut clergé, à l'exception des évêques jansénistes, exilés dans leurs diocèses, le duc d'Orléans ne comptait pas un ami; parmi les courtisans et les grands officiers de la couronne, il n'avait que les rares serviteurs de sa maison ou des ambitieux auxiliaires, avides et suspects.

Mais en dehors de la cour, Philippe ralliait tous les mécontents. C'étaient d'abord les gentilshommes des premières familles de France, écartés systématique-

---

[1] Saint-Simon, t. XII, p. 341.
[2] « Villars m'avoit prié, il y avoit déjà quelque temps, d'assurer M. le duc d'Orléans de son attachement. Je l'avois fait, et j'en avois rapporté un remerciement et des compliments, dont le maréchal me parut fort content. » *Voy.* Saint-Simon, t. XII, p. 275.

ment des affaires par Louis XIV, et soumis, à l'armée ou à la cour, au despotisme bourgeois des ministres. Ils savaient que le prince, partageant les idées du duc de Bourgogne, voulait assurer à la noblesse comme à la bourgeoisie une part importante dans l'État, et ils inclinaient vers un gouvernement réparateur qui appellerait à lui les plébéiens et les gentilshommes, sans autre distinction que le mérite. C'étaient ensuite les pairs de France, humiliés de siéger au Parlement après les bâtards, et qui brûlaient de les voir relégués à leurs places, c'est-à-dire au rang de leur pairie [1]; puis les princes du sang, les jeunes ducs de Bourbon et de Conti, qui voyaient avec colère les bâtards aujourd'hui leurs égaux et demain leurs maîtres.

Après la noblesse venait la magistrature, qui conservait contre Louis XIV les plus cruelles rancunes. Le Parlement n'avait point oublié cette scène où le roi, à l'âge de seize ans, était entré en habit de chasse et un fouet à la main au milieu des vieillards de la grand'chambre, et avait prononcé ces dures paroles : « Monsieur le premier président, je vous défends de souffrir des assemblées, et à pas un de vous, Messieurs, de les demander [2]. » Le Parlement oubliait moins encore cet édit [3] qui supprimait les remon-

---

[1] Au rang chronologique de leur pairie, suivant la règle : Chacun sied le premier qui le premier a été fait pair.

[2] En 1655, le Parlement s'était assemblé pour protester contre certains édits de Mazarin.

[3] Non-seulement Louis XIV avait diminué l'importance politique du Parlement, au moyen des ordonnances de 1667 et 1673, qui lui enle-

trances et lui ordonnait d'enregistrer dans la huitaine toutes les ordonnances royales, à peine de désobéissance. C'est ainsi qu'il avait dû subir ces édits qui ruinaient les finances, ces édits monstrueux de légitimation, et surtout cette bulle *Unigenitus* qui révoltait leurs consciences. Ils ne pardonnaient leur servitude ni au roi, ni aux jésuites, ni au duc du Maine, leur allié, et, malgré les intrigues de la cour, la majorité des conseillers brûlait de se venger et de s'affranchir. Le testament de Louis XIV leur offrait une occasion favorable. En le confirmant il se remettaient sous le joug; en le déchirant ils couronnaient un prince libéral [1] qui leur rendrait leur indépendance et leur dignité. L'intérêt et la sympathie ralliaient donc les parlementaires au duc d'Orléans.

Dans l'armée, le prince avait également de nombreux amis. C'étaient tous ces officiers généraux qui avaient servi sous ses ordres en Espagne et en Italie, et célébraient son courage, son mérite, sa libéralité et le charmant abandon de ses manières. Tous méprisaient, en revanche, le duc du Maine, qui n'avait

---

vaient son ancien droit de remontrances; mais il avait frappé les membres qui le composaient dans leurs intérêts privés et dans leur vanité en taxant la valeur des offices: celui de président à mortier valait 350,000 livres, celui d'avocat général 150,000, celui de conseiller 90,000; la première présidence seule n'était pas vénale. — V. l'ordonnance de 1665, qui règle cette matière; *Anciennes lois françaises*, recueil d'Isambert, t. XVIII, p. 66. Cette même ordonnance substituait le nom de cours supérieures à celui de cours souveraines que les Parlements avaient toujours pris jusqu'à cette époque.

[1] Nous employons à dessein ce mot moderne. Le duc d'Orléans vantait sans cesse le gouvernement représentatif et la constitution anglaise. V. Saint-Simon.

paru dans les camps que pour se déshonorer, et s'indignaient d'obéir à un prince qui pâlissait au bruit du canon. Ils racontaient que, près de Namur, chargé du commandement de la gauche, le duc du Maine avait refusé de combattre, malgré les ordres de Villeroy et les larmes de Montrevel [1]; qu'en 1702, dans les Pays-Bas, il avait montré la même inertie; que depuis ce temps le roi l'avait retenu à Versailles; que sa conduite lui avait attiré les railleries de l'Europe et de la cour. Un jour, M. d'Elbeuf lui avait demandé en face où il comptait servir la campagne suivante; le duc du Maine l'ayant interrogé sur les motifs de cette question, M. d'Elbeuf avait répondu qu'il voulait aller avec lui, parce qu'avec lui on était assuré de sa vie [2].

Dans les salons de Paris, dans les grandes villes et dans les châteaux, le duc d'Orléans pouvait compter encore comme lui étant favorables ces railleurs spirituels et débauchés, flétris par Louis XIV du nom de libertins, qui haïssaient la domination hypocrite de madame de Maintenon et souhaitaient l'avénement d'un règne de licence et de plaisirs. Les jansénistes, le cardinal de Noailles, plusieurs évêques, les ordres savants des Bénédictins et des Oratoriens; un million d'hommes ardents et dévoués, qui se rattachaient à Port-Royal, formait également des vœux pour Philippe. Ils l'aimaient, malgré la facilité de ses mœurs, à cause de sa tolérance, convaincus qu'il rappelle-

[1] En 1695.
[2] Saint-Simon, t. Ier, p. 304, et t. III, p. 321-322.

rait leurs amis fugitifs ou prisonniers. Du fond des forteresses et des bagnes, des vallées des Alpes et des Cévennes, les protestants échappés à la mort appelaient un nouveau maître, comme les jansénistes. Comme eux ils espéraient de cet autre Henri IV la liberté et la vie de leurs compagnons. Dans la confiance de leurs âmes, ils allaient jusqu'à rêver le rétablissement de l'édit de Nantes et le retour de leurs frères dispersés depuis trente ans dans le monde [1].

Entraîné par ses conseillers, poussé par les attaques de ses ennemis, Philippe tendit hardiment les bras aux mécontents. Il assura la noblesse que, loin de l'éloigner, comme Louis XIV, il détruirait les ministères, cette tyrannie de cinq rois, comme disait Saint-Simon, et les remplacerait, suivant l'idée du duc de Bourgogne, par des comités de gentilshommes, d'administrateurs et de magistrats, où la naissance serait, non une cause d'exclusion, mais un titre [2]. Il déclara aux pairs et aux princes que l'un de ses premiers actes serait de chasser les bâtards du banc des princes et de les remettre parmi les pairs au rang de leur pairie. Dans le Parlement, il s'attacha le procureur général d'Aguesseau, alors menacé de destitution pour sa résistance à la bulle, et qui, par son éloquence et son caractère, rappelait les grandes traditions du chancelier de L'Hospital ; l'avocat général Joly de Fleury, magistrat laborieux, honnête, sa-

---

[1] *Voy.* à ce sujet l'adresse des protestants de Londres à Louis XIV en 1713. — Weiss, *Histoire des réfugiés protestants.*
[2] Saint-Simon, t. XII, p. 273.

vant, l'un des plus zélés jansénistes, et le président de Maisons, beau-frère de Villars, riche, influent et considéré, qui donnait aux princes des fêtes brillantes et célèbres[1] par la beauté, l'esprit et les grâces de sa femme. Philippe s'ouvrit à ces trois hommes, qui conduisaient le Parlement, leur découvrant tous ses desseins. Il leur avoua qu'il était prêt à rendre aux conseillers le droit de remontrances, et qu'il placerait dans les comités ministériels de la justice, de l'intérieur et des cultes, les personnages les plus éminents de la magistrature.

Il s'aboucha de même avec les chefs des jansénistes, le cardinal de Noailles, le vicaire général Dorsanne, son secrétaire, son confident et son historien; l'abbé Pucelle, conseiller ecclésiastique du Parlement, aussi influent au Palais qu'à l'église, et leur promit la délivrance des prisonniers, l'abandon de la bulle et la neutralité du gouvernement dans les affaires religieuses. Il eut avec le cardinal de Noailles, le président Maisons, d'Aguesseau, Joly de Fleury et Pucelle, des conférences mystérieuses au Palais-Royal et à l'archevêché, où il se faisait conduire la nuit dans une chaise à porteurs[2]. Ils débattirent ensemble les mesures à prendre à la mort du roi pour combattre et pour vaincre.

Sentant le rôle important réservé à l'armée dans la révolution qui se préparait, le duc d'Orléans re-

---

[1] Dans son château de Maisons, près Paris, bâti par Mansard.
[2] *Vie de Philippe d'Orléans*, par M. L. M. de M. Londres, 1736, in-8, t. Ier, p. 120.

noua les relations personnelles qu'il avait dans les garnisons de Paris et de Versailles. Il sonda les officiers placés à la tête des régiments d'élite qui formaient la maison du roi, et parmi eux, au premier rang, les gardes du corps, dont les chefs et les soldats appartenaient aux premières familles de France. Des quatre capitaines des gardes, deux vinrent à lui : le duc de Charost [1], brave et honnête soldat, illustré dans les guerres de Flandre, auquel le prince destinait la place de gouverneur du roi, et le duc de Noailles, bon général, excellent administrateur, zélé, laborieux, instruit, et aussi versé dans les finances que dans la guerre. Malgré son alliance avec madame de Maintenon, dont il avait épousé la nièce, M. de Noailles promit son concours. Le prince, qui appréciait ses qualités, lui annonça qu'il lui donnerait la présidence du comité des finances [2]. Il obtint de même les deux magnifiques régiments des gardes suisses et des gardes françaises. Le duc de Guiche [3], beau-frère du duc de Noailles, et le major de Contades, ses amis, lui promirent les gardes françaises. Dès les premiers mots d'ouverture, le colonel des gardes suisses Reynolds, ennemi personnel du duc du Maine,

[1] Le duc de Charost descendait d'un frère catholique de Sully; ancien ami de Fénelon et du duc de Chevreuse; il avait été nommé capitaine des gardes en 1711, en remplacement de Boufflers, et sur la recommandation du duc de Bourgogne.

[2] Saint-Simon, t. XII, p. 406.

[3] « C'étoit un homme sans consistance, sans esprit, qui n'avoit que des airs et une charge importante...; qui seroit à qui lui donneroit davantage, et qui étoit gouverné par Contades, major du régiment des gardes (depuis 1706). » Voy. Saint-Simon, t. XII, p. 242.

offrit son régiment. Un autre officier, le lieutenant général de Saint-Hilaire, le héros de Malplaquet, commandant de l'artillerie de Paris, embrassa, lui aussi, sa cause, et apporta le puissant renfort de ses canons. Philippe rallia également le lieutenant général de Joffreville et le chevalier d'Asfeld ; les deux Broglie, le comte et le vicomte [1]. Ses amis personnels étaient M. de Nancré, commandant de ses gardes suisses ; le duc de Brancas, déjà lieutenant général, et plus tard maréchal de France, et le comte de Nocé, fils du sous-gouverneur du prince ; M. de Canillac, commandant des mousquetaires noirs, et son cousin le marquis de Canillac, ancien colonel du régiment de Rouergue. A Paris enfin, un auxiliaire inattendu, le lieutenant de police d'Argenson, qui cachait sous la rudesse de ses formes un esprit souple et délié, lui promit, pour le jour de la lutte, la maréchaussée, les archers et le guet à pied et à cheval.

Restait le plan d'attaque. Le président Maisons [2], vif et emporté, conseillait la violence ; à l'entendre il fallait « avoir, à l'instant de la mort du roi, des troupes sûres et des officiers sages, avisés et affidés tout prêts, avec eux des maçons et des serruriers, marcher au Palais, enfoncer les portes et la niche, enlever le testament et qu'on ne le voie jamais [3]. » Philippe rejeta bien loin ce projet du président, qui

---

[1] Tous deux fils du premier maréchal de Broglie.
[2] Il mourut le 22 août 1715. Le président de Maisons, ami de Voltaire, qui mourut de la petite-vérole à trente-trois ans, en 1731, était son fils.
[3] *Voy.* Saint-Simon, t. XII, p. 395.

les eût déshonorés tous les deux. Quel spectacle, en effet, que le Parlement, suivi de maçons et de soldats, démolissant un mur du Palais pour supprimer un testament confié à sa garde ! Saint-Simon ouvrit un avis moins violent, mais plus dangereux encore. Le Parlement, avons-nous dit, se composait des magistrats et des pairs qui avaient toujours voté collectivement ; malgré ce précédent incontestable, Saint-Simon conjura le duc d'Orléans « d'assembler tous les pairs et les officiers de la couronne, aussitôt que le roi seroit mort, dans une des pièces de l'appartement de Sa Majesté, de leur adresser un court discours de louanges et de regrets du roi, de la nécessité urgente d'une administration, de son droit à la régence, qui ne pouvoit être contesté [1], » et de se rendre ensuite au Palais pour faire ratifier son élection par les autres membres du Parlement. A l'appui de ce sentiment il faisait valoir son idée favorite, que les pairs constituaient à eux seuls le parlement, et que les magistrats n'y siégeaient que comme des intrus, par la plus scandaleuse des usurpations. Triste défaut des esprits dogmatiques ! Saint-Simon ne comprenait pas que son système fût-il vrai, la tradition est plus forte que la doctrine [2].

Tous les amis et tous les partisans du prince combattirent le projet de Saint-Simon. La question de droit historique était ici bien déplacée : si les pairs du XIIIe siècle constituaient autrefois le parlement, les

[1] Saint-Simon, t. XII, p. 353-54.
[2] *Id., ibid.*, p. 340.

légistes les remplaçaient aujourd'hui ; ils avaient proclamé Henri IV, donné la régence à Marie de Médicis et à Anne d'Autriche ; aux yeux de la nation, le seul Parlement de Paris cassait les testaments des rois ; il fallait respecter ces traditions, surtout au commencement d'un règne ; en agissant autrement on offenserait les magistrats, dont le concours devenait si nécessaire. Ne valait-il pas mieux être élu par tout le Parlement que par les seuls pairs de France ? D'Aguesseau et Joly de Fleury engagèrent donc Philippe à convoquer au Palais les pairs et les conseillers aussitôt après la mort du roi, et à leur déférer le testament. Ils assuraient qu'en dépit de l'autorité de M. de Mesmes et de l'opposition des magistrats ultramontains, les conseillers, séduits par les paroles du prince, n'hésiteraient pas à casser le testament de Louis XIV. Le duc d'Orléans goûta leur opinion, et résolut de porter ce grand débat devant le Parlement tout entier.

Ce plan arrêté, le prince et ses conseillers préparèrent les hommes et les choses du nouveau règne, afin d'avoir un gouvernement tout prêt à substituer à celui qu'ils voulaient détruire. Ils s'occupèrent d'abord de choisir les membres du conseil de régence et des divers comités qui devaient remplacer les secrétaires d'État. On écarta tout d'une voix les ministres actuels : Voysin, créature de madame de Maintenon, courtisan brutal et bas, médiocre comme Chamillart, orgueilleux comme Louvois, portant le matin la robe de chancelier, le soir l'uniforme, et ridiculisé pour ce double rôle [1] ; le contrôleur général, Desmarets, administrateur habile et infatigable, mais enivré par sa fortune et devenu odieux à la cour pour sa rudesse et ses hauteurs ; le ministre de la marine Pontchartrain [2], faux, jaloux, haineux et perfide, maintenu jusque-là par la seule considération de son père le chancelier ; le ministre même des affaires étrangères, M. de Torcy, à cause de sa froideur pour le duc d'Orléans, malgré la résistance du prince, qui estimait ses talents et ses vertus. Le vindicatif Saint-Simon, qui avait demandé le renvoi de Desmarets à l'élévation duquel il avait contribué, mais dont il ne pouvait pardonner l'ingratitude [3], obtint la conservation de Lavrillière [4], qui lui avait

---

[1] « Quelles nouvelles de Marly? demandait-on à Lauzun.—Rien, répondoit-il de ce ton bas et ingénu qu'il prenoit souvent, le roi s'amuse à habiller sa poupée. » Saint-Simon, t. XI, p. 200.

[2] Il avait dans son département la police et « les délations du détail de Paris, dont il amusoit le roi tous les lundis aux dépens de tout le monde, et dont d'Argenson lui avoit laissé adroitement usurper tout l'odieux. » —« Aussi universellement abhorré qu'il étoit mathématiquement détestable, il avoit trouvé le moyen de se faire également craindre et mépriser, d'user même de la bassesse d'une cour la plus servile..... » Saint-Simon, t. IX, p. 338 et 364.
Jérôme de Pontchartrain, né en 1661, devint ministre de la marine en 1699. Bassement jaloux des amiraux, il poussa l'incurie jusqu'au crime ; c'est ainsi qu'en 1704, par une négligence calculée et des instructions perfides, il contribua à faire échouer l'expédition du comte de Toulouse. Il laissait pourrir les vaisseaux dans les ports, et la France, qui comptait cent vaisseaux bien armés à la mort de Colbert, n'en comptait plus que vingt-cinq à la fin de sa déplorable administration.

[3] « Le ministère l'enivra. Il se crut l'Atlas qui soutenoit le monde, et dont l'Etat ne pouvoit se passer ; il se laissa séduire par les nouveaux amis de cour, et ne compta pour rien ceux de sa disgrâce. » Voy. t. IX, p. 340.

[4] Il était ministre de la maison du roi et des affaires protestantes depuis 1700. Voy. Saint-Simon, t. IX, p. 338, et t. XII, p. 312.

rendu quelques services. Philippe allégua vainement son insuffisance, et faisant allusion à la petitesse de sa taille, s'écria : « Mais on se moquera de nous avec ce bilboquet. » Il dut céder aux instances de son impérieux condisciple. On choisit ensuite les présidents des divers conseils ministériels, et là encore le duc d'Orléans montra la généreuse facilité de son caractère. Parmi les six présidents, il désigna seulement deux de ses amis, le duc de Noailles aux finances, le cardinal de Noailles aux cultes, et il choisit les quatre autres, ceux de l'intérieur, des affaires étrangères, de la guerre et de la marine dans le parti contraire. Ce furent les ducs d'Harcourt, d'Huxelles, le maréchal de Villars et le comte de Toulouse, propre frère du duc du Maine, tous recommandables par leurs mérites ou leurs lumières. Malgré sa parenté avec le duc du Maine, le comte de Toulouse restait étranger à toutes ses intrigues ; doux, modeste et laborieux, il passait à juste titre pour un des hommes les plus honnêtes du royaume, et il entendait bien la marine, dont il s'occupait depuis longtemps et dont il remplissait les plus hautes fonctions [1]. On régla en même temps les attributions du conseil de régence et de divers comités ministériels. Mais après avoir désigné les chefs, on ne put s'entendre sur les conseillers. Les questions de personne soulevèrent des prétentions et des intérêts inconciliables. Rien n'était décidé à l'égard de ces nominations à la mort du roi [2].

[1] Il n'avait que cinq ans lorsque Louis XIV le nomma grand-amiral.
[2] Saint-Simon, t. XII, p. 287-311.

Afin d'éteindre les querelles religieuses devenues si brûlantes, Noailles et d'Aguesseau proposèrent au duc d'Orléans d'imiter Henri IV et de chasser les jésuites. Saint-Simon les haïssait, mais il haïssait plus encore le Parlement, dont ils étaient les plus redoutables ennemis. Il allégua les dangers d'une expulsion générale, qui s'était accomplie pourtant sans obstacle après les fureurs de la Ligue, et il décida Philippe à garder la compagnie de Jésus. Mais en défendant l'institution, Saint-Simon conseilla de sévir contre ses chefs. Il pressa le duc d'Orléans d'exiler le P. Letellier aussitôt après la mort du roi; de faire arrêter les pères Tournemine, Lallemant et Doucin, de saisir leurs papiers et leurs personnes, d'enfermer le premier au donjon de Vincennes, sans encre, sans plume, et au plus rigoureux secret, de jeter les deux autres dans des cachots séparés, sans qu'on pût savoir où ils seraient et de les y laisser mourir : « Ce sont, disait-il, comme les boutte-feux de toutes ces affaires et de très-dangereux scélérats [1]. » Quant à madame de Maintenon, « il n'y a plus rien, disait-il, à craindre de cette fée presque octogénaire, sa puissante et pernicieuse baguette est brisée, elle est redevenue la veuve Scarron; excepté la liberté et le pécuniaire personnel, tout crédit et toute sorte de considération lui doivent être soigneusement ôtés et refusés; elle a mérité bien pis de l'Etat et de M. le duc d'Orléans [2]. » Le prince écouta ces conseils sans

---

[1] Saint-Simon, t. XII, p. 279.
[2] *Ibid.*, p. 358.

les suivre : il respectait dans madame de Maintenon, sinon l'épouse, du moins la compagne du roi. Il rejeta de même les avis haineux que lui donnait Saint-Simon relativement aux jésuites. Philippe avait horreur des violences et était fermement résolu à fermer les cachots et non à les rouvrir.

Tandis que le duc d'Orléans préparait le succès de la révolution projetée, deux amis du duc du Maine vinrent lui révéler ses manœuvres et ses projets. Philippe connaissait le testament de Louis XIV, mais il ignorait le codicille, qui assurait à Villeroy le commandement des troupes le jour de l'ouverture du testament. L'homme investi de ce pouvoir suprême, Villeroy lui-même, Villeroy, si comblé des grâces de Louis XIV et de madame de Maintenon, et le chancelier Voysin, qui avait rédigé de sa main le codicille, vendirent le secret de ses dernières dispositions. Villeroy fut l'entremetteur du marché. Il vint trouver le duc d'Orléans et lui dévoila le codicille, demandant, pour prix de cette bassesse, le ministère de la guerre pour Voysin [1], avec la promesse de le maintenir à la chancellerie à la mort du roi, et pour lui-même, des avantages plus considérables encore. Il offrait, en échange, d'abandonner le duc du Maine avec l'armée. Le duc d'Orléans n'aimait pas Voysin et se proposait de le destituer à son avènement au pouvoir; mais le chancelier pouvait servir, il acheta ce transfuge. Il n'en fut pas de même de Villeroy :

[1] On sait que Voysin était à la fois chancelier et ministre de la guerre. Les ministères se payaient alors comme des offices.

Philippe méprisait sa personne et n'estimait pas assez ses talents pour les payer. Après une discussion assez vive, le maréchal sortit sans rien obtenir et alla annoncer à Voysin le résultat de l'entrevue. Dupe de son complice, il partagea la honte d'un marché dont un autre recueillait le prix et reporta au duc du Maine une fidélité qui n'avait pu trouver d'acheteur[1].

A la même époque, un des conseillers du duc d'Orléans, l'abbé Dubois, moins honnête, mais plus habile que Saint-Simon, donnait l'Angleterre à Philippe et à la France. La reine Anne venait de mourir. Les whigs vainqueurs avaient renversé les tories, proscrit Bolingbroke, emprisonné Harley et adressé des menaces à Louis XIV au sujet du canal de Mardick, qu'il faisait construire pour remplacer le port de Dunkerque. Le roi irrité armait des soldats et des vaisseaux pour débarquer le prétendant en Écosse. L'ambassadeur des whigs à Versailles, lord Stairs[2],

[1] Saint-Simon, t. XII, p. 488.
[2] Jean Dalrymple, comte de Stairs, né en 1673, se distingua de bonne heure par son attachement aux intérêts de Guillaume III, prit part, comme colonel, sous les ordres de Marlborough, aux grandes guerres du continent, fut ensuite envoyé en ambassade auprès du roi de Pologne, puis tomba en disgrâce à la chute du ministère whig. George 1er, à son avénement au trône, le nomma ambassadeur en France, en remplacement du duc de Shrewsbury. « C'étoit, écrit Duclos dans ses *Mémoires*, un Ecossais de beaucoup d'esprit, instruit, aimable dans la société particulière et très-avantageux avec nos ministres, audacieux jusque dans son maintien, par caractère et par principe; il paroissoit s'en être fait un système de conduite: il essaya même d'être insolent avec le roi. » *Mémoires de Duclos*, collection Michaud et Poujoulat, t. XXXII, p. 471. — « Il sembloit, dit Saint-Simon, plus désireux d'amener une rupture que d'entretenir la paix. » *Voy.* Saint-Simon, t. XII, p. 128-129. Il avait reçu ordre de son gouvernement de ne prendre ni audience ni caractère tant que Louis XIV n'aurait pas fait

diplomate rogue et brouillon, échangeait avec Torcy des notes qui devenaient chaque jour plus vives. Cette alliance anglaise, si précieuse à Utrecht, était de nouveau compromise, et une nouvelle guerre, désastreuse pour la France, allait commencer. Dubois conjura l'orage. Il se lia avec Stairs dans quelques parties de débauche, lui plut par la légèreté de ses saillies et de ses mœurs, puis mêlant les affaires aux plaisirs, flatta adroitement ses vanités et son ambition. Il lui représenta que l'intérêt des whigs était de soutenir le duc d'Orléans à la mort du roi ; que, selon toute vraisemblance, le duc du Maine, livré aux jésuites, ne ferait que continuer les traditions de son père et seconderait de tous ses efforts les tentatives insurrectionnelles du fils catholique des Stuarts en Ecosse ; que Philippe, au contraire, méprisait les Stuarts et les guerres religieuses ; qu'il aimait l'Angleterre et ses institutions ; qu'il reconnaissait les services qu'elle avait rendus à la France dans la dernière guerre ; qu'il était prêt à s'allier avec elle contre le pape, Philippe V, et le duc du Maine, leurs ennemis communs. Stairs écouta avidement ces propositions, qui tendaient à débarrasser son maître du prétendant, renouaient l'alliance française et lui préparaient à lui-même un grand rôle. Il se rapprocha du duc d'Orléans. Il eut avec lui, Noailles, Canillac et Dubois, des entretiens secrets au Palais-Royal, où il entrait par les derrières[1],

droit aux réclamations de l'Angleterre relativement aux travaux du canal de Mardyck.

[1] Saint-Simon, t. XIII, p. 393-96.

et leur promit le concours des whigs. George Ier, informé de ses desseins, tendit les mains à Philippe et lui offrit, comme Élisabeth à Henri IV, de l'argent, des hommes et des vaisseaux [1].

Ainsi les deux rivaux comptaient leurs forces et rassemblaient leurs partisans. Le duc du Maine avait pour lui le pape, l'Espagne, le clergé, les jésuites, les ultramontains, la cour, le gouvernement, la personne du dauphin, le testament et comme l'ombre de Louis XIV; le duc d'Orléans, la noblesse, les pairs, les princes, les frondeurs, les jansénistes, les universités, les parlements, les protestants, les jeunes officiers, l'amour des soldats, la main cachée de l'Angleterre. Il avait sur son rival l'avantage du droit, du mérite et du caractère. L'opinion repoussait le duc du Maine malgré ses vertus, elle accueillait le duc d'Orléans malgré ses vices. Le premier maintenait le despotisme religieux et politique, les anciens ministres, les anciens courtisans, le confesseur, le médecin, l'épouse même de Louis XIV; le second appelait à lui tous les hommes nouveaux et promettait la liberté et la clémence. L'un représentait les jésuites et les vieillards, l'autre les opprimés et les jeunes gens; l'un le XVIIe siècle évanoui, l'autre le XVIIIe siècle naissant; l'un le passé, l'autre l'avenir. Les deux partis étaient ainsi rangés en bataille, attendant le signal de la lutte, la mort du roi.

[1] Lemontey, *Histoire de la régence*.

CHAPITRE XX.

(1715.)

Affaiblissement de la santé du roi. — Progrès rapides de sa maladie. — Revue de la gendarmerie. — Le duc d'Orléans et le duc du Maine en présence. — Évanouissement de Louis XIV le jour de la Saint-Louis. — Apparition de la gangrène à l'une de ses jambes. — Délire du roi. — Brusque cérémonie de sa communion. — Son second codicille. — Trahison du chancelier Voysin. — Scrupules de Louis XIV relativement aux persécutions religieuses. — Ses insistances pour revoir le cardinal de Noailles. — Ses adieux au Dauphin, au duc d'Orléans et à ses officiers. — Premier départ de madame de Maintenon. — Solitude autour du roi. — Affluence chez le duc du Maine et chez le duc d'Orléans. — Effet inattendu du breuvage d'un paysan provençal. — Retour des courtisans auprès de Louis XIV. — Rechute du roi. — Cruelles obsessions de Letellier. — Indignation des officiers et des domestiques. — Second départ de madame de Maintenon. — Agonie et mort de Louis XIV. — Secrète affiliation aux jésuites. — Le petit crucifix du P. Letellier. — Jugement sur le règne et la personne de Louis XIV.

Enfin, après le plus long règne de la monarchie, tant de gloire et tant d'épreuves, le royal vieillard touchait au terme. Sa santé était ébranlée depuis quelques mois[1], et son esprit s'affaissait comme son corps. Dans les premiers jours d'août 1715, le mal

[1] Louis XIV avait depuis trois mois une fièvre lente qui l'avait fait dépérir à vue d'œil. Fagon l'avait mis en cet état. « Il le faisait toutes les trois semaines purger jusqu'au sang, et tous les jours il le faisait horriblement suer. De plus, le roi s'était, à l'instigation du P. Letellier, affreusement tourmenté au sujet de la maudite constitution (*Unigenitus*), au point qu'il n'en avait de repos ni jour ni nuit; c'est ce qui lui a ôté la vie. » *Correspondance de Madame*, t. II, p. 169. — Dès le mois de

fit des progrès rapides [1]. Le 10 au soir, en revenant de Marly, le roi tomba accablé sur son prie-Dieu [2]. Le lendemain, se promenant dans les jardins de Versailles, il chancela et il revint au château, soutenu par ses domestiques. Il tint cependant le conseil et reçut les courtisans comme à l'ordinaire. Les jours suivants il ne put quitter la chambre. Dans l'impossibilité de faire un pas, il se faisait promener le long des galeries dans un grand fauteuil à roulettes. Naguère si soucieux de son costume et si rigoureux observateur de l'étiquette, il restait maintenant des journées entières en robe de chambre. Les courtisans venaient, suivant l'usage, au lever et au coucher, mais tous remarquaient la prostration et l'effrayante maigreur du malade [3]. Quelques-uns rendirent visite au duc d'Orléans, disgracié depuis dix ans.

Louis XIV avait ordonné une revue de sa gendarmerie pour le 22 août; mais il se trouva si faible qu'il pria le duc du Maine de le remplacer avec le Dauphin. C'était désigner clairement à ces troupes d'élite les futurs maîtres de la France. Le duc d'Orléans ne voulut pas laisser à son compétiteur un tel avan-

mai, des paris s'étaient ouverts en Angleterre qu'il ne passerait pas le mois de septembre. M. de Torcy, lui lisant un jour les gazettes, s'arrêta brusquement et reprit sa lecture après quelques embarras. Le roi s'en aperçut et lui ordonna de ne rien omettre; le ministre dut obéir. Le roi affecta de l'indifférence, mais il ne put s'empêcher de parler au petit couvert; il s'efforça de manger, mais les morceaux lui restaient dans la bouche. *Voy. Mémoires de Dangeau*, p. 269.

[1] Reboulet, t. III, p. 602.
[2] *Mercure galant*, journal historique.
[3] *Mercure galant*. « Notre roi est diminué de la valeur d'une tête, » dit Madame dans sa *Correspondance*.

tage. Il parut à la revue ¹ comme capitaine des compagnies qui portaient son nom, se plaça dans les rangs, et sur le passage du Dauphin, vêtu d'un petit uniforme de gendarme, il salua gracieusement de son épée. M. du Maine parut embarrassé en le voyant, et le trouble de son maintien, la pâleur de son visage n'échappèrent point aux soldats. Ils comparèrent la bonne mine de l'un, la contenance timide de l'autre, et se demandèrent de quel droit le fils de madame de Montespan passait des revues, alors qu'il ne se hasardait pas sur les champs de bataille. Le duc du Maine félicita vainement les officiers de leur belle tenue, le roi répéta vainement ces éloges, l'impression était produite. Vienne la lutte, les gendarmes n'appartiendraient point au bâtard ².

Le roi s'affaissait de plus en plus; une de ses jambes enfla; il eut la fièvre et perdit le sommeil. La nuit du 24 au 25 août fut plus mauvaise encore que les précédentes. Le 25, jour de Saint-Louis, fête solennelle dans l'ancienne monarchie, il voulut toutefois que les tambours et les hautbois vinssent battre et jouer sous ses fenêtres. Le soir, après dîner, comme il se sentait plus mal, il fit venir ses médecins et leur montra sa jambe. Ils demandèrent que le roi

---

¹ Ce fut Saint-Simon qui lui proposa d'aller à la revue et « d'y suivre le duc du Maine en courtisan, comme il auroit fait le roi même..., et de le suivre chapeau bas dans les rangs, en même temps de donner fréquemment le coup d'œil à sa suite et aux troupes, de n'y pas laisser ignorer le sarcasme par ses manières respectueusement insultantes, et d'y montrer ce roi de carton pâmé d'effroi et d'embarras. » Saint-Simon, t. XII, p. 428.
² Saint-Simon, t. XII.

la mît dans une eau telle que la main n'en pût supporter la chaleur. Louis XIV y consentit, mais il ne sentit la chaleur que lorsqu'elle eut pénétré jusqu'à la moelle de l'os. Comme il retirait sa jambe, les médecins y constatèrent avec effroi des taches noires qui révélaient une maladie mortelle, la gangrène des vieillards. Le roi, qui ne soupçonnait pas l'étendue du mal, leur enjoignit de couper sur-le-champ les parties malades. Et comme ils se regardaient indécis : « N'avez-vous pas de rasoirs? dit-il; coupez tout ce que vous jugerez à propos [1]. » Les médecins délibérèrent s'ils lui couperaient la cuisse; mais cette dangereuse opération ne devait prolonger sa vie que de quelques jours; ils se contentèrent de pratiquer des incisions dans la jambe. L'opération fut longue et douloureuse : le fer taillait dans les chairs vives; le roi la supporta avec le plus grand courage. Son premier médecin, qui lui avait tenu le pouls, déclara qu'il n'avait remarqué aucune altération [2]. En le quittant, les médecins lui révélèrent le danger de son état et l'exhortèrent à se préparer à la mort. Il entendit cette condamnation comme si elle eut frappé tout autre que lui. Quelques-uns des assistants cherchaient à le consoler : « Il y a plus de dix ans, leur dit-il, que je songe à mourir. » Il manda sur-le-champ son confesseur.

Dans la soirée, le roi s'assoupit. Sur les sept heures il se réveilla les yeux hagards, les bras étendus, et

[1] *Mémoires de Saint-Hilaire.*
[2] Reboulet, t. III, p. 604.

il prononça des paroles incohérentes. Les médecins, effrayés, s'écrièrent qu'il avait le délire, et qu'il n'y avait pas un instant à perdre pour l'administrer. On manda de nouveau le P. Letellier. Les musiciens arrivaient dans l'antichambre et préparaient leurs instruments pour la sérénade, lorsque le confesseur entra. Ils replièrent aussitôt leurs cahiers et s'enfuirent. À la nuit tombante, le cardinal de Rohan, suivi de deux aumôniers et du curé de la paroisse, apporta les saintes huiles par les escaliers dérobés, sans le cérémonial ordinaire, tant le danger semblait pressant. Quelques domestiques et quelques frotteurs, accourus avec des flambeaux, éclairaient le cortége [1]. A la vue du viatique, tous les assistants s'agenouillèrent. Le cardinal prononça quelques paroles et donna au roi la communion. Louis XIV la reçut avec l'impassible visage qu'il avait montré tout le jour. Les princes et les princesses, accourus en désordre pour assister à la cérémonie, reconduisirent le cardinal.

Après leur départ, le roi fit apporter une petite table sur son lit, et, en présence du chancelier, il écrivit un second codicille [2], par lequel il nommait Fleury précepteur et Letellier confesseur du Dauphin. Il manda ensuite le maréchal de Villeroy, puis le duc d'Orléans, auquel « il témoigna beaucoup d'estime, d'amitié, de confiance, et, avec Jésus-Christ sur les lèvres, il l'assura qu'il ne trouveroit rien dans son testament

---

[1] *Mercure galant*, journal historique.
[2] Il porte la date du 23 août, suivant Isambert.

dont il ne dût être content, puis lui recommanda l'état et la personne du roi futur [1]. » Il appela encore à son chevet ses deux fils, le duc du Maine et le comte de Toulouse, ainsi que les princes de Condé et de Conti. Les médecins s'étant présentés pour le pansement, les princes quittèrent la chambre royale et passèrent dans les cabinets. Voysin s'approcha alors du duc d'Orléans, assis dans l'embrasure d'une fenêtre, et lui fit signe de le suivre dans le cabinet du conseil, attenant à la chambre de Louis XIV. Là, à quelques pas du roi mourant, le ministre parjure livra le secret qu'il avait vendu. Après avoir remercié Philippe de sa promesse relativement à la chancellerie, il tira d'une enveloppe non cachetée qu'il tenait à la main le papier que le roi venait de lui confier et le communiqua au duc d'Orléans. Celui-ci lut de ses yeux le codicille, et il apprit ainsi le danger de préférer des courtisans aux serviteurs. La lecture finie, Voysin remit froidement le codicille sous enveloppe, et rentra avec le duc dans les cabinets. Ils n'y restèrent que peu d'instants. Les médecins n'étaient plus là, et le roi avait fait tirer les rideaux de son lit, en déclarant qu'il voulait dormir [2].

La journée du 26 fut marquée par une scène mémorable, et depuis trop oubliée pour la mémoire de Louis XIV. Le roi avait gardé jusque-là le silence

---

[1] Saint-Simon, t. XII, p. 477. Cette dissimulation de Louis XIV envers son neveu, dans un moment si solennel, est confirmée par Dangeau dans ses *Mémoires*.

[2] *Mercure galant* — *Mercure historique*. — Saint-Simon, t. XII, p. 478 et 489.

sur les affaires ; mais au moment de paraître devant Dieu il se rappela les dernières persécutions de son règne, et le doute, si voisin du remords, se glissa dans son âme. Il fit approcher de son lit les trois chefs du parti ultramontain : le P. Letellier, les cardinaux de Rohan et de Bissy, et, s'adressant à eux : « J'ai fait, leur dit-il, tout ce que j'ai pu pour mettre la paix entre vous ; je n'ai pu y réussir ; je prie Dieu qu'il vous la donne. Je meurs, ajouta-t-il, dans la foi et la soumission à l'Eglise. Je ne suis pas instruit des matières qui la troublent ; je n'ai suivi que vos conseils, j'ai fait uniquement ce que vous avez voulu ; mais si j'ai mal fait, si vous m'avez trompé, vous êtes bien coupables, car je ne cherchais que le bien. » A deux reprises différentes il répéta la même déclaration. Les cardinaux le rassurèrent avec des éloges, ajoutant qu'ils prenaient la responsabilité du passé [1]. Malgré leur affirmation, le malade revint, après quelques instants, sur les affaires religieuses, dont le souvenir semblait l'oppresser. Le cardinal de Noailles ayant fait demander la permission de le voir : « Je prends Dieu à témoin, dit-il, que je n'ai jamais haï M. l'archevêque de Paris ; j'ai toujours été fâché de ce que j'ai fait contre lui ; mais on m'a dit que je devais le faire. » En entendant ces paroles, son médecin Fagon et l'honnête Maréchal, son chirurgien, assis près de son lit, dirent à demi-voix, comme s'ils se parlaient entre eux : « Ne laissera-t-on pas au

---

[1] *Mercure historique*, septembre 1715. — *Histoire du livre des Réflexions morales*, t. I, p. 386. — Saint-Simon, t. XII, p. 478-79.

moins le roi voir son archevêque avant de mourir? »
Louis XIV les entendit et s'écria qu'il le recevrait
bien volontiers, et qu'il serait fâché de mourir
brouillé avec lui [1]. Il ordonna même à Voysin de le
faire venir; mais il aperçut Letellier et les cardinaux
qui gardaient le silence, et il ajouta comme restriction: « Si ces messieurs, toutefois, n'y voient pas
d'obstacle. » Les trois prêtres se retirèrent dans l'embrasure d'une fenêtre avec le chancelier, Villeroy et
madame de Maintenon, et parurent tenir conseil. Le
confesseur ayant déclaré qu'il jugeait cette visite fort
dangereuse, les deux cardinaux, Voysin et la marquise s'inclinèrent en signe d'assentiment. Letellier
retourna près du roi: « Votre Majesté, lui dit-il,
veut-elle défaire en un instant l'ouvrage de toute sa
vie? Si elle voit M. le cardinal, elle détruit tout ce
qu'elle a fait. » — « Mais je n'ai rien dans le cœur de
personnel contre lui, reprend le roi; je l'ai toujours
aimé et estimé; que M. le chancelier lui fasse réponse
que je ne puis le voir, mais qu'on mette au moins
dans la lettre quelque chose d'obligeant de ma part [2]. »
Docile aux derniers conseils de la haine, Louis XIV
repoussa de son lit de mort l'honnête homme qu'il
aimait [3]. Il eut la pensée, non la force de la clémence.
Au mépris des instructions royales, Voysin écrivit
à l'archevêque une lettre sèche et dure, et il poussa

[1] Anecdotes sur la constitution *Unigenitus.* Villefore, t. Ier, p. 333.—
Mercure historique, septembre 1715.

[2] *Mercure historique,* septembre 1715.

[3] Les *Mémoires de Dangeau* (26 août 1715, p. 310-311), attestent
ces inquiétudes de Louis XIV à son lit de mort.

l'impudence jusqu'à répandre le bruit que le cardinal avait refusé de venir à Versailles, malgré les prières de Louis XIV[1]. Sollicitée elle-même par l'archevêque, madame de Maintenon lui répondit de se borner à dire des prières pour le roi[2]. Le cardinal se montra douloureusement affecté de cet éloignement, qui prolongeait sa disgrâce au delà de la tombe.

Le même jour commencèrent les adieux. Louis XIV manda d'abord son arrière-petit-fils, qui devait porter sa lourde couronne. La duchesse de Ventadour, sa gouvernante, l'amena près du chevet du moribond. L'enfant avait cinq ans; il était petit, frêle, mais beau comme sa mère, la duchesse de Bourgogne. Miraculeusement échappé à la mort qui avait frappé tous les siens, il rappelait ce royal orphelin de l'Écriture chanté par Racine, et qui, lui aussi, était le dernier de sa race. Il s'agenouilla sur le lit de son aïeul en joignant ses petites mains. Louis XIV l'attira dans ses bras, l'embrassa tendrement, et, voulant le frapper par un solennel souvenir : « Mon cher enfant, lui dit-il, vous allez être le plus grand roi du monde. N'oubliez jamais les obligations que vous avez à Dieu. Ne m'imitez pas dans les guerres ; tâchez de maintenir toujours la paix avec vos voisins, de soulager votre peuple autant que vous pourrez, ce que j'ai eu le malheur de ne pouvoir faire, par les néces-

---

[1] *Histoire du livre des Réflexions morales*, t. Ier, p. 384.
[2] *Mercure historique*, septembre 1715. — *Mémoires de Saint-Simon*, t. XII, p. 479-80. — *Mémoires de Duclos*. — *Histoire du livre des Réflexions morales*, t. Ier, p. 384 et suiv.

sités de l'Etat. Suivez toujours les bons conseils, et songez bien que c'est à Dieu que vous devez tout ce que vous êtes. Je vous donne le P. Letellier pour confesseur; suivez ses avis, et souvenez-vous toujours des obligations que vous avez à madame de Ventadour [1]. »

Se soulevant ensuite avec effort, Louis XIV étendit sur le Dauphin ses bras défaillants : « Mon cher enfant, lui dit-il, je vous donne de tout mon cœur ma bénédiction. » Le vieux père, si maître jusque-là de lui-même, ne put contenir alors son émotion. Des larmes coulèrent sur ses joues. Le Dauphin, voyant pleurer son aïeul, pleurait lui-même. Sa gouvernante, redoutant pour le roi les conséquences de cette scène, enleva l'enfant dans ses bras; mais le roi redemanda son fils, le serra dans une dernière étreinte en répétant ces paroles : « Adieu ! mon cher enfant, adieu ! » La duchesse de Ventadour emporta le Dauphin baigné de larmes [2].

Louis XIV manda ensuite le duc d'Orléans et lui parla longtemps, mais d'une voix si basse que le prince seul entendit. Dans cet entretien suprême, le roi s'affranchit de la tyrannie des siens et montra ses secrètes pensées. Après avoir recommandé le Dauphin à Philippe, il ajouta ces paroles, qui contras-

---

[1] Nous avons préféré cette version au discours prêté par les écrivains postérieurs, qui a été visiblement arrangé, et même à la version du *Mercure galant*. Voy. à ce sujet la curieuse dissertation intitulée : *Note sur les dernières paroles prononcées par Louis XIV*, par M. le Roi, bibliothécaire de la ville de Versailles. 1846, in-8. Pièce.

[2] Saint-Simon, t. XII, p. 483.

taient si fort avec son testament : « J'ai fait les dispositions que j'ai crues les plus sages ; mais comme on ne saurait tout prévoir, s'il y a quelque chose qui ne soit pas bien, on le changera. Si le Dauphin vient à manquer, vous serez le maître, la couronne vous appartient [1]. » Louis XIV appela ensuite les princes, les princesses, ses enfants légitimes, et leur fit ses adieux. Tous s'éloignèrent en versant des larmes. Les princesses jetaient des cris si perçants que la nouvelle de la mort du roi se répandit dans le château. Louis XIV appela enfin les officiers de sa maison présents à Versailles. Ils vinrent tous et se rangèrent en silence autour de son lit, avides de l'entendre une dernière fois. « Messieurs, leur dit-il, je vous remercie de l'attachement que vous m'avez toujours marqué ; je suis bien fâché de n'avoir pas fait pour vous tout ce que j'aurais voulu. Je vous demande pour mon petit-fils la même application et la même fidélité. J'espère que vous contribuerez tous à l'union, et que si quelqu'un s'en écartait, vous aiderez à le ramener. » Quelques sanglots éclatèrent parmi les assistants. « Je sens que je m'attendris, reprit-il avec effort, et que vous vous attendrissez aussi ; il est temps de nous séparer. Adieu ! messieurs, je compte que vous vous souviendrez quelquefois de moi [2]. »

Le 27, le roi visita ses papiers, brûla deux cassettes remplies de lettres et régla ses funérailles. Il

---

[1] *Mémoires secrets de Duclos.* — Reboulet, t. III, p. 604. — Procès-verbal de la séance du Parlement du 2 septembre 1715.
[2] *Mercure galant,* septembre 1715, p. 40. — Reboulet, t. III, p. 606.

envoya chercher le grand maréchal du palais, Cavoye, et examina le plan de Vincennes, où le Dauphin devait passer son enfance. En s'occupant de ces préparatifs d'un autre règne, Louis XIV semblait survivre à lui-même [1]. Il laissa tomber une parole qui montrait la complète résignation de son âme : « Dans le temps que j'étais roi ! » s'écria-t-il. Ses domestiques pleuraient. « Pourquoi pleurez-vous ? M'avez-vous cru immortel ? » Puis, serrant la main de madame de Maintenon : « Ce qui me console, lui dit-il, c'est l'espérance de nous rejoindre dans le ciel. » La marquise ne répondit rien. Elle ne vit, dans cette grande pensée de la réunion des âmes, qu'une allusion chagrine à son âge, et s'en plaignit avec humeur. « Voyez-vous le joli rendez-vous qu'il me donne, dit-elle à sa confidente ; cet homme-là n'a jamais aimé que lui ! » C'était le 28 août au soir. Elle demanda sa voiture et se fit conduire à Saint-Cyr [2]. Le roi, ne la voyant plus, souleva sa tête pâlie, examina l'appartement et demanda où elle était. Sa voix était éteinte, personne n'entendit. Le mourant répéta sa question. Les domestiques répondirent qu'elle était partie. Louis XIV pria avec tristesse qu'on la rappelât. Elle revint en effet, et, pour excuser son absence, dit qu'elle venait de prier pour sa guérison avec les jeunes filles de Saint-Cyr [3].

[1] « Et, dit Madame, dont le témoignage n'est pas suspect, donnant ses ordres comme s'il n'était question que d'un voyage. » T. Ier, p. 182.
[2] *Mémoires de Duclos*, p. 481. — *Mémoires de Saint-Simon*, t. XII, p. 485.
[3] *Mercure galant*, p. 57.

Cependant l'état du roi agitait et troublait les courtisans. Ils se rassemblaient par groupes dans les jardins et dans les couloirs, parlant bas et s'entretenant avec anxiété des progrès de la maladie. La mort, en s'approchant de Louis XIV, chassait peu à peu ses serviteurs. Les appartements du roi devenaient déserts ; ceux des ducs du Maine et d'Orléans [1], au contraire, se remplissaient tous les jours. Ministres, maréchaux, gentilshommes de la chambre, officiers des gardes, allaient montrer leurs visages et prendre date. Les ambitieux visitaient à la fois les deux rivaux, se réservant de trahir celui des deux qui serait supplanté par l'autre. La mort, en suspendant sa marche, rappela les transfuges au lit du roi. Le mercredi 28, un paysan provençal nommé Brun se présenta au palais avec un breuvage assez puissant, suivant lui, pour guérir la gangrène. Il n'y avait plus d'espoir ; les médecins laissèrent Louis XIV boire sa potion. Le malade se sentit soulagé et dormit. Le lendemain jeudi, 29, il mangea deux petits biscuits trempés dans du vin d'Alicante. Cette nouvelle : Le roi va mieux ! il mange ! se répand aussitôt. C'est comme une résurrection. Il semble que la forte constitution de Louis XIV l'emporte, qu'il va régner encore ; et, par un brusque revirement, les courtisans reviennent aux pieds du maître. Cette comédie hu-

---

[1] Jusqu'à ce moment, « la terreur qu'on avoit de ce monarque, dépérissant à vue d'œil, fut telle que M. le duc d'Orléans n'en étoit pas moins absolument esseulé jusque dans le salon de Marly. » *Voy.* Saint-Simon, t. XII, p. 383.

maine se joue avec le plus effronté cynisme. Les appartements du duc d'Orléans, qui regorgeaient depuis trois jours, se vident en un instant, et Saint-Simon, qui vient le voir, le trouve seul. Indulgent comme son aïeul, le petit-fils de Henri IV plaisante de cet abandon, qui eût arraché à un autre des paroles amères : « Mon cher duc, dit-il à Saint-Simon, vous êtes le premier que je voie de la journée. » Et il ajouta en riant : « Si le roi mange encore une fois nous n'aurons plus personne [1]. »

Mais le mieux n'était qu'apparent. C'était le dernier effort de la vie, qui, par une cruelle ironie, semble se ranimer au moment même où elle va s'éteindre. Le breuvage de Brun avait engourdi le poison sans le détruire. Le soir même du jeudi 29, les médecins constatèrent que la gangrène envahissait le genou, et que déjà elle gagnait la cuisse [2]. Cette fois les courtisans désertèrent la chambre royale pour n'y plus revenir. Il n'y resta plus que madame de Maintenon, le duc du Maine, le duc d'Orléans, les domestiques et le P. Letellier. Avide des derniers instants, l'implacable confesseur pressait le roi de nommer des candidats de son choix aux évêchés vacants. Mais cet acharnement, porté jusque dans les bras de la mort, épouvanta Louis XIV; il se refusa à ses instances réitérées, disant qu'il allait paraître devant Dieu, et qu'il léguait cette responsabilité à son successeur [3].

---

[1] *Mémoires de Saint-Simon*.
[2] *Mercure galant*, p. 61.
[3] *Mercure historique*, septembre 1715.

Revenant à la charge, le confesseur parla de la bulle, de la nécessité de dompter les jansénistes, et à quatre reprises différentes il présenta au roi un écrit qui engageait le régent à suivre les procédures entamées [1]. Louis XIV persista dans son refus. Indignés de ces obsessions, les domestiques fermèrent à Letellier les portes de l'appartement; et, comme il rentrait par les derrières, quelques officiers, plus hardis, s'écrièrent qu'il avançait les jours du roi, et parlèrent de le jeter au bas des escaliers ou de le faire sauter par les fenêtres [2].

Cependant la gangrène continuait ses ravages. Le vendredi 30, les cuisses du roi étaient gonflées, livides, et sa jambe « aussi pourrie que celle d'un mort [3]. » Le soir il perdit connaissance. Madame de Maintenon l'abandonna une fois encore [4]. Profitant de l'agonie, elle passa dans sa chambre, demanda sa voiture et prit la route de Saint-Cyr. Pour éviter un rappel, et comme si elle eût craint d'assister aux derniers instants, elle défendit à qui que ce fût de venir la voir. Désormais le roi n'avait plus auprès de lui

---

[1] *Histoire du livre des Réflexions morales*, t. Ier, p. 386.

[2] *Anecdotes sur la constitution* Unigenitus, t. Ier, p. 336.

[3] *Mémoires de Saint-Hilaire.* — *Mercure galant*, p. 62.

[4] « Il est vrai que tout le monde croyait le roi mort quand madame de Maintenon s'est retirée; il avait perdu connaissance pendant un long moment, mais il est ensuite revenu à lui. » *Correspondance de Madame*, t. Ier, p. 89. — « D'ailleurs, elle craignoit, si elle ne se retiroit pas à Saint-Cyr pendant que le roi vivoit encore, d'être insultée dans le chemin par le peuple... Le maréchal *de Villeroy* le craignit aussi pour elle, car il lui prêta sa voiture et ses gens pour qu'elle ne fût point reconnue, et plaça des gardes de distance en distance sur la route. » *Vie de madame de Maintenon* par Auger, en tête de sa *Correspondance*, t. Ier, p. 177.

que le cardinal de Rohan, Letellier et ses domestiques[1].

Pendant la nuit du 30 au 31, le malade eut à peine quelques instants de connaissance. Le délire continua durant toute la journée du lendemain. Sur les onze heures du soir, le cardinal de Rohan et ses aumôniers vinrent lire les prières des agonisants. L'éclat des lumières et l'appareil de la cérémonie ranimèrent le mourant. Il reconnut le cardinal et lui dit : « Ce sont les dernières grâces de l'Eglise[1]. » Il mêla sa voix à celle des assistants et répondit d'une voix forte aux prières. Après le départ du clergé, les douleurs devinrent terribles. On l'entendait s'écrier : « Mon Dieu! venez à mon aide, hâtez-vous de me secourir! » Peu à peu la voix s'éteignit, les mouvements cessèrent, et il entra dans cette dernière période qui n'est plus la vie, mais qui n'est pas encore la mort, où l'esprit lutte avec la matière pour s'affranchir. L'agonie se prolongea jusqu'au matin. Le dimanche 1ᵉʳ septembre 1715, à huit heures un quart, Louis XIV rendit doucement le dernier soupir[2]. Les officiers de service se trouvaient seuls dans l'antichambre : l'un d'eux, suivant l'étiquette, courut arrêter l'horloge du palais à l'heure fatale. Le héraut d'armes s'avança en même temps vers la fenêtre et cria trois fois : Le roi est mort! — Vive le roi! répondirent les rares assistants. Ces cris retentirent sans écho dans

---

[1] *Anecdotes sur la constitution* Unigenitus. — *Mémoires de Saint-Simon*.

[2] Comme une bougie qui s'éteint, dit le *Mercure galant*, p. 67.

le palais désert et silencieux [1]. Immédiatement après, Letellier s'approcha du mort et lui mit un petit crucifix dans la main. Il s'agenouilla ensuite près du lit, où plusieurs jésuites vinrent le relever. Les contemporains remarquèrent cette cérémonie, usitée chez les jésuites, à la mort de leurs agrégés. Ils en conclurent que Louis XIV était véritablement affilié à leur compagnie [2].

Ainsi mourut l'un des plus grands rois de la France. On a vainement contesté son mérite : il n'est plus permis aujourd'hui de le mettre en doute; il suffit d'ouvrir ses œuvres et ses lettres. On y verra Louis XIV suivre et diriger les affaires les plus difficiles, et, malgré l'insuffisance de son éducation, deviner le plus souvent la vérité. Ce tact exquis des hommes et des choses, ce jugement toujours infaillible, ont été les principales et les plus précieuses de ses qualités. Joignons-y d'autres vertus royales : la volonté, le courage, l'amour du travail, la conscience de ses devoirs, la religion de la patrie. On sait sa belle parole en refusant le salut au pavillon de la Grande-Bretagne : « Le roi d'Angleterre et son chancelier peuvent bien voir à peu près quelles sont mes forces, mais ils ne voient pas mon cœur [3]. »

On lui a reproché sa dureté[4], ses guerres, son luxe, son orgueil, ses amours adultères; nous n'es-

---

[1] Journal manuscrit de Marais. Bibl. imp.
[2] Villefore, *Anecdotes sur la constitution* Unigenitus, t. Ier, p. 336.
[3] Lettre du 25 janvier 1662. *OEuvres de Louis XIV*, t. V.
[4] Louis XIV n'a jamais pardonné.

saierons pas de le défendre. Il faut dire, toutefois, qu'il eut des passions et non des vices ; que, né avec une nature ardente, il a été corrompu dès le berceau par les flatteurs[1], abandonné par sa mère, marié à une femme nulle, attaché à des maîtresses légères, voluptueuses ou personnelles, incapables de l'éclairer ou de l'avertir, sauf une seule, madame de La Vallière, dont il ne sut pas apprécier l'amour ; qu'enfin, parmi ses courtisans et ses ministres, il ne lui a pas été donné, dans sa longue carrière, de rencontrer un seul ami. Cette solitude, au milieu d'une cour agenouillée à ses pieds, explique son égoïsme monstrueux et insensé. Despote adoré[2], demi-dieu et comme fils du Soleil, dont il avait pris l'emblème, il dut préférer la dictature de Richelieu au gouvernement modéré de Henri IV. Il asservit tous les corps de l'État, la noblesse, les Parlements, l'armée, supprima les dernières franchises échappées au cardinal, courba tous les fronts sous le même joug, renversa toutes les barrières, mais aussi tous les remparts de la monarchie. Impatient de toute dissidence, même religieuse, il a imposé à notre pays le plus cruel despotisme qu'il ait jamais porté, proscrit cinq cent mille Français, ravagé quatre provinces et tué cent

---

[1] « Le poison abominable de la flatterie la plus insigne le déifia dans le sein même du christianisme. » *Voy.* Saint-Simon, t. XIII, p. 23.

[2] Ceci à la lettre. On sait que le duc de La Feuillade entretenait des lampes devant la statue de la place des Victoires. Cette lampe brûla pendant trois ans ; ce ne fut qu'au bout de ce temps que Louis XIV, devenu plus scrupuleux, donna des ordres pour qu'on l'éteignît et qu'on rendît aux La Feuillade l'argent qui avait été consacré à cette fondation. *Voy.* à ce sujet la *Monarchie de Louis XIV* par Lemontey, p. 409.

mille hommes dans les Cévennes[1]. Quelques-uns ont entrepris l'apologie de cette tyrannie ; mais, fût-elle légitime, l'avenir dira si le monde marche à l'affranchissement ou à la servitude.

Disons-le cependant pour être juste, son despotisme a été éclatant de puissance et de gloire. Louis XIV a créé la France moderne, sa centralisation, ses armées, sa marine, son industrie, et jusqu'aux forteresses qui couvrent nos frontières. Pendant un demi-siècle, la France a été la première des nations. Elle lui doit la plus belle période de ses annales, le secret de son unité et de sa force. Secondé par ses ministres, Louis XIV lutte pendant soixante ans contre l'Europe, place son petit-fils sur le trône de Charles Quint, prend et garde cinq provinces. Avec la gloire des armes, il donne à son pays la gloire plus pure des lettres. Reprenant la tradition interrompue des Valois, il aime, il secourt, il honore ces hommes dont les œuvres vont conquérir le monde, et qui lui composent un radieux cortége d'immortalité. A l'exemple de François Ier, il recherche dans l'Europe entière les artistes et les savants. Colbert écrit au Hollandais Vossius, en lui adressant une pension : « Le roi, qui n'est pas votre souverain, veut du moins être votre bienfaiteur. »

Au dehors comme au dedans, Louis XIV a répudié la sage politique de Henri IV. Il épouvanta l'Europe par les hauteurs de sa diplomatie, le nombre de

---

[1] Voy. la *Guerre des Cévennes*.

ses armées, son incessante intervention dans les pays voisins, et réunit contre lui, avec l'Autriche et l'Italie, tous nos anciens alliés, les protestants de l'Allemagne, la Hollande et l'Angleterre. Il n'a ni la fortune de Henri IV ni le génie de Richelieu, il est vaincu, ébranlé, et toutefois, remarquable prestige du caractère, il semble plus roi que ses aïeux. L'autorité de son nom a encore grandi depuis sa mort. Après tant de rois, il demeure le symbole de la royauté ; c'est moins un homme qu'un principe. On a brisé ses statues, jeté ses cendres au vent ; on s'acharne maintenant sur sa mémoire. Son règne est comme un champ de bataille, où les partisans de la république et de la monarchie se rencontrent et se heurtent. Il est depuis soixante ans exalté ou honni suivant les fortunes de la royauté. Si la monarchie l'emporte en Europe, il restera le représentant de l'ancien monde, comme Washington est le représentant du nouveau.

SOURCES.

Outre les ouvrages cités dans les précédents volumes :

Campagnes de 1707, 1708, 1709, 1710, 1711, 1712 et 1713 (chap. Ier, II, IV, VI, VIII, XII et XIV). — *Archives de la guerre*, vol. 2015, 2041, n° 139; 2042, n° 171; 2048, n°s 249, 286 et 300; 2049, n°s 11 et 118; 2050, 2053, 2081, n°s 78 et 170; 2083, n°s 28, 29 et 31; 2075, n° 142; 2104, 2105, 2117, 2136, 2161, 2163, 2176, 2177, 2230, 2246, 2253, n°s 45, 58, 110, 267, 277 et 288; 2254, 2256, n° 25; 2258, n° 113; 2328, 2329, 2331, 2389, 2358, 2397, 2401, 2404, 2405, 2406, 2407, 2447. — *Histoire militaire du prince Eugène*, par Rousset (La Haye, 1725), 3 vol. in-fol. — *Histoire de Suède sous le règne de Charles XII*, par de Limiers, 6 vol. in-12. La Haye, 1740. — *Histoire militaire de Charles XII*, par Gustave Adlerfeld, son chambellan (Amsterdam, Wetstein, 1740). — *Histoire de Charles XII*, par Voltaire. — Henri Martin, t. XVII (édition de 1848). — *Histoire du Parlement de Flandre*, par M. Pillot, conseiller à la cour d'appel de Douai (1849, 2 vol. in-8). — Flassan, *Histoire de la diplomatie française* (Paris, 1811, 7 vol. in-8).

Conférences de Gertruydemberg et négociations relatives au traité d'Utrecht (chap. III, V, VII, IX, XI, XII et XIII). — *Lettres de Walpole*. — *Histoires d'Angleterre* de Lingard et de Smolett. — Leclerc, *Histoire des Pays-Bas et des Provinces-Unies* (Amsterdam, 1723). — Jean Dumont, *Corps universel diplomatique* (Amsterdam, 1726-1731, t. VII et VIII). — Kerroux, *Abrégé de l'histoire de la Hollande et des Provinces-Unies* (Leyde, 1778), t. II. — *Correspondance diplomatique et militaire de Marlborough et de Heinsius*, publiée par M. le professeur de Wreede (Amsterdam, 1850, in-8). — *Histoire des luttes politiques entre les provinces maritimes et la France*, par le baron de Grovestins (in-8, 1853), t. VIII. — Nous avons consulté, pour l'histoire des conférences de Gertruydemberg, des documents hollandais entièrement nouveaux, savoir : 1° les procès-verbaux des plénipotentiaires hollandais déposés aux archives de La Haye; 2° les papiers de Heinsius, laissés entre les mains de sa sœur, et appartenant aujourd'hui à M. Van der Heim. Nous avons à adresser à ce sujet de doubles remerciements à M. Backhuysen Van den Brinck, directeur des archives du royaume des Pays-Bas, et à M. Van der Heim lui-même. Il résulte de ces papiers que Heinsius, vieillard sage et prudent, inclinait à se rapprocher de la France en 1709, à cause de l'état des finances et des chances de la guerre, et que ce furent les généraux et les ambassadeurs de la Grande-Alliance qui l'entraînèrent à rompre. C'est ce qui résulte également de l'ouvrage de M. Wreede, cité plus haut. — *Histoire du cardinal de Polignac*, par le P. Faucher (1777, 2 vol. in-12). — Burnet, *Histoire des dernières révolutions d'Angleterre*. — Hardwicke, *State papers*. — *Mémoires de la vie du duc d'Ormond* (1737, 2 vol. in-8). — *Mémoires secrets de lord Bolingbroke sur les affaires d'Angleterre, depuis 1710 jusqu'à 1716*, traduits par Favier. Londres (Paris), 1754, 3 part. in-8.— *An Answer to the latter part of lord Bolingbroke's letters by the late lord Walpole* (London, 1763, in-8. — Barrow, *Histoire nouvelle et impartiale d'Angleterre*, traduite par une société de gens de lettres (10 vol. in-12. Paris, Costard, 1773). — Bolingbroke, *Lettres historiques, politiques, philosophiques et particulières* (traduites par le général Grimoard). Paris, 1808, 3 vol. in-8.— Hallam, *Histoire constitutionnelle d'Angleterre*, revue et publiée par M. Guizot. Paris, 1829, t. IV et V. — M. Amédée Pichot, *Histoire de Charles-Edouard* (1833), t. Ier. — *Revue d'Édimbourg* (octobre 1835), excellente analyse de précieux papiers intitulés : *Macintosh collections*. — M. de Rémusat, *De l'Angleterre au* xviiie *siècle*. Paris, Didier, 2 vol. in-8, 1856. — *Histoire secrète de la reine Zarah, ou La duchesse de Marlborough démasquée*. Oxford, 1711, in-18. — *Recueil de divers écrits qui ont paru depuis le congrès assemblé à Utrecht pour la paix générale* (Utrecht, L. de Putte, 1712, in-8). — *Histoire amoureuse et badine du congrès et de la ville d'Utrecht, en plusieurs lettres écrites par le domestique d'un des plénipotentiaires à un de ses amis*. Casurier Freschot. Liége, Jacques Ledoux (Utrecht), sans date (1715), pet. in-12. — *Actes, Mémoires et autres pièces authentiques concernant la paix d'Utrecht*, par le même. Utrecht, 1714, 3 vol. in-12. — *Entretiens des barques de Hollande, pour servir de réfutation et de clef à l'Histoire amoureuse et badine du congrès d'Utrecht*. Utrecht, Jacques Leferme, 1714, in-12.

Expédition de Rio Janeiro (chap. VIII). *Archives de la marine*, Années 1711 et 1712; liasse I, n°s 1 à 48; liasse II, n°s 1 à 28.— *Relation de l'expédition de Rio Janeiro par une escadre de vaisseaux du roi que commandait M. Duguay-Trouin*. In-4, 1712. — *Biographie des marins célèbres*, par l'abbé Manet. Saint-Malo, 1824, in-8. — *Mémoires de Duguay-Trouin*, dédiés à la ville de Saint-Malo, et suivis de l'Eloge du célèbre marin, par Thomas Fougères. 1853, in-12. — *Relation de la prise de Rio Janeiro par une escadre de vaisseaux du roi*. Paris, in-4. Imprimerie royale, 1712.

Destruction de Port-Royal et bulle *Unigenitus* (chap. XV et XVI).— *La Bastille dévoilée, ou Recueil de pièces authentiques*, par Charpentier (Paris, 1789-90, 3 vol. in-8), t. Ier, p. 59.—De Renneville, *L'Inquisition, ou Histoire de la Bastille*. Amsterdam, 1715-1719, 5 vol. in-12. (Ouvrage suspect.) — *Mémoires sur la destruction de Port-Royal-des-Champs*, par Fouillou, 1711, in-12. — *Les Gémissements* (il y en a quatre) *d'une âme vraiment touchée de la destruction du saint monastère de Port-Royal-des-Champs* (par plusieurs). 1714, in-12. — *Histoire abrégée de la deuxième persecution de Port-Royal,* par Michel Tronchay. Paris, 1710, in-12. — *Manuel des pèlerins de Port-Royal-des-Champs,* par l'abbé Gazaignes, sous le pseudonyme d'Emmanuel-Robert de Philibert. — L'abbé Pierre Guilbert, *Mémoires historiques et chronologiques sur l'abbaye de Port-Royal-des-Champs.* Utrecht, 1755, 9 vol. in-12. — *Journal de l'abbé Dorsanne,* publié par Pierre Leclerc. Amsterdam, 1753, 5 vol. in-12. — Picot, *Mémoires pour servir à l'histoire ecclésiastique.* Paris, 1815, 4 vol. in-8. — Legros, *Abrégé chronologique des événements qui ont suivi la constitution* Unigenitus. 1732, in-12. — Louail et Cadry, *Histoire du livre des Réflexions morales sur le Nouveau Testament et la constitution* Unigenitus. 1726, 1731, 4 vol. in-8, t. 1er. — M. S. (Silvy), ancien magistrat, *La vérité de l'histoire ecclésiastique.* Paris, 1814, in-8.

DERNIÈRE PERSÉCUTION DES PROTESTANTS SOUS LOUIS XIV (chap. XVII). Claude, *Les Plaintes des protestants, cruellement opprimés dans le royaume de France,* précédé d'une préface plus longue que le livre, par Basnage. Cologne, 1713, in-8. — Rulhière, *Éclaircissements sur la révocation de l'édit de Nantes.* — Charles Coquerel, *Histoire des Églises du désert.* Paris, 1841, 2 vol. in-8. — *La Nécessité du culte public parmi les chrétiens,* par Armand de Lachapelle. La Haye, 1746, in-8. (*Voy.* la 4e partie, aux pièces justificatives.)

VERSAILLES, DE 1712 A 1715, ET MORT DU ROI (chap. XVIII, XIX et XX). — Bibliothèque impériale: *Chansons et anecdotes satiriques,* 1713, 1747, manuscrit in-4, n° 2036. — *Recueil Maurepas,* t. X et XI. — Bibliothèque de l'Arsenal: *Recherches historiques et copies curieuses pour les deux derniers siècles,* n° 150. — *Collection du marquis de Paulmy. Recueil en vers et en prose sur les affaires du temps,* n° 148. — *Le journal de Barbier,* t. 1er, édition Charpentier. — *Relation de ce qui s'est passé de plus considérable pendant la maladie du roi et depuis sa mort.* Paris, Lemesle, 1715, in-4, pièce. — *Journal historique de la dernière maladie de Louis XIV.* Paris, 1715, in-12. — *Journal historique de tout ce qui s'est passé depuis les premiers jours de la maladie de Louis XIV jusqu'au jour de son service à Saint-Denis* (par Lefèvre de Fontenay), détaché du *Mercure galant.* Octobre 1715. — *Le convoi de Louis XIV,* scène historique inédite. Paris, Sellingue, 1828, pièce in-8. — *Note sur les dernières paroles prononcées par le roi Louis XIV à son arrière-petit-fils le roi Louis XV,* lue à la société des sciences morales, des lettres et des arts de Seine-et-Oise par M. Le Roi, bibliothécaire de la ville de Versailles. 1846, in-8, pièce.

FIN DU TOME TROISIÈME ET DERNIER.

TABLE

CHAPITRE PREMIER.

	Pages
Etat de l'Europe au commencement de 1707......	1
Vendôme réorganise l'armée du Nord, battue à Ramillies..................................	2
Sur le Rhin Villars force les lignes de Stolhofen...	6
Il prend Schorndorf et s'avance jusqu'au Danube..	7
Situation critique de l'Autriche................	8
Charles XII à Dresde.........................	ib.
Villars lui offre inutilement de se joindre à lui pour écraser l'Autriche........................	9
Il rentre en Alsace............................	11
Eugène et Victor-Amédée envahissent la Provence.	ib.
Tessé fortifie Toulon...........................	12
Vaine tentative des alliés contre cette ville.......	14
Leur retraite désastreuse......................	16
En Espagne, Berwick et Philippe V gagnent la bataille d'Almanza............................	17
Fanatisme des catholiques et des protestants dans cette journée................................	19
Retraite de Galway et de Las Minas, et conquête de l'Aragon...................................	20
Le duc d'Orléans et Berwick assiègent Lerida.....	21
Prise de Lerida...............................	22

CHAPITRE II.

Vendôme commence les hostilités en Belgique...	26
Bataille d'Oudenarde...........................	27

	Pages
Etrange inaction du duc de Bourgogne...........	28
Déroute et retraite de l'armée française.........	29
Le prince Eugène et Marlborough marchent sur Lille..	31
Mésintelligence entre Vendôme et Berwick.......	32
Vendômistes et Bourguignons...................	ib.
Siége de Lille...................................	33
Boufflers est chargé sur sa demande de défendre cette place.....................................	ib.
Il organise la défense...........................	34
Brillants combats sous les murs de Lille..........	35
Résistance héroïque des habitants................	36
Sublime énergie de Boufflers.....................	37
Capitulation de Lille.............................	38
Satires et chansons dans Paris contre le duc de Bourgogne...	39
Retour de Vendôme à Versailles..................	ib.
Il tombe en disgrâce............................	40
Brillant accueil fait par Louis XIV au maréchal de Boufflers..	42
Sur le Rhin et dans les Alpes les armées restent inactives..	43
En Espagne Stahremberg et Stanhope commandent les Catalans....................................	ib.
Le duc d'Orléans assiège et prend Tortose.........	44
Les intrigues de la princesse des Ursins l'obligent à rentrer en France................................	45
Succès d'Hasfeld dans le royaume de Valence......	46
Il assiége Alicante...............................	47
Belle résistance du général anglais Richard.......	ib.
La prise de la ville entraîne la soumission du royaume de Valence.............................	48
Les Anglais s'emparent de la Sardaigne et des îles Baléares..	ib.

CHAPITRE III.

	Pages.
Epuisement des finances.	49
Démission de Chamillart.	50
Desmarets le remplace.	ib.
Il introduit des réformes dans l'administration.	51
Cruel hiver de 1709.	52
Misère et maladies dans Paris	53
Sinistres dans les provinces.	54
Inondations et famine.	55
Emeutes dans les marchés.	56
Soulèvement des protestants du Vivarais.	57
Dupont, leur chef, prêche la guerre civile.	58
Les troupes royales sont repoussées dans trois rencontres.	59
Louis XIV fait des ouvertures pacifiques à la Hollande.	ib.
Situation de la Hollande.	ib.
Le parti de la guerre et le parti de la paix.	60
Petkum est chargé par Heinsius de répondre aux propositions de Louis XIV.	61
Secrètes conférences du président Rouillé avec les ambassadeurs néerlandais.	62
Protestation des puissances alliées.	ib.
Rupture des conférences.	63
M. de Torcy propose au roi de partir pour La Haye.	65
Il se rend auprès de Heinsius.	66
Prétentions exagérées des Hollandais.	68
Torcy expose les contre-propositions de Louis XIV.	71
Clauses humiliantes ajoutées aux premières prétentions.	72
Louis XIV envoie un ultimatum.	73

	Pages
Il est repoussé et les Etats-Généraux continuent la guerre...	*ib.*
Manifeste de Louis XIV à la nation....................	74

CHAPITRE IV.

Villars remplace Vendôme à l'armée du Nord....	76
Démoralisation et misère des soldats.............	*ib.*
Villars rétablit la discipline et prend position dans la plaine de Lens............................	78
Les alliés s'éloignent et vont assiéger Tournai.....	79
Belle défense du gouverneur, M. de Surville......	80
Capitulation de Tournai.............................	81
Cruelles privations de l'armée de Villars..........	82
Roquelaure pacifie le Vivarais.....................	84
Agitations dans les faubourgs de Paris............	86
Séditions causées par la cherté des vivres.........	87
Anxiété de la cour de Versailles...................	88
Boufflers rejoint Villars en Flandre................	*ib.*
Les alliés se concentrent dans la plaine de Mons...	89
Villars se prépare à livrer bataille.................	90
Journée de Malplaquet.............................	91
Les Français triomphent à l'aile droite............	92
Villars et Marlborough sont aux prises à l'aile gauche.......................................	93
Villars est blessé...................................	94
Brillantes charges de cavalerie....................	95
Belle retraite de l'armée française.................	96
Conséquences de la bataille........................	*ib.*
Brillant combat de Rumersheim sur le Rhin......	98
Succès du duc de Noailles en Espagne............	99

CHAPITRE V.

	Pages
Ouvertures pacifiques de la Hollande............	104
Huxelles et Polignac sont chargés des négociations.	ib.
Caractère de ces deux personnages.............	105
Difficultés de leur mission...................	107
Les Etats Généraux leur assignent Gertruydemberg pour résidence.......................	108
Mauvaise foi des Hollandais.................	109
Propositions faites par Louis XIV.............	110
Récriminations des Etats-Généraux............	ib.
Nouvelles concessions faites par les ministres français...................................	112
Exigences humiliantes des députés hollandais.....	113
Les ambassadeurs étrangers pressent la République de rompre les négociations.................	114
Dernières offres de Louis XIV................	115
Elles sont repoussées.......................	116
Polignac dénonce à l'Europe la conduite des Hollandais...................................	118
Les ministres français reviennent à Versailles.....	ib.
Fautes de la Hollande pendant ces négociations...	119
Mesures extrêmes prises par Desmarets.........	120
Établissement du dixième....................	121
Résultats de cet impôt......................	122

CHAPITRE VI.

Les alliés prennent Douai...................	126
Béthune, Aire et Saint-Venant................	127
Lenteur des hostilités sur le Rhin.............	ib.
Vaines tentatives des Anglais et des Autrichiens dans les Alpes et dans les Cévennes..........	128

	Pages
Premiers succès de l'archiduc en Espagne	129
Déroute d'Almenara	130
Philippe V se retire à Madrid	131
Il transporte le siége du gouvernement à Valladolid.	132
Entrée de l'archiduc à Madrid	134
Sombre fanatisme des populations	135
Organisation des guerillas	135
Arrivée de Vendôme en Espagne	137
Situation précaire de Charles III	138
Il retourne à Barcelone	139
Retraite de Stahremberg et de Stanhope	140
Vendôme s'élance à leur poursuite	ib.
Stanhope est cerné dans Brihuega	142
Il est contraint à capituler	144
Bataille de Villaviciosa	145
Belle résistance de Stahremberg	146
Il est battu et se replie sur Saragosse	147
Nouveaux succès de Vendôme	148
Charles III est de nouveau réduit à Barcelone	ib.

CHAPITRE VII.

Situation de l'Angleterre à l'avénement de la reine Anne	151
Les whigs, les tories et les jacobites	152
Triomphe des whigs	153
La duchesse de Marlborough	ib.
Son ascendant sur la reine	154
Harley et Bolingbroke chefs des tories	156
Ils unissent leurs efforts pour renverser lady Marlborough	157
Madame Masham	158
Jalousie de la duchesse de Marlborough	159
Sa conduite scandaleuse à Saint-Paul	ib.

	Pages
A Windsor......	159
Procès de Sacheverel...	160
Principes politiques et religieux des whigs...	163
La reine blâme leur tolérance...	164
Elle désire la fin de la guerre...	*ib.*
Les tories profitent habilement de ces circonstances..	165
Nouveaux outrages de lady Marlborough...	166
Sa disgrâce...	167
Chute des whigs et avénement du minisère tory..	168
Marlborough seul est maintenu dans ses fonctions.	*ib.*
Fureurs de la duchesse...	169
Les tories songent à négocier la paix...	*ib.*
Pour quels motifs?...	170
Obstacles qui s'y opposent...	*ib.*
L'abbé Gautier part pour Versailles...	171

CHAPITRE VIII.

Continuation des hostilités...	173
Mort de Joseph Ier...	174
Marlborough prend Bouchain...	175
L'archiduc Charles est proclamé empereur sous le nom de Charles VII...	176
Sur le Rhin et dans les Alpes la guerre est suspendue...	*ib.*
Elle languit en Espagne...	177
Expédition et mort du capitaine Duclerc à Rio-Janeiro...	178
Duguay-Trouin...	*ib.*
Sa naissance, ses aventures, ses qualités...	179
Il propose au roi de venger Duclerc...	180
Il organise l'expédition et arrive à Rio-Janeiro...	*ib.*
Situation de cette ville...	181

	Pages
Duguay-Trouin force l'entrée du port............	182
Il investit la ville et la bombarde................	183
Il y fait son entrée et délivre les soldats de Duclerc.	184
Il marche au devant de l'armée portugaise........	186
Le gouverneur signe un traité pour l'évacuation de Rio	187
Duguay-Trouin revient en France................	ib.
Brillants résultats de cette expédition...........	188

CHAPITRE IX.

L'abbé Gautier se présente à Versailles..........	191
Ses propositions sont agréées..................	192
Il retourne à Saint-James......................	ib.
Les tories chargent Prior de suivre les négociations.	193
Prétentions de l'Angleterre....................	194
Ménager est envoyé à Londres pour discuter ces prétentions..................................	196
Exigences préalables des tories................	198
Embarras de Ménager........................	199
Louis XIV cède au désir des ministres anglais.....	ib.
Concessions proposées par Ménager.............	ib.
Débats relatifs à Terre-Neuve..................	200
A la traite des nègres et au Prétendant..........	201
Signature des préliminaires....................	202
Protestations des Hollandais...................	203
Sourdes menées des ambassadeurs alliés à Londres.	204
Fureur des whigs.............................	205
Fermeté des tories............................	ib.
Buys et le comte Gallas reçoivent l'ordre de quitter Londres...................................	206
Procès scandaleux intenté à Marlborough........	ib.
Il quitte l'Angleterre.........................	207
Eugène arrive à Londres......................	207
Accueil que lui font la reine et les ministres......	208

	Pages
Il échoue dans ses tentatives et retourne à La Haye.	210
Derniers efforts des Hollandais pour entraver les négociations..	ib.
Attitude énergique du colonel Strafford.........	ib.
Annonce du congrès d'Utrecht..	211

CHAPITRE X.

Forces de Ragoczi au printemps de 1708.........	214
Il ne sait pas profiter de la faiblesse des Autrichiens.	ib.
Murmures dans l'armée.....................	215
Déroute de Trencsen........................	216
Succès de Palfy et de Heisler..................	217
Diète nationale de Patak.....................	ib.
Doléances des gentilshommes et des soldats hongrois..	ib.
Désertions et maladies......................	218
Nouvelles défaites. Perte de Neuhausel..........	219
Marche de Heister dans la haute Hongrie........	220
Terreurs et démoralisation de l'armée hongroise..	ib.
Ragoczi implore vainement le secours de l'étranger......................................	221
Il demande et obtient un armistice.............	222
Son entrevue avec Palfy.....................	223
Avant de prendre un parti il consulte ses compatriotes.....................................	225
Il se décide à continuer la guerre et se rend en Pologne.......................................	225
Karoly abandonne sa cause...................	226
Palfy signe avec les Hongrois la convention de Zatmar......................................	227
La guerre est terminée.......................	228
Sage politique de Charles VI..................	ib.

	Pages
Ragoczi préfère l'exil à l'amnistie qui lui est offerte.	229
Il se retire en France.	230
Brillant accueil qu'il reçoit à Versailles.	ib.
Sa conduite à la cour.	231
Il retourne en Orient.	232
Ses dernières années, sa mort.	ib.
La marche de Ragoczi.	233

CHAPITRE XI.

Arrivée des ambassadeurs à Utrecht.	236
Ouverture des conférences.	339
Propositions de la France.	ib.
Exaspération des alliés.	240
Ils présentent une réponse écrite.	241
Les Français ne veulent pas traiter par écrit.	242
Epouvantables catastrophes à Versailles.	ib.
Maladie et mort du dauphin.	243
Disparition de mademoiselle Choin.	244
Versatilité des courtisans.	245
Maladie de la duchesse de Bourgogne.	246
Sa mort.	247
Mort du duc de Bourgogne.	248
Mort du duc de Bretagne.	249
Perfides accusations dirigées contre le duc d'Orléans.	ib.
Murmures et clameurs dans Paris.	251
Le duc d'Orléans veut se constituer prisonnier.	252
Belle conduite du duc de Saint-Simon.	ib.

CHAPITRE XII.

Emotion causée à Utrecht par la mort des trois dauphins.	253

	Pages
Les tories prennent l'alarme	254
Philippe V renonce à la couronne de France	255
Reprise des négociations entre la France et l'Angleterre	256
Situation des armées au printemps de 1712	ib
Entrevue de Villars et de Louis XIV	257
Les Anglais s'engagent à retirer leurs troupes	259
Conclusion d'une trêve de deux mois entre la France et l'Angleterre	260
Les mercenaires anglais refusent de reconnaître la trêve	ib.
Nouvelles promesses de la reine Anne	261
Villars livre Dunkerque aux Anglais	ib.
Déchaînement des whigs contre les tories	262
Progrès du prince Eugène	ib.
Siége de Landrecies	263
Stratagème de Villars	264
Il arrive en bataille devant Denain	266
Déroute de l'armée alliée et prise de Denain	268
Désespoir du prince Eugène	269
Conséquences de la bataille de Denain	ib.
Retour de Villars à Versailles	270
La guerre languit sur le Rhin et dans les Alpes	ib.
Mort de Vendôme	271
Berwick le remplace en Espagne	272

CHAPITRE XIII.

Nouvelle phase du congrès d'Utrecht	275
Démêlés entre Ménager et Rechteren	276
Louis XIV refuse tout accommodement	278
Voyage de Bolingbroke en France	ib.
Les négociations continuent directement entre la France et l'Angleterre	279

	Pages
Une scission importante s'opère dans la grande alliance.	280
Victor-Amédée adhère aux propositions de Louis XIV.	282
Le roi de Portugal suit son exemple.	283
Frédéric de Prusse se détache à son tour de la coalition.	284
Les Hollandais désavouent la conduite de Rechteren.	286
Négociations entre la Hollande et la France.	ib.
Difficultés relatives aux places belges et au tarif de 1699.	287
Intervention de l'Angleterre.	288
Obstination des Etats-Généraux.	289
Ils cèdent aux menaces du colonel Strafford.	ib.
Signature des traités.	ib.
Conséquences de la paix d'Utrecht.	290
Fautes de la Hollande.	291
Habileté de l'Angleterre.	292

CHAPITRE XIV.

La lutte continue entre l'Autriche et la France.	294
Fatale influence de l'Autriche sur la diète germanique.	ib.
Villars et Eugène sont en présence sur le Rhin.	295
Prise de Landau.	297
Eugène est réduit à l'impuissance derrière les lignes d'Etlingen.	ib.
Villars se prépare à marcher sur Fribourg en Brisgau.	298
Difficultés du siége.	300
Prise du Ross-Kopf.	301
Investissement de Fribourg.	302

	Pages
Eugène espère surprendre Villars ; il échoue	303
Le baron d'Arsch abandonne la ville et se renferme dans la citadelle	304
Ruse inhumaine du gouverneur déjouée par Villars	305
Capitulation de la citadelle	306
L'Allemagne supplie Charles VI de poser les armes	ib.
Entrevue de Villars et d'Eugène dans le château de Rastadt	307
Ouverture des négociations	308
Difficultés relatives à Landau	ib.
— — aux Electeurs et aux insurgés de Catalogne	ib.
Conclusion de la paix	311
A quelles conditions elle se fait	ib.
Convocation de la diète germanique à Bade	312
Dangereuse situation faite à l'Autriche par le traité de Rastadt	313
Retour de Villars à Versailles	314

CHAPITRE XV.

Situation des abbayes de Port-Royal en 1706	317
Rivalité entre l'abbaye des Champs et celle de Paris.	318
Intervention du cardinal de Noailles	319
Les religieuses des Champs persistent dans leur opposition à la bulle	ib.
Leur procès et leur condamnation	321
Le pape supprime leur monastère	ib.
Le P. Letellier	322
Motifs de sa haine contre le cardinal de Noailles	323
Il demande et obtient la destruction de l'abbaye des Champs	324

	Pages
D'Argenson est chargé de disperser les religieuses..	325
Leur séparation...........................	327
Leur départ...............................	329
Destruction du monastère.....................	330
Démolition de l'église........................	331
Exhumation des morts.......................	332
Sacriléges et profanations....................	ib.
Translation des ossements à Saint-Lambert.......	333
Soulèvement de l'opinion en faveur de Port-Royal.	334
Satires, chansons et gravures..................	335
Conséquences de la destruction de Port-Royal.....	336

CHAPITRE XVI.

Le livre du P. Quesnel.......................	339
Son apparition soulève un conflit dans le clergé...	340
Le P. Letellier le fait condamner par des évêques...	341
Rivalité du P. Letellier et du cardinal de Noailles.	342
Le cardinal interdit la confession aux jésuites......	ib.
Vengeances du P. Letellier...................	ib.
Secrètes machinations du P. Letellier............	343
Il sollicite une bulle contre le livre des *Réflexions morales*.................................	344
Clément XI défère ce livre à une commission.....	345
Scrupules des commissaires...................	346
Publication de la bulle *Unigenitus*...............	347
Accueil qui lui est fait en France...............	ib.
Protestation générale du clergé français..........	347
Menées du P. Letellier pour faire accepter la bulle.	348
Résultats de l'assemblée du clergé..............	349
Scandale occasionné par la mort de l'évêque de Soissons.................................	350
Opposition du Parlement.....................	351
Résistance de l'Université....................	352

	Pages
Le P. Letellier récompense ses créatures et punit les opposants	353
Louis XIV pense à réunir un concile pour déposer le cardinal de Noailles	354
Persécutions dirigées contre les jansénistes	ib.
Les prisons regorgent de suspects	361
Louis XIV veut sévir contre les évêques jansénistes.	363
Résistance du Parlement	ib.
Vive émotion dans Paris	ib.

CHAPITRE XVII.

Nouvelle persécution des protestants	365
Supplice de Saint-Julien	366
Edits du 17 mai 1711, du 8 mars 1712 et du 8 mars 1715	368
Scènes ignominieuses dans les provinces méridionales	369
Scandales résultant de la nullité des mariages protestants	370
Etat civil des protestants	371
Vexations et confiscations	373
Conversions simulées	374
Nouvelles émigrations	ib.
Edit de septembre 1713	375
Réunions dans le désert	376
Rigueurs des intendants	377
Séquestration des femmes et filles protestantes	378
La tour de Constance	ib.
Traitement imposé aux réformés dans les galères	380
Secours qui leur sont adressés par leurs coreligionnaires	382
Galères perpétuelles substituées aux galères temporaires	384

	Pages
Marie Durand reste trente-huit ans en prison......	385
Plaintes de Basnage au congrès d'Utrecht.........	ib.
Il réimprime le livre de Claude.................	386
Protestations énergiques par lesquelles il termine l'ouvrage..................................	387
L'académicien Freret, soupçonné de jansénisme, est enfermé à la Bastille.........................	389
Satires et chansons contre le roi et le P. Letellier..	390

CHAPITRE·XVIII.

Sombre physionomie de Versailles en 1713.......	393
Tristesse du roi................................	395
Son désœuvrement et ses sombres préoccupations..	396
Rappel de Villeroy à Versailles..................	397
Vains efforts de madame de Maintenon pour distraire le roi.....................................	398
Le duc et la duchesse de Berry essayent inutilement de remplacer le duc et la duchesse de Bourgogne.	399
Mort du duc de Berry...........................	401
Efforts de madame de Maintenon en faveur du duc du Maine.................................	402
Honneurs prodigués par Louis XIV à ses bâtards..	403
Scandale occasionné par les édits................	404
Intrigues de madame de Maintenon pour amener le roi à faire un testament.....................	405
Il se décide à l'écrire	406
Principales dispositions de ce testament..........	407
Protestations réitérées du roi....................	ib.
Paroles qu'il adresse à M. de Mesmes.............	ib.
— à la reine d'Angleterre........	408
— au duc du Maine.............	409
Puissant parti du duc du Maine..................	ib.
Seul, le Parlement lui est hostile................	410

	Pages
Les conseillers gagnés par des promesses ou de l'argent.	411
Premier codicille	412
Appui du pape et de l'Espagne	ib.
Conduite suspecte de Philippe V	413
Ses instructions à Cellamare	ib.

CHAPITRE XIX.

Isolement du duc d'Orléans à la cour	415
Son indifférence et son inaction	416
Conseils que lui donnent Dubois et Saint-Simon	417
Ses partisans à la cour	418
— dans la magistrature	419
— dans l'armée	420
— dans les salons de Paris	421
— dans le clergé	ib.
Promesses qu'il fait aux mécontents	422
Conférences mystérieuses au Palais-Royal et à l'archevêché	423
Philippe rallie de nombreux adhérents dans l'armée	424
Plan d'attaque proposé par le président Maisons	425
— par le duc de Saint-Simon	426
— par d'Aguesseau et Joly de Fleury	427
Choix des membres du conseil de régence	ib.
— des présidents des conseils ministériels	429
Modération du duc d'Orléans	ib.
Discussion des mesures à prendre contre les jésuites	430
Villeroy trahit le duc du Maine	431
Dubois ménage à Philippe l'appui de l'Angleterre	432
Propositions qu'il fait à l'ambassadeur anglais	433
Forces des deux partis	434

CHAPITRE XX.

	Pages
Affaiblissement du roi..................................	435
Revue du 22 août.......................................	436
Le duc d'Orléans et le duc du Maine en présence..	ib.
La gangrène se déclare.................................	438
Louis XIV reçoit le viatique...........................	439
Il écrit un second codicille............................	ib.
Voysin le communique au duc d'Orléans...........	440
Scrupules de Louis XIV relativement aux affaires religieuses..	441
Il demande l'archevêque de Paris....................	442
Letellier s'y oppose.....................................	ib.
Adieux du roi à son petit-fils.........................	443
— au duc d'Orléans...................................	444
— à sa famille et aux officiers de sa maison....	445
— à madame de Maintenon.........................	ib.
Premier départ de la marquise.......................	446
Incertitude des courtisans.............................	447
Le roi va mieux..	447
Isolement du duc d'Orléans...........................	448
La maladie reprend son cours........................	ib.
Cruelles obsessions de Letellier auprès du roi.....	448
Second départ de madame de Maintenon..........	449
Mort de Louis XIV.......................................	450
Considérations sur sa personne et sur son règne....	451
Sources..	455

FIN DE LA TABLE DU TROISIÈME ET DERNIER VOLUME.

ERRATUM.

Page 368, ligne 18, au lieu de 8 mars 1712, lisez : 8 mars 1715.

www.ingramcontent.com/pod-product-compliance
Lightning Source LLC
Chambersburg PA
CBHW072105220426
43664CB00013B/2004